극동

일러두기

1. 본문에서 길이 측정 단위는 '마일' '야드' '피트' '인치'다. 1마일은 대략 1.6킬로미터, 1야드는 대략 1미터, 1피트는 대략 30센티미터, 1인치는 대략 2.5센티미터다. 부피 측정 단위는 '갤런'으로 1갤런은 대략 4리터다.

026
그들이 본 우리
Korean Heritage Books

천주교 선교사들이 기록한
조선인의 신앙과 생활
극동

성골롬반외방선교회 지음
박경일·안세진 편역

살림

'그들이 본 우리'-상호 교류와 소통을 위한 실측 작업

우리의 문학과 문화를 해외에 알리는 것만큼이나 중요한 것이, 바로 외국인의 눈에 우리가 어떻게 비치고 있으며, 세계가 한국을 어떻게 보고 있는가를 아는 것이라고 생각합니다. 아웃사이더의 시각은 우리가 미처 보지 못하는 것을 보여주고 깨우쳐주기 때문입니다. 그런 면에서 우리를 바라보는 외부인의 시각은 언제나 재미있고 유익합니다.

예컨대 19세기 대한민국 수립 직전에 조선에 다녀간 러시아 장교의 기록인 『내가 본 조선, 조선인』에는 러시아인들이 본 당시 조선 사회의 여러 측면과 역사적 사건이 객관적·포괄적으로 다루어져 있습니다. 또 갑오개혁 직전에 조선에 와서 조선을 견문하고 정탐한 혼마 규스케(本間九介)의 『조선잡기』는 조선의 의식주와 풍속 그리고 정치 상황과 사회상을 예리한 눈으로 바라보며 평가하고 있습니다. 1904년에 청일전쟁 취재차 조선에 온 미국 작가 잭 런던(Jack London)의 『조선사람 엿보기』도 역시 근대화 이전, 낙후된 조선 사회의 문제점을 재미있게 지적하고 있습니다.

물론 외국인들의 판단이 언제나 정확하거나 옳은 것은 아닐 수도 있습니다. 명저 『오리엔탈리즘』에서 에드워드 사이드(Edward Said)는 서구의 선교사나 군인, 또는 여행자나 작가들의 부정확한 인상기나 스케치에 불과한 여행기 같은 것들이 동양에 대한 서구인의 편견인 '오리엔탈리즘'의 형성에 일익을 담당했다고 지적했습니다. 그런 맥락에서 보면, 19세기 말이나 20세기 초에 조선에 온 외국인들이 남긴 기록도 다소간 그러한 역할을 했을 수도 있습니다. 예컨대 혼마 규스케의 『조선잡기』는 일본인들의 부정적인 대조선관 형성에 중요한 역할을 했고, 1896년의 갑오개혁에도 지대한 영향을 끼쳤습니다.

그럼에도 불구하고, 외국인들이 조선에 대해 남긴 기록이 우리에게 중요한 의미를 갖는다는 것은 부인할 수 없는 사실입니다. 그것들이 우리에게 지난 과거를 돌이켜보게 하고, 현재 우리의 위상을 점검하게 하며, 앞으로 우리가 나아가야 할 미래의 이정표를 찾을 수 있게 해주기 때문입니다. 물론 전근대에 조선에 온 외국인의 눈에 조선은 낙후한 나라여서 그 당시에는 비판적인 글들이 나왔지만, 한국이 세계적인 주목을 받는 요즘 한국의 성취를 동경하고, 한국 문화를 좋아하는 글들도 많이 나오고 있습니다.

외국인이 바라본 우리의 전근대 및 근대의 모습은 우리의 과거를 비춰주는 거울이면서, 동시에 우리의 미래를 위한 이정표의 역할도 해줄 것입니다. 그런 의미에서, 명지대-LG연암문고가 소장하고 있는 고서와 문서에서 한국문학번역원이 엄선해 출간해 온 〈그들이 본 우리〉 총서는 없어서는 안 될 소중한 자료가 될 것입니다. 이 총서의 출간을 위해 도와주신 명지학원 유영구 이사장님, 명지대-LG연암문고 관계자들과 명지대 정성화 교수님, 번역원 도서선정위원회 위원들, 번역가들, 그리고 살림출판사에 감사드립니다.

2017년 12월
한국문학번역원
원장 김성곤

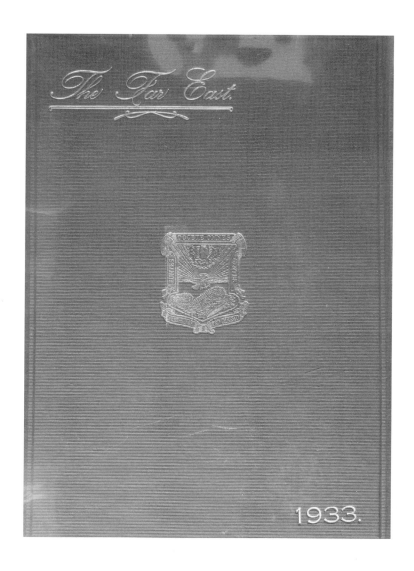

성골롬반외방선교회 월간 기관지인 「극동(極東, The Far East)」 표지.

주요 내용

이 책에 수록된 글들은 아일랜드에 본부를 둔 천주교 성골롬반 외방선교회(이하 성골롬반회)의 월간 기관지인 『극동(極東, The Far East)』에 조선에 파견된 이 선교회 소속 사제들이 기고한 조선 관련 글들이다. 일부 글은 필자가 없고 한두 편의 글은 조선인 신자의 글이다.

1933년 11월부터 1953년 12월까지 이 잡지에 게재되었던 글들은 총 90여 편으로, 내용별로는 성골롬반회의 조선 진출을 축하하는 이 잡지의 사설로부터 시작하여, 조선에 파견된 선교사들의 눈에 비친 조선의 모습들, 조선 천주교 신앙의 초기 정착 과정, 조선의 쇄국정책과 박해사건들[1], 조선인의 국민성, 조선의 문물, 생활양식, 산업, 서양 선교사들의 조선생활 체험담들, 교회 개척 및 선교활동들, 탁월한 사제들과 특이한 조선인 선교사들 및 신자들에 관한 회고, 일제의 조선 통치하의 선교활동 위축, 한국전쟁의 참상과 교회 및 신부, 신도들의 피해와 전후 복구 등 다양한 내용을 수록하고 있다.

이 글들은 주로 성골롬반회의 책임지역이었던 광주교구(본부는 목포에 있다)의 목포, 광주, 나주, 순천, 여수, 흑산도, 춘천교구의 춘천, 강릉, 삼척, 묵호, 횡성, 홍천 등지에서 활동하던 선교사들의 글이다. 이 글들은 한국 천주교 교회사 연구에 큰 도움이 될 것이며, 다른 한편으로는 서양인의 눈에 비친 옛 조선 또는 잊혀져가는 우리의 선조들의 삶을 되돌아보는 데도 귀중한 자료가 될 것이다.

서양인들이 본 조선의 이모저모

서양인들의 눈에 비친 조선의 특이한 사항들을 몇 가지 그들의 말로 소개한다.

서양인의 눈에 비친 조선 풍경

"밤 동안에 폭우가 내렸는데 아침이 다가와도 계속해서 빗방울 떨어지는 소리가 이어졌다. 진창이 된 황량한 벌판들은 비참하고 버려진 모습을 드러내고 있었다. 초가지붕을 이은 흙집들은, 마치 서로 의지하기라도 하려는 듯, 언덕배기에 옹기종기 모여 있거나, 물이 가득 찬 논들 근처에 위험스럽게 걸쳐 있었다. 비참한 골목길들이 구불구불 이 마을들로 이어지고 있었고, 길에는 조선인들이 오고 가고 있었는데, 그들의 흰옷은 이 점점 더 들이붓듯이 쏟아지는 폭우 속에서 그 단정한 차림을 유지하려고 애썼지만 허사였다."

조선의 산업

"산업에는 소금(바닷물에서 만든다), 종이(품질이 우수하다), 비단(중국산보다 질이 많이 떨어진다), 대나무발, 질그릇, 모자, 돗자리, 삼, 모시가 있다. 조선인들은 고기잡이도 하지만, 가장 어획고가 높은 어장들은 일본의 자본과 노동에 의해 조업되고 있다. 이 나라는 막대한 탄전을 가지고 있지만, 아직 개발이 거의 안 되어 있다. 철과 수정도 풍부하며, 구리, 은, 금광맥들이 많은 지역에서 발견되고 있다."

조선인들의 성품

"현대의 조선인들은 모이기를 좋아한다는 점에서 예수님이 살던 옛날 유대의 사람들을 닮았다고 말할 수 있겠으나, 조선인은 항상 유대인들의 특징인 장사꾼 기질도 없었고, 그들을 그토록 비열하게 만들었던 교활함도 없었고, 그들을 그렇게 멸시받게 만든 위선을 거의 갖고 있지 않다. 요컨대 조선인은 소박한 심성에 선한 성품을 지닌 사람이고, 그를 이해하는 사람에게는 너무나 좋아할 수밖에 없는 사람이다. 조선인은 또한 극도로 붙임성이 있다. 아마도 이 점이 조선인들이 항상 마을에서 사는 이유일 것이다. 외딴집이란 것은 이 나라에서는 쉽게 찾아볼 수 없다."

조선인들의 군중심리

"몇 년간을 조선에서 지내보니, 동양의 나라들에서는 군중들을 끌어 모으는 것이 어려운 것이 아니라 군중들을 해산시키는 것이 어렵다는 것을 확실히 알게 되었다. 나는 군중들이 어떠한 정치 집회에도 손색이 없을 만큼 순식간에 모여드는 것을 본 적이 있다. 남자들은 손에 연장들을 들고, 여자들은 아이들을 안고, 하던 일은 전혀 중요하지 않다는 듯 모두 내팽개쳐둔 채 모여들었다. 그런데 도대체 뭘 하려고? 아마도 어떤 이가 개를 조련하는 것을 구경하기 위해서이거나, 길거리를 걷고 있는 한 외국인을 구경하기 위해서이다. 사실, 조선의 군중들에게 구경거리가 안 되는 것은 아무것도 없다. 그것은 단지 길 가던 행인들이 가던 길을 멈추고 길가에서 뭔가 희한한 것을 구경하는 그런 문제가 아니다. 그것이 아니다. 군중들은 어떤 광경을 구경하기 위해 일부러 사방에서 모여드는 것이고, 일단 모여들면 끝까지 머무른다. 한 시간 혹은 두세 시간을 머물러야 하는 경우도 있다. 문제 될 게 무엇인가? 시간은 조선인들에게는 가장 값싼 일용품이어서 그들은 얼마든지 시간을 탕진할 수 있다. 시간 낭비에 대해 조급해하거나 불평하는 기색은 전혀 없다. 모든 사람들이 서서 구경하는 것에 만족해한다. 사정에 따라서는 설령 볼 수 없는 경우에도 그냥 서 있는 것만으로도 만족스러워한다."

조선 어린이들의 향학열

"수백 명의 어린이들이 학교 문에 서로 들어가려고 아우성을 치는 사진은 문자 그대로 원래 의도된 것은 아니지만, 그럼에도 불구하고 어느 정도의 진실을 담고 있다. 우리의 좀 더 철없는 시절의 생활에 대한 우리 자신의 관점에서 단순하게 판단해보면 만일 학교 안에 있는 아이들이 바깥으로 나오려고 아우성치고 있다면 이 사진이 훨씬 더 현실적일 것이라는 생각이 들 것이다. 하지만 이는 서양의 기준으로 생각하는 것이고, 동양의 나라에서 서양의 기준들을 적용하면 엉뚱한 결과가 나오는 일이 부지기수다. 이 문제 역시 예외가 아니다.

조선에서 배움에 대한 경외심은 아주 오래된 시절부터 그 자체로 거의 하나의 신앙에 가까웠다. …그리고 선비[2]들은 대부분 신처럼 추앙되었다. …선비의 가족은 그를 공짜로 부양했다. 그는 해야 할 일이 없었으며, 옛 서책들을 읽고, 사람들을 불러모아놓고 자기보다 더 무식한 사람들이 어려워하는 것들을 설명하고 깨우쳐주며 세월을 보냈다. 선비는 모든 이들에게 존경을 받았고, 일반 사람들이 겪는 일상적 근심걱정 같은 것에 전혀 흔들리지 않았다. 학식은 최고의 완성이기 때문에, 선비는 학식이 높다는 이유로 모든 이들의 선망의 대상이었다.

내 생각에는 조선의 부모들은 아이들이 매우 어렸을 때부터 배움에 대한 사랑을 주입시키기 때문에, 배움의 추구는 그들에게 거의 제2의 본능이 되었고, 마치 그리스도의 어린이가 자신이 착한 어린이가 되어야 한다는 것을 알듯이, 조선의 어린이는 철이 들자마자 자기가 학식을 추구해야 한다는 것을 알았다.

반면에, 공부할 기회를 얻은 운이 좋은 어린이들은 그 기회를 최대한 활용한다. 그들은 아침 일찍 일어나 아침 식사 전에 공부를 하고 밤늦게까지 자지 않고 공부한다. 그들은 운동장에서도 공부하고 기차 안에서도 공부한다. 사실, 여러분은 어린 조선 학생들을 마주칠 때마다 항상 공부하고 있는 모습을 볼 것이다. 그렇다면, 조선 어린이들이 배움의 문을 두드리고 있는 사진은 문자 그대로의 의미에서도 전혀 터무니없는 것이 아니다."

조선 부모들의 교육열

"몇 시간 후 교사들이 돌아와 벌써 (입학시험을 통해 신입생) 100명을 다 뽑았는데 떨어진 어린이들의 부모가 승복하지 않고 내게 와서 직접 자기 자식들을 뽑아주도록 호소하겠다고 기다리고 있다고 알려줬다. 교사들이 나와 이야기하고 있는 동안에도 어머니들이 우는 아이들을 데리고 줄을 지어 몰려와 나에게 한 명만 더 받아달라고 성화를 해댔다. 하지만 나는 단호하게 거절할 수밖에 없었다. 이미 수용할 수 있는 학생 수가 넘었기 때문에 어쩔 수가 없었다. 몇몇 부모들은 저녁까지 남아서 심지어 자기 자식이 쓸 책상을 직접 사 오겠다고 하기도 했고, 또 어떤 부모들은 다음날 아침에 다시 찾아와 똑같은 부탁을 계속했다. 부모들의 고집은 적어도 한 가지 성과를 거두었다. 다음 해에는 더 큰 건물이 필요하다는 것을 우리에게 확신시켜 준 것이었다."

다음은 우리에게도 점점 잊혀져가고 있는 조선의 전통적인 생활양식에 대한 서구인들의 인식과 묘사들이다. 한국을 어떻게 세계에 알리고 세계화할 것인지를 생각하게 하는 대목들이 많다.

가옥

목재와 진흙, 볏짚으로 지어져 있지만, 강한 태풍도 견뎌낸다.

가옥 구조

단단한 기둥들과 들보들로 집의 틀을 세우고, 벽은 버드나무나 포플러나무 가지로 발을 엮어 세우고서 그 안과 밖을 반죽한 진흙으로 1피트 두께로 바른다. 지붕은 볏짚을 두텁게 엮어 올리는데, 시간이 지나면 골풀 색깔로 변한다.

가옥의 모양

대부분 L자 모양이다. 안쪽 앵글(L자의 각진 쪽)은 막히지 않은 공간으로, 반들거리는 나무 바닥으로 된 마루인데, 집의 두 날개(L자의 가로세로획)를 따라 좁은 플랫폼(툇마루)으로 이어져 있다(이

것을 베란다라 하기는 어려울 것이다).

조선의 중앙난방

소나무 장작을 태워서 밥을 짓고 동시에 부엌과 붙어 있는 한두 개의 방의 난방수단으로도 쓰인다. 바닥에 깔린 관들(방고래³)을 덮고 있는 석판(구들장⁴)들은 불이 꺼지고 난 한참 후에도 온기를 품고 있다.

온돌방

방바닥은 진흙과 돌로 채워져 있는데, 집 바깥쪽 벽 아래에 파놓은 아궁이나 부엌에 있는 아궁이로부터 나온 많은 관(管)들이 바닥을 통과하고 집 뒤편에 있는 굴뚝에서 합쳐진다. 이 관들은 크고 평평한 석판(구들장)들로 덮여 있는데 그 위에는 회반죽을 발라 돌 위를 부드럽게 해놓고 손으로 만든 한지(창호지)를 단단하게 그 위에 도배한다. 마지막으로 특별하게 마련한 기름종이(장판지)로 바닥 전체를 도배한다. 이렇게 만들어놓은 것을 '온돌방'이라 한다. 온돌방의 단점은 종종 연기가 방바닥 틈새로 새어나와 방에 차서 눈을 아프게 한다는 것이다. 바닥에 깐 석판들이 또 언젠가는 느슨해지기도 하며 이따금씩은 바닥에 구멍이 나기도

한다.

방바닥

땅바닥에서 1피트 정도의 높이에 약 2인치 두께의 화강암 석판으로 만들어져 있고, 이음새들은 시멘트가 정교하게 발라져 있다. 앉아서 식사를 하고, 손님을 접대하고, 잠도 자는 곳으로 처음에 자기네 살 집을 지은 사람들은 방바닥을 덥힐 간단하고 경제적인 방법(다른 방법으로는 이 방바닥이 매우 건강에 좋지 않을 휴식처가 될 것이다)을 궁리해야 했을 것이다.

방고래

난방을 위해서 여러 개의 열기송관(熱氣送管)이 방바닥 밑에 깔려 있다.

아궁이

주택 외부의 트인 구멍(아궁이)에서 불을 지피면 연기가 관(방고래)을 타고 지나가면서 방, 즉 방바닥의 온기를 높이는 것이다.

굴뚝

조선의 주택에는 굴뚝이 없기 때문에 연기가 아무 데로나 새어 나간다. 한 번은 앉아 있던 툇마루 틈새로 연기가 나오는 것을 보고 놀란 기억이 있다.

요, 이불

잠을 잘 때는 솜을 채워 넣은 매트리스(요) 위에 누워 솜이불을 덮는다.

베개

잠잘 때 머리를 받치기 위해 곡물 낟알을 채운 작은 자루나 나무토막(목침)을 이용한다.

신발

조선인들은 실내에서는 신발을 신지 않는다. 버선발로 방바닥을 밟고 다니면 기름먹인 두꺼운 종이(장판지)가 닳아서 비단처럼 부드러워진다.

음식

주식(主食)은 쌀인데, 여기에 약간의 생선을 곁들여 먹는다. 다양한 야채를 날로 먹기도 하고, 또 어떤 것들은 데쳐 먹기도 한다. 가장 흔하게 먹는 것은 단연 김치인데 이것은 조선 고유의 채소 절임으로, 그 시큼하고 지독한 냄새는 조선 곳곳에 배어 있다.

김칫독

모든 조선의 주택에는 김치 항아리들이 줄지어 놓여 있는데(간장독 등을 포함한 장독대), 그중 큰 것은 10~12갤런 정도의 용량이며 여러 달을 먹을 수 있는 양의 김치가 발효되고 있다. 조선의 가정주부는 김치 항아리를 여러 개 갖고 있을수록 특별한 자부심을 느낀다.

대구신학교 조선어 교수의 차림

교수님의 성함은 윤찬도인데 …이 교수님은 버선발일 때(점잖은 조선인들은 모두 실내에 들어올 때는 신발을 벗는다) 키가 5피트 7인치이시며, 의복은 일반적으로 남자들이 입는 옷을 입으신다. 하얀 깃(동정)이 달린 긴 외투(두루마기)는 두 발을 제외하고 모든 것을 감싸서 감추고, 두 다리는 통처럼 생긴 바지(흡사 사이클 선수의 유니폼처럼 발목을 꼭꼭 묶는다) 속에 갇혀 있다. 두발은 단발머리를 하셔서, 잘생기고 지적으로 보이는 두상이 드러나 보인다.

단개시(單開市)와 쌍개시(雙開市)

이웃 나라와 교역과 통상을 할 수 있도록 조선인들에게 허용된 유일한 제도는 북쪽 국경 바로 바깥쪽에서 일 년에 한 번 열리도록 허가되는 시장(단개시, 單開市)과 일 년에 두 번 열리도록 허가되는 시장(쌍개시, 雙開市)이 한두 차례 열리는 것이었다. 당시 청나라와의 무역은 조공무역(朝貢貿易) 이외에 정기적으로 개설하는 국경지대의 호시장(互市場)이 있었다. 두만강 방면에는 1646년(인조 24년) 이래 매년 또는 격년으로 회령개시(會寧開市)와 경원개시(慶源開市)가 열렸으며, 두 나라 관헌의 입회하에 물물교역이 성행했다. 1645년 경원개시가 격년으로 열리면서부터 회령에서만 열리던 개시를 단개시(單開市), 두 곳에서 열리던 것을 쌍개시(雙開市)라 하여 북관개시(北關開市) 또는 북도개시(北道開市)라고 총칭했다. 초기의 선교사들이 외국과의 교류를 원천적으로 봉쇄하던 조선에 입국하는 방법 중 하나가 이 개시를 통해서였다.

악마의 춤꾼들(Devil-Dancers)

'단골레(무당의 전라도 방언)'의 영어 번역이다. 굿을 하거나 고사를 지낼 때 늘 정해놓고 불러오는 무당을 단골무당 또는 단골이라고 하는데, '단골레'는 아마도 '단골무당'에서 '단골네'로, '단골네'에서 '단골레'로 변형한 듯하다.

영혼의 우리(soul cage, 靈輿)

영여는 전통적인 장례 행렬에서 상여에 앞장서서 가는 작은 가마를 말한다. 2인교 가마를 메듯이 끈을 가위표로 엇걸어 어깨에 걸고 두 손으로 가마채를 잡을 수 있도록 된 작은 가마인데 여기에는 혼백상자와 향로, 영정 등을 실어 영혼이 타고 가는 것을 상징한다. 영여의 지붕에는 녹색바탕에 붉은 색의 연꽃 봉오리가 달려 있고 옆면에도 연꽃 망울이 피지 않은 상태로 그려져 있다. 정면에는 여닫이문이 쌍으로 달려 있으며 문 앞에 흰 고무신 한 켤레를 얹어두기도 한다. 뒷면에는 태극을 그려뒀는데 음과 양을 상징한다. 시신을 땅에 묻은 뒤 영혼을 모시는 영여는 집으로 다시 모시고 돌아오는데, 돌아올 때는 상주들이 영여의 뒤를 따라온다. 이를 반혼(返魂), 반우(返虞)[5]라 한다.

사진 자료들

『극동』지 기사들에는 조선의 여러 면모들을 보여주는 많은 사진 자료들[6]이 수록돼 있다. '조선 양반 계급의 즐겨하는 스포츠' 활쏘기, 키질하는 한국 남정네의 모습과 주변 초가집 풍경, 1933년 조선의 전통 결혼식, 1934년의 한성의 건어물 및 토산품 시장, 서울의 고궁, '화려한 행차, 조선 판사의 순회' 제목이 붙은, 장수차림의 관헌이 4명의 인부가 드는 특이한 들것에 올라앉아 있는 모습, 도리깨질하는 날품팔이꾼들, 앞뒤로 두 남정네가 드는 가마 안에 여인이 앉아 장보러 가는 행차, 성당 건물 앞의 장례식 장면, 수학여행단의 제주 삼성혈 입장 모습, 전형적인 조선 부잣집 (지붕, 방문, 툇마루, 댓돌 등 한옥 구조가 일목요연하게 보인다), 환갑 잔칫날 모인 사람들, 환갑을 맞은 할머니의 한복에 마고자 입은 모습, 툇마루 뒤편에 마루로부터 40~50센티미터 높이에 설치된 퇴문(위치는 봉창문 비슷하고 모양은 창문이다), 순천학교를 이끌었던 넬리간 신부의 앳된 모습(스물네 살에서 스물다섯 살로 보이는 나이에 어울리지 않게 인간의 영혼을 선도하고 현세적 교육도 이끌었다는 것이 대견해보인다), 1950년의 서울 중앙청 전경, 목포 거리에서 갓 쓴 영감님과 이야기를 나누고 있는 해롤드 헨리 신부(그는 후에 광주대교구 교구장이 되고 주교 서품을 받았다), 지게에 목재를 진 한국 노인('지게'를 '한국 특유의 특별한 나무 장비'라고 표현하고 있다), 한국전쟁 당시 파괴된 춘천성당 앞에서 기도하는 신자들, 폭격당한 성당을 향해 두 신부의 유해가 운구되는 행렬 등의 사진들이 우리 선조들의 삶을 생생히 보여준다.

모나간 신부가 전하는 1938년 목포의 나환자 움막에 관한 이야기와 사진은 가톨릭 성직자들이, 신부이건 신도회장이건 교리교사이건, 일반인들이 추하고 공포스럽게 생각하는 나환자들을 신앙과 사랑의 힘으로 감싸안은 숭고함을 보여준다. 필자가 어린 시절 다니던 목포 산정동 성당의 미사방 문을 막 들어서면 신발 벗어두는 곳이 있고 그 바로 안쪽 오른쪽 벽에 딱 붙은 자리에 넝마 차림의 남자 나환자 거지가 늘 장괴하고 함께 미사를 드렸다. 이런 상황이 어린 시절 교회생활에서 나환자에 대한 두려움과 함께 그의 성실한 신앙생활을 통해 또 다른 감동을 주었던 것 같다. 그는 시내를 돌아다니며 걸식을 할 때도 항상 성자 같은 절제되고 품위 있는 거동을 보여주었다.

1933년 11월 『극동』지 16호의 「사설」에 수록된 비석 사진에는 '巡中 軍鄭 公志 鎔斥 邪紀 蹟碑(순중 군정 공지 용척 사기 적비)'라는 비문의 제목이 세로로 두 글자씩 새겨져 있다. '巡中軍 鄭公志鎔 斥邪 紀蹟碑(순중군 정공지용 척사 기적비)' 정도의 내용이겠다. 제목 아래

'척사(斥邪)'의 내용이 한문으로 장황하게 기술되어 있다. 사진 하단에 "조선 천주교도들의 '죽음'을 기념하기 위해, 1866년의 박해 끝에 세워진 기념비"라는 영문 사진 설명이 붙어 있다. 당시의 조선 조정으로 보면 '斥邪紀蹟碑(척사기적비)'가 되겠고 한국 천주교 교회사에서 보면 '비극적 박해(迫害)와 순교(殉敎)의 증거비(證據碑)'가 되겠다. 한국의 쇄국정책의 역사 및 한국 천주교 교회사의 한 시대를 증언하는 중요한 사료다.

1933년 "성골롬반회가 새로이 책임을 맡게 된 조선과 주변의 지도"라는 설명이 붙은 사진에는 우리나라 지도 허리에 분단선이 그어져 잊지 않아 감격스러운 한탄의 감정을 느끼게 한다. 1951년의 기사에 수록된 한반도 지도에는 허리에 38선이 그어져 있다. 언제 우리는 허리가 끊기지 않은 '한 나라'가 다시 될 것인가. '동해'는 여전히 '일본해(Sea of Japan)'로 표기되어 있다.

이 책의 필자 중 한 사람인 토마스 퀸란(Thomas Quinlan) 주교. 1934~1970년까지 광주와 강원도 원주교구에서 사목했다.

이 책의 필자 중 한 사람인 해롤드 헨리(Harold Henry) 대주교. 1933년부터 광주와 제주교구에서 사목했다. 1957년에 광주 주교를 역임했으며 1971년 제주도교구를 창설했다.

이 책의 필자 중 한 사람인 오웬 맥폴린(Owen McPolin) 몬시뇰. 1913년 서품 후 1917년부터 2년간 영국에서 군종신부로 활동, 1920년 중국으로 파견되었다. 1933년에는 한국으로 파견되어 광주교구 교구장, 춘천교구 초대교구장을 역임했다.

이 책에 등장하는 패트릭 브렌난(Patrick Brennan) 몬시뇰. 광주교구 제4대 교구장으로 활동하던 중 한국전쟁 때 북한군에게 납치되어 대전에서 피살되었다.

차례

제1장 1930년대에 실린 기사

제2장 1940년대에 실린 기사

제3장 1950년대에 실린 기사

제1장

1930년대에
실린 기사

사설

필자 미상

새 선교 현장

교황청에서 우리에게 새롭고 중요한 선교현장 봉사를 명하셨음을 발표하게 되어 경하하는 바이다. 이번에 우리가 복음을 전파해야 할 사람들은, 한때 중국에 예속된 적이 있고 지금도 많은 중국인들이 그들과 함께 살고 있기는 하지만, 본래 중국인이 아니다. 새 메이누스 선교영역은 조선 반도의 남반부이며, 따라서 일본제국 내에 있다. 이렇듯, 이 지역을 우리에게 위임함으로써, 교황청은 우리 선교회의 활동범위를 현저하게 확장시켰다. 우리는 우리 선교회의 이 같은 중요한 발전에 대해 우리 독자들이 천주님의 축복을 기구해주기 바란다. 맥폴린 신부와 우리의 젊은 사제들 9명이 이미 새 선교지에 부임하기 위해 길을 떠났다.

은자의 왕국

조선에 파견된 우리 사제들이 처녀지를 경작하게 되는 것은 아니다. 그들보다 앞서 이미 그곳에 갔던 (조선과 외국의) 선구적 선교사들이 훌륭하게 소임을 수행한 바 있다. 말할 수 없는 고초를 치른 대가였으며, 그중 많은 분들이 순교자의 영광을 획득했다. 1637년부터 1836년까지 수 세기 동안 조선은 스스로가 택한 쇄국 때문에 전 세계에 '동방의 은자의 왕국'으로 알려졌다. 조선의 국경들은 모든 외국인들에게 철저하게 닫혀 있었고, 기독교 선교사들이 이 나라의 자녀들에게 '구원'의 소식을 전파하려는 열정으로 이 나라에 잠입했을 때, 그들은 야생동물들처럼 사냥당했다. 선교사들의 영웅적인 활동과 궁극적 승리의 감동적인 이야기는 이번 호 (신문) 다른 기사에서도 소개되고 있다.

돌아온 평화

그러나 마침내 조선교회에 평화가 찾아왔다. "박해의 겨울은 지나갔다"고 한 프랑스 선교사가 수도(서울)에서 써 보내왔다.

"박해의 폭풍은 끝났다. 순교자들이 심은 꽃들이 우리의 땅 조선에서 피어났다. 그 향기는 달콤하고 그 모습은 아름답다." 천주교 선교사는 이제 더 이상 이 나라에서 도망자가 아니며, 그의 생명과 재산은 보호받으며, 사람들은 박해의 두려움 없이 그의 가르침을 받아들일 수 있고 기독교를 껴안고 실천할 수 있다.

일본의 영향

산적질 역시 조선에서 거의 사라졌다. 조선 반도 전역에 걸쳐서, 그리고 만주 국경지대에서, 일본인 이주자들에게 가장 절박한 문제는 이 산적질을 막는 것이었다. 일본은 이제 실질적으로 이 문제를 (최소한 조선의 경우) 해결했다고 해도 과언이 아니다. 그리고 애국적인 조선인들이 일본의 자기네 나라 지배를 아무리 분개한다 하더라도, 끊임없는 산적 떼의 납치와 강탈 위협으로부터 구제된 것은 (그 구원자의 국적에 관해서 어떻게 생각하든) 솔직히 다행으로 여길 것이라고 감히 말할 수 있다. 업무상 외진 곳을 여행할 수밖에 없는 선교사의 경우 특히, 이 나라에서 산적의 소탕은 커다란 구원이었다. 이제 한국 선교사가 산적들에게 봉변을 당하는 일이 마지막으로 있은 지 벌써 14년 이상 되었다.

조선인들

조선인들로 말하자면, 이들은 신심이 깊고 진실한 기독교 신자가 되는 듯하다. 전 세계 모든 국민 중에서 유독, 그들은 어떤 종류이든 직접적인 복음에도 접함이 없이, 상당한 숫자가 '신앙'을 받아들인 특이한 국민이다. 어떤 의미에서, 그들은 무엇보다도 우선 교회 없이 스스로 복음을 받아들였다. 성 프란치스코 사비에르의 임종(臨終) 이후 40년, 우리 교회가 일본에서 이미 괄목할 진전을 이룬 때에, 일본의 20만 대군(大軍)이 조선을 침략했는데 이때 종군(從軍)했던 예수회 사제 그레고리 세스페데스 신부가 종군 중에 몇 차례 사람들에게 복음을 전하려고 시도했던 것은 사실이다. 그러나 그의 이 같은 노력은 항구적인 열매를 맺지 못했다. 사람들은 조선인으로서 침략군을 따라 그들에게 온 이 종교에 대해 아무런 관심도 가지려 하지 않았다. 그리고 그 후 완전히 2세기 동안 이 나라에서 더 이상 기독교에 관한 이야기가 들리지 않았다. 그러다가 놀라운 방식으로 진정한 시작이 이루어졌다. 어떤 선교사의 직접적인 개입도 없이 여러 곳에서 '신앙'이 상당한 발판을 확보했던 것이다.

1784년 기독교에 관한 글을 읽은 적이 있는 이승훈이라는 교육받은 외인[1]이 북경으로 가 복음을 접하고 영세를 받은 뒤 조선으로 돌아와 몇몇 지인(知人)들에게 복음을 전하고 영세를 주었다. 얼마 안 있어, 다른 사람들 몇이 천주교로 넘어왔다. 그리고 최초의 천주교 사제 제임스 주 신부가 1794년 이 나라에 들어왔을 무렵까지는 한 차례 박해가 지난 지 불과 얼마 되지 않았음에도 천주교 신자 수가 4,000명에 이르러 있었다.

1801년 즈음에는 그 숫자가 일만 명을 넘었다. 그러다가 또 한 차례의 박해가 그들을 덮쳐, 주 신부와 300명의 신자들이 순교했고 또 30년 동안 한국의 천주교 신자들에게는 또다시 사제가 없었다.

순교자 교회

그 30년 동안 (그리고 실제로 600명의 천주교 신자들이 이 반도의 남쪽 끝 한 섬에서 처형되었던 1901년에 이르기까지 줄곧) 조선에서의 우리 교회 이야기는 카타콤[2]의 교회의 이야기처럼 들린다.[3] 박해 뒤에 박해가 잇따르면서 이 나라 전역을 휩쓸었고, 주교들, 사제들, 그리고 교우들이 사냥당했고, 감옥들은 이들로 넘쳐났으며 이 중 많은 수가 처형을 당했다. 조선인들의 천주교 신자로서의 가치를 증명하기 위해서라면, 그저 그들의 피에 젖은 역사를 가리키기만 하면 된다. 그들이 박해의 과정에서 겪은 그 모든 고초에도 불구하고 신자 수는 오늘날 10만 9,000명을 헤아리고 있으며, 그들 대부분이 변함없이 신실하고 실천적인 진짜 천주교인들이다. 전체 천주교 신자들 중 2,000명이 메이누스선교회에 위임된 지역에서 살고 있다. 조선 반도의 외인들은 대략 1,700만 명이다.

약속된 땅

천주님의 은총으로, 우리 한국 선교사들은 풍성한 영혼들의 수확을 할 것이다. 모든 선교국(宣敎國)마다 하나하나 그랬듯이, 조선에서의 어려움들도 맞서고 극복되어야 할 것이다. 낯선 나라 사람들 간의 활동에는 불가피하게 있을 수 있는 다양한 종류의 어려움들이 있다. 일반적으로 서양인이 그들의 언어, 관습, 편견들을 이해하고 터득하는 데는 오직 천천히 시간이 필요할 뿐이다. 이를 새삼 말할 필요가 있겠는가. 그러나 서양 선교사들(사제들과 수녀들)이 한국에서 이미 그 같은 어려움들에 성공적으로 직면했었음을 지적하는 것은 고무적이다. 프랑스와 바바리아의 선교사들은 지난 30여 년 동안 이 나라 전역에서 커다란 수확들을 거두어왔으며, 우리의 자매인 뉴욕의 메리놀 사제들과 수녀들 역시 1923년 이래 북조선에서 활발한 선교활동을 벌여왔다. 이제 우리가 이 사업에 일익을 담당할 차례가 왔다. 교황청은 우리의 선교사들을

'동방의 은자의 왕국'으로 알려져 온 이곳으로 호출했다. 부디 천주님께서 그들(의 길)을 밝혀주시고 그들로 하여금 앞서 그곳을 갔던 선교사들과 동렬(同列)에 오를 공덕을 쌓도록 도와주소서.

1933년 11월호

동방 은자의 왕국[1]

필자 미상

조선의 거주민들, 천연자원 그리고 역사. 이 나라에서의 기독교
전파의 진귀한 이야기. 메이누스 선교현장의 이모저모들.

동북아시아에 위치한 조선 반도는 만주로부터 남쪽으로 뻗어내
려 동해와 황해 사이에 자리 잡고 있다. 면적은 아일랜드의 거의 3
배이며 장장 2,700킬로미터(1,700마일)에 이르는 (삼면의) 해안선
을 따라 수백 개의 크고 작은 섬들이 널려 있다. 종전에는 독립국
가였던 이 나라는 현재 일본제국에 병합되어 있으며 국명은 앞서
조선으로 개명되었다.[2]

조선과 그 국민

조선인(혼합 인종으로 대부분 몽고인종이다)들은 모든 황인종들에게 공통되는 특징들, 즉 검은색의 곱슬곱슬하지 않은 머리카락, 비스듬한 검은 눈, 높은 광대뼈, 구릿빛 피부 등을 갖고 있음에도 불구하고, 인상학적으로 중국인, 일본인들과는 확연하게 구별된다. 조선인들은 또한 그들 고유의 언어를 지니고 있는데, 조선어는 중국어와는 달리 다음절이고, 11개의 모음과 14개의 자음으로 된 자모, 그리고 언문이라는 글을 가지고 있다. 조선인들은 열심히 일하고 지적인 국민이고, 대체로 잘 살며, 엄격한 일부일처주의자다. 그들은 일찍 결혼하는데, 남자들은 18~20세, 여자들은 대략 16세에 하며 대가족을 이룬다. 그들은 주로 농업에 의존해 산다. 토양은 일반적으로 비옥하고, 쌀농사를 위한 관개시설들은 풍부하며 가뭄과 홍수는 중국보다 훨씬 드물다. 농가에서는 말, 소, 돼지(매우 작고, 털이 많고 검다) 그리고 보통의 가금(닭, 오리, 거위)이 많이 발견된다. 이 나라에서는 양(羊)이 거의 알려지지 않은 것이나 다름없지만 호랑이, 표범, 곰, 멧돼지, 긴뿔사슴 등 야생동물들은 풍부하다. 꿩, 들오리, 야생칠면조 역시 굉장히 많다. 선교사들에게 있어 이 나라의 주요한 결점은 그 비참하기 짝이 없는 길들과 (이, 벼룩, 빈대, 모기 등) 물것들이 득실거리는 주거들이다.

토지와 곡물

토지는 다소 특이한 방법으로 지주로부터 소유권을 나누어받는다. 지주는 세금을 내고 모든 종자를 공급하며, 소작인들은 수확의 절반을 지주에게 돌려준다. 임자 없는 토지는 누구건 3년 동안 그 토지를 개간하고 경작한 사람의 소유가 된다. 비옥한 토지는 이모작이 가능하며 쌀, 기장, 콩, 완두콩, 목화, 밀, 귀리, 보리, 담배, 양배추, 양파, 감자 등이 경작된다. 농기구들은 나무 쟁기(쟁기날은 쇠로 만든다), 셋에서 다섯 사람이 함께 작업을 하는 커다란 가래(한 사람은 자루를 잡고 나머지 사람들은 가랫날에 묶인 가랫줄을 끌어당긴다), 짧은 괭이, 대갈퀴, 나무손수레 등 아주 소수이며 원시적 형태이다. 쌀은 통나무 위에다 벼이삭을 두들겨 타작하며, 다른 곡식들은 진흙 타작마당에서 도리깨질을 하여 타작한다. 그들은 (겉겨를 벗겨낸, 탈곡된) 곡식을 바람 부는 날 키질을 하여 까부른다.

산업에는 소금(바닷물에서 만든다), 종이(품질이 우수하다), 비단(중국산보다 질이 많이 떨어진다), 대나무 발, 질그릇, 모자, 돗자리, 삼, 모시가 있다. 조선인들은 고기잡이도 하지만 어획량이 가장 높은 어장들은 일본의 자본과 노동에 의해 조업되고 있다. 이 나라는 막대한 탄전을 가지고 있지만 아직 개발이 거의 안 되어 있다. 철과 수정도 풍부하며 구리, 은, 금광맥들이 많은 지역에서 발견되고 있다.

속국(屬國)

중국의 속국으로부터 벗어난 1895년부터 조선은 점차 일본의 지배하에 놓이기 시작해 마침내 1910년 조선의 황제는 '조선 전역에 대한 일체의 통치권을 일본 천황에게 완전하고도 영구하게 양도'했다. 중앙행정의 모든 지휘권은 일본인 총독이 장악했고, 총독은 도와 시군의 지방행정도 일본인 '도장관들'과 일본인 '경무부장들'을 통해 통제했다. 일본은 모든 우정, 전신, 전화 사업을 장악하고, 교육을 일본식으로 개편했다. 조선인들은 모두가 어학에 재능이 뛰어나며, 정부에 의해 풍부한 지원을 받는 언어학교들이 수도 없이 많다. 초등학교에서는 산수와 지리를 가르치며, 조선의 역사와 다른 중요한 나라들 (특히 일본) 정부조직의 윤곽을 가르친다.

토속종교들

조선인들은 중국인들처럼 대체로 조상숭배를 한다. 불교는 10

세기로부터 11세기까지 이 나라의 지배적인 종교였으나, 이후 타락해 승려들은 신뢰를 잃고 멸시받는 집단이 되었으며, 이에 따라 무식하고 천한 생활을 영위하게 되었다. 그 후 유교가 공인교가 되었고, 유교의 윤리는 개인, 가정 그리고 사회생활의 행동규범을 이루게 되었다. 조상숭배는 거의 보편적으로 행해지며, 귀신에 대한 믿음(동북아시아 샤머니즘의 한 변형)은 일반인들에게 공포의 원천이다. 그래서 사람들은 수많은 영매(靈媒)들(무당들과 맹인 점쟁이들)을 통해 귀신들을 달래느라고 많은 시간과 돈을 쓴다. 서울(한성)에는 천 명이 넘는 무당들이 있다. 일본 치하에서 불교는 종교로서 회복되고 반도 전역에서 보호를 받고 있다. 바로 얼마 전에 불교 사찰 수는 1,300개 이상으로 늘어났고 그곳에서 수행하는 비구 및 비구니들은 7,000명을 넘어섰다. 일본은 이 나라에서 불교를 부흥시키는 데 만족하지 않고, 또한 그들 자신의 국교인 신도(神道)를 곳곳에 조선인들 가운데 보급하고 있다. 벌써 8,000명에 가까운 조선인들이 신도 신자가 된 것으로 집계되고 있다.

목자 없는 양 떼

「이교도 선교사업」에서 한 작가는 조선에서의 기독교 전파에 관한 이야기를 다음과 같이 하고 있다. 예수회 사제가 1592년 조선에 도착했지만, 그는 선교사가 아니고 일본군 천주교 신자들의 군종 사제 신분이었다. 그는 몇몇 천주교 신자들에게 세례를 주었으나 17세기가 시작하던 무렵에는 기독교의 모든 흔적이 하나도 없이 사라지고 없었다. 이후 200년 동안 조선은 구원의 기쁜 소식들을 듣지 못했다. 그런데 교회사에서 특이하기 짝이 없는 한 가지 사실은 어떤 천주교 선교사들이 이 나라에 도착하기도 전에, 강론도 없이 '신앙'이 이 '고요한 아침의 나라'에 스며들었다는 점이다. 위대한 리치와 살이 쓴 중국어로 된 기독교 서적들이 북경에 파견되었던 몇몇 사신들에 의해 이 나라에 들어왔다. 이 책들은 하나님의 은총 아래 '진리'를 전파하는 도구가 되었다. 1784년 북경에 갔던 한 조선 사신이 그곳에서 영세를 받고 귀국하여 천주교의 진리를 설명하고 자기 주변에서 그 자신처럼 학식 있고 지체 높은 선비들(지인들) 몇 사람에게 영세(세례)를 주었다. 이들 최초의 기독교 신자들 중의 몇몇은 그들의 피로써 그들의 신앙을 지켰다. 1831년까지 한동안 이 작은 교회는 북경교구에 의존하고 있었다.

조선 최초의 사도(使徒)는 중국인 사제

그 천주교 신자들은 주변의 지인들을 모아 종교적 의식을 올렸다. 그들의 신앙은 너무나 신실해 많은 이들이 이교적인 조상숭배 의식을 따르길 거부하고 순교했다. 어떤 사제도 이 나라에 도착하지 않았다. 그러다가 마침내 교황 비오 6세가 이들 열렬한 새 교우들에게 중국인 사제 주문모 신부를 파견했다. 주 신부는 1794년 조선에 들어왔고 이듬해 1795년 부활절 일요일에 이 나라의 서울 한성에서 최초로 미사가 봉헌되었다. 주 신부가 도착했을 때 천주교 신자는 4,000명이었다. 그는 6년 동안의 사목활동을 통해 6,000명을 입교시켰다. 1801년 박해가 일어났고 주 신부는 신자들과 함께 순교했다. 그러고 나서 30년 동안 이 박해받은 어린양 떼는 사제도 없이 지냈지만, 그 신앙은 열렬한 교우들과 선교사들의 열성에 의해 유지됐다. 이들은 수시로 자기네들에게 사제들을 보내달라는 호소문을 북경의 주교와 교황청에 보냈다. 퐁텐블로(궁)에 유폐되어 있던 교황 비오 7세는 그의 충실한 조선 어린양들에게 기쁨과 연민의 메시지만을 보낼 수 있었을 뿐이었다.[3] 어떤 천주교 신자들의 인생에 있어서도 이 길 잃은 흩어진 양 떼가 로마에 있는 그들의 위대한 '아버지'에 바친 헌신적 믿음보다 더 심금을 울리는 감동적인 기록은 없다. 그들은 1785년부터 신앙을 간직하며 진리의 증언을 위해 기꺼이 그들의 목숨을 바쳤다.

프랑스 선교사들

1831년에 최초의 구조 소식이 왔다. 조선은 파리외방선교회 관할에 위임되고 교구가 설립되었다. 주교는 이 약속의 땅이 보이는 만주 국경에서 숨을 거두었다. 함께 오던 모방 신부는 '국경 관문들의 수비대의 감시를 피해 수로(水路)를 이용하여 가장 가까운 조선 마을로 들어와' 1836년 서울 한양에 도착해 여기서 또 한 사람의 사제와 합류했다. 주문모 신부 시절 일만 명이었던 천주교 신자들은 이제 6,000명으로 줄어 있었으나, 2년 안에 사람들의 열성이 너무나 대단해서 그 숫자가 9,000명으로 늘어났다. 1839년 이 순교자 교회를 위해서 모든 것이 순조로워보였다. 그러나 또 다시 박해의 폭풍이 이 무력한 사람들에게 몰아쳤다. 천주교가 교세가 커지고 있다는 비밀이 발각되었다. 모든 사제들은 순교했고, 또다시 목자 없이 양 떼들만 남았다. 1845년에야 비로소 새 주교가 조선인 사제 김대건 신부를 대동하고 조선에 들어왔다. 김대건 신부는 곧 순교했다. 그러고서 20년간의 비교적 평온한 세월이 뒤따랐다. 천주학을 금하는 포고가 여전히 내려져 있었고 조선은 그 어느 때보다 더 외부세계에 대해 문호를 굳게 닫고 있기는 했었지만. 박해에도 불구하고, 1866년 조선교회는 신자 수가 2만 5,000명을 헤아렸고, 주교 2명, 사제 10명, 조선인 신학교 한 곳이 있었다.

1866년에 천주교도들에 대한 새로운 박해가 터졌다. 적은 어린양 떼는 흩어졌고 또다시 10년 동안 조선 천주교 신자(교우들)은 그들의 사목(司牧)들을 잃고 홀로되었다. 천주교도들은 반역도당으로 취급되었다. 그들은 사교도(邪教徒)로 선포되어, 재산을 몰수당하고 귀양을 가거나 처형을 당했다. 박해가 극심해지는 동안 교황청은 피로 물든 조선교회를 재조직하기 위해 1869년 교황대리 주교(교구장)를 새로 임명했다.

비교적 평화

그동안 조선과 동서양 열강들 간의 통상조약에 의해 외부세계와의 소통이 열렸고, 선교사들은 이 기회를 놓치지 않았다. 1866~1886년 동안 수차례에 걸친 박해로 인해 교회는 폐허가 되다시피 했고 교우 수는 2만 5,000명에서 일만 3,600명으로 반감되었다. 1888년 천주교 주교는 자기 관할교구를 개설할 수 있도록 허용했고, 4년 동안 천주교 신자들은 일만 7,000명으로 늘어났다. 조선은 1911년 두 개의 교구로 분할되었다. 지난 유럽 전쟁 동안 조선 선교단들은 사제들의 부족에도 불구하고 괄목할 발전을 이룩하여, 그 결과 1917년에는 두 교구의 천주교 신자 수가 총 8만 7,298명에 이르렀다. 당시 조선 선교단에는 프랑스 사제 31명, 한국 사제 23명 외에 이들을 보조하는 베네딕토회 사제와 수사 9명, 그리고 유럽 및 조선 수녀들이 있었다. 가장 희망적인 발전의 징표는 조선인 사제들의 증가다.

미래의 희망

조선교회의 역사를 읽으면서, 새로운 신자들에게 정신적 구원(의 말씀)을 전파하기 위해 온갖 고초(苦楚)와 고문과 죽음을 두려워하지 않았던 선교사들의 영웅적인 활동과, 아니면 이 신입 교우들이 (심지어는 가장 불완전한 윤곽만 그들에게 제시되었을 때에도) 종교적 진리들을 지키기 위해 보여주었던 그 꺾을 수 없는 불요불굴의 정신(신앙) 중 어느 편이 가장 찬탄할 일인지를 우리는 가늠하기가 어렵다. 수 년 동안, 수십 년 동안 그들의 헌신과 신앙을 위한 모든 가시적인 정박처(淳泊處)도 박탈당한 채 사제들도, 교회당도, 기도의 책자도 형식도 없는 상태에서, 거의 알지도 못하는 미지의 신앙에 대해 그들이 바친 진실한 신심(信心)은 교회사에 남아 있는 진기한 한 장(章)을 장식한다. 정신적인 것들에 대한 더 깊은 깨달음을 얻고자 하는 욕망은 이 새 입교자들에게 있어 물질적인 음식에 대한 육체적 갈망보다 강렬했고, 반면 우월, 지위, 부 또는 권력 등 세속적인 부귀영화는 그에 반대되는 가치의 저울로 측정

할 때 한낱 부질없고 허망한 것들일 뿐이었다. 진정으로 근 한 세기 동안 조선은 교회사에서 박해와 순교의 상징으로 남아 있으며, '신앙의 전파'의 연대기에 있어서는 피로 얼룩진 한 장(章)으로, 파리외방선교회의 역사에 있어서는 가장 잘 알려진 한 장으로서 빛나고 있다.

현황

교회 행정상 조선은 세 교구로 분할되어 있다. 서울·경성대목구(파리외방선교회 소속) 내 총인구는 870만 명이며 천주교 신자는 5만 5,000명이다. 대구대목구(파리외방선교회 소속) 내 총인구는 720만 명이며 천주교 신자는 3만 2,000명이다.

1934년 7월호

천주교 신앙은 어떻게 조선에 뿌리를 내리게 되었는가(1회)

존 블로윅 신부

이 글은 조선에 천주교가 들어오게 된 과정을 다룬 연재기사들의 첫 회다.

우리의 가장 최근의 선교활동 무대인 조선은 선교사(史)에서 독특한 위치를 차지한다. 조선교회의 이야기는 (아주 최근의 이야기이지만) 단순히 무미건조하고 재미없는 사실들과 숫자들의 나열이 아니다. 조선교회의 이야기는 매력적인 흥미와 가슴 조이는 일화들과 경이로운 영웅적인 위업들로 인해 세속의 역사나 교회의 역사에 등장하는 어떤 다른 이야기에도 뒤지지 않는다. 조선교회의 이야기는 그저 인간의 위대한 모험의 이야기로 읽는다 하더라도 흥미에 있어서 전 세계 사람들에 의해 추앙받는 사람들의 가장 고귀하고 가장 용감한 위업들의 어떤 이야기들보다도 더욱 흥미진진할 것이다.

그러나 천주교 신자들이 이 이야기를 읽는다면 그들은 그들의 신앙과, 하느님과 십자가에 못 박히신 예수님에 대한 사랑에 비추어 이 이야기를 읽게 될 것이다. 그들은 예수님이 피로 얼룩진 현장들을 돌아다니시면서 그의 사제들에게 그의 발자취를 따라 양떼를 위해 목숨을 바치라고 손짓하시는 주님의 자애로운 모습을 발견할 것이다. 신자들은 또한 그분께서 그의 젊은 조선의 제자들에게 피를 흘릴지라도 사람들 앞에서 그에 대한 신앙을 고백해 주기를 청하는 모습을 발견하게 될 것이다. 우리는 신성한 섭리가 조선인들을 그분의 교회 울타리 안으로 인도하신 이야기를 들을 때, 주교들과 사제들이 비상하고 가장 진귀한 방식으로 이 신기하고 매혹적인 이국땅에 천주교 신앙을 전파하기 위해서 불타는 열정을 바쳐 이루어낸 거의 믿을 수 없는 위업들에 관한 글을 읽을 때, 소수의 첫 조선인 천주교 신자들이 이국땅에서 투옥과 노예의 고통 속에서 교회에 입교하고, 바로 직후 피로써 자신들의 신앙을 증명하는 것을 볼 때, 수천 명의 조선인 입교자들이 기꺼이 순교의 고난을 감수했던 이야기를 추적할 때, 우리의 정신은 매혹되고 우리의 상상력은 현혹되며 그리스도를 위한 이 민족의 더 큰 정복에 우리의 몫을 덧붙이고 싶은 위대한 갈망으로 우리의 열성과 사랑(이들이 결코 식지 않도록 도우소서)은 불타오르게 될 것이다.

조선의 선교역사는 사도시대의 역사와 놀랄 만큼 가까운 유사성을 지니고 있다. 조선의 선교역사는 우리에게 그리스도 교회 초창기 3세기 동안 교회를 절멸시키려고 했던 박해들을 매우 강렬히 상기시킨다. 조선에서 선교를 했던 최초의 사제들의 삶은 (이 분들이 살았던 때는 지금으로부터 채 100년도 되지 않았음을 우리는 기억해야 한다) 사도 바오로의 용맹스러운 신앙과 열정을 우리에게 상기시킨다.

"유대인들에게서 나는 사십에서 하나를 감한 매'를 다섯 번 맞았으며, 세 번 태장으로 맞고, 한 번 돌로 맞고, 세 번 파선하고, 하루 밤낮을 깊은 바다 속에서 지냈으며, 여러 번 여행하면서 물길의 위험과, 강도들의 위험과, 바로 내 동족으로부터의 위험과, 도시 안에서의 위험과, 광야의 위험과, 바다의 위험과, 거짓된 형제들로부터의 위험에 빠졌노라. 수고하고 고통하고, 여러 번 자지 못하고 망을 보고, 주리며 목마르고, 번번이 굶고, 춥고 헐벗었노라."[2]

아니다. 저 영웅적인 조선의 선교사들이 신자들을 구하기 위해서 그들의 목숨을 스스로 내놓았을 때, 그들은 주님의 사랑을 그대로 실천한 것 이상이었다. 19세기 조선 천주교 신자들에 대한 우리의 감정은 무고한 아기 순교자들(Holy Innocent)[3] 또는 로마의 네로 황제 치하에서 박해를 당했던 수많은 순교자들에 대한 우리의 태도와 흡사하다.

선교의 사명을 띠고 조선에 와 복음을 전한 최초의 신부는 1794년에 이 나라에 입국했다. 그는 중국인 주문모 신부였다. 주문모 신부는 조선에 도착하던 그날부터 쫓기는 신세가 되었다. 그의 목숨은 관에 쫓기는 신세였고, 그의 목에는 현상금이 걸렸다. 그에게 온정을 보였던 천주교 신자와 그를 조선으로 길 안내해준 두 사람은 순교를 당했다. 주문모 신부는 몸을 피해 그 후로 6년간 아무런 도움도 받지 못한 채 혼자서 사목활동을 했다. 그 끝에 다시 박해[4]가 일어났다. 천주교 신자들은 사냥당하고 투옥되었다. 그리고 주문모 신부는 그의 양 떼를 구하고자 하는 마음에서 관가에 자수했다. 그는 조사를 받았고, 신앙을 고백했다. 그는 고문을 당했고, 자수한 지 한 달 후에 처형되었다. 같은 해(1801년) 300명의 천주교 신자들이 순교의 영광을 안게 되었다. 주문모 신부가 처형된 뒤 소수의 조선인 양 떼들은 사제가 없는 상태로 30년 이상을 어려운 상황 속에서 지내야 했다. 그들은 북경에 사제를 파견해주도록 간청했지만 당시 북경에는 주교가 없었다. 당시 주교가 서거했으나, 그 후임자는 북경에 들어오는 것이 허가되지 않고 있었다. 그들은 교황청에 전갈을 보냈으나 교황도 당시 나폴레옹에 의해 퐁텐블로에 감금당한 상태였기 때문에 그들을 도와줄 수 없었다.

마침내 30년의 세월이 흐른 뒤 프랑스로부터 한 분의 주교와 두 분의 신부가 조선에 입국하는 데 성공했다. 그들은 조선인들 사이에서 3년간 활동했으나 그 끝에 또 박해가 일어났다.[5] 주교와 두 신부는 만나서 중요한 결정을 내리게 되었다. 그들은 사도활동을 계속하기 위해 가능한 오랫동안 체포되지 않도록 몸을 피하기로 뜻을 모았다. 이러한 방침을 변경할 필요가 있을 경우 주교가 두 신부에게 연락을 취하기로 했다. 그리고 나서 그들은 각자 흩어져 각각 다른 지역에서 활동을 계속했다. 얼마 지나지 않아 주교가 체포되었고, 그는 신자들이 더 큰 고초를 겪는 것을 막기 위해 두 신부에게 다음과 같은 전갈을 보냈다. "착한 목자는 양 떼를 위해 목숨을 버린다네. 이 전갈을 가져간 사람과 함께 돌아오게." 이 짧은 전갈은 순교의 호출이었다.

두 신부는 만나서 파리로 그들의 선교대학의 수도원장들과 신부들, 그리고 학생들에게 다음과 같은 편지를 썼다.

"9월 6일 오늘, 우리는 주교님으로부터 순교를 위해 우리 자신을 봉헌하도록 새로운 명을 받았습니다. 떠나기 전에 마지막으로 미사를 드릴 수 있어서 위안이 됩니다. 우리 주 하느님께 천만번 감사를 드리며, 다시 고아가 될 처지에 있는 우리 불쌍한 조선 신자들에게 반드시 도움을 보내주시길 간청합니다. 우리의 뒤를 이어 오실 형제 신부님들에게 용기를 드리기 위해, 조선의 영의정이 목을 베기 위해서 세 자루의 대검을 마련해두었다는 사실을 알려드리게 되어 영광스럽게 생각합니다."

감당해내기 어려운 조선 입국의 고초들과 불을 보듯 확실한 박해와 죽음도 파리 선교학교의 젊은 학생들을 막지 못했다. 그리스도를 위한, 그리고 영혼들을 위한 그들의 열성은 어떠한 장애들도 극복할 만큼 충분히 강했다. 위대한 프랑스 선교대학 신학교에는 항상 용감한 젊은 사도들이 있었다. 신부들은 계속해서 조선에 들어갔다. 저 유명한 편지가 파리로 발송된 지 26년이 지난 후, 한 명의 주교와 10명의 신부가 조선에서 활동하고 있었다. 그러나 그들의 운명도 그들의 순교당한 동료들의 운명과 다르지 않았다. 주교와 7명의 신부가 순교했고 남은 3명의 신부는 조선을 떠나야만 했으며, 조선의 가엾은 작은 양 떼는 다시금 목자가 없게 되었다.

사제가 없는 이런 상태가 그 후로 7년 동안 계속되었다. 주교 한 명과 7명의 신부가 처형되었던 그 박해[6]는 특히 가혹했다. 섭정[7]이 천주교를 뿌리 뽑겠다고 맹세했었다. 그는 부녀자들이건 어린 이들이건 살려두지 않았다. 2년간 2,000여 명의 조선 신자들이 신앙을 위해 죽은 것으로 전해진다. 그 다음 2년간 8,000여 명의 신자들이 죽음을 당했다고 전해지는데, 이 숫자는 유배지에서 죽은 이들과 기아와 추위로 죽은 이들의 수는 제외한 것이다.

오늘날 조선에는 평화가 있다. 선교사들은 지난 세기 동안 슬픔과 피 속에 뿌려진 씨앗들의 결과를 수확하고 있다. 현재 조선은 4명의 주교와 72명의 조선인 사제, 사제직을 준비하고 있는 208명의 조선인 신학생, 99명의 외국인 선교사 사제(이 중 10명은 중국에 파견된 메이누스선교회 소속이다)가 있다. 천주교 신자 숫자는 약 일만 1,000명이다. 외인 인구는 약 2,000만 명이다.

아일랜드 국민의 조선 개종을 위한 관심과 자선을 일깨우고자 우리는 『극동』의 다음 호들에서 조선 선교의 매력적인 이야기들을 상세히 전하기 위해 최선을 다할 것이다.

1934년 8월호

조선에서의 첫 생활 이모저모

제랄드 매리난 신부

매리난 신부는 우리 독자들이 기억하듯이,

조선에 파견된 우리 최초의 선교단의 한 사람이다.

우리의 동방으로의 긴 여행의 마지막 단계로 우리를 인도할 열차가 부산역을 빠져나갔을 때는 아직도 이른 아침이었다. 우리가 속력을 내어 도시 생활의 부산함으로부터 점점 더 멀어져 갈수록 주변 시골의 풍경은 점차 을씨년스러워지기 시작했다. 밤 동안에 폭우가 내렸는데, 아침이 다가와도 계속해서 빗방울 떨어지는 소리가 이어졌다. 진창이 된 황량한 벌판들은 비참하고 버려진 모습을 드러내고 있었다. 초가지붕을 이은 흙집들은 마치 서로 의지하기라도 하려는 듯, 언덕배기에 옹기종기 모여 있거나, 물이 가득 찬 논들 근처에 위험스럽게 걸쳐 있었다. 비참한 골목길들이 구불구불 이 마을들로 이어지고 있었고, 길에는 조선인들이 오고 가고 있었는데, 그들의 흰옷은 이 점점 더 들이붓듯이 쏟아지는 폭우 속에서 그 단정한 차림을 유지하려고 애썼지만 허사였다. 그날은 일요일이었지만 일을 할 수 있는 곳에서는 일을 하고 있었고, 이따금씩 보이는 산뜻한 작은 성당들이 아니었다면 우리는 아마 이곳이 완전히 이교도들의 세상이라고 생각했을 것이다. 피곤하던 참에 똑같은 경치가 반복되자 졸음이 밀려왔다. 나는 "조선이 이렇군" 하며, 잠시 조용히 눈을 붙일 생각으로 구석에 자리를 잡았다. 나는 대구에 도착했다고 알려주는 목소리에 잠을 깼다.

마침내 숙소에 도착하다

한숨을 쉬며 내릴 채비를 했다. 눈 깜짝할 사이에 나는 플랫폼에 내려서 눈앞에 벌어지는 광경을 응시하고 있었다. 그 역은 큰 역이었는데, 내가 프랑스에서 봤던 많은 기차역들을 연상시켰다. 역은 폭은 좁았지만 내 양 옆으로 멀리 뻗어나가고 있었다. 한 무리의 조선인들이(아마 틀림없이 그들은 이런 광경을 구경하게 되어 운이 좋다고 생각했을 것이다) 마치 과학자가 어떤 희귀한 표본을 깊은 관심을 갖고 관찰하듯 우리 이방인들을 지켜봤다. 대구에서 아홉 명의 신부들이 떼를 지어 기차에서 내리는 것을 보는 것은 흔한 일이 아니다. 구경거리가 된 우리들 역시 유럽의 예절을 잠시 잊고 이리저리 그 사람들 주변을 오가며, 놀랍고 재미난 광경을 손가락질하고 있는데, 턱수염을 기른 두 명의 프랑스인 신부님들이 다가오면서 손을 흔들어 우리를 불렀다. 이 신부님들은 우리를 따뜻하게 맞아주고, 우리를 두 대의 자동차로 안내했다. 잠시 후 우리는 대구 거리를 달리고 있었다.

길 양편에 늘어선 상점들에 눈이 팔려, 나는 우리가 가고 있는 방향을 매우 주의해서 지켜보지를 못했고, 우리가 탄 차들이 서로 다른 길로 갈라졌다는 것도 몰랐다. 그러다가 내가 탄 차가 갑자기 골목길에 있는 한 칙칙한 작은 건물에 멈춰섰다. 그 건물은 2층이었지만, 열 명의 신부들이 지내기에는 턱도 없어 보였다. 솔직히, 우리는 실망했다. 우리는 대학교와 주교관을 예상하고 있었다. 하지만 지금 여기서 뭘 발견할 것으로 예상했었는지 그런 생각을 하고 있을 겨를이 없었다. 운전사가 성화하면서 우리에게 차에서 내리라고 손짓을 하고 있었다. 우리의 두 안내자들은 모두 다른 차에 타고 있었다. 우리는 즉시 어떻게 하지 않을 수 없었다.

우리가 멈칫멈칫 차에서 내리자 택시가 떠났다. 비 내리는 날, 우리는 대구의 한 골목길 보도를 둘러보면서 최대한 품위 있게 보이려 애를 썼다. 다른 차에 탄 일행은 아직 도착하지 않았는데, 기다리는 동안 우리 앞에 있는 건물 안에 들어가보는 것도 괜찮겠다는 생각이 들었다. 정원을 둘러싼 담장 문간에 이르기도 전에 우리는 로만칼라에 수단을 입은 젊은 남자를 만났다. 우리는 라틴어로 우리가 누구인지를 말했다. 우리의 기대는 놀라움으로 바뀌었다. 집주인이라고 생각했던 그 사람은 완벽한 영어로 자신이 성공회 사제라고 말하는 것이었다. 그는 너무나 친절하게 우리가 길을 잘못 들었다고 말하면서, 묻기도 전에 우리가 가야할 곳이 어디인지를 가르쳐줬다. 우리가 아직도 어떻게 할 것인지를 상의하고 있는 동안, 다른 차를 탔던 나머지 일행들이 나타나 우리를 구조했다. 그들은 내내 우리를 찾아다닌 것이었다. 15분 후에 우리는 새 지도 주교이신 플로리앙 드망즈 주교님의 관사에서 주교님께 이야기를 하고 있었다. 이번에는 착오가 있을 수 없었다. 마침내 우리는 긴 여로의 종점에 도달했다.

숙소에서

대구에 있는 파리외방선교회 본부는 주교관과 조선인 학생들이 사제가 되기 위해 공부하는 신학교로 이루어져 있다. 두 건물 다 매우 튼튼한 건물인데, 드망즈 주교님의 정력과 선견지명에 영원한 찬탄을 금할 수 없는 건물들이다.[1] 주교관과 신학교는 대구 시내를 내려다보는 엄청나게 넓은 캠퍼스 안에 위치해 있기 때문에, 이 건물들은 선교국가에서 바랄 수 있는 모든 이점을 다 지니고 있다. 신학교의 한 구역이 우리에게 임시 숙소로 제공되었다. 사목활동을 할 수 있을 정도로 조선어에 능숙해질 때까지 이곳이 우리의 집이 될 것이다. 주교님의 자애로운 환대에 우리는 큰 신세를 지고 있다. 프랑스 신부님들과 조선 신부님들도 우리를 매우 친절하게 대해줬으며, 그들이 할 수 있는 최대한으로 우리를 편안하고 행복하게 해주려고 노력하셨다. 우리는 대구를 좋아한다. 단언하건대 우리가 이곳을 떠날 때는 분명히 우리가 조선에서 처음 보낸 나날들에 대해 즐거운 추억을 갖고 떠날 수 있을 것이다.

새로운 얼굴들

새 숙소에서 우리가 신학생들과 사귀게 되는 데는 많은 시간이 걸리지 않았다. 정확히 한 시간 정도 걸렸다. 도착하던 날 점심을 먹고 나오자마자, 우리는 태풍을 만났다. 그 뒤에 벌어진 장면은 신학생 시절 너무나 익숙했던 구두시험을 떠올리게 했는데, 차

이점이 있다면 그때는 단상에 약 서른 명의 시험관들이 있었던 반면, 지금은 우리가 (학생들이) 질문하는 모든 문제에 대한 답을 알고 있는 높은 위치에 있다는 점이다. 조선 청년들은 아일랜드 청년들처럼 수줍음이 많지는 않다. 우리는 운명적으로 한 학생 무리와 부딪히게 되었는데, 그들은 지나가던 우리를 붙잡고 우리 자신, 우리의 친구들, 우리나라 등에 관해 수많은 질문을 퍼부었다. 이들의 호기심을 일일이 만족시켜주고 났을 때는, 족히 하루 일을 다 한 것 같은 기분이 들었다. 그 후로 이 신학생들에 대해 매우 잘 알게 되었다. 우리는 신학생들과 매일 만나는데, 우리가 아일랜드에 관해 새로운 이야기들을 해주면, 그들은 자기 자신들에 관한 이야기와 자기들의 하루 일과가 어떻게 채워지는지 이야기해준다. 이들은 유머감각이 매우 날카롭고, 항상 농담을 즐길 준비가 되어 있다. 이 같은 유머감각은 이 밖에 이들이 지닌 진지한 외모와 함께 나중에 이들이 사제직을 수행할 때 틀림없이 좋은 도움이 될 것이다. 신학교는 두 개의 단계로 나뉘어 있는데, 상급학교는 신학자들과 철학자들로 구성되고, 하급학교는 초등학교를 갓 졸업하고 온 남자아이들이 공부하는 곳이다.[2] 소신학교 신입생들은 대구에서 일 년간의 시련기간을 보내는데, 이 기간 중에 이들이 신학생으로 적합하다고 판단되면 서울로 보내 중학과정 교육

을 받게 한다.[3]

초보자들을 위한 조선어

현재 우리의 최대 관심사는 조선어에 상당히 능숙해지는 것이다. 조선어는 그저 조금 어려운 언어 정도가 아니다. 전혀. 절대 그렇게 간단치가 않다! 혹자는 라틴어나 그리스어가 어렵다고 할지 모른다. 일리가 있는 말이다. 그러나 조선어에 비할 바가 못된다. 하지만 우리 조선어 교수님을 소개하겠다.

교수님의 성함은 윤찬도인데 항상 강의 시작 30분 전에 미리 와 계신다. 그래서 강의를 시작하시기 전에 교수님을 살펴볼 시간이 많다. 이 교수님은 버선발일 때(점잖은 조선인들은 모두 실내에 들어올 때는 신발을 벗는다) 키가 5피트 7인치이시며, 의복은 일반적으로 남자들이 입는 옷을 입으신다. 하얀 깃(동정)이 달린 긴 외투(두루마기)는 두 발을 제외하고는 모든 것을 감싸서 감추고, 두 다리는 통처럼 생긴 바지(흡사 사이클 선수의 유니폼처럼 발목을 꼭꼭 묶는다) 속에 갇혀 있다. 두발은 단발머리를 하셔서, 잘생기고 지적으로 보이는 두상이 드러나 보인다.[4]

교수님이 강의실에 들어와 칠판 앞에 자리를 잡으실 때면, 유쾌해보이는 얼굴에 짙은 갈색의 두 눈이 뛰어난 유머감각으로 반짝거리신다. 교수님은 참석한 학생 하나하나에게 교회전례법전 교수님의 비판을 받지 않을 한도 내에서 허리를 깊이 굽혀 인사를 하시고, 아침 수업을 준비하신다. 이 시간에 교수님은 각 학생들에게 신상면담 기회를 주시고, 학생들의 어려움을 해결해주시려고 힘껏 애를 쓰신다. 정해진 시간이 되어 수업이 본격적으로 시작되고, 칠판이 한글이나 한자들로 가득 뒤덮이는 동안 우리는 점잖을 빼려고 애를 쓴다.

윤찬도 교수님은 조선어뿐만 아니라 중국어와 일본어에도 능통하신데, 그분이 칠판에 쓰는 것들의 뜻을 영어로 설명하실 수만 있다면 정말 완벽한 교수님이 될 것이다. 그러나 안타깝게도! 그러지는 못하신다. 교수님은 동양의 언어들에 정통하시기 때문에 자기의 언어학적 지식을 총동원하여 설명해주시는데, 그래도 우리 멍텅구리들(교수님은 틀림없이 그렇게 생각하실 것이다)이 알아듣지 못할 때는, 마지막으로 손짓 발짓 무언극과 온갖 몸짓을 다 하신다. 교수님께서는 책을 한 권 집어 들어 가슴에 품고 강의실을 가로질러 달려가 책을 바닥에 내던졌다가는, 다시 책을 주워 들고선 미소를 지으며 제자리로 돌아오신다. 불쌍한 교수님을 실망시키지 않기 위해 우리는 교수님께 더 큰 미소를 보내드린다. 그렇게 우리는 다음 설명으로 넘어간다.

미로 같은 길들

사람 사는 데 근심걱정과 슬픔은 누구도 피할 수 없는 일상다 반사다. 선교사라고 해서 이로부터 면제될 수는 없다. 어느 날 이러한 사실을 내게 강하게 깨우쳐준 일이 있었다. 지난 얼마 동안 통증이 있어 탈이 난 것을 알게 되었던 이(齒) 하나가 이제 견디기 힘들 정도로 통증이 심해졌을 때였다. 다행스럽게도, 대구에는 서툴지만 영어를 할 줄 아는 일본인 치과 의사가 있다고 들었는데, 당연히 그를 찾아가봐야겠다는 생각이 들었다. 나는 그 의사의 실력을 믿어 의심치 않아서, 어느 날 저녁 그 치과를 찾아가서 안심하고 치료 의자에 앉았다. 내 친구는 문제의 이를 대충 훑어보더니 충치가 있다면서, 신경을 죽이자고 제안했다. 그의 말투는 쥐사냥을 열자고 허락을 구하는 운동선수의 말투였다. 하지만 당시로서는 신경 때문에 고통이 상당했기 때문에 이에 대한 약식 처형(신경 죽이기)에 반대하지 않고 동의했다. 그 작전(치료)은 완전히 만족스럽지는 않았다. 어느 순간 나는 의사가 내 몸 속의 모든 신경을 죄다 죽이려고 한다는 생각이 들었다. 마침내 그날의 치료가 끝나고, 나는 치과에서 풀려 나왔다. 다소 어질어질한 상태로 길거리에 나와 15분 정도를 특별한 생각 없이 그냥 걸었다. 그러다 갑자기 정신이 들어보니 내가 어디에 와 있는지도 모르겠고, 어찌다 거기까지 오게 되었는지도 알 수가 없었다. 왔던 길을 되짚어 가려고 했지만 소용없었다. 결국 길을 잃었다는 것을 알게 되었다. 가장 확실한 방법은 길을 물어보는 것이지만, 어떻게 그 일을 해낸단 말인가? 대구에는 유럽 말을 할 줄 아는 사람이 거의 없었고, 또 우연하게 그런 사람을 만날 가능성도 거의 없었다. 그때 걸인 하나가 나한테 구걸을 했는데, 그 걸인에게 돈을 주고 일을 시키면 되겠다는 생각이 퍼뜩 들었다. 치과로 되돌아갈 수만 있다면 이 곤경에서 벗어나리란 생각이 들었다. 나는 이런 생각으로 걸인에게 몸을 돌렸다. 나는 앞니 하나를 잡아 이를 뽑는 시늉을 하며 찡그린 표정을 지었다. 그러자 내 구원자도 나를 따라 자신의 이를 하나 잡아 빼는 시늉을 했다. 나는 고개를 끄덕였고 우리는 출발했다. 결국, 너무나 쉬운 일이었다. 이윽고 우리가 치과에 도착했을 때, 나는 내 비상한 아이디어가 대견스럽기 짝이 없었다. 그런데 세상에 이럴 수가. 의사가 엉뚱한 사람이었다. 처음 보는 건물, 처음 보는 이름, 모든 게 처음 보는 것들이었다.

　나는 이 일로 적잖이 화가 났다. 하지만 그 걸인을 탓할 수도 없는 일이었다. 대구 같은 도시에 치과가 둘 있는 것이 그의 잘못은 아니지 않은가. 게다가 그 걸인은 자기가 할 일을 충실히 잘해내지 않았는가. 나는 그에게 이 병원이 아니라 다른 치과에 가야 한다고 말하려고 애를 썼다. 그는 놀랍게도 금방 내 생각을 알아차렸고 우리는 금세 출발했다. 이번에는 목적지에 도착하기까지 한참 시간이 걸렸다. 그리고 마침내 도착했을 때, 더 크게 실망하고 말았다. 이곳에는 내가 생전 처음 보는 또 다른 치과 의사가 있었다. 자, 이제 어떻게 할 것인가? 아무래도 치과로 돌아가야겠다는 생각은 그만둬야 할 듯했다. 언뜻 보기에도 대구에는 치과들이 넘쳐나는 것 같았다. 저녁 내내 모든 치과를 다 돌아다닐 수는 없는 노릇이었다. 그날 오후 두 번째로 기발한 생각이 떠올랐다. 진짜 대단한 생각이었다. 이 도시에 기차역은 틀림없이 하나밖에 없을 것이다. 그리고 그곳에만 가면, 나는 도움 없이도 신학교로 돌아가는 길을 찾을 수 있을 거란 생각이 들었다. 나는 내 안내자에게 다시 몸을 돌렸다(이 선의 넘치는 친구는 참을성 있게 나를 기다리고 있었다). 그리고 더 자세히 손짓 발짓을 하며 설명을 했다. 나는 푸프-푸프-푸프 하면서 휘파람을 불고 움직이는 시늉을 했다. 그러자 그도 푸프-푸프 하면서 그의 이를 뽑는 시늉을 하면서 씩 웃었다. 내 생각은 완전히 잘못 전달되었다. 이 바보 같은 친구는 내가 그를 가장 필요로 하는 순간에 나를 실망시키려고 하고 있었다. 그는 내가 이를 뽑고 싶어 하는 것으로 생각했다. 나는 내가 무슨 말이나 무슨 몸짓을 하더라도 그의 생각을 절대 돌리지 못할 것을 알았다.

구원을 받다

나는 그 걸인에게 약간의 돈을 주고는 더 이상 그의 도움이 필요 없다고 분명히 말하고는 돌아서 걷기 시작했다. 그는 나한테서 쉽게 떨어지려고 하지 않았다. 그는 계속 몇 분마다 나에게 달려와 푸프-푸프 하면서 그의 이를 뽑는 시늉을 했다. 정말 귀찮기 짝이 없는 일이었다. 애초에 그 사람에게 도움을 청한 것이 후회되었다. 여러 사람에게 물어봤지만 소용이 없었다. 그러다가 마침내 내가 원하는 것을 이해한 사람을 하나 만나게 되었다. 그 사람은 아직도 내 뒤에서 푸프-푸프 하고 있던 그 걸인에게 어찌어찌하라고 정확하게 설명해주었다. 그래서 우리는 다시 세 번째 출발을 했다. 이리저리 미로 같이 복잡한 거리들을 한참을 돌아다닌 뒤에, 드디어 기차역이 눈에 들어왔다. 나는 내 안내자에게 더 넉넉하게 돈을 주고, 충심으로 고맙다는 말을 하고는 기차역에서 돌아서 신학교를 향해 발걸음을 내딛었다. 정직한 마음을 가진 이 걸인에게는 이것이 도저히 납득이 안 가는 모양이었다. 그는 나를 기차역까지 데려다주라는 부탁을 받았고, 그래서 자신의 소임을 저버리려고 하지 않았다. 이 걸인은 생각이 꽉 막힌 사람이었던

지, 아까는 줄기차게 내가 이를 뽑으려 한다고 고집하더니 이번에
는 또 내가 기차를 타야한다고 고집을 하고 있었다. 그는 손짓 발
짓으로 애걸하고 하소연했다. 아무 소용이 없자 그는 슬프게 발걸
음을 돌렸다. 그 불쌍한 친구가 가여웠지만 이미 너무 많은 시간
을 허비했기 때문에 서둘러서 숙소로 돌아가야만 했다.

등 뒤로 신학교 문들이 닫힐 때, 나는 오늘 저지른 바보 같은
짓에 대해 생각해봤다. 귀중한 저녁시간을 송두리째 허비했다.
허비해버렸어! 물론, 경험을 했다. 매우 소중한 경험을.

1934년 9월호

천주교 신앙은
어떻게 조선에 뿌리를 내리게 되었는가(2회)

존 블로윅 신부

우리가 조선교회의 이야기를 쉽고 재미있게 계속 읽고자 한다면 우선 이 이야기에 나오는 몇 가지 개념을 파악해야 할 것이다. 그 것은 '조선'이라는 나라 자체, 그 지리적 상황, 그리고 외국인들에 대한 조선 통치자들의 태도에 관한 것들이다.

조선은 중국과 시베리아가 맞닿는 아시아 대륙의 북동쪽 구석 에서 남쪽으로 돌출되어 나온 정말 광대한 반도다. 조선은 대양을 향해 돌출해 황해와 동해를 나누고 있다. 조선의 서쪽으로는 황 해, 동쪽으로는 동해, 그리고 남쪽으로는 조선 해협이 있다. 이 나 라는 삼면이 바다로 둘러싸여 있다. 해안 밖으로는 200개 이상의 섬들이 있는데 이들 중 많은 섬이 천주교 신앙이 조선에 뿌리를 내리는 역사에서 그들의 역할을 했다.

조선은 북쪽으로는 만주와 접해 있는데, 사실상 북쪽 국경 전체를 가로지르는 두 개의 강이 조선과 만주의 경계를 이루고 있다. 그 두 강은 압록강과 두만강이다. 이 두 강 역시 조선교회의 역사에서 한 부분을 차지한다.

조선은 넓이가 약 8만 2,000평방마일인데, 대략 잉글랜드와 스코틀랜드의 크기 정도다. 그 길이는 북쪽에서 남쪽까지 약 600마일이고 동서 간의 평균 폭은 대략 130~135마일이다. 종합해보면, 이 나라는 그리 큰 나라는 아니다. 이 나라의 인구는 약 2,000만 명이다.

조선의 지리적 위치는 이 나라를 동양의 전쟁터로 만들었다. 조선의 오랜 변화무쌍한 역사는 계속된 맹렬한 침략으로 점철된 역사였다. 그렇지만 1637년부터 조선은 정치적 독립과 상당한 정도의 평화를 누리게 되었다. 하지만 이 나라의 왕들은 과거의 역사를 결코 잊지 않았다. 조선은 다른 종족들과 다른 나라들에 의해 너무나 자주 약탈과 파괴를 당하고 산산이 찢겨왔었기 때문에 이 나라의 왕들과 아마도 백성들까지 모든 외국인들에 대해 극도의 적개심과 경계심을 품고 있었다. 이것이 약 1637년부터 1876년

(이 해에 이 나라는 다른 나라들의 압력에 의해 이 배타적 정책을 폐기하지 않을 수 없게 되었다)까지 이 나라의 왕들이 조선에 펼쳤던 기묘한 쇄국정책에 대한 매우 그럴싸한 설명일 것이다. 이 설명이 맞는지 틀리는지는 크게 문제가 되지 않는다. 중요한 것은, 이 기묘한 나라의 천주교 역사에 대해 알고자 하는 사람들에게는 조선의 쇄국정책이 매우 큰 관련성과 중요성을 갖는다는 것이다.

이 쇄국정책은 조선이 여하한 나라와도 절대 교류를 하지 않을 것임을 의미했다. 어떠한 조선인도 이 나라를 떠나는 것이 허용되지 않았다. 어떠한 외국인도 이 나라에 입국하는 것이 허용되지 않았다. 이 나라를 떠나려고 시도하는 조선인은 누구나 사형에 처해지는 가혹한 법이 엄격하게 시행되었다. 허가를 받지 않고 조선에 입국하려는 외국인에게도 유사한 형벌이 부과되었다. 이러한 강력한 척사와 쇄국정책으로 인해 조선은 '은자의 왕국'과 '금지된 다리'라는 별칭을 얻게 되었다. 이를테면 이 나라는 중국과 일본 사이에 놓인 천연적인 다리였다.

이 나라의 지리적 위치 덕분에 왕은 이 기이하고 가혹한 법을 시행하는 것이 비교적 쉬웠다. 조선은 삼면이 바다로 둘러싸여 있지만 조선인들에게 뱃사람 기질은 전혀 없었다. 어떤 이유에서인지 그들은 바다를 싫어하고 두려워했다. 그들이 비오 7세에게 보낸 편지에 보면 그들 간에 '같이 바다에 확 빠져 죽자'라는 전해 내려오는 악담이 있다는 언급이 있다. 아마도 이런 생각은 백성들이 집을 떠나는 것을 막기 위해 지배계급들이 조장했을지 모른다. 게다가 조선인들은 큰 선박이 없었다. 그들이 사용하는 배는 고작해야 육지(뭍)와 해안에서 아주 가까운 수백 개의 연안도서들을 오가는 작은 배나 고깃배뿐이었다. 이 뿐만 아니라 전 해안선은 군대 감시초소들이 설치되어 엄중하게 감시되었다. 해안의 높은 곳이나 가까운 산꼭대기에 파수병들이 배치되어, 조선인들과 인근에 있을지도 모를 외국 배가 접촉하지 못하도록 감시했다. 매년 봄이 되면 중국 어선들이 고기를 잡으러 조선 해안 꽤 가까이까지 왔지만, 조선인들이 그들과 만나거나 접촉하지 못하도록 철저히 감시되었다. 널리 알려진 한 사례로, 선교사들이 이 고깃배들을 이용하여 외부에 메시지를 보내려다 사제가 체포되어 순교한 일이 있다. 그가 바로 최초의 조선인 신부인 복자 김대건 안드레아'였다. 물론 외국 선박이 조선에 정박하는 일 같은 것은 없었다. 그런 것은 허용되지 않았다. 1637년부터 1876년 사이 조선의 모습은, 인근 나라들을 비롯한 외부세계와의 교류가 완전히 단절된 나라의 모습을 상상하면 된다. 심지어 폭풍을 만나 조선 육지 근처로 피난을 온 배들도 체류가 허락되지 않았으며 배에 탄 사람들이 조선인들과 접촉하는 것도 허용되지 않았다.

이렇듯 바다를 통해 조선에 들어오려는 시도는 전혀 불가능했다. 오직 한 가지, 육로를 통해 조선에 들어오는 가능성, 즉 만주를 횡단해 조선의 북쪽 국경을 통해 들어오는 가능성만이 남아 있었다. 통치자들은 이 길을 통해 조선인들이 나라 밖으로 나가거나 외국인들이 나라 안으로 들어오는 위험에 대해 눈감고 있지는 않았다. 그들은 그 같은 일을 방지하는 조치들을 취했다. 물론, 국경에도 거의 극복 불가능할 정도의 자연 장애물이 있었다. 우선 조선 북쪽을 가로질러 흐르는 두 개의 커다란 강이 있었다. 그런 데다가 사람의 발길이 닿지 않은 험하고 광대한 산악 삼림지대들이 있었다. 하지만 이런 천연적 장애물도 통치자들을 만족시키지 못했다. 그들은 국경 인근에 넓이 일만 평방마일 정도의 지역을 황무지로 유지했다. 어떠한 조선인이나 외국인도 이 지역에 살거나 땅을 경작하는 것을 시도하는 것이 허용되지 않았다. 위반할 경우 사형이었다. 그러나 이처럼 매우 엄격한 쇄국정책도 조선의 통치자들을 만족시키지 못했다. 그들에게는 조선인들이 다른 나라에 못 가고 외국인들이 조선에 못 들어오게 하는 것만으로는 충분치 않았다. 외부세계와의 서신 왕래는 사형으로 금지되어 있었다. 이는 확실히 조선인 천주교도들에게 적용되었다. 예를 들어, 1811년에 조선 천주교 신자들이 교황 비오 7세에게 보낸 사제를 파견해 주기를 간청하는 감동적인 청원서를 읽어보면 다음과 같은 대목이 있다. "계속된 박해로 서신을 가져가는 사람이 옷 속에 숨길 수 있도록 하기 위해 어쩔 수 없이 비단에 이 서신을 씁니다. 그가 살아 돌아올 가능성은 일만 분의 일도 안 됩니다."

이웃 나라와 교역과 통상을 할 수 있도록 조선인들에게 허용된 유일한 제도는 북쪽 국경 바로 바깥쪽에서 일 년에 한 번 열리도록 허가되는 시장(단개시)과 일 년에 두 번 열리도록 허가되는 시장(쌍개시)이 한두 차례 열리는 것이었다. 중국 상인들이 물품을 갖고 그곳에 오면 조선인들은 자유롭게 가서 그들을 만날 수 있었다. 그러나 모든 거래는 왕명을 받는 관헌(官憲)[2]들의 감독하에 이루어졌는데 이들은 그 시장에 가고자 하는 이에게 '조선의 문'을 열어주는 권한을 지니고 있었다. 이 관헌들은 시장이 개장된 몇 시간 동안 이 사람들을 면밀히 감시했으며 폐장을 알리는 신호가 울리면 이 사람들이 모두 국경을 건너 다시 돌아오도록 세심한 신경을 썼다. 이 국경 시장들에 대해서는 나중에 더 언급될 것이다. 선교사들은 이 시장들을 조선에 몰래 들어오거나 외부로 전갈을 내보내는 데 이용했다.

이제껏 살펴봤듯이, 조선은 2세기 동안(1637~1876년) 외부세계로부터 완전히 단절되어 있었다. 조선인들은 다른 나라로 여행할 수 없었다. 어떠한 외국인도 그들 나라에 들어갈 수 없었다. 그들은 다른 나라에 통신을 보낼 수도, 다른 나라로부터 통신을 받을 수도 없었다. 그들은 주변세계에서 일어나는 일들에 대해 전혀 알지 못했으며, 외부세계는 물론 조선에 대해서 아무것도 알지 못했다. 인간의 법과 힘이 이를 성취할 수 있는 한 조선인들은 외계행성에서 살아온 것이나 다름없었다.

이로써 우리는 지금으로부터 겨우 150년 전인 1784년이 되도록 하느님의 복음이 조선 땅에 전파되지 못했던 연유를 이해할 수 있다. 그 후 천주교 신앙이 매우 독특한 방식으로 조선인들에게 전해졌다. 현재 조선에 있는 한 주교의 표현을 빌자면 "거룩하신 성령의 역사(役事)에 의해서" 이루어진 일이었다.

다음 달에는 천주교 신앙이 처음으로 조선에 전해지게 된 과정을 전하도록 하겠다.

1934년 10월호

천주교 신앙은
어떻게 조선에 뿌리를 내리게 되었는가(3회)

존 블로윅 신부

천주교는 1784년 무렵 어떠한 선교사의 설교도 없이 조선에 유입되었다. 그 경위는 다음과 같다. 우리 독자들은 조선이 외부세계와의 교류로부터 거의 차단되었음을 기억할 것이다. 그런데 소수의 조선인들이 짧은 기간이나마 외국인을 만나고 또 이 나라 밖으로 나갈 수 있는 합법적인 두 가지 방법이 있었다. 하나는 지난 호에서 우리가 언급했던 연례국경시장(開市)이었다. 나머지 하나는 중국 수도 북경에 조선 왕이 파견하는 연례사절단이었다. 천주교 신앙이 처음 조선에 들어오게 된 것은 이 사절단을 통해서였다.

  독립된 왕국이긴 했으나, 조선은 중국의 조공국(朝貢國)이었기 때문에 조선 왕은 중국 황제에게 매년 사절단을 파견해야 했다. 이 사절단은 중국의 설 때(양력으로는 대략 2월경) 북경에 갔었다.[1] 가끔 다른 성격의 사절단이 파견되기도 했는데, 예를 들자면 중국 황제가 10년 주기로 한 번씩 성대하게 자신의 생일을 축하할 때였다.[2] 사절단은 약 6주 동안 북경에 머물렀다.

조선의 왕은 자신을 대리하는 사절단의 대표로 3명의 고위급 양반을 임명했다. 그리고 이들보다 지위가 낮은 양반이나 관리들, 그리고 많은 하위 관리와 하인이 이들을 수행했다. 사절단의 총 규모는 대략 200여 명 정도였다.

당시 북경에는 천문학과 과학 연구로 명성이 높은 예수회 수사들과 신부들이 있었다. 이 학식 많은 예수회 수사들과 신부들은 중국어로 많은 책을 집필했다. 이들은 과학, 그중에서도 특히 수학과 천문학에 관련된 책들을 많이 저술했으며, 이 밖에도 하느님과 그분의 섭리, 인간의 영혼, 선과 악에 관한 책들을 저술했다.

조선에는 학문탐구를 몹시 좋아하는 많은 양반들과 관리들이 있었다. 그들은 늘 중국의 학문과 문명에 대한 존경심을 가지고 있었다. 조선인들에게 중국은 세계에서 가장 문명화된 나라였다. 따라서 삶의 위대한 진리들에 대한 연구와 성찰에 있어서 그들이 도움을 얻기 위해 중국에 눈을 돌리는 것은 너무나 당연했다. 사절단의 일원으로 북경에 간 조선인들은 당연히 중국 수도에 있는 저명한 학자들과 접촉하기 위해 그 기회를 최대한 활용했다. 당시 중국에 있는 가장 저명한 학자들은 예수회 수사들과 신부들이었는데, 조선의 사절단 중 한 사람이 그들을 만나 그들로부터 몇 권의 책을 얻게 되었다. 이 책들의 일부는 아마 자연과학에 관한 것이었을 것이다. 그러나 그 책들 중 일부는 하느님과 섭리에 관한 책이었다는 것을 우리는 확실히 알고 있다. 그때 전달된 책들 중 한 권은 『천주실의(天主實義)』[3]라는 책이었는데, 이 책은 1631년 중국에 갔던 사절단을 통해 조선에 유입되었다. 그러나 46년 동안 이로부터 아무런 일도 생기지 않았다.

1777년 다수의 조선인 학자들이 회동하여 학문연구를 위해 은거하기로 결정했다.[4] 그들은 한동안 학문탐구를 계속하다 46년 전에 북경에서 들어온 천주교에 관한 책들을 접하게 되었다. 하느님의 섭리, 인간의 영혼, 선과 악에 관한 아름다운 교의(教義)는 금세 그들을 사로잡았고, 그들은 이 새로운 교의를 받아들여 천주교 서적들을 통해 그들이 알게 된 교리에 따라 살기로 결정했다.

이 이야기를 하면서 익숙하지 않은 이름들을 열거해 독자들을 헷갈리게 하고 싶지는 않다. 그러나 때때로 몇몇 이름은 반드시 언급할 필요가 있다. 은거했던 학자들 중 한 명으로 예수회 서적에 감명받은 '이벽(李檗)[5]'이라는 사람이 있었다. 그는 천주교 서적들을 통해 알게 된 교리들에 깊은 흥미를 느꼈고 그에 관해서 더 많은 것을 알고 싶어 했다. 하지만 그가 어떻게 할 것인가? 조선은 사방팔방으로 폐쇄되어 있었다. 이벽이 북경으로 가거나 서신을 보내는 것은 꿈도 꿀 수 없었다. 그러던 중 갑작스럽게 기회가 찾아왔다. 이 이벽에게는 '이승훈(李承薰)'이라는 절친한 젊은 친구가 있었는데 마침 이승훈의 아버지가 1783년 북경으로 파견되는 사신의 한 사람으로 임명된 것[6]이었다. 조선 학자들이 은거에 들어간 지 6년 뒤였다. 이 젊은이가 북경에 파견되는 사절단을 따라 그의 부친을 수행하게 돼 있었다. 놓칠 수 없는 너무도 좋은 기회였다. 이벽 자신이 직접 북경에 가서 선교사들을 만나볼 수 없다면 친구에게 대신 그렇게 해주도록 부탁할 수 있을 것이다. 그는 그렇게 했다. 그는 우선 이승훈에게 자신이 천주교 서적들에서 읽은 교리에 대해 상세히 설명을 하고 그에게 북경에 있는 선교사들을 찾아가 그 아름다운 천주교라는 종교에 대해 최대한 많은 것을 모두 알아오라고 부탁했다. 이승훈은 천주교 교리를 듣고 매우 기뻐하며 친구 이벽에게 선교사들을 만나보겠다고 약속했다.

당시 북경에 있던 주교는 이승훈의 방문에 대해 다음과 같이 쓰고 있다. "이 젊은이는 매우 뛰어난 수학도며, 가르침을 받고 또 그 학문과 관련된 서적들을 구하고자 유럽인들(선교사들)을 방문했다. 선교사들은 그 기회를 이용해 그에게 수학에 관한 서적들뿐만 아니라 천주교에 관한 서적들까지 줬다. 그들은 차근차근 그리스도교의 교리를 그에게 가르쳤다. 이 젊은이의 마음에 은총이 내렸다. 그는 그 서적들을 읽고 선교사들과 대화를 나누고 나서 깊은 인상을 받았다. 그는 천주교 신앙으로 기울었고 필요한 모든 교리를 배운 후 세례를 받았다. 세례명은 베드로였다. 같은 해에 귀국하면서 그는 천주교에 관한 많은 서적을 갖고 돌아왔다."

1784년 이승훈은 세례받은 신자가 되어 귀국했다. 그의 마음은 조선인들을 천주교로 인도하려는 불타는 열정으로 가득 찼다. 그는 평신도였다. 그는 이제 막 세례를 받은 초심자였다. 그러나 그는 조선에서 단 한 명뿐인 천주교 신자였다. 그는 놀랄만한 방식으로 천주교 신앙을 받아들였고 자신이 받은 이 은총을 다른 조선인들과 나누기로 결심했다. 이승훈은 우선 친구 이벽에게 세례자 요한이라는 세례명으로, 다른 한 명에게는 프란치스코 사베리오[7]라는 세례명으로 세례를 주었다.[8] 이 세 사람은 열렬한 사도(使徒)가 되었다. 이들의 마음은 단 하나의 소망, 즉 그들의 신앙의 보물을 그들과 교제해온 사람들과 나누겠다는 생각으로 가득 차 있었다. 그러나 그것은 잘못된 생각이었다. 이들은 먼저 양반과 식자

층에게 교리를 가르치고 입교시키는 일을 시작하는 것이 최선책이라고 확신했다. 그들은 이 일에 성공했다. 교리를 받고 입교한 사람들은 이들의 뒤를 이어 역시 신앙의 사도가 되었다. 그들은 설교를 하고 교리를 가르쳤다. 이 시기에 조선의 천주교 신자들은 오직 한 가지 성사, 세례밖에 행할 수가 없었고, 이 나라에 단 한 명의 사제도 없었다는 점을 고려한다면 조선의 천주교는 급속히 발전했다고 할 수 있을 것이다. 이후 10년간 천주교 신자는 4,000명을 헤아렸다.

천주교 신앙은
어떻게 조선에 뿌리를 내리게 되었는가(4회)

존 블로윅 신부

양반들 사이에서의 천주교의 급속한 확산은 곧 자존심 강한 이들과 야심적인 이들의 분노를 유발했다. 당시 조선의 왕[1]은 온화한 성품의 소유자였기 때문에, 왕으로 하여금 강력하게 천주교도들을 탄압하도록 부추기기는 쉽지 않았고 천주교도들이 조선에서 가장 지체 높은 양반 가문이었기 때문에 특히 더 그랬다. 조선의 관리들은 처음에는 천주교도들에게 높은 벼슬과 관직 진출의 권리를 박탈함으로써 그들의 열기를 가라앉히려 했다. 이 계획은 성공하지 못했고 마침내 형조판서(刑曹判書) 김화진(金華鎭)이 잔혹한 힘을 동원해 노골적인 박해를 하기에 이르렀다.[2] 그는 조정에서 높은 벼슬을 맡고 있던 김범우(세례명 토마스)[3]를 체포했다. 김범우는 재판에 앞서 형조에 끌려 나가 자신의 신앙을 간단하게 그러나 단호하게 고백했다. 그는 조선의 전통적인 신앙으로 돌아오도록 회유당했다. 그는 참된 하느님을 숭배하며 그 외에는 아무도 받들 수 없다고 답했다. 그는 피가 나도록 형장(刑杖)을 맞았다. 곧이어 다른 천주교도들도 추국이 벌어지고 있는 형조로 몰려와 자신들도 천주교도임을 밝혔다. 만일 김범우가 죄를 지었다 한다면 자신들도 죄를 지었다는 것이었다. 그가 사형에 처해져야 한다면 자신들도 그와 함께 죽겠다고 했다. 이 사건은 형조판서를 놀라게 했다. 이 천주교도들은 모두 지체 높은 가문의 사람들이었으며, 왕을 가까이서 모시며 신임을 받던 사람들이었다. 그래서 그는 분노를 다소 누그러뜨렸다. 그는 형리들에게 잔인한 고문을 중단하도록 명했다. 그는 김범우를 귀양 보내는 것으로 만족했다. 그는 김범우를 먼 외지로 유배시켰다. 이 충직한 그리스도의 사도는 복종했다. 그러나 유배지에 도착한지 얼마 지나지 않아 그는 가혹한 고문의 후유증으로 사망했다. 김범우는 조선의 순교자들의 긴 목록 중 첫 번째 순교자다. 김범우는 1785년에 사망했는데, 이는 세례를 받은 첫 번째 천주교 신자가 조선에 당도한 지 일 년이 채 지나지 않은 때였다.

김범우가 조선의 첫 번째 천주교 박해 동안 고초를 겪은 유일한 신자는 아니었다. 다른 많은 이들도 그와 함께 고초를 겪었다. 왕의 온정으로 인해 이 첫 박해는 대규모의 가혹한 박해로 이어지지는 않았다. 또한 이 사건은 당시 4,000여 명에 달하던 조선인 천주교도들에게 깊은 인상을 남기게 되었다. 당시 조선에는 사제도 없었고 세례성사를 제외한 다른 성사들도 없었으며 미사도 없었음은 길이 기억될 것이다. 어떠한 아무런 조직도 없었다. 그들은 그들을 이끌어주고 안내해줄 정식 성직자 하나 없이 사방에 흩어져 있는 평신도 공동체에 불과했다. 이 박해는 그들에게 특이한 영향을 미쳤다. 이들은 사제가 없었기 때문에 자신들을 이끌어주고 지도해줄 사제를 스스로 선출하기로 결정했다. 북경에 파견된 첫 번째 사신[4]은 그곳에서 한 명의 주교와 여러 신부들 및 성직자들을 만났다. 그는 미사 봉헌을 거들어보기도 했고 여러 성사를 집전하는 것도 봤으며 교회 조직과 거룩한 예배의 조직에 관한 책들을 조선으로 가져왔다. 독자들은 이해하겠지만, 이 초기의 조선 천주교도들은 교회 조직에 대해 매우 어렴풋한 지식밖에 없었다. 그들은 처음에 주교직과 사제직의 성격을 이해하지 못했다. 그들은 주교와 사제가 신성하게 서품(敍品)을 받은 그리스도의 성직자들이며, 성직들의 성사를 통해 하느님으로부터 그들의 권한을 부여받는다는 사실을 모르고 있었다. 그들은 그들 스스로 주교와 사제를 임명할 수 있다고 생각했다. 그리고 이것이 정확하게 그들이 하려고 추진했던 일이었다. 그들이 생각했던 것처럼, 그들 중 한 명이 주교로 선출되었고 다른 몇몇이 사제로 임명되었다.[5] 그들은 각각 자신에게 부여된 직책을 바로 수행하기 시작했다. 그들은 걸어서 각지를 돌아다녔고, 자만이나 과시의 기미를 보이는 모든 것을 피했다. 강론을 하고 세례를 주고, 견진성사를 베풀고 미사를 집전하며 영성체를 나눠주었다. 이 시기에 관한 기록은 이외의 다른 성사들에 대해서는 전혀 언급하지 않고 있다. 종부성사, 신품성사, 그리고 혼배성사는 이 초창기 시절에는 조선에서 알려지지 않았던 듯하다. 미사를 드릴 때, 그들은 성작(聖爵)을 사용했고, 사제가 입는 제의(祭衣)로는 조선의 제사 때 외인들이 입는 것과 비슷한 화려한 중국 비단으로 만들어진 의복을 착용했다. 그들은 또한 중국에서 천주교 사제들이 최근까지도 착용해온 것과 다소 비슷한 화려한 관(冠)을 썼다.

이 특이한 조선의 '성직제도'에 대해 두 가지 점이 언급되어야 한다. 첫째는 물론 그들이 행한 모든 성사는 세례성사를 제외하고 전부 무효라는 점이다. 그들은 평신도였고 따라서 미사를 드리거나 세례성사를 제외한 어떠한 성사도 행할 수 있는 성직자의 권한

이 전혀 없었다. 또 하나는 그들이 내내 완벽하게 독실한 신앙을 가지고 있었다는 점이다. 그들은 사제직에 대한 교의(敎義)를 알지 못했다. 결국, 이들은 사제를 한 번도 본 적이 없고, 신앙의 진리를 깨닫는 데 필요한 몇 가지를 제외하곤 천주교 교리에 대한 가르침도 전혀 받아본 적이 없는, 겨우 갓 세례를 받은 신참 천주교 신자들이었을 뿐이다.

이 성직제도[6]는 커다란 성공을 거두며 2년(1787~1789년)간 계속되었다. 조선인 천주교도들은 돈독한 신심으로 각종 예식들에 조력했으며, 이 모든 일은 천주교 신앙의 전파에 새로운 활력을 불어넣었다.

1789년 이 '사제들'은 그들이 5년 전 북경에서 얻어온 서적들을 한층 더 면밀히 연구하다가 자신들의 선출과 성직수행의 타당성에 대해 심각한 의문을 품게 되었다. 그들은 즉시 성직수행을 중단하고 평신도의 지위로 돌아가 북경 주교[7]의 조언을 구할 기회를 기다렸다. 그들은 자신들이 하는 일을 신자들을 가르치고 외인들을 전교하는 데에만 국한했다.

그들이 북경 주교와 연락을 취할 유일한 희망은 어떻게든 중국에 가는 연례사절단[8]을 이용하는 것뿐이었다. 그들은 성공했다. 세례를 받지는 않았지만 예비신자였던 한 양반[9]이 상인으로 가장

해 사절단의 수행원 자리를 얻었다. 많은 고생 끝에 그는 북경에 도착해 주교를 찾아내 조선 천주교도들의 상황을 설명했다.

이에 답하여 주교는 천주교 성직에 관한 교의를 설명해주었다. 그는 조선에 정식 사제가 없기 때문에 그들이 설교를 하고 교리를 가르치는 것 그리고 세례성사를 행하는 것을 허락했다.

1934년 12월호

천주교 신앙은
어떻게 조선에 뿌리를 내리게 되었는가(5회)

존 블로윅 신부

조선의 '성직자들'은 성직자가 아니라는 북경 주교의 결정에 조선 천주교도들은 물론 완전히 순종했다. 북경에 간 사자'는 예비신자로 그곳에 갔었다. 북경에서 그는 세례성사와 견진성사를 받고 첫 영성체를 했다. 그가 귀국했을 때, 그는 견진성사나 성체성사를 받은 유일한 조선인이었다. 그가 북경의 성당과 주교, 사제들과 미사, 그리고 사제들이 신자들에게 베푸는 여러 가지 성사에 대해 이야기하자 가엾은 조선인 천주교도들은 커다란 동경심으로 가득 찼다. 그들은 예수 그리스도가 정해놓은 은총의 성사들을 그들에게 베풀어줄 사제들의 필요성을 절실하게 느꼈다. 평신도에게서 기초적인 신앙의 진리들밖에 받지 못했고 사제를 한 번도 본 적이 없으며, 세례 이외의 성사는 받지 못했던 조선의 천주교도들, 세례받은 지 얼마 되지도 않은 이들이 처한 슬픈 궁지를 우리가 이해하기는 매우 쉽지 않을 것이다.

즉시 그들은 사제를 영입하기 위한 시도에 착수했다. 그들은 북경 주교에게 보낼 강한 호소가 담긴 서신을 준비해놓고, 오로지 이 서신을 보낼 기회만 기다렸다. 운 좋게도 같은 해인 1790년 9월에 두 번째 '특별' 사신행차[2]가 북경에 가게 되었다. 중국 황제가 자기 생일축하연을 성대하게 베풀게 되어 있어서, 조선의 왕은 연로한 중국 황제의 탄생일을 축하하는 사신을 보내게 되어 있었다.[3] 이번에는 두 명의 사자에게 은밀한 사명이 주어졌다. 한 명은 그 앞선 해에 상인으로 북경에 갔었던 그 양반(윤유일)이었고, 다른 한 명은 조선의 왕이 필요한 것들을 사오도록 파견하는 내탕고의 관리였다. 사신행차가 출발했고 이와 함께 천주교도들의 편지가 출발했다.

이 편지는 북경 주교를 난처하게 만들었다. 그는 이미 광대한 교구를 관할하고 있어서 자기가 필요한 사제들도 턱없이 부족한 상태였다. 설상가상으로 프랑스 대혁명이 발발했다. 이로 인해 프랑스에서는 종교적 박해가 일어나고 사제의 수가 감소하게 되었다. 파리외방선교회 신학교는 해산되고 그 구성원들은 피신하기 위해 외국으로 탈출했다. 북경 주교가 더 많은 교구의 관리를 맡는 것이 과연 현명한 것일까? 자비심과 사도로서의 열정이 위대한 주교의 마음을 움직였다. 그는 조선에 사제 한 명을 보내주겠다고 약속했다. 그는 이 나라에 입국하는 데에는 극도의 어려움이 뒤따른다는 것을 알고 있었다. 그래서 그러한 어려움들을 최대한 줄이기 위해 그는 미사 집전에 필요한 몇 가지 물건들을 모아 왕실의 물품을 사러 온 그 젊은 관리 편에 미리 보냈다. 그는 이 조선 관리의 짐 꾸러미 속에 성작과 성배, 미사경본, 제대 위에 놓을 석판 그리고 미사 집전을 위해 필요한 몇 가지 다른 제구(祭具)들을 넣었다. 그리고 이 젊은 관리에게 포도주를 빚는 방법을 알려주었다.

몇 가지 다른 준비들도 해야 했다. 우선 몇 명의 조선 천주교도들이 마중 나와 신부를 안전하게 이 나라로 안내해 들어가게 하기 위해서 사제들이 국경에 도착할 시간을 정하는 것이 필요했다. 조선 입국을 위한 준비를 하는 데에는 보통 몇 달씩 걸렸는데, 때로는 몇 년이 걸릴 때도 있었다. 가끔씩 성공하기도 했으나 보통은 실패했다. 관헌들은 의심스러울 경우 국경 감시를 두 배로 강화했다. 심지어는 사신행차까지 감시했다.

이 초기에 사제들이 채택한 계획은 몇몇 조선 천주교도들이 조선 국경 바로 바깥쪽 중국에서 열리는 연례국경무역(開市)에 오도록 주선하는 것이었다. 사제와 이 천주교 신도들이 서로를 알아볼 수 있는 신호들도 정해졌다.

1791년 후안 도스 레메디오스라는 사제가 3주간의 여정 끝에 약속된 장소에 도착하여 만나기로 한 천주교도들을 찾았다. 사제와 그를 수행한 중국인 천주교도들은 시간에 맞춰 도착했으나 조선인 천주교도들의 흔적조차도 찾을 수가 없었다. 그들은 열흘을 더 기다리다 계획이 실패했음을 알아차렸다. 천주교도들은 아무도 나타나지 않았다. 이 사제는 낙담한 채 북경으로 돌아갔는데 그 후 얼마 되지 않아 세상을 떠났다. 북경 주교는 무슨 일이 났는지 알지 못했다. 그는 다음 해(1792년) 사신행차에게서 어떤 소식이 있기를 기다렸다. 그러나 이 해에는 사신행차에 천주교도가 없었다. 이듬해인 1793년에야 그는 비로소 사태를 알게 되었다. 1791년과 1792년 두 해 동안 조선 땅에는 천주교도에 대한 박해[4]가 기승을 떨치고 있었고 이로 인해 그 누구도 국경을 넘는 것이 불가능했던 것이다.

이 박해는 이렇게 시작되었다. 양반집안 사람인 두 형제[5]가 모친상을 당했는데 이들은 조선 전통의 방식으로 장례 치루기를 거부했다. 사실 이들의 어머니는 신실한 천주교 신자답게 그들에게 그런 장례예식들을 치르지 말라고 죽기 전에 당부했었다. 친척들은 이에 몹시 분개하여 그들을 관아에 고발했다.[6]

그들은 심문관 앞에 끌려가 예수 그리스도에 대한 신앙을 구구절절 진실되게 고백했다. 그들은 하느님의 율법에 어긋나는 어떠한 일도 하기를 거부했다.

이 지방장관(외국인의 입장에서 본 명칭)은 이미 천주교를 증오하고 있었다. 그래서 그는 이 기회에 천주교를 때려잡기로 했다. 그는 삼정승(三政丞)들에게 서찰을 보내 새로 들어온 이 사악한 외래 종교가 나라에 위협이 되는 것인 양 거짓 보고했다. 왕은 몹시 놀라 추국관을 임명해 사안을 조사하도록 했다. 이 관리가 천주교도들에 대한 대대적인 박해를 일으켰다. 그는 모든 천주교도들을 체포하여 투옥할 것을 명했다. 그들은 구두와 서면 두 가지로 천주교 신앙을 부인하기만 하면 방면될 수 있었다. 앞서 두 형제는 사슬에 묶인 채 추국관 앞에 끌려나왔다. 그들은 신앙을 부인하기를 거부했다. 그들은 끔찍한 고문에 처해졌다. 이것이 실패하자 형리들은 그들에게 이 외래 종교를 버리도록 회유하고 설득하려고 했다. 두 형제는 완강히 버텼고 결국 사형에 처해졌다. 그들은 모두 예수님과 성모님을 부르며 죽었다. 이 박해는 2년 동안 다른 천주교도들에게도 기승을 부렸다. 많은 이가 고문을 당해 죽었고 어떤 이들은 깊은 산중으로 피신하기도 했으며, 또 어떤 이들은 유배를 당하기도 했는데, 유배지에서도 그들은 예수 그리스도를 설교했다. 겨우 얼마 전 세례를 받았을 뿐 사제를 본 적도, 미사에 참여해본 적도, 견진성사나 성체성사를 받아본 적도 없는 그 신참 천주교 신자들이 우리 주 예수 그리스도를 위해 잔혹한 고문을 견뎌내고 고통스러운 죽음을 감내하는 것을 보는 것은 진실로 우리에게 많은 가르침을 주는 광경이다. 오직 성령의 직접적인 역사(役事)만이 이 특별한 사실을 설명할 수 있을 것이다.

2년에 걸친 박해 후 왕은 추국관에게 투옥된 천주교 신도들을 방면하도록 명했다. 이로써 조선 천주교회에 대한 대대적인 첫 번째 박해가 막을 내리게 되었다.

1935년 1월호

천주교 신앙은
어떻게 조선에 뿌리를 내리게 되었는가(6회)

존 블로워 신부

이제 우리는 1794년 초엽에 와 있다. 조선 천주교도들이 사제 파견을 간청하는 감동적인 청원서를 북경 주교에게 보낸 지 꼭 4년이 되는 해였다. 그 사이 사제 한 명이 그들의 국경까지 왔었으나, 삼엄한 경계가 이루어지던 국경 너머에서 기승했던 박해로 인해, 그는 이 나라에 입국할 수가 없었다.

우리는 북경 주교가 1797년에 작성한 서신을 갖고 있는데, 그 서신에서 그는 1793년 사신행차에 두 명의 천주교 신자가, 또는 엄밀히 말하자면 정식 신자 한 명과 예비 신자 한 명이 들어 있었다고 우리에게 말해주고 있다. 그들은 조선에서 보낸 서신들을 가져왔는데, 그 서신들에는 1791년과 1792년 사이에 일어난 끔찍한 박해의 기록과 조선 천주교도들이 도스 레메디오스 신부를 마중하러 국경에 나갈 수 없었던 이유가 적혀 있었다. 이 서신들에서 가련한 조선 천주교도들은 다시 한 번 사제들을 파견해줄 것을 간청했다. 주교는 편지를 가져온 이들과 이 문제를 의논한 후 주문모라는 젊은 중국인 신부를 조선에 파견하기로 결정했다. 그는 당시 겨우 스물네 살이었다. 주교는 그에 대해 극구 칭찬의 말을 아끼지 않았다. "그는 북경 신학교의 첫 졸업생입니다. 그는 신심이 매우 깊고 성직과 관련된 문제들에 대해서 해박한 지식을 갖고 있습니다. 그는 한문과 과학에도 능통합니다. 또한 외모도 조선인과 다름없습니다."

이 젊은 신부는 1794년 북경에서 조선으로 출발했다. 3주간의 여행 끝에 그는 조선 국경에 당도해 그곳에서 그를 마중 나와 있던 두 명의 조선 천주교도를 발견했다. 1791년과 1792년의 대대적인 박해는 가라앉았지만, 아직도 몇몇 지역에서는 소규모 박해들이 계속되고 있었다. 이러한 연유로 국경의 경계가 두 배로 강화되어 있었기 때문에, 조선인 안내자들은 주문모 신부에게 12월까지 조선 입국을 미루는 것이 좋겠다고 권유했다. 그는 입국이 여의치 않을 경우를 대비해 그의 주교가 일러준 대로, 인접한 만주지역의 선교회들을 순방하며 그 사이 시간을 보냈다. 12월이 되자 이 젊은 사도는 조선 국경으로 돌아가 그곳에서 조선인 안내인들을 만났다. 그는 그의 중국옷을 조선옷으로 갈아입고, 머리 모양을 조선식으로 바꾼 다음 이 '은자(隱者)의 왕국'에 들어갈 채비를 했다. 조선으로 들어가는 통로는 단 하나만 승인되어 있었는데, 주 신부가 이 길을 이용하는 것은 불가능했다. 그 통로는 짧은 간격으로 초소들이 설치되어 엄중히 감시되고 있었고 각각의 초소에는 다수의 병졸과 파수견(把守犬)이 있었다. 그가 조선에 입국할 수 있는 단 하나의 가능성은 압록강을 건너는 것이었는데 마침 그 당시 압록강 강물은 완전히 얼어 있었다. 압록강은 한겨울이 되면 항상 완전히 얼어붙었는데, 주 신부와 그의 안내인들이 조선 입국시기를 12월로 택한 것은 바로 이 때문이었다. 1794년 12월 23일 자정 무렵 이 영웅적인 신부와 마찬가지로 영웅적인 그의 안내인들은 가혹한 장애를 건너 몇 주일 동안 극도의 위험과 고초 끝에 조선의 서울에 당도했다. 이때가 1795년 정초였다.

이는 최초의 조선인 천주교 신자였던 이벽 베드로가 천주교 신앙을 조선에 들여온 지 10년이 약간 넘었을 때였다. 그 기간 중 한 번의 대대적인 박해와, 지방에서의 박해가 몇 차례 있었다. 많은 조선인이 신앙을 위해 목숨을 바쳤다. 최초의 사제가 이 나라에 입국했을 때 그는 자신의 도착을 학수고대하던 4,000여 명의 천주교 신자 공동체를 발견했다.

우리는 이미 앞에서 조선 천주교도들이 그들의 사제를 모시고 싶어 하는 열망이 어느 정도였는지 모두 보았기 때문에 그들이 최초의 사제를 맞이한 기쁨이 어떠했을 지를 그려보는 데 그다지 많은 상상력이 필요치 않다. 주문모 신부 자신의 설명에 따르면 그의 도착은 이 어린 교회를 이루 형언할 수 없는 기쁨과 위안으로 가득 채웠다. 그는 마치 천상에서 내려온 천사처럼 영접받았다. 그는 지체 없이 미사를 올렸고 조선어 공부를 시작했다. 그의 도착 후 첫 번째로 맞이한 성토요일에 그는 몇몇 어른들에게 세례를 베풀었고, 평신도 세례를 받은 이들에게는 보례(補禮)를 해주었으며, 글'로 고백성사를 행했다. 이와 관련하여, 중국어와 조선어가 발음은 다르지만 글을 쓰는 문자는 같다는 점에 주목하는 것은 흥미로운 일이다. 이 때문에 조선인과 중국인은 서로 말이 통하지 않아도 글을 써서 의사소통을 하는 것이 항상 가능했다. 6개월 동안, 즉 6월까지 주 신부는 천주교 신자들에게 세례의식을 베푸는 일과에 완전히 매달렸다.

6월 말쯤 관아에 주문모 신부의 존재가 알려지게 되었다. 그가 머무르던 집에 성체성사를 받으러 왔던 한 여인이 집에 돌아가서 자기 오라비에게 사제의 도착에 대해 이야기를 했던 것이다. 이 불운한 남자[2]는 예비신자였으나 앞서 박해 당시 배교를 했던 사람이었다. 그는 성체성사를 받고 싶어 하는 체하며 서둘러 주 신부의 거처로 갔다. 그는 이것저것을 꼬치꼬치 캐물어 주 신부가 입국하게 된 과정을 다 알아내고는 곧장 관아로 달려가 외국인 신부가 조선에 들어와 있다고 밀고했다. 그는 또한 주 신부에게 거처를 제공하고 있는 사람[3]과 주 신부를 이 나라로 안내해 들어왔던 두 사람에 대해서도 밀고했다.

마침 이 고발현장에 천주교를 배교했었던 무반 출신의 한 순찰사[4]가 있었다. 그는 자신의 죄에 대해 깊이 뉘우치고 있었고 고백할 기회가 있기를 항상 바라고 있었지만, 그와 알고 지내던 천주교도들은 그가 다시금 신앙을 잃고 신부를 배신하는 일이 없도록 주문모 신부의 입국에 대해 말해주려 하지 않았었다. 그러나 이제 그는 주 신부의 입국과 거처에 대해 다른 방법으로 알게 되었다. 그는 급히 주 신부의 집으로 달려가 그간의 사정을 알려주고, 천주교도들을 위해 다른 곳으로 피신할 것을 간청했다. 그는 주 신부에게 안전한 장소로 안내해주겠다고 제안했다. 주 신부는 그의 조언을 받아들여 피신해 천주교 신자인 한 과부의 집에 안전한 거처를 얻었다.

이것이 1795년 6월 27일 일이었다. 같은 날 주문모 신부에게 6개월간 피신처를 제공했던 사람과 주 신부의 입국을 안내했던 두 사람[5]이 체포되어 관아에 끌려갔다. 또한 안내인 역할을 했을 것으로 여겨지는 다른 다섯 명도 체포되었다. 보름 동안 이 다섯 명은 혹독한 매질과 고문을 받으며 예수 그리스도를 부인할 것을 강요당했다. 그들은 천상의 주인이신 하느님에게 충직했고 보름이 지나서 풀려 나왔다. 다른 세 명, 즉 주 신부에게 거처를 제공했던 이와 입국 당시 안내를 했던 두 명도 혹독한 고통을 당했다. 이들은 주 신부와, 그들이 입국했던 경로, 그리고 주 신부를 숨겨줬던 집에 대해 계속해서 심문받았다. 그들은 이러한 심문에 오직 한 가지 대답만 했다. 그들은 천주교에 대한 신앙만을 고백했다. 그들은 주 신부와 다른 신자들에 관한 심문에 대해서는 일절 듣지 않고 함구했다.

심문 책임자는 이 심문을 하는 동안 거의 밤을 지새웠다. 그는 여러 차례 그들을 고문하도록 명했다. 온갖 고문이 동원되었다. 이 사람들은 혹독하게 형장을 맞고, 두 무릎이 부스러졌으며, 팔다리가 (주리를 틀려) 탈골되었다. 이런 고문들은 극도로 고통스러운 것이었다. 팔을 '탈골'시킨다는 표현만으로도 그 고통이 어느 정도인지 짐작하는 데 충분할 것이다. 이 고문은 수형자의 두 팔을 등 뒤로 돌려 팔꿈치 부분을 단단히 결박한다. 그리고 큰 나무 몽둥이 두 개를 지렛대처럼 이용해 양 어깨가 맞닿도록 돌린다. 이렇게 하고 난 뒤 형리는 수형자의 두 손을 풀고, 그의 두 발로 수형자의 가슴을 밟고 그의 두 손을 잡아당겨 탈골되었던 뼈들을 다시 제자리에 맞춰 넣는다. 형리들이 이 끔찍한 일에 숙달되어 있을 경우, 그들은 수형자의 뼈를 부러뜨리지 않고서도 뼈를 꺾을 수 있다. 그러나 형리들이 초보일 경우, 그들은 보통 뼈를 금방 부러뜨려서 골수가 피와 함께 튀어나오게 했다.

이 끔찍한 고문들을 당하면서도 세 사람은 계속해서 예수 그리스도와 성모 마리아만을 불러댈 뿐이었다. 마침내 심문관들은 어떠한 고문으로도 그들로 하여금 신앙을 부정하거나 신부를 배신하게 만들 수 없다고 단정했다. 그래서 그들에게 사형선고를 내렸다. 처형은 같은 날인 1795년 6월 28일에 집행되었고, 세 순교자들의 시신들은 강물에 내던져졌다.

그동안 주문모 신부는 안전한 장소에 머물며 계속 사제직을 수행할 수 있었다.

1935년 2월호

천주교 신앙은
어떻게 조선에 뿌리를 내리게 되었는가(7회)

존 블로워 신부

1795년 6월 주문모 신부의 목숨이 수배되었을 때 그에게 피신처를 제공해준 과부는 강완숙 골롬바였다. 천주교 신앙이 어떻게 조선에 뿌리를 내리게 되었는지를 이야기하는 데 있어 이 대단한 여성의 역사를 가벼이 지나칠 수 없다. 그래서 이번 달의 조선 관련 기사를 이 위대한 강완숙 골롬바에게 할애하겠다. 다음 달에는 다시 주 신부의 영웅적인 활동으로 돌아갈 것이다.

골롬바는 선비 계급의 향반(鄕班)[1] 집안의 외교인(外敎人) 출신이었다. 그녀는 인품이 뛰어난 사람들 사이에서도 단연 출중했다. 그녀의 성품은 의지가 굳고 곧았으며 정직하고 성실했다. 그녀는 또한 매우 솔직하고 정열적이고 용감했다. 그녀는 정직과 사리분별에 어긋나는 것이면 어떤 것이든 혐오했다. 어린 시절부터 그녀는 날카롭게 꿰뚫는, 뛰어난 기백을 보였다. 그녀의 깨끗한 마음과 곧은 의지는 즉각적으로 진리와 건전한 도덕성에 이끌렸다. 젊은 시절 한동안 그녀는 속세를 떠나 어떤 외교(外敎)의 엄격한 수행에 일생을 바칠 생각을 가진 적이 있었다. 그러나 그녀는 이를 실천에 옮기지 않았다. 같은 계급의 홀아비와 결혼을 했기 때문이었다.

그녀의 남편의 친척 중 한 명은 조선에 사제가 오기 전 시절의 초창기 천주교 신도들 중 한 명이었던 것으로 보인다. 어느 날 그녀는 이 친척이 '천주의 종교'에 대해 말하는 것을 듣게 되었다. '천주(天主, the Lord of Heaven)'라는 이름이 그녀를 사로잡았다. 타고난 영민함과 통찰력으로 그녀는 바로 '천주'의 개념을 이해했다. 그녀는 잠시 생각하더니 다음과 같이 말했다. "하늘의 주인은 당연히 세상의 주인이기도 할 것이다. 이 종교의 이름은 훌륭한 이름이다. 그 교리 또한 반드시 참된 것이다." 그녀는 천주교 서적들을 구해달라고 부탁해 그 책들을 읽었다. 그녀는 천주교 교리의 장엄함과 아름다움을 깨닫고 열성을 다해 복음의 진리를 받아들였다. 강완숙은 다른 천주교 신자에게서 세례를 받고, 천주교인으

로 살기 시작한 처음부터 훌륭한 덕을 실천하며 살기로 결심한 것
이 거의 확실한 듯하다. 우리는 그렇게 확신한다. 세례를 받은 그
때부터 내내 그녀는 신자로서 의무를 충실히 수행하고 금욕과 고
행을 실천하기 위해 놀라운 노력을 보였다.

골롬바는 천주교 신자로서의 덕을 실천하는 것에 만족하지 않
았다. 그녀는 사도가 되었다. 그녀는 자신이 할 수 있는 모든 방법
으로 하느님의 영광을 드높이는 데 자신의 생활을 봉헌했다. 특히
그녀는 자신의 친척들, 친구들 그리고 이웃들을 참된 신앙으로 개
종시키는 과업에 몸을 바쳤다. 그녀는 우선 자신의 집 식구들로부
터 시작하여 점차 이웃 마을들로 자신의 열성적인 활동 범위를 넓
혀나갔다.

1791년과 1792년 동안 조선에서 천주교도들에 대한 대대적 박
해가 기승을 부렸다는 것을 우리는 기억한다. 이 위험한 시기에
골롬바는 순교자들과 천주교 신앙 고백자들을 수습하고 구해냈
다. 그녀는 어떻게 해서든 옥에 갇힌 신자들을 위해 음식을 마련
해 그 음식을 옥사 안에 들이는 데 성공했다. 한 번은 강완숙 자신
이 체포되어 지방수령² 앞에 끌려간 적이 있었다. 우리는 그녀가
받은 심문의 자세한 내용은 알 수 없으나 그녀는 고문을 모면하고
결국엔 풀려 나왔다. 강완숙이 순교자의 영예를 얻음으로써 열정

적인 삶을 마치기 전까지 하느님께서 그녀가 해야 할 많은 일들을 마련해놓으셨던 것이다.

골롬바는 본래 서울에 살지는 않았지만 1795년 초 주문모 신부가 중국에서 입국했을 때 마침 서울에 있었다. 주 신부는 곧 그녀가 어떤 여인인지 알게 되었고, 그의 관찰은 다른 천주교 교우들의 증언에 의해 충분히 확인되었다. 전해지는 바에 따르면, 주 신부는 바로 곁에 그토록 신심이 깊고 능력이 출중한 여성이 있어서 주 신부 자신이 깊은 관심을 갖고 있던 일, 즉 여성들과 소녀들에게 신앙을 가르치고 교리문답을 하는 일을 즉시 할 준비가 되어 있음을 알고선 기쁨에 넘쳤다고 한다. 당시 조선의 관습상 주 신부가 여성들에게 교리문답을 가르치는 것은 매우 곤란한 일이었다. 게다가 그는 조선에서 유일한 신부여서, 성사를 행하고 조선 교회의 업무들을 관리하고 조직화하는 막대한 업무에 자유롭게 전념할 수 있기 위해서 천주교 교리를 가르쳐줄 유능한 평신도 보조자들을 최대한 많이 발굴해야 할 처지였다.

주문모 신부는 골롬바를 여성들을 가르칠 교리교사로 임명했다. 그녀는 단지 교리교사만이 아니었다. 그녀는 여성 교우회 책임까지 맡았다. 그러다 보니 주 신부는 그녀에게 가장 중요한 일들에 있어 자신을 대리하고 대표하는 일까지 맡기게 되었다.

입국한 지 채 6개월이 안 됐을 때, 주문모 신부의 목숨이 관헌들에게 쫓기게 되었는데, 강완숙은 그녀의 통상적인 그 용기로, 주 신부에게 자신의 집을 피신처로 제공할 생각을 하게 되었다. 그녀와 함께 살고 있던 시어머니는 성격이 다소 까다로웠고, 전혀 골롬바처럼 용기가 있는 사람이 아니었다. 그래서 주 신부는 땔나무를 쌓아놓는 작은 헛간에서 약 3개월을 지낼 수밖에 없었다. 골롬바는 주 신부에게 남몰래 먹을 것을 보냈다. 3개월이 지나서야 그녀는 시어머니를 설득해 위험을 무릅쓰고 주 신부를 집 안에서 살게 하는 데 성공했다.

이번 호에서는 주문모 신부의 활동에 대해서는 말하지 않을 것이다. 단지 그가 최대한 열성적으로 자신의 신성한 사목활동에 매진했다는 정도만 언급하자. 주문모 신부는 자주 전국 방방곡곡으로 사목여행을 떠났다. 그가 떠나 있는 동안 그의 행방을 아는 것은 골롬바밖에 없었다.

이 위험한 시기에 골롬바는 주 신부의 오른팔이었다. 그녀는 교리를 가르치는 일을 계속했다. 그녀는 교우들을 방문하여 그들을 지도하고 조직화하고 교화시켰다. 그녀는 교우들에게 용기를 불어넣었고, 그녀의 뜨거운 자애로움은 그들의 가슴을 감동시켰다. 강완숙은 많은 여인들과 소녀들을 천주교에 입교시켰는데 그

중에는 조선에서 가장 지체 높은 양반 집안의 여성들도 상당수 있었다.

골롬바는 타고난 지도자였다. 그녀는 또한 뛰어난 수완가였다. 그녀는 모든 중요한 일들에 참여했다. 굳은 의지와 열성을 갖고 가장 어려운 일들을 영민하게 처리했고 그녀가 할 수 없는 일은 아무것도 없는 것 같았다.

이 위대한 여인의 용기와 영웅적인 행동을 제대로 평가하고자 한다면 그녀가 주문모 신부에게 거처를 제공해주고 조력했던 6년 간의 세월이 매우 어렵고 위험한 세월이었음을 기억해야 할 것이다. 왕은 모든 지방 수령에게 천주교 전파를 막기 위해 모든 수단을 취하도록 명령했었다. 지방 수령들은 이 명령을 너무나 열심히 수행했으며, 어명을 따른다는 구실하에 천주교도들을 핍박하고 그들을 체포하고, 투옥하고, 고문을 가해 죽였다. 많은 수의 새로 입교한 신자들은 고향을 떠나 산야로 숨어야 했고, 또 많은 이들이 옥사 안에서 굶주림과 고통 속에서 죽었다.

골롬바는 계속되는 위기 속에서도 자신이 맡은 거룩한 과업을 계속 수행했다. 그 시절은 온갖 위험으로 가득했지만, 이 대담한 여인은 그 모든 위험에 맞섰다. "그녀는 천주교의 방패이면서 요새라 불려야 마땅할 것이다. 그녀의 재능과 뛰어난 자질은 그녀를 다른 여성 교우들보다 훨씬 위에 우뚝 서게 했다."

골롬바는 조선의 위대한 천주교 여성 교우들 중 첫 번째였다. 그리고 그녀가 마지막이 아니었다. "순교자들과 동정녀들의 모후이신 성모님께서 조선의 여인들에게 그분의 거룩하신 아들 예수 그리스도에 대한 믿음을 수호할 영웅적 용기와, 이 이교의 나라에서 달리는 거의 알려지지 않은 그 아름다운 순결의 미덕에 대한 사랑을 불어넣어주셨습니다. 조선의 동정녀 순교자들은 천주교 로마시절의 동정녀 순교자들의 행적을 떠오르게 하며 때로는 그 행적의 판박이처럼 보이기도 합니다." 1925년에 교황 비오 11세께서 79명의 조선 순교자들을 복자(福者)[3]로 시복(諡福)하셨는데 그중 47명이 여성이었다!

1801년 끔찍한 박해[4] 와중에 골롬바는 드디어 체포되었다. 조정의 심문관들과 형리들은 그녀를 극도로 가혹하게 다루었다. 그들은 그녀에게 온갖 종류의 고문을 가했다. 여섯 차례나 이 불굴의 여인은 '주리틀기'라 알려진 고문이 가하는 끔찍한 고통을 견뎌냈다. 심문관들이 골롬바를 이렇게 고문하는 데에는 세 가지 목적이 있었다. 그들이 바라는 것은 주문모 신부의 거처의 비밀을 알아내고, 다른 천주교 신도들의 이름을 알아내고, 그리고 무엇보다도 그들이 가장 바랐던 것은 그녀를 배교하도록 만드는 것이었다. 그들은 이 모든 목표를 한 가지도 이루지 못했다. 골롬바는 약한 모습을 전혀 보이지 않았다. 오히려 그녀는 감옥과 심문장에서까지 사도로서의 임무를 계속했다. 그녀는 같이 옥에 갇힌 이들에게 교리문답을 해주고, 그들이 용기를 갖도록 격려했다. 그녀와 옥에 갇힌 신자들은 종교의식을 충실히 수행함으로써, 고통스러운 감옥을 거룩한 기도의 집으로, 그리고 성전(聖殿)으로 바꾸어놓았다.

심문장으로 끌려나왔을 때 그녀는 자신의 신앙을 당당히 밝히고 옹호했으며 또한 그릇된 생각들을 논파하고 참다운 교리를 설파했다. 그녀의 뛰어난 학식과 총명함에 심문관들은 말문이 막혔고, 이 비할 데 없이 훌륭한 여인에게 자신들도 모르게 찬탄을 금하지 못했다.

심문장에서의 골롬바의 당당한 태도와 신앙을 수호하는 힘, 고문에도 굴하지 않는 꿋꿋한 정신, 수감된 교우들을 가르치고 용기를 불어넣어주던 열정, 주문모 신부의 추억[5]에 대한 그녀의 지극한 헌신은 그녀의 열성적이고 정열적인 삶과 그녀의 최후를 장식한 영광스러운 순교 사이에 필연적인 고리를 형성했다.

골롬바는 6년간 주문모 신부의 충실한 보호자이면서 열성적인 조력자였다. 그녀는 그를 배반하기보다는 고문을 당했다. 그러나 그녀는 곧 주 신부가 순교했다는 사실을 알게 되었다. 그녀는 주 신부의 사도로서의 삶과 활동에 관한 이야기를 후세에 전하기로 마음먹었다. 이전 박해기간 동안 조선 천주교 신자들이 북경과 로마에 편지를 보낼 때 감추기 쉽도록 작은 비단 조각에 편지를 썼었다는 점을 독자들은 기억할 것이다. 골롬바 역시 주 신부의 일대기를 기록하기 위해 같은 방법으로 자신의 옷 조각을 찢어내 이용했다. 그녀는 이 일대기를 완성하는 데 성공했으나, 불행하게도 한 성스러운 사람에 관해서 그를 그토록 잘 아는 한 성스러운 여인이 옥중에서 쓴 이 일대기는 골롬바가 이 귀중한 문서를 맡겼던 여인의 부주의로 인해 유실되고 말았다.

골롬바와 교우들은 감옥에서 보내는 시간을 지금 다가오고 있는 천상의 배우자[6]와의 영광스러운 만남을 위한 준비기간으로 삼았다. 1801년 7월 3일, 그녀와 다른 8명의 여성 교우들은 높은 수레에 실려 처형장으로 압송되었다. 처형장으로 가는 동안 그들은 기도를 멈추지 않았다. 그들은 서로를 격려하고 용기를 북돋아주었으며 하느님을 찬양하는 노래를 불렀다. 처형장에 당도했을 때 골롬바는 성호를 긋고, 교우들 중 제일 먼저 참수대 위에 목을 올려놓았다. 잠시 후 그녀는 예수 그리스도에 대한 믿음을 위해 목숨을 바쳤다. 그녀의 나이는 서른여덟 살이었다.[7]

왕자비(王子妃) 장씨(氏)가 보낸 성탄 편지

앨리스 디즈

2년 전 성탄 시기에 조선 압록강에 위치한 귀주에 가게 된 것은 일 때문이었다. 나는 이 옛 마을에 성당이 있다는 것은 확인했지만, 나에게 저것이라고 옆에서 가리켜준 성당이 벽돌로 지은 근사한 건물일 줄은 채 예상치 못했었다. 성당 주변에는 내가 보기에 학교처럼 보이는 멋진 건물들, 수녀원, 부속건물들, 그리고 성당 지붕처럼 장식된 지붕이 달린 견고해 보이는 방갈로(사제관임에 틀림없어 보였다) 등이 둘러싸고 있었다.

성탄 전야였기 때문에 본당 신부님께 인사를 드리고 다음 날 성탄축제 준비에 대한 전문적인 도움을 구하고자 나는 이 사제관의 특이하게 생긴 작은 현관으로 들어갔다. 신부님이 마을에 사목 활동을 나가서 아직 안 돌아오셨지만 오래 기다리지 않아도 된다는 것을 알게 되어 나는 성당으로 다시 갔는데, 성당이 너무나 근사하고 모든 면에서 완벽해 보여서 아주 놀랐다. 구유도 빠져 있지 않았다. 사실 귀주에서는 틀림없이 구유를 제일 먼저 생각한 것 같았다. 사방을 돌아가며 그 지방에서 나는 푸른 잎사귀로 안을 댄 장식한 조선식 오두막은 베들레헴 동굴을 재현한 것이었고, 그 안에는 프랑스에서 들여온 것이 분명한 아름다운 성상(聖像)들이 모두 갖춰져 놓여 있었는데, 아기 예수상은 아직 놓여 있지 않았다. 아기 예수상은 아마 자정미사 후 그 안에 놓일 것이었다.

내가 감실(龕室) 앞에 무릎을 꿇고 있었는데 바깥에서 여러 사람의 발걸음 소리가 들려, 나는 내가 기다리던 신부님이 그중에 계신지 보려고 고개를 돌렸다. 신부님이 계셨다.

한 명의 유럽인과 몇몇 조선인들이 보였고 조선인들은 내가 짐작하기에 그 지역에서 가장 부유한 사람들의 옷차림을 하고 있었다. 일행 맨 앞에 있는 사람은 둥근 놋쟁반을 들고 있었다. 처음에 나는 그것이 비어 있는 줄 알았는데, 놋쟁반을 든 사람이 성당에 올라섰을 때 그 위에 접힌 종이가 놓여 있는 것을 봤다. 신부님이 쟁반을 들고 있는 사람에게 구유로 가라고 시켰다.

그 모습을 바라보는 동안 나는 숨을 참고 있었다. 이 지방 고유의 독특한 성탄절 관습을 보고 있던 것일까? 아니었다. 내가 무릎을 꿇고 있던 제단에 인사를 한 후 그 행렬은 구유로 가 신부님과 함께 잠시 무릎을 꿇었다.

구유에 다다르자 쟁반을 들고 있던 사람이 신부님께 편지를 건넸고, 신부님은 올라가서 몇 시간 후면 아기 예수상이 놓일 자리에다 그 편지를 놓았다.

그들은 이번에는 구유 앞에서 다시금 기도를 바치고 감실 안의 성체를 향해 더 깊이 허리를 굽혀 절을 하곤 성당에 들어왔던 대로 성당을 나섰다.

그날 밤 나는 고백성사를 드린 것 말고는 다른 일로 피곤하신 신부님을 귀찮게 하지 않았지만, 다음 날 아침 신부님이 세 번째 미사를 마친 후 나를 사제관으로 초대하셨을 때 이제는 아기 예수상의 손에 놓인 그 편지의 사연에 대해 신부님께 여쭤보았다. "사연이라." 신부님이 내 말을 되뇌었다. "그래요, 그 편지에는 사연이 있답니다." 의자에 기댄 채 신부님이 그 편지를 쓴 사람에 관해 이야기를 해주었다.

약 75년 전 (부유하고 권세가 있을 뿐만이 아니라 조선인의 눈에는 매우 잘생긴) 조선의 한 젊은 왕자가 한 송이 꽃처럼 아름다운 처녀와 사랑에 빠졌다. 그리고 기록에는 그녀가 굉장히 아름다웠을 뿐만 아니라 또한 매우 뛰어난 재능을 가졌다고 한다. 왕자에게는 이미 아내가 있었지만 그들은 모두 외인들이어서 아내를 더 들이는 것이 문제가 되지 않아 아주 화려하게 두 명문가에 걸맞은 결혼식을 치렀고 그 처녀는 왕자비 장씨가 되었다. 왕자는 자신이 기대했던 모든 것을 그의 새 아내에게서 얻었던 것이 분명한데, 왜냐하면 몇 년 후 그가 죽었을 때 그는 그의 새 아내에게 막대한 논과 옥수수밭 등 큰 재산을 남겨주었기 때문이다. 그로 인한 수입은 그녀를 조선에서 거부(巨富)로 만들었고, 그녀는 수많은 가신들과 하인들을 부리게 되었다. 자신이 가진 재능을 펼칠 기회를 얻게 된 것은 그녀가 남편을 잃고 난 이후였는데, 귀주 주위에서는 보기 드문 그녀의 관리자로서의 재능이, 그녀가 궁중에 들어갈 당시 왕자를 매혹시켰던 아름다움과 매력보다 훨씬 더 뛰어나다고들 말하곤 했다. 그녀에게는 자식이 없었고 그래서 그 모든 재산에도 불구하고 그녀의 삶은 애정이 결핍된 삶이었다. 그녀가 지니고 있던 엄청난 힘이 그녀의 가장 훌륭한 품성들에 흠을 가져왔더라도 이는 놀라운 일이 아니었는데, 이교(異敎)는 이 같은 품성을 지탱하는 데 아무 역할도 하지 않았기 때문이다.

어느 날 그녀는 자신의 하인 중 한 명에게 실제로 잔인하게 굴어왔음을 스스로 인정하게 되었다. 그 하인은 앙심을 품고 그녀가 했던 그대로 앙갚음을 하려고 했을까? 그 하인이 그녀를 모시는 태도와 섬김에는 전혀 변화가 없었기 때문에 그녀는 놀랐다. 그리고 더 찬찬히 살펴봐도 그녀는 그에게서 오직 진심 어린 충성심만을 발견했을 따름이며 그녀가 했던 짓들에 대한 어떠한 악감정도 찾아볼 수 없었다. 왕자비는 중년의 나이가 되어가고 있었는데, 자신이 그토록 가혹하게 대했던 하인이 그녀에게 관용과 용서를 보였던 것이 그 하인의 종교의 가르침 덕분이라는 것을 알고선 깊이 감명받았다. 그 하인은 아마 천주교 신자였던 것 같았다. 그녀는 이 사실을 아는 것만으로는 만족하지 못했다. 그녀는 그런 놀라운 결과를 가져온 그 종교에 대해 좀 더 많은 것을 알고 싶었다. 모든 조선인처럼 그녀도 선천적으로 경건한 기질을 갖고 있었고 그녀가 지닌 풍부한 상식과 높이 발달된 이성적인 힘 덕분에 천주교에 접하자마자 그녀는 완전히 마음을 빼앗겼다.

그녀는 이교의 각박함이 항상 마음에 들지 않았다. 하지만 천주교에서 그녀는 겸손의 정신, 그녀가 항상 갈망해왔던 사랑을 찾을 수 있었다. 왕자비는 귀주의 신부님에게 찾아가 교리를 배우고, 세례를 받게 될 때 세례명을 마리아로 해달라고 청해서 그 세례명을 받게 되었다.

귀주의 수십 명의 신자들이 모여서 미사를 드리던 진흙 벽으로 된 작은 성당에 처음 가마를 타고 왔을 때 왕자비는 신부님에게 인사하며 솔직하게 말했다. "성당이 마음에 들지 않군요." 그녀가 말했다. "부인, 더 좋은 곳이 없습니다." "그렇다면 하나 지으세요." 장 마리아 왕자비가 말했다. "벽돌로 지어서 험한 날씨도 견뎌내게 하고, 지금 이 초라한 흙집의 열 배 크기로 지읍시다."

장 마리아가 직접 감독을 해가며 성당을 빠른 시일 내에 새로 짓게 되었는데, 여느 곳에서와 마찬가지로 조선에서도 막대한 자금이 있으면 성당을 짓는 일까지도 쉬웠기 때문이다. 성당을 완공하고 나서 그녀는 뭔가 더 필요한 것이 없는지 물어봤다.

"학교가 하나 있어야 합니다만…" 신부님이 망설이며 말했다. "그럼 하나 세우세요." 장 마리아가 말했다.

장 마리아 왕자비의 후의로 학교와 수녀원을 세운 다음에는 병원과 노인들의 집이 세워졌고, 마지막이지만 결코 하찮지 않았던 것은 사제관까지 지어진 것이었는데, 장 마리아의 후한 마음씨는 그녀의 지갑에 든 것과 마찬가지로 끝이 없는 것처럼 보였다.

장 마리아가 천주교의 정신에 어찌나 빠져 있었던지 그녀를 가장 잘 알고 있던 신부님은 그녀가 세례를 받은 지 일 년 후에는 급기야 그녀가 태어날 때부터 신자가 아니었다는 점을 인정하기 어려울 정도라고 단언했다. 신부님은 성당과 수녀님들, 지역의 가난한 사람들에 대한 그녀의 기부를 줄이도록 해야 했다. 그녀의 모든 집안사람과 그녀의 막대한 토지에 살고 있는 사람들에게 만약 그들이 원한다면 천주교 교리를 배우고 신자가 될 수 있는 기회가 주어졌다. 왕자비는 집 안에 공소를 하나 지어서 사정이 될 때에는 미사를 드리기도 했다. 그러나 그녀의 30년간의 신자생활 동안 그녀는 본당 성당에 충실했으며, 임종할 때 거의 아흔에 가까웠던 이 호탕한 노(老) 여걸(女傑)은 매주 일요일뿐만이 아니라 축일(祝日)에도 그녀의 집에서 10마일이나 되는 거리에 있는 귀주성당을 오갔다. 그런데 그녀는 귀주에만 후하게 베풀었던 것이 아니었다. 그녀의 삶은 하느님을 섬기고 그녀의 사랑하는 조국에 천주교를 확립하는 데 온전히 바쳐졌다. 새 성당이 필요한 곳도 있고, 또 종(鐘)과 십자가의 길, 성탄 구유가 필요한 곳도 있었다. 여기서 이야기는 다시 내가 성탄 전야에 봤던 그 조촐한 의식에 관한 이야기로 돌아간다.

세월이 많이 흐르면서 연로해진 왕자비는 그녀가 평생 동안 해온 습관들을 더 이상 유지할 수 없게 되었다. 그녀는 점점 더 쇠약해져 전처럼 성체조배를 하는 시간을 줄일 수밖에 없었다. 그리고 눈이 어두워져서 읽을 수가 없게 되자 수발을 드는 여인들이 기도서를 대신 읽어줘야 했다. 그러나 비로소 어제 그녀의 불굴의 의지가 노년의 쇠약함에 무릎을 꿇게 되어, 그녀가 귀주에 성탄 구유를 마련해준 이래로 30년 만에 처음으로 성탄 구유를 경배하러 올 수 없게 되었다.

그리하여 내가 목격했던 조촐한 의식이 있었던 것이다. 어두워진 시력과 쇠약해진 기력으로 인해 그녀는 고통스럽게 아기 예수에게 바치는 편지를 써서 놋쟁반에 담아 그녀의 하인 중 우두머리의 손에 들려 아기 예수의 손에 두도록 했는데, 내가 그날 아침에 본 것이 바로 그 편지였다.

귀주성당의 신부님은 성탄 구유에 놓여 있던 편지를 가져와 떨리는 손으로 힘겹게 쓴 그 편지를 먼저 나에게 보여주시고는 읽어주셨다.

"찬미 예수"로 시작된 편지의 내용은 다음과 같았다. "만물의 창조주이신 전능하신 하느님, 성심을 다하여 비오니 이 땅에 평화로이 임하소서. 아기 예수여, 대 죄인인 저, 장 마리아의 많은 죄를 용서하소서. 평생의 소원인 이 청을 들어주소서. 그리고 저에게 주님의 보호와 선종(善終)의 은총을 베풀어주소서. 31년 전에 제가 주님을 믿게 된 후 성탄을 집에서 보내기는 이번이 처음이옵니다. 감기와 극심한 통증으로 성당에 갈 수가 없습니다. 마땅히 성탄을 보내야 할 도리대로 보낼 수가 없습니다. 제 죄를 용서하여 주소서. -장 마리아"

이 편지는 2년 전 성탄에 쓴 것이다. 그리고 불과 몇 달 뒤에 나는 한 미국신문에서 기독교 신자인 조선 왕자비가 아흔의 나이로 세상을 떠났다는 기사를 읽었다. 그것이 장 마리아였다. 그리고 그녀의 장례식과 그녀가 생전에 행한 자선들, 그리고 뒤에 남겨둔 기부들에 관한 장황한 보도가 있었다. 그러나 내가 생각하고 싶은 것은 우리 주님이 그녀를 위해 그녀의 성탄 편지에 대해 예비해놓으셨을 그 대답이었다. 그 편지는 짧았을지 모르지만, 신앙의 모든 것을 담고 있었다.

1935년 3월호

천주교 신앙은
어떻게 조선에 뿌리를 내리게 되었는가(8회)

존 블로윅 신부

주문모 야고보 신부가 조선에서 사목활동을 했던 기간(1795 ~1801년)은 만일 다른 선교국의 역사였다면 특이한 경우였을 것이다. 조선에서는 그것은 그 경이로운 나라의 역사에 점철된 영광스러운 획기적인 시대 중 하나일 뿐이다. 주 신부의 입국에 관련된 세 사람이 처형당한 후, 천주교를 적대시하는 이들은 왕에게 대대적인 천주학 박해를 명하는 어명을 공포하도록 상소했다. 그러나 왕은 천성적으로 성품이 온화한데다 천주교에 대한 백성들의 적대감을 일으키지 않길 원했기 때문에 이 극단적인 조치를 채택하길 거부했다. 그러면서도 왕은 주 신부와 천주교도들을 억압

하는 조치들을 묵인하거나 심지어 명하는 경우도 있었다. 궁중의 벼슬아치들 중 천주교도들은 관직을 박탈하고 유배를 당했다. 조선 팔도의 지방수령들에게는 천주학의 전파를 막고, 천주학도들에게 배교를 권고하라는 포고가 떨어졌다. 배교를 거부한 신도들은 체포되어 관아로 끌려갔다. 어명에 의한 경계조치라는 구실하에 많은 지방수령들이 천주교도들을 잡아다 고문했다. 어떤 경우에는 고문이 너무나 가혹해 무고한 희생자들이 죽는 일이 생기기도 했다. 수많은 천주교 신자가 산야로 피신했고, 그러지 못한 많은 이들은 옥중에서 굶주림과 모진 고초로 인해 죽었다. 이 몇 년 동안의 '온건한' 박해기간 중 신앙을 위해서 고초를 겪고 죽음을 당한 이들이 얼마나 되는지는 오직 하느님만이 알고 계신다. 지방수령들은 천주학에 대한 적개심에서 여러 가지 방편을 사용했다. 그들이 사용했던 한 가지 계획은 저명한 천주교 신도들을 금육재(禁肉齋) 날' 만찬에 초대해 고기를 먹도록 권하는 것이었다. 진퇴양난에 빠진 신도들은 어쩔 수 없이 교리를 어기거나 아니면 자신이 천주교도라는 사실을 밝힐 수밖에 없었다.

그러나 왕과 지방수령들의 주된 목적은 주 신부의 은신처를 찾아내는 것과 다른 사제가 조선에 입국하는 것을 막는 것이었다. 따라서 국경지역의 수령들은 각별히 경계하도록 명을 받았고, 관헌들은 한시도 쉬지 않고 주문모 신부를 추적했으며, 주 신부가 어디 있는지를 찾아내기 위해 수많은 천주교도들이 체포되고 심문을 당하고 고문을 당했다. 주 신부는 자기가 조선의 단 한 명뿐인 사제였고, 국경(변방)지역의 수령들에게 다른 사제가 이 나라에 들어오는 것을 막으라는 특별명령이 내려졌다는 사실을 알고 있었기 때문에 천주교 신자들을 위해 자신의 거처를 숨겨야 한다고 현명한 결정을 내렸다. 주 신부가 현명한 결정을 내렸다는 것은 이 6년 동안 그가 이루어낸 영웅적인 위업과 그가 죽은 뒤 30년 동안 어떠한 사제도 조선에 입국할 수 없었다는 사실에 의해 충분히 입증된다.

잉글랜드와 스코틀랜드를 합친 크기 정도의 나라에서 단 한 명의 신부가 혼자서, 특히 박해가 있던 시기에 많은 일을 하기를 바랄 수는 없을 것이다. 주문모 신부는 이를 잘 알고 있었고 따라서 대부분의 시간과 정력을 신도들을 조직화하는 일에 쏟았다. 그는 평신도 중에서 믿을만한 조력자를 선발해 사도직을 수행하는 노역자들의 수를 늘렸다. 주 신부가 살았던 험난했던 시기와 그가 행적을 감추고 은신했던 생활 때문에 우리는 주 신부의 생활과 활동에 관한 아무런 상세한 자료도 가지고 있지 않다. 그의 보호자 역할을 했던 여인 강완숙 골롬바는 옥중에 있을 때 그의 삶을 기록했으나 불운하게도 이 귀중한 기록은 유실되었다.

　그러나 한편으로 주문모 신부의 사목활동에 대한 전반적인 기록물이 남아 있는데, 작성자들이 믿을 만한 사람들이어서 전적으로 신뢰할 만한 기록이다. 주문모 신부의 선종(善終) 후 약 10년 후인 1811년 12월 18일에 조선 천주교 신자들은 북경 주교에게 서신을 보내는 데 성공했다. 그 서신의 주된 목적은 주교에게 사제 파견을 간청하는 것이었지만, 다른 문제들 중에서는, 이 서신에 주 신부의 생활과 노고들에 관한 유익한 기록도 담겨 있었다. 이 거룩한 사제에 관해 다음과 같이 언급한 구절을 인용하는 것이 가장 좋을 듯하다.

　"신부님은 밤에는 성사를 행하셨고, 낮에는 책들을 번역하는 데 전념하셨습니다. 신부님은 식사를 하시거나 잠을 주무시는 데에는 거의 시간을 쓰지 않으셨습니다. 신부님은 자신에게 주어진 사명을 다하기 위해 절식과 극기를 하시고 완전히 자기 자신을 희생하셨습니다. 신부님은 사려가 깊으시고, 능력과 덕성이 너무도 뛰어나신 분이었습니다. 신부님께서 오셨을 때 우리 거룩한 천주교는 이 동방의 왕국에 간신히 모습만 드러내었을 때였습니다. 사람들은 촌스럽고 투박했습니다. 신부님은 이 나라에서 성스러운 사목활동을 하신 최초의 사제였습니다. 당시 우리 조선인들 간에는 교리에 대한 뿌리 깊은 무지가 만연해 있었습니다. 신부님은 참된 교리를 보급할 목적으로 책들을 저술했습니다. 신부님은 앞선 집필자들이 모호하게 남겨 놓은 것들을 설명하시고 발전시키셨습니다. 이렇듯 신부님은 무지한 이들을 가르치시고, 약한 이들에게 힘을 불어넣어주시고, 게으른 이들을 깨우치셨으며, 열렬히 믿는 이들을 격려했습니다. 신부님은 사람들이 우리 종교의 계율들을 충실하게 따르도록 이끄셨습니다. 신부님은 우리에게 거룩한 신앙의 은총을 베푸셨습니다. 신부님은 천주교 교리 신도회(信徒會)를 설립하시고 각 마을의 지회 회합을 위한 회칙들을 제정하셨으며, 지회를 통솔할 구역장들을 임명하셨습니다. 또 남성과 여성 신자들은 따로 회합을 갖도록 명하셨습니다. 신부님은 사람들을 천주교로 입교시켜 올바른 길로 이끌려는 단 하나의 목적으로 모든 것을 질서정연하고 체계적으로 마련하셨습니다."

그의 신앙심과 열정에 대한 한 가지 증거는 그가 조선에서 지낸 순탄치 않은 6년 동안 조선 천주교 신자 수가 4,000명에서 일만 명으로 증가했다는 것이다. 아마 이 위대한 사제의 가치를 입증해주는 가장 위대한 증거는 주 신부를 배신하거나 신앙을 배교하기보다 치욕, 귀양, 고문, 그리고 죽음을 기꺼이 택했던 조선 천주교 신자들의 숫자에서 발견될 것이다.

1799년 조선의 국왕이 사망했다. 왕의 죽음은 조선 전체에 불행이었지만, 특히 천주교도들에겐 파멸적이었다. 천주교 신자들과 이들을 적대시하는 수많은 세도가의 그칠 줄 모르는 증오 사이에 놓여 있던 마지막 버팀목이 없어져버렸기 때문이다. 왕세자[2]는 통치권을 물려받기엔 아직 너무 어려서 대왕대비[3]가 섭정하게 되었다. 그녀는 자신의 입지를 강화하는 데 한 치의 시간도 낭비하지 않았다. 조선의 모든 국법과 관습에 어긋났지만, 그녀는 선왕시절의 판서들을 모두 해임하고 그 자리를 자신이 총애하는 인물들로 채웠는데, 그들은 천주교 신앙에 대해 특히 적대적이었다. 승하한 선왕의 국상(國喪)기간이 끝나자마자 그녀는 천주교에 대한 대대적인 탄압령을 내렸다. 이 끔찍한 어명은 천주학을 엄금하고, 신도들을 범죄자로 간주하며, 모든 관헌은 천주교도들을 체포하도록 명하고, 그들에게 일말의 자비도 베풀지 말고 심판하고 처벌할 수 있는 권한을 부여했다. 대왕대비가 공언한 목표는 천주학쟁이들을 완전히 말살시키는 것이었다. "천주학쟁이들을 씨도 없이 말려라. 그리하여 그들의 흔적조차 남지 않도록 하라"라는 칙령이었다.

이 극악한 박해의 공포에 관해 지면 관계상 자세히 묘사하지는 못하겠다. 관헌들의 급습은 밤낮으로 계속되었다. 천주교도로 의

심되는 이들의 집에 쳐들어가 많은 경우 집을 완전히 무너뜨려버렸다. 남녀노소와 신분을 불문하고 천주교도들은 체포되어 투옥된 뒤 처형당했다. 감옥은 천주교도들로 넘쳐났고, 1801년에 수도인 서울에서만 300명 이상이 그들의 신앙 때문에 죽음을 당했으며, 각 지방에서 죽은 사람들의 숫자는 알 길이 없었다.

주문모 신부는 자기 목에 현상금이 걸리고, 신도들이 자기 때문에 박해받고 있다는 걸 알고는, 1801년 4월 21일 적들에게 자기 몸을 내주고 말았다. 심문 중에 그는 말이 없었고, 의연하고 신중했다. 그는 천주교 신자들 누구 하나라도 위태롭게 할 말은 단 한마디도 입 밖으로 내지 않았다. 그는 천주교를 옹호하는 웅변적인 변론을 써서 전했다. 마침내 1801년 5월 31일 삼위일체축일[4]에 그는 순교의 형장으로 인도됐다. 그는 시키는 대로 몰려든 군중들 주변을 세 바퀴 돌고 나서, 무릎을 꿇고, 양손을 모은 후 머리를 숙여 그의 삶을 마감하는 칼을 받았다. 그의 나이는 서른두 살이었다.

주문모 신부에 대한 기억은 신심 깊은 조선인들의 마음속에 여전히 생생하게 남아 있다. 그들은 그의 열성과 사려 깊음, 극기의 생활 그리고 그의 거룩한 죽음에 대해 지대한 경외감을 가지고 말한다. 오랫동안 천주교 신자들은 그의 옷과 모자, 그리고 그가 소

지했었던 두 점의 작은 그림을 아주 소중하게 보존했다.[5]

주문모 신부는 1801년에 선종했다. 조선 천주교도들이 사제를 다시 보게 된 것은 1831년이었고, 그 사이 30년 동안 세 차례의 끔찍한 박해가 조선을 휩쓸었다.

1935년 7월호

'둥글게 둥글게'

조선에서 보내는 조선에 관한 생생한 이야기

토마스 퀸란 신부

9월 25일

오늘 오후 우리 학교 아이들이 레크리에이션 시간에 새로운 게임을 했다. 아일랜드 아이들이 'ring-a-rosy'를 하는 것과 비슷하게 아이들이 둥그렇게 서서 원을 그리며 춤을 췄다. 아이들은 '강강술래(큰물이 밀려온다)'를 부르고 있었다. 처음엔 천천히 부르다 점차 보조를 빠르게 했는데 그러자 그 가락이 마치 경보음처럼 들렸다. 아주 듣기 좋았다. 이제껏 그런 완벽한 의성법(擬聲法)의 실례를 들어본 적이 없는 것 같다. 아이들이 천천히 그리고 잔잔히 노래를 부르며 리듬에 맞춰 움직일 때 꼭 파도가 해변에 서서히

와 부딪히는 소리 같았다. 그러다 곧 리듬과 보조가 빨라지자 달려드는 물결이 해안을 강타하는 것 같은 느낌을 줬다. 점점 올라가는 대목에서 그 효과는 가장 훌륭했는데, 마치 바닷물이 그곳 주변에서 소용돌이를 쳐 정말 위험이 다가온 것만 같았다. 그러고는 아이들은 잠시 숨을 돌리고 다시 처음부터 노래를 되풀이했다.

'강강술래'에는 그에 관련된 역사적 사실이 있는데, 한 조선인 신부님이 우리에게 그 이야기를 들려주셨다. 600여 년 전에 조선은 외국의 침략으로 위협에 직면했던 듯하다. 수비군은 바닷가에서 감시를 하고 있었지만, 침략군에서 아마 이 사실을 알았던 것 같고 그들은 수비군이 계속 대기하다가 지치게 만들기로 했다. 그때, 조선군 지휘관이 침략군을 속여 넘길 계획을 생각해냈다. 그는 아녀자들로 하여금 해안가와 주변의 언덕들 위에서 놀이를 하게 했다. 그러면 침략군이 그 모습을 보고 수비군이 기다리다 지쳐서 농가로 돌아갔다고 생각할 터였다. 아녀자들은 적군이 다가오면 '강강술래'라는 신호를 보내기로 되어 있었다.

이 책략은 완전히 성공했다. 침략군이 상륙하자 수비군은 그들을 급습해 궤멸시켰다. 위기에서 나라를 구한 걸 기억하고 감사하는 마음으로 매년 9월, 지금까지도 그 사건을 기념하고 있다.

요한이 지은 집

조선 메이누스선교회
토마스 퀸란 신부

여러분께 목포에 새로 지은 우리 집에 관해 말씀드리고자 한다. 그 집은 벽돌로 벽을 쌓고 양철 지붕을 얹은 작고 매우 소박한 집이다. 집에는 여섯 개의 방이 있다. 건물, 설비, 비품, 마지막 못 하나까지 하나도 빼지 않고 모두 다 해서 비용은 80파운드 정도뿐이다. 그리고 우리가 그 집을 짓는 동안 돈도 안 들고 재미난 일들이 많았다. 이 이야기를 제대로 해보자. 먼저 그 '배경'을 보자. 우리 선교원은 시내를 굽어보는 작은 언덕 위에 있다. 하나 사실은 이 언덕은 상대적으로 작을 뿐이다. 꼭대기까지 오르는 길은 꾸불꾸불하고 상태가 안 좋지만 많은 칠십 대 조선 노인들이 매일 미사를 보러 이 꼭대기까지 올라오시기 때문에, 우리는 언덕을 오르내릴 때 그저 아무 말도 못하고 한숨만 내쉴 뿐이다. 성당은 이 언덕의 가장 먼 끝자락에 있다. 이 성당은 신심이 매우 깊으셨던 한 프랑스 신부님이 지으셨는데, 신부님은 그 후 영면(永眠)하셨다. 성당 조금 앞에는 아담하고 깔끔한 사제관이 있는데, 방 네 개와 뒤편에 부엌이 딸려 있다. 사제관 앞뜰 맞은편에는 조선식으로 지은 오래된 초가집이 한 채 있었다. 나무 기둥들이 양철 지붕을 받치고 있고 단단한 진흙 벽이 둘러져 있다. 맥폴린 신부님은 방을 더 만들기 위해 이 집을 개조하기로 마음먹으셨다. 내가 이곳에 오기 전에 신부님은 요한이라는 이름의 중국인 석공(石工)에게 연락했다. 그런데 요한은 사실 그의 이름이 아니다. 예전에도 그랬고 지금도 그렇지만 그는 상스러운 외인이고, 많은 덕성(德性)을 닦기 위해 애를 쓴 적이 없었던 사람이다. 하지만 그 이야기는 곧더 하겠다. 요한은 내가 도착한 다음 날 쓱 나타났다. 그리고 나와이야기를 한참 나눈 뒤 다음 날부터 일을 시작하기로 했다. 다음날 아침, 우리가 아침 식사를 끝마치기도 전에 요한은 한 무리의 인부들을 데려와 낡은 진흙 벽들을 부수게 했다. 그들은 신나게 작업을 시작했다. 처음에는 어찌나 고함을 치고 악을 쓰고 노래를 불러대는지 괴로울 정도였지만 마른 진흙과 몇 년 간 쌓여 있던 먼지가 인부들의 목으로 들어가자 그들의 목소리가 잦아들었다. 그들은 요한의 지시를 받으며 계속해서 일했는데 밤 무렵에 그 집은 기둥들과 양철 지붕 등 기초공사 골조만 앙상하게 남아, 흡사 건초를 쌓아두는 헛간의 축소 모형처럼 보였다. 벽돌, 석회 시멘트, 창틀, 문, 바닥, 한 무리의 석공들, 목수들, 인부들이 속속 줄지어 도착했다. 요한은 계약 책임자이면서 우두머리 석공에다 십장이었고, 작업의 진척을 조정했다. 그는 품삯을 매일 인출하지 않고 일주일 동안 쌓아두었다. 그러다 주말이 되면 품삯을 모두 내주었다. 인부들은 요한에게 현금이 지급되는 것을 보고, 모두 시내로 몰려갔다. 가는 길에 요한은 그들에게 전표(錢票)를 주고, 본인은 왕처럼 흥청망청댔다. 먹고 마시고, 신나게 아편을 피워 대며 만판 술판을 벌였다. 인부들에게는 다행스럽게도, 요한은 아편을 피워 몽롱한 상태에서 체포당했고 그 이상 현금을 까먹는 일을 막을 수 있었다. 그는 이틀을 유치장에서 보냈고 이전보다 우울해졌지만 화요일 아침에 더 현명한 사람이 되어 작업 현장으로 돌아왔다. 월요일에 그가 현장에 오지 않은 이유에 대해 우리가 물어보자 그는 힘없는 목소리로 중국에 있는 어머니가 편찮다는 전갈을 받아서 하루 쉬게 된 것이라 이야기했다. 성난 인부들이 그를 기다리고 있었는데, 그들은 자신들의 임금을 내놓지 않으면 죽여

버리겠다고 으르렁대고 있었다. 요한이 인부들을 다루는 모습을 보니 꼭 갈피를 못 잡는 외교관 같다는 생각이 들었다. 그는 인부들에게 미소를 지으며 자신이 좀 탈선했다고 인정하며, 남은 돈을 나누어 주고 모자란 돈은 주말에 자기 몫으로 채워 주겠다고 제안했다. 그는 인부들을 모아놓고 또는 개별적으로 불러다 자기가 그들을 위해 얼마나 애썼는지를 이야기했는데, 급기야 인부들은 자신들이 무엇 때문에 화가 났었는지 어리둥절해질 지경이 되었다. 인부들은 잠잠해졌고 다시 요한의 지시를 따라 일을 계속했다. 요한은 집이 완공될 때까지 사람들 눈에 띄지 않게 100일간 숨죽이고 근신하며 땀 흘려 열심히 일했고, 공사가 끝났을 무렵 그는 인부들에게 빚진 것이 하나도 없게 되었다. 잘못된 길에 다시 빠지지 않기 위해 요한은 일을 마치면 종종 우리와 둘러앉아 이야기를 나눴다. 그는 고향과 따뜻한 밥과 소금에 절인 야채, 말린 생선을 먹을 때의 즐거움에 관해 이야기하는 것을 좋아했다. 어느 날 밤 그는 아주 허물이 없어져, 자기 숙소에 귀한 중국술이 있는데 조금 마셔보지 않겠냐고 우리에게 물어봤다. 그가 가지고 있던 술은 중국에서 '소주'라고 알려진 술이었는데, 거의 순수한 알콜에 가까웠다. 선교사들 사이에서 그 술은 '갈래진 번개'라는 별명이 붙어 있었는데, 한 잔만 마셔도 머리가 아프기 시작해 발끝까지 떨리게 만드는 술이었다. 우리는 요한에게 귀한 것이니 그냥 뒀다가 혼자 마시라고 했지만 그가 계속 고집을 피우는 통에 할 수 없이 그 술이 별로 내키지 않다고 말할 수밖에 없었다. 요한은 그 좋은 것을 어떻게 좋아하지 않을 수 있는지 납득하지 못했지만, 어쨌건 우리는 그 술에 대한 그의 높은 평가를 분명히 사절했다.

하지만 요한은 집을 완공할 때까지 바른 생활을 계속했다. 그런데 그 후 억지로 바른 생활을 오래도록 한 것이 그에게는 너무 힘겨웠던 모양이었다. 아편이 가져다주는 즐거운 몽환(夢幻)을 요한은 여전히 떨쳐낼 수가 없었고, 새해 첫날 그는 더 이상 참을 수가 없었다. 그는 또 한 번 신나게 놀아보기로 작심했다. 결국 위험을 무릅쓰고 아편을 피워 절정에 달해 있던 바로 그때 그는 체포되었고, 두 번째 범죄라서 이번에는 지방 교도소에서 8개월의 중노동 징역을 선고받았다. 나는 그가 교도소에서 나오면 어떤 변명을 할지 궁금했다. 아마 역병이 중국에 두고 온 그의 가족들을 모두 휩쓸어가서 그들의 무덤을 돌보기 위해 그곳으로 돌아가야했다고 말할지도 모른다.

완공된 집은 훌륭했다. 바닥에서 천장까지 여기저기 8피트가 채 안 되었지만 그래도 실내에 전기는 있다. 만약 이것이 전기에 관한 농담이라면, 냉온수 설비도 되어 있고 각 방마다 욕조도 달려 있다는 이야기도 덧붙여야겠다. 그런데 전깃불 이야기는 진짜다. 전기 문제에 있어서 일본인들은 대단했는데 그들은 조선 각 마을마다 전기설비를 해줬고, 전기를 사용하는 것이 등유나 양초를 사용하는 것보다 더 싸기 때문에 우리 집에도 전기시설을 단 것이다. 집에는 그 밖에 다른 것도 많이 있다. 내 말은 나나 가끔씩 선교원에서 오시는 신부님들을 말하는 것이 아니라 쥐, 바퀴벌레, 모기와 같은 그 집의 영원한 하숙자들을 말하는 것이다. 쥐들은 천장 위의 공간이 특별히 자기들이 이용할 수 있도록, 그들을 위해서 만들어진 것으로 생각하는 것 같았다. 그것들은 이리 뛰고 저리 뛰면서 남들의 권리에 대해서는 아랑곳하지 않았다. 자기들끼리 부르고 싸우면서 찍찍거리는 것이 완전히 아수라장이었다. 아래서 위로, 위에서 아래로, 오만 곳으로부터 다른 약탈자들, 지네들, 뱀들, 모기들이 덤벼들었다. 겨울바람이 그 틈바구니에서 약점들을 발견했다. 비는 시시때때로 파고들었다. 그럼에도 불구하고, 나는 여전히 내 주장을 유지한다. "이것은 전혀 없는 것보다 낫다. 어떤 이웃집들보다 훨씬 훌륭하다. 그리고 어떻든 간에, 누구나 너무 많은 것을 기대할 수는 없다. 선교회에서도, 80파운드 돈으로는."

영혼의 우리란 무엇인가?

조선 목포 메이누스선교회
해롤드 헨리 신부

　토요일 오후 고백성사를 주고 있던 중 한 젊은이가 고해실로 급히 뛰어와 이요한의 어머니가 돌아가시려 한다는 소식을 전했다. 이요한은 아주 최근에 영세를 받았다. 그의 어머니는 아직 신자는 아니지만 천주교에 입교하고 싶다는 소원을 말한 적이 있었다. 그래서 나는 서둘러 그 집으로 가서, 꼭 필요한 몇 가지 교리만 알려준 후, 이요한의 어머니에게 세례를 주고 마리아라는 세례명을 줬다.

악마의 춤꾼들

이요한이 이 집안의 유일한 자손은 아니었다. 이요한에게는 천주교 신자인 누이가 하나 있었고 신자가 아닌 형과 누이가 하나씩 있었다. 이 형과 누이는 어머니의 병을 가져온 마귀를 내쫓는 방법으로 환자의 방으로 단골레[1]를 데려와 큰 굿을 해야 한다고 우겨댔다.

두 명의 악마의 춤꾼(단골레)들이 불려 왔지만, 이요한의 강한 천주교 신앙심을 그들은 감당해낼 수 없었다. 두 단골레는 변변히 굿판도 벌여보지 못하고 집에서 쫓겨나고 말았다. 그 대신 이요한은 병든 어머니에 대한 효심이 부족하고 불손하다고 심하게 비난을 받았다.

얼마 후, 십자가 고상 아래 미신적인 글(부적)이 붙었지만, 아직 세례를 받지 않았음에도 불구하고 이요한의 어린 아들이 그것을 떼려고 온갖 축구[2] 전술을 다 쓰더니 결국에는 그것을 방에서 떼어내 던져버렸다.

장례를 천주교식으로 할 것인가 외인식으로 할 것인가?

마리아 할머니가 회복하지 못할 것이 거의 확실해지자 이요한은 나에게 어머니께 자주 들러주도록 부탁했다. 이로써 모친의 장례식 때 외교인(外敎人) 의식 대신 자기주장대로 신부를 모시려는 강력한 근거를 만들어두자는 속셈이었다. 그래서 어머니가 돌아가신 후에 그는 신자가 아닌 친척들과 의논하는 자리에서 신부가 계속 어머니를 보살폈기 때문에 신부가 어머니를 매장하는 것이 너무나 합당한 처사라고 주장했다. 그러나 반대편에서는 단호하게 "안된다"고 반대하고, 자신들의 주장을 밀고 나가기 위해 혼백(넋)이 배고프지 않도록 고인 앞에 차려놓을 제사음식을 수북이 장만하기 시작했다.

조선의 관습

부모가 돌아가신 후에 아들들은 삼베옷을 입고 마당에 깔아놓은 가마니에 앉는 것이 관습이다. 조문객들의 조문을 받는 곳은 바로 이곳에서다. 조선인 김 신부님과 나는 상갓집으로 가 (이 나라 관습대로) 신발을 벗고 정해진 격식에 따라 두 상주에게 머리를 조아리고 애도를 표했다. 그러고 나서 우리는 집 안으로 들어가 시신이 안치된 방에 있는 고상 앞에서 무릎을 꿇었다. 다른 교우들이 우리 뒤를 따라 들어왔고, 이요한은 상 위에 축성된 초를 놓았다. 우리는 함께 망자(亡者)를 위해 바치는 기도인 연도(煉禱)를 드렸다. 천주교 교우들이 낮 동안 내내, 그리고 자정 무렵까지

와서 망자를 위해 연도를 바치는 것은 이곳의 아름다운 관습이다. 외교인들의 밤샘에서는, 조문객들이 제사음식을 먹는데, 이는 장례경비를 올리는 관습이다. 그러나 조문객들이 다소의 부의(賻儀)를 가져오기 때문에 그 부담은 상당히 분담이 된다.

시신이 놓여 있는 방에서는 많은 부인네들이 상복과 장례 행렬에서 들고 갈 만장(輓章)들을 만들고 있었다. 친척들은 애도의 표시로 산발을 하고 앉아 있었다. 그동안 외교인 몇 사람이 들어와 가마니에 앉아 장례계획을 상의하고 있었다.

응원군

이요한은 장례식을 외교인의 의식으로 치르는 문제로 곤란한 처지에 놓였다. 이 지역 남자 천주교 신자들은 외교인들에 비해 극소수에 불과해서 이요한이 하는 말이 통하지 않았다. 그래서 이요한은 박 신부님의 교구에서 심지가 굳은 여러 교우들이 와서 정신적인 응원을 해주도록 청하고, 그들에게 식사와 숙소를 제공할 것을 약속했다.

다른 지역에서 온 신자들 중에는 네 명의 선교사가 있었는데 이들은 한 교구에서 온 것이 아니라 세 교구에서 왔다. 그중 한 명은 이곳에서 약 50마일이나 떨어진 곳에서 왔다. 일반적으로 말해 조선인은 언제든지 무슨 이야기를 할 때 결코 막히는 법이 없는데, 하물며 말 팔아먹는 일을 하는 선교사는 더 말할 나위가 없었다. 한 선교사가 미신의 헛됨을 박학다식하게 논증하기 시작했는데 그의 이야기는 한 시간이나 계속되었다. 그 이야기가 별로 효과도 없고 충분하지도 않다고 생각한 목포 선교사가 그 뒤를 이어 같은 이야기를 거의 2시간 이야기했다.

나머지 다른 두 선교사들도 거들고 나섰지만, 이들이 얼마나 길게 이야기했는지를 나는 시간을 재지 않았다. 결국 외교인 의식 없이 장례를 치르고 신부가 인력거를 타고 장지까지 가는 것으로 결정이 났다. 이것은 아주 잘 된 일이었다. 그래서 나는 장지에 가기로 승낙했다. 게다가 특별하게 제작한 상여를 성당에 기증하기로 결정됐다.

영혼의 우리(영여, 靈輿)

외교인의 장례에서는 사방에 유리 창문이 달린 작은 모형 집이 장례 행렬의 맨 앞에 앞장서는데, 그 안에는 망자의 옷과 신발, 담뱃대와 담배가 놓여 있다. 사람들은 망자의 영혼이 이 집 즉 '영혼의 우리' 안에 있는 것으로 여긴다. 육신이 무덤으로 가고 있는 만큼, 영혼이 자신이 머물렀던 옛 거처를 따라가는 것은 너무 합당하다는 것이다. 물론 이는 천주교 신자들에게는 금기이다. 하지만 마리아 할머니의 외교인 친척들은 그들의 체면을 살리기 위해서 최소한 이것만큼은 꼭 운구해야 한다고 우겼다. 대신 옷과 신발, 담뱃대와 담배는 '영혼의 우리' 안에 넣지 않아도 괜찮다고 양보했다. 나는 물론 그것은 용납될 수 없다고 말했다. 외교인들이 계속 고집을 부리자, 나는 최후통첩을 했다. "만일 우리가 간다면, 사제는 가지 않을 것이오."

이제 외교인들은 신부를 이 장례식에 참석하게 하려고 매우 성화였다. 아마도 '더 큰 체면'을 살리기 위해서였을 것이다. 그러나 그들은 사제와 '영혼의 우리' 모두를 취할 수는 없었기 때문에 진퇴양난에 빠졌다. 장례식 전날 밤까지 결말은 나지 않았다.

다음 날 아침 나는 장례 행렬이 성당으로 오고 있으며, '영혼의 우리'가 없을 것이라는 전갈을 들었다. 그러나 성당에서 장례의식을 치른 후 그것이 대로(大路)변에 나섰다. 그래서 나는 이 행렬에 참여할 수 없다고 말하고 미안하다고 말했다. 이요한은 사정을 이해했다. 하지만 작은 아들이었기 때문에 그는 나에게 심려를 끼쳐 죄송하다는 말 이외에는 어찌할 수가 없었다.

장례 행렬

우리는 성당 마당에서 장례 행렬을 지켜봤다. '영혼의 우리'가 맨 앞에 가고 망자의 덕을 칭송하는 한자로 쓴 형형색색의 만장들이 그 뒤를 이었다. 상여는 커다랗게 나무로 만든 직사각형 모양이었다. 대략 20여 명의 남자들이 상여를 어깨에 지고 운구했다. 상여꾼들은 운구하면서 슬프게 곡(哭)을 하게 되어 있지만, 사실 상여꾼들은 그들에게 주어지는 연료[3], 즉 술의 양만큼만 비례해서 곡을 한다. 이 뒤엣것(술)은 천주교 장례에서는 금지되어 있다.

유족들은 삼베로 만든 상복을 입고 상여 뒤를 따랐다. 마리아 할머니의 자식들은 (짚으로 만든) 새끼줄을 머리와 허리에 두르고 있었다. 아주 오래전에는 부모의 죽음은 자식들의 죄 때문이라고 여겨졌었다. 그래서 고인의 자식들은 죄인으로서 자신들의 죄의 표시로 새끼줄로 자기들 몸을 묶었다.

결말

장례 행렬이 성당을 출발한 지 한두 시간 후, 장지에서 난투극이 벌어져 일곱 명의 경찰병력이 싸움을 말리러 출동했다는 전갈이 왔다. 유해는 그곳 마을을 내려다보는 작은 언덕 위에 묻힐 예정이었는데, 이는 그 마을에 저주를 가져올 것이 확실한 일이었다. 마을 주민들은 마리아 할머니를 자신들에게 달갑지 않은 가까운 곳에 매장하는 것에 당연히 분개했고, 힘으로 이를 막으려 했던 것이다. 이 소동의 결과로 경찰 두 명이 가벼운 상처를 입었고 주민 다섯 명이 유치장에 갇혔다.

장례식이 끝난 후 몇몇 외교인들이 선교사택에 찾아와 나에게 다소 주춤거리며 내가 장지에 가지 않은 것이 다행이라고 말했다. 성당은 상여를 기증받았고, '영혼의 우리'를 제일 고집했던 마리아 할머니의 외교인 아들은 그 이후 자기 딸을 우리 성경학교에 넣어달라고 내게 부탁했다. 그는 심지어 자기 자신도 "천주교 신자가 되고 싶다"고 선언하는 것이었다.

메이누스선교회의 큰 영광

조선 목포 메이누스선교회
패트릭 모나간 신부

조선에 오신 교황사절께서 목포의 사제들과 신자들을 방문하시다.

드망즈 주교님으로부터 교황사절 각하께서 조선 공식방문 일정에 목포 방문을 포함하실 것이라는 청천벽력 같은 소식이 들려왔다. 우리는 깜짝 놀랐다. 우리가 어떻게 각하께 격에 어울리는 환영을 해드릴 수가 있겠는가? 조선교회 역사상 그렇게 높으신 분께서 목포를 방문하시는 영광을 베풀어주신 적이 없었다. 물론 서울과 대구, 평양은 과거에 그런 영광을 입은 일이 있어서 그런 높은 분들을 영접하는 법을 알았고 또 환영행사에서 서로 경쟁을 하기도 했었다. 그러나 목포라니!

기쁜 소식

어쨌거나 우리는 '목포 성당 원로회의'를 열어서 이 기쁜 소식을 그분들에게 전했다. 기쁨과 즐거움, 그리고 걱정이 연달아 사람들의 얼굴에 스쳐갔다. 그런데 한 가지만큼은 모두 한 마음이었다. 그것은 교황사절의 방문은 자랑스러운 일이고, 우리가 이 영광을 얼마나 감사하게 여기는지, 그리고 교황사절에 대한 우리의 마음이 어떠한지를 전 세계에 보여주기 위해 우리는 최선을 다할 것이라는 것이었다. 그러나 과연 우리가 우리의 외교인 이웃들을 감동시킬 수 있을까? 또 우리가 목포에서는 수적으로 별로 대단한 존재가 못되지만 바깥 큰 세상에서는 상당한 존재라는 것을 보여줄 수 있을까?

준비

이것이 각하께서 도착하시기로 한 날 한 달 전이었다. 우리는 위원회를 구성하고, 재정상태를 살펴보고, 해야 할 일들에 관해 토론했다. 처음부터 아이디어들이 폭포처럼 쏟아졌다. 의례적인 과시의 문제가 있을 때는 그냥 동양인들에게 맡겨두자. 대강의 계획이 세워졌다. 그 계획은 꼭 중앙기획위원회에서 방금 발표된 5개년계획 같았다. 그러나 누군가 재정문제를 언급했을 때 우리는 얼마나 정신이 번쩍 들었던지! 우리는 수단은 생각하지 않은 채 방법을 토론하는 데만 몇 시간을 보낸 것이다. 갑자기 대공황이 목포를 덮친 것처럼 느껴졌다. 그러나 존경받는 나이 많은 신자 한 분이 일어서서 말했다. "우리가 살아 있는 동안 앞으로 다시는 그렇게 높은 분이 목포에 오실 일이 없을 겁니다. 그러니 최선을 다하고 우리의 마지막 한 푼까지 돈을 내도록 합시다." 그러면서 그는 본인이 얼마만큼 돈을 내겠다고 말했다. 우리는 모두 그분에게 박수를 쳐주었다. 그렇지만 어떻든 우리가 세운 계획대로 한다면 틀림없이 모두 파산할 것이 분명했기 때문에 우리는 계획을 수정해서, 결국에는 우리가 감당할 수 있는 정도로 축소했다. 그리고 나서 우리는 계획표를 짰다. 모든 사람이 도와야 했다. 돈이 없는 사람들은 돈 대신 일을 거들어야 했다. 여자들도 돕도록 불렀다. 그들에게는 장식에 사용할 깃발과 현수막, 리본을 맡겼다. 연합전선(戰線)이 형성되었고 일이 빨리 진행되었다. 적절한 글귀들과 문양들을 넣은 국기들과 깃발들이 놀랄 만큼 많이 만들어졌다. 양심 없는 일이지만 우리는 더블린의 의회 주간을 그대로 표절했다. 조선인들은 정말로 예술가들이다. 그들은 염료 몇 꾸러미와 종이, 붓을 가지고 놀라운 일들을 해낸다. 여자들은 서로 바느질솜씨를 겨루었다.

총연습

교황사절 각하께서는 10월 10일 저녁에 도착하실 예정이었다. 9일 저녁까지는 모든 것이 준비되었다. 우리가 만든 아름다운 아치 두 개가 세워졌다. 하나는 성당으로 올라가는 언덕 발치에, 다른 하나는 언덕 꼭대기 위에 세워졌다. 길게 늘어선 깃발들과 현수막들, 중국식 연등들이 언덕으로 올라가는 골목길 양편을 장식했다. 성당은 화려한 색상의 깃발들로 빛나고 있었다. 전구들을 달아 불을 켜놓은 성당 지붕꼭대기의 십자가는 목포 시내 전역과 시 외곽지역에서도 보였다. 교황사절 각하께서는 목포에 도착하시기 훨씬 전에 기차 안에서 이 십자가를 보실 수 있을 것이다. 총연습은 대성공이었다. 우리의 노력들이 자랑스러웠다.

폭우

다음 날 아침은 날씨가 좋을 것 같았다. 마치 하늘도 우리와 함께 환영의 미소에 동참하는 것 같았다. 그러나 날씨를 잘 보는 한 노인이 고개를 저었다. 그는 하늘에서 비가 올 조짐을 봤던 것이다. 우리는 그에게 쓸데없는 소리 하지 말라고 타박을 줬다. 그러나 정오가 되자, 하늘이 흐려지기 시작했다. 우리는 걱정하지 않는 척하며 여기저기 마무리 손질을 계속했다. 2시가 되자 확실히 비가 내리기 시작했고, 3시에는 폭우가 쏟아져 내렸고 4시에는 돌풍까지 불었다. 우리는 웅크리고 모여서 창문을 통해 우리가 해놓은 장식들이 망가지는 모습을 지켜봤다. 말들은 안했지만, 가슴이 무너지는 것 같았다. 5시가 되었을 때 우리가 줄에 매달아놓았던 깃발과 두루마리 글씨들과 환영 테이프들이 찢겨 온 목포 시내로 날아갔다. 오직 앙상한 줄들만 남았다. "오, 저기 모두 떨어져버렸어!" 그러나 아치 두 개는 폭풍에도 쓰러지지 않았고, 전구로 장식해놓은 십자가는 성당 종루로부터 여전히 번쩍이고 있었다. 모든 것을 다 잃은 것은 아니었다.

각하께서 도착하시다

6시 30분께 우리(모든 성골롬반회 메이누스선교회 신부님들과 여러 선교지역에서 오신 조선인 신부님들)는 기차역을 향해 출발했다. 50여 명의 교우들이 함께 갔는데, 그들은 목포와 전라남도 선교지역 평신도 대표들이었다. 각하와 (대구에서부터 각하와 동행하신)

맥폴린 신부님, 그리고 오는 길에 합류한 몇 분의 신부님을 태운 기차가 도착하기를 기다리기 위해 우리는 역 승강장에 줄을 맞춰 서 있었는데, 그 모습은 참 볼만했다. 각하께서 기차에서 내려 모두에게 강복을 해주셨다. 기차역에서 자동차 행렬을 이루어 우리는 성당을 향해 출발했다. 목포 시내 사람들이 우리를 볼 수 있도록 가장 빠른 지름길 대신 목포의 큰 길들을 둘러서 갔다.

인력거를 사양하시다

성당까지 올라가는 400미터 거리는 날씨가 아주 좋을 때도 올라가기가 쉽지 않은데, 하물며 이 같은 날 저녁에는! 각하께서 어떻게 이 진창길로 언덕 꼭대기까지 가시겠는가. 우리는 이미 이 문제를 충분히 숙고한 후 인력거가 유일한 해결책이라는 결론을 내렸었다. 이런 수레는 이제껏 성당이 있는 산 위로 올라간 적이 없지만, 네 명의 인력거꾼의 도움을 받아 우리는 새로운 기록을 세울 생각이었다. 그러나 각하께서 차에서 내리시자 우리가 인력거에 오르시라고 권했을 때, 그분께서는 정중히 사양하시며 외투¹를 집으시더니 우리에게 언덕 위로 오르는 길을 앞장서라고 말씀하셨다. 그분께서 말씀하셨다. "나는 아직 젊고 튼튼합니다. 왜 제가 다른 사람에게 나를 인력거에 태워 언덕 위까지 데려다

달라고 해야 합니까?" 우리는 그분이 자랑스러웠다.

충성스러운 집회

길 양편에는 천주교 교우들이 손에 중국식 연등들을 들고 줄지어 서 있었다. 그리고 각하께서 그들 사이를 지나실 때 강복을 받기 위해 모두가 그 진창 속에서 비를 맞으며 무릎을 꿇었다. 그것은 교황님의 대리인에 대한 대단한 충성과 헌신의 표시였다. 모두가 각하의 방문이 그들에게 가져다준 넘치는 영예를 충분히 느끼고 있었다. 그것은 그들에 대한 교황님의 어버이로서의 관심을 보여주는 증거였고, 하느님의 신앙을 위한 그들의 헌신과 희생을 공식적으로 인정하는 일이었다. 그들이 자부심을 느끼고 감사의 마음을 표현하기로 마음먹은 것이 뭐 놀랄 일이겠는가.

성당 안에 들어갈 수 있도록 허락받은 최대한 많은 사람이 이 고명하신 방문객의 뒤를 따라 성당 안으로 들어갔고, 그곳에서 그분께서는 강복을 해주시고 이어서 성체강복을 행하셨다.

소탈하신 기품

다음 날 아침 각하께서 집전하신 미사에서 수백 명의 교우들이 성체를 모셨다. 미사 후 그분께서는 성체교우회(聖體教友會)의 새 깃발을 축성(祝聖)해주셨다. 회원들은 영원히 그 깃발을 자랑스럽게 생각할 것이다.

오찬 자리에서 각하께서는 전라남도의 모든 조선인 신부님들과 성골롬반회 신부님들을 접견하셨다. 그분의 소박하고 매력적인 거동은 그분의 완벽한 영어 구사와 잘 어울려서 우리 모두를 편하게 해주었다.

오후에 각하께서는 목포 시장님을 예방하셨는데 시장님은 각하께서 목포 시내를 관광하실 수 있도록 자기 차를 내주셨다.

저녁에는 학교에서 천주교 교우모임이 열렸다. 각하께서는 전라남도 모든 지역의 대표들로부터 환영사를 받으셨다. 그분의 답사는 박 신부님이 통역을 했다. 학생 대표들로부터 화환들이 증정되었다.

10월 12일 아침 각하께서는 맥폴린 신부님과 함께 열차를 타고 대구로 떠나셨다. 우리는 모두 기차역에 나가 각하를 영접할 때와 마찬가지로 성대하게 배웅했다. 환송 인파 속에는 작별인사를 하러 오신 목포 시장님도 계셨다. 교황사절에 대해 좀 더 잘 알게 되었기 때문에 우리의 마음은 한결 편해졌다. 그래서 우리는 기차가 김을 내뿜을 때 용기를 내어 열렬한 환호성을 질렀다.

각하께서는 동경(東京)으로 돌아가시자마자 맥폴린 신부님에게 편지를 보내셨다.

"동경으로 돌아오자마자 저는 첫 마음으로 목포 방문 중 저에게 베풀어주신 친절한 환영과 환대에 대해 여러분과 여러분 선교사들께 감사의 말을 보내는 것입니다.

저는 향후 선교확립을 위해 여러분이 마련해놓은 굳건한 토대에 깊은 감명을 받았습니다. 젊고 열성적인 선교사들의 출현은 틀림없이 조선인들 사이에서 그리스도의 왕국을 위한 영혼들을 수확하는 데 커다란 도움이 될 것입니다. 하느님께서 여러분의 노력에 축복을 내려주시고, 신앙의 전파를 위해 여러분이 쏟고 있는, 지치지 않는 열정과 노고에 대해 여러분 모두에게 상을 내려주시기를 기도드리겠습니다."

발행일 미상

조선에서 보낸 편지

필자 미상

다음 글은 조선 목포에서 선교사 활동을 하는 신부님이 고향에 있는 우리 신부님 중 한 분에게 보낸 편지 내용의 일부다.

…신부님께서 이곳에 와 계시지 않은 것을 매우 안타깝게 생각합니다. 만약 이곳에 계셨더라면 이곳에서 하는 일과 이곳 사람들로 인해 기뻐했을 것입니다. 성탄절 이후로 가정 방문을 다니기 시작했습니다. 이곳의 사람들은 정말로 훌륭하여 그중 몇몇은 살아 있는 성인(聖人)이라 할 정도인데 특히 여인들과 소녀들이 그러합니다. 한 6개월쯤 전에 우리 야학에 다니는 한 여학생이 가족과 함

께 영세를 받았습니다. 일 년 전, 그녀는 병을 앓던 자매에게 교리 공부를 가르쳐 임종의 순간에 영세를 받게 했습니다. 마리아(그녀의 세례명입니다)는 작은 성녀(聖女)입니다. 나는 그녀를 '목포의 작은 꽃'이라 부릅니다. 마리아는 격주에 한 번씩 고백성사를 봅니다. 종종 저는 그녀가 고백성사 볼 준비를 하는 것을 보는데, 그모습을 보면 6일 동안 피정을 하는 것만큼이나 좋습니다. 그녀는 이제 열두 살이지만 내가 알고 있는 어느 누구보다도 더 굳은 신앙을 갖고 있습니다.

그리고 제가 언급하고 싶은 한 사람이 더 있습니다. 한두 달 전에 나이가 서른여덟 살인 한 여인이 생명이 위독한 상태에서 영세를 받았었는데, 여러 가지 의식을 집전하고 그 밖에 다른 성사들도 주기 위해 제가 불려가게 되었습니다. 그 여인은 교리교육을 거의 받은 적이 없지만 은혜로운 성체성사가 지닌 신학적인 의미를 저에게 깨우쳐줄 수 있었습니다. 대체 어디서 그들이 신앙을 갖게 되었는지는 모르겠습니다만 그것은 이제껏 제가 접해봤던, 신앙이 내려준 선물의 가장 훌륭한 증표였습니다. 그 후로 저는 몇 번 그 여인에게 가봤는데 제가 문간에 나타나면 그녀는 저를 그렇게 반갑게 맞아줄 수가 없었습니다. 그녀는 바닥에 이불을 깔고 누워서, 제가 그곳에 머무는 내내 제 두 손을 꼭 붙잡고 있었습니다. 성(聖) 금요일'에 저는 그녀를 만나러 갔는데, 그녀는 그리스도의 수난에 관한 이야기를 모두 알고 있었습니다. 그녀는 천당에 가고 싶어 했지만 자식들을 위해 조금 더 살고 싶어 했습니다. 그녀는 건강이 몹시 좋지 않지만 항상 곁에 책을 두고 기도문들을 배우고 있습니다. …부활절 전날 토요일에 우리는 이곳 목포에서 스물네 명에게 영세를 줬고 그 전에 공소(公所)에서 영세를 받은 이들이 몇 명 더 있습니다. 새로운 소식은 여기까지입니다.

갖가지 모자의 나라, 조선!

조선 목포 성골롬반회
패트릭 데블린 신부

보자라고 했는가? 그렇다면 조선으로 와서 직접 보시라. 지구의 두 극지방(極地方)에서는 머리를 보호하는 것이 머리를 덮는 첫째 목적이다. 그러나 모자의 나라인 조선에서는, 기후만이 머리덮개의 독특하고 신기한 발전을 가져온 유일한 원인이 아니다. 옛날이 나라의 한 통치자가 다음과 같은 말을 했다는 이야기가 있다. "만일 사람들이 서로 머리를 맞댈 수 없다면 음모를 꾸밀 수 없을 것이다." 그래서 그는 그의 백성들에게 모자가 너무 커서 서로에게 말을 할 때 큰소리를 지르지 않으면 안 될 정도로 큰 모자를 쓰게 해서 음모를 꾸미지 못하게 했다. 황당한 이야기이긴 하지만,

이 땅이 일본제국의 한 도(현)가 된 지금도 여전히 이 나라가 '다양한 모자의 나라'라는 사실은 여전히 남아 있다. 모자들은 엄청나게 크고 모양이 무척 다양한데, 모두가 저마다 나름대로의 의미를 가지고 있다. 비록 현대적인 디자인의 통일성이 차츰 나타나고 있기는 하지만.

조선의 모든 모자들을 모두 열거하거나 분류하는 것은 거의 불가능할 것이다. 나는 파리, 런던, 뉴욕이 전 세계를 향해 모자 관련 주요 뉴스들을 써 보내기 훨씬 전, 조선의 모자 디자이너들은 이미 그들의 작업에 바빴다는 점을 보여주기 위해 되는대로 몇 가지 모자를 골라봤다.

결혼한 남자가 쓰는 '갓'

아마 이 나라 전역에서 쓰는 가장 친숙한 형태의 조선 고유의 모자는 조선의 결혼한 남자'가 쓰는 '갓'일 것이다. 갓 쓰는 사람의 지위는 갓의 크기에 따라 구분된다. 갓 자체는 빳빳하고 윤택이 나는 말총이나 댓개비[2]로 만든 모자인데, 길쭉한 화분 모양이고, 턱 아래에서 끈으로 묶어 조여 맨다. 도시든 시골이든 언제든지 질긴 기름종이로 만든 우산을 들고, 길고 치렁치렁한 두루마기 차림에 조선 특유의 갓을 쓰고 점잔 빼며 걸어다니는 조선 선비의 모습을 볼 수 있다. 옛날엔 총각들에게 모자 쓰는 것이 허용되지 않았다. 그들은 머리를 땋아 등 뒤로 넘기도록 되어 있었다. 하지만 정혼을 하면 절충안으로 노란 밀짚모자[3]를 쓸 수 있었다.

관(冠)[4]

갓을 쓰고 다니는 사람을 자주 볼 수 있는 것에 비해, 학자나 사대부가 쓰는 모자인 '관'을 쓴 사람을 보는 기회는 매우 드물다. 모양에 있어서 이 모자는 예상할 수 있는 바와 같이 중국의 건축물, 특히 절의 양식에서 많은 영향을 받았다. 관과 관을 쓰는 사람은 실제로 오늘날 조선에서는 그저 하나의 추억일 뿐이다. 사대부들은 더 이상 존재하지 않고, 훈장님들은 이 조선 고유의 모자를 버렸다.

그리고 립(笠)이 있다

모든 동양인과 마찬가지로 조선인들도 자기네의 죽은 조상들에게 커다란 경외심을 갖는다. 그래서 어느 한쪽 부모가 돌아가신 뒤 3년 동안 망자(亡者)의 아들들은 특별한 종류의 모자를 쓴다. 이 모자는 '립', 또는 누군가가 익살스럽게 표현했듯이 '묘비명 모자'라고 불린다. 이 모자는 엄청나게 큰데, 흰 밀집으로 만들어졌고 어깨 너머로 천막처럼 비스듬한 모양이다. 이런 모자를 쓴 두 사람이 좁은 길에서 서로 비껴가려고 애쓰는 모습을 한 번 상상해 보시라! 이 '립'은 상제가 쓰는 '두건(頭巾)'과는 모양이 완전히 다르다. 이 두건은 오직 장례식에서만 쓰며, 그 모양은 조선의 선비들의 갓과 비슷하지만 색깔이 검은색이 아니라 흰색이라는 점이 다르다.

마지막으로 '송낙[5]'이 있다

불교 승려가 집집마다 돈이나 쌀을 탁발할 때 그 목적을 위해서 승려는 '송낙'이라는 특별한 모자를 쓴다. 이 모자는 원뿔모양이고 꽃무늬 종이로 만들어졌다. 승려가 소속해 있는 사찰의 이름이 그 위에 적혀 있는 것이 보이기도 한데 원뿔모자의 꼭대기부터 아래 끝까지 적혀 있다.

조선의 모든 모자는 쓰는 사람의 사회적 지위를 나타내고 있으며, 옛날에는 모자를 보면 남자의 신분을 바로 알 수 있었기 때문에 병사나 막일꾼의 모자가 매우 정교한 모양일 것이라고 기대해서는 안 된다. 또 그렇지도 않다.

모양이나 재단법에는 전혀 신경 쓰지 않은 평범한 모전 쓰개가 병사나 막노동꾼이 누릴 수 있는 호사의 전부다.

1938년 1월호

우리의 문둥이 친구들

그들이 이곳에 온 이야기

조선 목포 성골롬반회
패트릭 모나간 신부

    그 일은 매우 단순하게 일어났다. 우리는 몇 달 전 어느 화창한 아침에 일어나 닭장처럼 보이는 것이 성당 경내 한적한 구석에 놓여 있는 것을 발견했다. 그 작고 볼품없는 닭장의 생김새는 이러했다. 가로 6피트, 세로 4피트 크기의 나무상자로 양철 덮개와 출입뿐만 아니라 채광과 통풍을 할 수 있도록 문이 달려 있었다.

    밤사이에 이런 종류의 작은 집이 남의 사유지에 들어와 있는 것은 이례적인 일이라 우리는 당연히 그 이유가 궁금해졌는데, 우리가 '토지 장관'이라 부르는 성당지기가 와서 설명해줄 때까지 기다려보기로 했다. 이윽고 성당지기가 나타났는데 뭔가에 대해

난처해하고 있는 기색이 역력했다. 의례적인 인사를 하고 나서 그는 전날 밤 있었던 일부터 이야기하기 시작했다. 그가 잠을 자러 갔을 때는 아무런 이상이 없었다고 그는 말했다. 그가 새벽녘에 밖을 내다봤을 때 어스름 속에서 전에 보지 못했던 것이 성당 마당에 놓여 있었다고 했다. 궁금했지만 참았다가 날이 밝기를 기다리기로 마음먹고 그는 다시 잠을 청했다고 말했다.

6시에 그는 다시 밖으로 나와 봤고, 아나나 다를까! 그가 절대로 헛것을 본 것이 아니었다. 그곳에는 아침 햇살을 받아 번쩍거리며 우리가 아까 말했던 그 건조물(建造物)이 버티고 서 있었던 것이다. 문은 닫혀 있었고 조용했다. 오랫동안 만고풍파를 다 겪어온 그의 늙은 머릿속에는 그것이 닭장이란 생각은 들지 않았기 때문에 그는 큰소리로 사람을 불렀다. 잠시 후 옆으로 문이 젖혀지더니 그리로 누군가가 나왔는데 그것은 문둥이였다!

조선의 문둥이들

문둥이는 조선에서도 혹은 목포에서도 그리 보기 힘들거나 낯선 존재가 아니다. 일본정부는 최근 몇 년에 걸쳐 문둥이들에게 모든 시설을 갖춘 정착촌을 제공해주는 큰일을 해냈다. 그리고 미국의 장로교회에서 두 개의 훌륭한 요양소를 제공해줬다. 하지만 아직도 사람들에게 구걸을 하며 사는 불운한 문둥이들이 있는데, 이는 요양소에 그들이 들어갈 자리가 없거나 혹은 문둥이들 자신이 어떤 이유로 시설에 들어가려 하지 않기 때문이다. 전 세계 여느 곳과 마찬가지로 이곳에서도 문둥병은 공포의 대상이 되는 질병이다. 사람들은 문둥병을 두려워하고 문둥이들을 피한다. 이따금씩 실제로 문둥이들이 이런 두려움 때문에 불을 지를 때도 있다. 나는 문둥이들이 아무 집에 들어가 돈이나 먹을 것을 요구한다는 이야기를 들은 적이 있는데, 자기들이 원하는 것을 얻으면 바로 떠나지만 거절당하면 이들은 자신들에게 가장 가까이에 있는 아무 물건에나 손을 대버린다고 한다. 문둥이한테서 오염된 물건을 계속 갖고 있을 사람은 아무도 없다. 따라서 사람들은 작은 것을 줘서 더 큰 손해를 피하는 것이 낫기 때문에 문둥이들은 언제나 동냥을 얻어간다.

'침입자는 고발함'

그래서 우리의 '토지 장관'이 눈앞에 보이는 사태로 곤혹스러워하는 것은 크게 놀라운 일이 아니었다. 문둥병은 알아보기 어려운 질병이 아닌데다가 이 경우 문둥이의 증상은 문둥병 초기와는 거리가 멀었다. 그래서 그는 우선 마음을 진정하고 이 부당한 침

입에 대해 설명을 요구했다. 그 문둥이는 남의 땅에 들어와 집을 설치하는 것이 모든 법질서에 반한다는 것을 몰랐단 말인가? 그런 일은 있을 수 없는 일이었다. 성당 땅에서도! 분명 이 불청객은 자신의 부당한 행실을 다시금 생각해보고 신부님이 오시기 전에 서둘러 자기 집을 치우려 할 것이었다.

문둥이는 꾸짖는 소리를 가만히 듣고 있었다. 그리고 우리 성당지기가 말을 마치자 그는 자기가 성당 구내에 나타난 연유를 설명하기 시작했다. 우리 장관이 나중에 우리에게 이야기해준 바로는 그는 화난 목소리가 아니라 풀 죽은 목소리로 연신 죄송하게 됐다며 이야기를 했다고 한다.

그 문둥이의 사연

그는 멀리 떨어진 어떤 지방에서 37년간 아내와 세 명의 자식을 두고 행복하게 살았었다. 7년 전 이 무서운 질병의 흔적이 처음 나타났는데, 한동안 별로 티가 나지 않아서 고향에서 계속 살 수 있었다. 그러나 시간이 지나자, 수많은 치료에도 불구하고 병세가 밖으로 드러나기 시작했다. 이웃들이 점점 눈치를 채게 되었고, 그는 결국 고향에서 쫓겨났다. 그는 몇 년간을 떠돌다가 목포에 오게 되었다. 다른 문둥이들처럼 그도 목포와 같은 큰 도시에서 북적거리는 사람들 속에 들어가 남들의 눈길에서 벗어나고자 했다. 그는 이야기를 마치면서 지금 있는 한적한 모퉁이에 몇 주일만 머물게 해달라고 애걸했다.

우리 착한 성당지기는 너무나 인정이 많은 사람이었기 때문에 이야기를 듣고는 크게 감동했다. 물론 이 불쌍한 사람이 거처할 다른 곳을 찾아서 옮겨간다면 더 좋겠지만, 성당지기는 이 문둥이를 쫓아내는 것이 불가능할 뿐만 아니라 인정머리 없는 짓이라 생각했다. 그리하여 그 가엾은 문둥이는 머물도록 허락을 받았다. 우리는 곧 그 문둥이에게 들러 그의 사연을 직접 들었다. 유년시절에 그는 학교에 다녔고 글도 배웠다고 했다. 그래서 그는 쓸쓸한 시간을 보낼 수 있도록 우리가 줄 수 있는 읽을거리가 있으면 갖다 주기를 청했다. 그것은 별로 들어주기 어려운 부탁이 아니라서 우리는 그에게 천주교 관련 서적을 잔뜩 줬다.

문제가 생기다

그런데 얼마 지나지 않아 그 불쌍한 사람과 그의 오두막이 사람들 눈에 띄게 되었다. 성당 건물과 아주 가까운 성당 경내의 한적한 모퉁이에 문둥이가 살고 있다는 소문이 널리 퍼졌다. 신자건 외인이건 인근 주민들은 깜짝 놀라, 주민 대표 몇몇이 우리에게 와서 그 문둥이를 쫓아낼 것을 부탁했다. 그 문둥이는 동네 우물에서 물을 길어왔는데 그 후로는 주민들이 그 근처에 가려 하지 않았다. 우리 성당 학교의 학부모들도 역시 놀라기 시작했다. 해가 어두워진 후에 이 가여운 사람의 산책하는 모습이 눈에 띄곤 했는데, 이제 그가 밟았던 땅은 오염된 땅이 되었다. 그래서 우리는 어쩔 수 없이 어떤 조치를 취할 수밖에 없었다.

이 불쌍한 사람은 우리의 입장을 재빨리 알아차리곤 순순히 따라주었다. 시 외곽에는 넓게 펼쳐진 저지대 습지가 있었다. 그는 그곳으로 그의 오두막을 옮겨 새로운 거처를 세웠다. 그리고 얼마 안 되어 비슷한 곤경을 겪고 있는 다른 문둥이가 그곳으로 옮겨왔다. 지금 그들은 함께 살며 이따금씩 동냥을 하러 나서곤 한다.

십자가를 통해 빛으로

잠시 우리 땅에 세 들었던 그 사람은 얻어간 책들을 얼마 읽기도 전에 천주교에 관심을 갖게 되었다. 걱정과 고통이 없는 사후세계(死後世界)에 관한 말씀은 그에게 위안이 되었고 그는 이 말씀들에 관해 더 많은 것을 들어보기로 마음먹었다. 그는 현재 모든 기도문을 배웠고 교리공부가 많이 진척된 상태다. 그와 같이 지내는 사람은 글자를 읽진 못하지만, 천주교에 관심을 갖기 시작해 벌써 모든 기도문을 다 외우게 되었다. 두 사람 모두 머지않아 천국으로 향하는 첫걸음인 세례성사를 받을 준비가 될 것이다. 이들에게 문둥병은 결코 저주가 아니었다. 왜냐하면 이 병은 이들에게 헤아릴 수 없는 은총, 그 무엇과도 견줄 수 없는 풍성한 은총, 하느님께서 이 끔찍한 십자가를 통해 보내시지 않았더라면 아마 이들이 듣지도 못했을 은총을 이 병이 가져다줬기 때문이다.

다니엘 맥메나민 신부님

감사의 글

조선 광주
김 프란치스코

12월 9일 저녁이었다. "누가 성당에서 왔어요. 맥메나민 신부님께서 돌아가셨대요." 처제가 내 방으로 들어오며 말했다. 기계적으로 남은 저녁밥을 다 삼키고 서둘러 성당으로 달려갔다. 슬픔에 잠긴 신자들이 내게 말했다. "어제 저녁에 돌아가셨어요. 전보가 왔는데 몬시뇰'께서 벌써 광주로 출발하셨답니다."

나는 더 듣고 싶었다. 내 생각은 뒤로 거슬러 올라가기 시작했다. 바로 일 년 전, 신부님 어머니의 영원한 안식을 위해 목포 성당에서 바쳐졌던 연미사 끝에 어머니를 그리며 눈물을 흘리시던 신부님을 봤었다. 몇 주 전 나는 병상에 누워 계시던 신부님을 뵈었는데, 오랜 시간과 손때로 닳은 묵주가 베개 밑에서 삐져나와 있었다. 그 묵주는 예전에 신부님의 어머니께서 사용하시던 것이었다. 신부님께선 면도를 하지 못해 수염이 많이 자라 있었다. 그렇지만 신부님의 눈은 그 어느 때보다 밝게 빛나고 있었는데, 청명한 겨울 하늘의 태양보다도 더 빛났다. 그때 나는 성자(聖者)의 눈을 들여다보고 있다는 느낌이 들었다. 그런데 그 두 눈이 이제는 영원히 감겼단 말인가?

12월 10일 광주성당. 성당 안에서는 사람들이 기도를 바치고 있었고, 바깥에서는 사람들이 눈물을 흘리고 있었다. 사제들은 가슴의 슬픔을 감추려고 애쓰고 있었다. 성체 안의 주님이 보시는 가운데 이 충실한 종은 제대(祭臺) 앞에 누워 있었다. 눈물을 닦으며 우리는 관을 들여다봤다. 신부님 얼굴에 깃들어 있는 죽음을 초월한 영원한 평화의 모습이 우리에게 위로를 줬다. 누구든 그 모습을 보고 울지 못하리라.

그 입술이 이제는 영원히 닫혔단 말인가? 이제 그 입술이 더 이상 축성의 말씀을 하지 못한단 말인가? 이제 저 두 눈이 다시 열려 우리를 바라다보지 않는단 말인가?

신심 깊은 중국인 목수가 굳은 표정으로 관을 닫았다. 못 박는 소리가 우리의 가슴을 찔렀다. 아이들이 큰소리로 울어댔다. 이제는 정말로 신부님이 돌아가셨다는 실감이 들었다. 주여, 그에게 영원한 안식을 주소서. 영원한 빛을 그에게 비추소서!

제대 위 양초들에 불이 붙여지고, 몬시뇰과 아일랜드 사제들, 조선 사제들이 착석하고 이어서 장송의식의 슬픈 가락이 시작됐다. 복사들마저도 눈물범벅이었다.

오후 2시. 젊은 신자들이 그들이 사랑했던 목자의 유해를 어깨 위에 받쳐 들었고 비탄에 잠긴 장례 행렬이 시작됐다. 적절한 묘비석이 준비될 때까지 임시로 무덤 표지로 사용할 나무 십자가가 행렬의 선두에 섰다. 그 뒤로 망자의 이름이 적힌 만장(輓章)이 따랐다. 내가 그것을 직접 내 손으로 썼다. 그 뒤로 신부님들과 신자들, 남녀군중이 따랐다. 슬픔에 잠긴 채 기도와 연도(連禱)를 읊조리며 행렬은 앞으로 나아갔다.

전 세계 각지에 퍼져 있는 성골롬반회의 회원들, 맥메나민 신부님의 형제자매이고 친척이며 친지인 여러분들은 맥메나민 신부님의 선종을 애도할 것이다. 우리 조선인들도 그분을 애도한다. 그리고 여러분들, 특히 그분의 친척이 되시는 여러분들을 위로할 수 없어서 더더욱 그분을 애도한다. 비록 우리가 서로 멀리 떨어져 살고 있지만, 우리는 같은 하느님을 숭배하고 있지 않은가? 우리는 같은 성사의 참여자들, 한 포도나무의 가지들이 아닌가? 같은 정신과 마음으로 기도를 드리는 것으로 우리는 서로 마음을 나누어왔는데, 이에 덧붙여 맥메나민 신부님의 선종(善終)으로 우리는 눈물마저도 나누게 되었다. 아일랜드의 흙에서 자라고 이제 조선의 흙에 눕혀져 안식을 취하게 된 신부님의 육신은 우리 두 나라를 이어주셨다. 그러니 기뻐하라, 신부님께서 우리 흙에 누워 계심을! 천국에서 신부님은 우리나라를 위해 기도하실 것이다. 신부님의 선교사업은 신부님의 선종과 함께 끝난 것이 아니다. 죽어가는 양 떼를 찾아다닐 때, 험난한 산들과 힘든 길들, 칠흑 같은 어둠과 불타는 여름 태양, 살을 에는 겨울바람도 신부님을 막지 못했다. 신자들은 신부님께서 병자들과 냉담자들²을 집집마다 찾아다니셨던 일들을 이야기한다. 가난에 찌든 집이나 악취는 신부님께 아무것도 아니었다. 그는 '착한 목자'였다. 그의 선종은 천 번의 강론보다도 더 우리를 감화시켰다. 우리 조선의 순교자들의 죽음과 마찬가지로, 신부님의 죽음은 헛된 것이 아니었다.

신부님의 묘소는 광주성당을 내려다보는 산등성이에 있다. 부활의 날에 신부님의 시선은 당신이 사목활동을 하시며 고생했던 바로 그곳에 제일 먼저 갈 것이다. 살아계셨을 때 신부님은 우리의 신부님이었다. 그리고 돌아가셨어도 신부님은 우리의 신부님이다. 우리는 신부님의 묘소를 잘 돌볼 것이다. 그 점에 대해서는 염려할 필요가 없다. 신부님의 영혼이 평화 속에서 안식을 취하시기를! 슬픔의 모후이신 성모님께서 여러분과 신부님의 형제자매들을 위로해주시기를!

조선의 소묘(素描)

어느 선교회 신부

신비의 나라 조선-복음들을 떠올리게 하는 조선의 인사말, 조선의 군중들, 조선의 성품, 조선의 교육.

조선은 항상 신비의 나라였고 지금도 신비의 나라다. 여러분은 조선의 고요한 산언덕들(평지에서 가파르게 솟아나 점차 정상으로 갈수록 한 점으로 뾰족해진다는 점에서 성당의 첨탑을 닮은 조선의 산언덕들, 북으로부터 남에 이르기까지 가로지르고 있어서 조선 지형의 두드러진 특징이 되고 있는 산언덕들, 조선인이 그의 눈에 빛나고 있는 자기 나라에 대한 긍지를 가지고, 혹은 그의 얼굴에 가득한 조상 대대로 내려

온 외인들의 미신적인 경외를 가지고 바라다보는 산언덕들)을 바라볼 때면, 여러분은 그 산언덕들이 어떤 어두운 비밀들을 지니고 있는지 궁금해지기 시작할 것이다. 여러분의 마음은 조선이 '은자의 왕국'이었던 시절, 그 어떤 이방인도 감히 조선 땅에 발길을 들여놓지 못했던 그 시절로 거슬러 올라가게 될 것이다. 그 어두웠던 시절 어떤 어두운 일들이 벌어졌던가? 만약 조선의 산언덕들이 말을 할 수 있다면 어떤 이야기들을 쏟아놓을 것인가? 우리는 그저 짐작만 할 수 있을 뿐이다. 조선의 산언덕들은 조선 역사책의 빈 페이지들이 그렇듯 그 비밀들을 충실히 간직해오고 있다. 그래서 모든 것이 신비의 장막에 가려져 있다. 이 신비로운 환경 속에서 살고는 있지만, 본래 조선인들은 전혀 신비롭지가 않다. 조선인이 수수께끼 같을 수 있고, 자가당착적인 사람일 수도 있지만, 그러나 조선인들에게는 신비의 흔적이 전혀 없다.

복음의 메아리들

아마 동양의 분위기 때문이겠지만, 이곳 조선에서는 복음서들의 정신을 훨씬 더 쉽게 파악할 수 있는 것으로 보인다. 외교인의 땅에서 이런 일이 있다는 것이 역설적으로 들릴지 모르겠지만, 그럼에도 불구하고 이는 사실이다. 조선인들이 매일처럼 일상적으로 하는 인사들, 예를 들어 "안녕하십니까?" "안녕히 주무셨습니까?" "안녕히 가십시오" "안녕히 주무십시오" 같은 말들은 '평화'라는 단어가 아주 빈번히 쓰이는 복음서 속의 표현들, "너희에게 내 평화를 주고 가노라" "마음이 착한 이들에게는 평화가 있기를" 등을 떠올리게 한다.

주님께서 부활하신 후 제자들에게 처음 나타나셨을 때 하신 말씀 "너희에게 평화가 있기를"이란 인사말은 천주교 신자이건 아니건 간에 모든 조선인이 하루에 백번도 넘게 입에 달고 사는 말이다. 서양인들 귀에는 이런 표현들이 매우 특이하게 들리겠지만, 조선인들에게는 그러한 표현들을 처음 읽어도 자신들 주변 정경만큼이나 친숙하다. 만약 어떤 조선인이 친구를 방문한다면 그는 똑같은 표현을 쓸 것이다. 그런 표현에 이국적인 것은 아무것도 없다. 그런 말들은 조선인 자신의 것이다. 우리의 인사말과 비교해보면 이런 표현들은 아름다운 인사말들이다. 그리고 지금 평화를 거의 알지 못하는 세상에서 그런 표현들이 더 널리 쓰이지 않고 그 안에 담긴 뜻이 더 철저하게 이해되지 못하고 있다는 사실이 몹시 안타깝다.

군중심리

조선인들의 생활에서 복음서의 이야기들을 생생히 떠올리도록 해주는 또 하나의 특징은 가끔 '군중심리'라고 표현되는 말이다.

복음서들을 읽으면서 나는 약속된 땅의 군중들[1]이 성지[2]에서 아주 신속하게 모여드는 점에 대해 놀라워하곤 했었다. 하지만 나는 더 이상 놀라지 않는다. 몇 년간 조선에서 지내보니, 동양의 나라들에서는 군중들을 끌어모으는 것이 어려운 것이 아니라 군중들을 해산시키는 것이 더 어렵다는 것을 확실히 알게 되었다.

나는 군중들이 어떠한 정치집회에도 손색이 없을 만큼 순식간에 모여드는 것을 본 적이 있다. 남자들은 손에 연장들을 들고, 여자들은 아이들을 안고, 하던 일은 전혀 중요하지 않다는 듯 모두 내팽개쳐둔 채 모여들었다. 그런데 도대체 뭘 하려고? 아마도 어떤 이가 개를 조련하는 것을 구경하기 위해서이거나, 길거리를 걷고 있는 한 외국인을 구경하기 위해서일 것이다. 사실, 조선의 군중들에게 구경거리가 안 되는 것은 아무것도 없다. 그것은 단지 길을 가던 행인들이 가던 길을 멈추고 길가에서 뭔가 희한한 것을 구경하는 그런 문제가 아니다. 그것이 아니다. 군중들은 어떤 광경을 구경하기 위해 일부러 사방에서 모여드는 것이고, 일단 모여들면 끝까지 머무른다. 한 시간 혹은 두세 시간을 머물러야 하는 경우도 있다.

문제될 게 무엇인가? 시간은 조선인들에게는 가장 값싼 일용품이어서 그들은 얼마든지 시간을 탕진할 수 있다. 시간 낭비에 대해 조급해하거나 불평하는 기색은 전혀 없다. 모든 사람이 서서 구경하는 것에 만족해한다. 사정에 따라서는 설령 볼 수 없는 경우에도 그냥 서 있는 것만으로도 만족스러워한다.

천성적으로 이처럼 모이는 것을 좋아하는 민족(유대인들이 이런 사람들이었다고 생각된다)이라면, 그들이 거룩하신 우리 주님의 성품에 어떻게, 얼마나 감화받게 될지 상상하기 어렵지 않다.[3] 그들이 그분을 따랐다는 것은 놀라운 일이 아니다. 그들이 그분의 주변에 모여들었던 것은 놀라운 일이 아니다. 다시 한 번 말하지만, 어려운 일은 그들을 해산하는 것이었다.

조선인들의 성품

이 정도까지 현대의 조선인이 예수님이 살던 옛날 유대의 사람들을 닮았다고 말할 수 있겠으나, 비슷한 점은 거기까지다. 조선인은 유대인들의 특징인 장사꾼 기질도 없었고, 그들을 그토록 비열하게 만들었던 교활함도 없었고, 그들을 그렇게 멸시받게 만든 위선을 거의 갖고 있지 않다. 요컨대 조선인은 소박한 심성에 선한 성품을 지닌 사람이고, 그를 이해하는 사람에게는 너무나 좋을 수밖에 없는 사람이다.

조선인은 또한 극도로 붙임성이 있다. 아마도 이 점이 조선인들이 항상 마을에서 사는 이유일 것이다. 그래서 이 나라에서는 외딴집이 매우 드물다. 이처럼 이웃들과 가까이 살다보니 이야기를 많이 하게 되고, 또 틀림없이 조선인들 성격에 흥미로운 빛을 비춰주는 그 풍성한 민담들이 만들어졌을 것이다.

대대로 구전되어온 온갖 종류의 동화와 신화들이 있는데, 이것들은 과거와 연결시켜주는 극소수의 확실한 고리들 중 하나다. 이런 이야기들에서는 다른 나라들의 이야기에서처럼 동물과 무생물이 말을 할 수 있는 능력을 지니고 있고, 또 그 이야기들 속에서 우리는 우리에게 아주 낯익은 인물들을 만날 수 있다. 신데렐라는 네 마리 말이 끄는 마차 대신 가마를 타지만 분명 똑같은 신데렐라[4]이고, 그 많은 세월이 흐른 뒤 다시 신데렐라를 만나게 된 것은 매우 반가운 일이다.

노소를 불문하고 이야기는 조선인들에게 보편적으로 인기가 높은데, 최근 몇 년 동안 서양책들의 번역본이 이 나라에 많이 유입되었고, 그 결과 동화는 점점 더 아동들만의 전유물이 되고 있다.

조선의 교육

최근까지만 해도 조선의 교육수준은 매우 낮았다. 딱히 학교라 부를 만한 것이 전혀 없었고, 교육은 주로 한자를 쓰고 이해할 수 있는 능력을 기르는 것으로 간주되었다.

그러나 현재 정부의 체제하에서 괄목할만한 변화가 일어났다. 수백 명의 학생을 수용할 수 있는 공립학교들이 전국 각지에 생겨났다. 여기에다 각종 교파의 미션스쿨들이 보강되어, 그 결과 아주 멀리 떨어진 시골 지역들에 사는 아이들을 제외하고는 매우 많은 수의 어린이들이 교육의 혜택을 입게 되었다. 그렇지만 전체 숫자로부터 '이 매우 많은 숫자'의 조선 어린이를 감하더라도, 불행하게도 훨씬 더 많은 아이들이 남아 있기 때문에, 이 나머지 아이들에게 학교를 마련해주는 것이 선교사들의 최대 관심사 중 하나다. 기존의 학교들은 학생들로 넘쳐나고 있지만, 여전히 수백 명의 어린이들이 입학허가를 기다리고 있다.

이런 아동들을 그냥 돌려보내기는 어렵지만, 새 학교를 세울 기금이 없는 상태에서는 선교사도 별다른 대안이 없다. 선교사는 한두 해 지나다보면 형편이 더 나아질 것이라는 말로 실망을 달래주려 애쓰지만, 너무나 자주 이 같은 희망들은 실현되지 않고 어린이들은 배우지 못한 채 무지 속에서 자란다.

여기서 질문을 해보자면, '이 모든 것들에 대한 어린이들 자신들의 태도는 어떠한가?'라는 질문을 할 수 있겠다. 배움을 향한 아이들의 열망에 관한 내 설명이 그냥 경건한 과장으로 여겨져야 하는가? 이에 대해 설명해보도록 하겠다.

교육에 대한 어린이들의 태도

수백 명의 어린이들이 학교 문에 서로 들어가려고 아우성을 치는 사진은 문자 그대로 의도된 것은 아니지만, 그럼에도 불구하고 어느 정도의 진실을 담고 있다. 우리의 좀 더 철없는 시절의 생활에 대한 우리 자신의 관점에서 단순하게 판단해보면 만일 학교 안에 있는 아이들이 바깥으로 나오려고 아우성치고 있다면 이 사진이 훨씬 더 현실적일 것이라는 생각이 들 것이다. 하지만 이는 서양의 기준으로 생각하는 것이고, 동양의 나라에서 서양의 기준들을 적용하면 엉뚱한 결과가 나오는 일이 부지기수다. 이 문제 역시 예외가 아니다.

조선에서 배움에 대한 경외심은 아주 오랫동안 그 자체로 거의 하나의 신앙에 가까웠다. 앞서 언급한 바와 같이, 교육은 알고 있는 한자의 수로 평가되었다(이는 언뜻 보면 매우 탁월한 체계인데, 어떤 사람이 얼마나 많은 교육을 받았는가를 언제든지 명확하게 계량할 수 있기 때문이다). 그리고 선비들은 거의 신처럼 추앙되었다. 물질적인 관점에서도 이는 선비에게 매우 유리했다. 선비의 가족은 그를 공짜로 부양했다. 그는 해야 할 일이 없었으며, 옛 서책들을 읽고, 사람들을 불러모아놓고 자기보다 더 무식한 사람들이 어려워하는 것들을 설명하고 깨우쳐주며 세월을 보냈다. 선비는 모든 이들에게 존경을 받았고, 일반 사람들이 겪는 일상적인 근심걱정 같은 것에 전혀 흔들리지 않았다. 학식은 최고의 완성이기 때문에 선비는 학식이 높다는 이유로 모든 사람의 선망의 대상이었다.

내 생각에는 조선의 부모들은 아이들이 매우 어렸을 때부터 배움에 대한 사랑을 주입시키기 때문에, 배움을 추구하는 것은 그들에게 거의 제2의 본능이 되었고, 마치 그리스도의 어린이가 자신이 착한 어린이가 되어야 한다는 것을 알듯이, 조선의 어린이는 철이 들자마자 자기가 학식을 추구해야 한다는 것을 알았다.

물론 옛날에는 한 집안에서 가장 유망한 아이에게만 여러 해 동안의 공부가 필요했고 완전히 충족되지 않는 이 학식에 대한 갈망을 탐닉할 수 있는 기회가 주어졌다. 그러나 이제 그 배움은 공립학교들의 설립으로 더 쉽게 접근할 수 있게 되었고, 훨씬 손쉬워졌기 때문에 자기 잘못이 아님에도 불구하고 이러한 문화의 전당들에 들어올 기회를 얻지 못하는 어린이들은 스스로를 매우 불행하다고 느낀다.

반면 운이 좋은 어린이들은 그들이 얻은 좋은 기회를 최대한 활용한다. 이런 어린이들을 보면 여러분은 그들이 공부에 푹 빠져 있다고 말할 것이다. 그들은 아침 일찍 일어나 아침 식사 전에 공부를 한다. 그리고 그들은 밤늦게까지 자지 않고 공부한다. 그들은 운동장에서도 공부하고 기차 안에서도 공부한다. 사실 여러분은 어린 조선 학생들을 마주칠 때마다 항상 공부하고 있는 모습을 볼 것이다. 그렇다면 조선 어린이들이 지식의 문을 두드리고 있는 사진은 문자 그대로의 의미에서도 전혀 터무니없는 것이 아니다. 내가 그런 사례를 직접 한 번 본 적이 있다.

한 사례

최근 이곳의 한 미션스쿨이 한두 가지 이유로 문을 닫는 것이 불가피해진 적이 있었다. 마을에 온통 난리가 났는데 학생들 삼사백 명을 퇴교시키는 셈이기 때문이었다. 이런 불행한 일을 당한 학생들의 학부모들은 이 소식을 듣고 몹시 놀랐다. 당연한 일이었다. 정말 놀라웠던 일은 학생들 사이에서 가장 난리가 났다는 것이다. 학교에서 다시 받아줄 때까지 이들은 대규모 회합, 행진, 연좌시위와 수업거부 등 알려진 모든 형태의 항의를 했다. 결국 이들은 기쁨의 환호성을 지르며 학교로 돌아가게 되었다.

이런 유별난 특징을 보여주는 예가 하나 더 있는데 내가 실제로 경험했던 일이다.

내가 기억하기로 나의 학창시절에는 아침에 학교에 지각하는 학생들에게 흔히 방과 후 한동안 학교에 남아 있어야 하는 것이 흔히 주어지던 벌이었는데, 잘못의 경중과 정도, 그리고 잘못을 저지른 학생이 전에 징계를 받았던 기록에 따라 학교에 남아 있어야 하는 시간이 각기 달랐다. 당시 선생님들은 이런 문제에 대해 매우 공정하셨고 잘못에 딱 맞는 벌을 주셨는데 여러 번의 경험을 통해 정확한 벌을 주셨다.

그 선생님들이 갑작스레 조선으로 전근을 오셨다고 한다면(어린애 같은 마음에 종종 선생님들이 전근 가시길 바란 적이 있었다) 선생님들께선 방법을 바꾸셔야 했을 것인데, 이곳에서는 지각생들이 앞서 우리가 열거했던 원칙들에 따라 한 시간 혹은 그 이상의 수업들에 참석하지 못하는 것으로 벌을 받기 때문이다.

나는 그런 아이들이, 여러분들이 예상하듯이, 그 황금 같은 기회를 이용하여 딴짓하고 놀 생각을 하는 대신 학교 문간에 앉아 몹시 우는 것을 본 적이 있다.

그들의 행동에 대한 원인은 배움을 향한 사랑 때문이었을까?

체면을 잃은 것 때문이었을까, 혹은 수치심 때문이었을까?

내 개인적으로는 앞의 두 가지가 복합된 것이라 생각한다.

만일 그런 것이 아니라면, 나는 독자 여러분에게 내가 언젠가 미국식 영어를 좀 배운 아홉살 난 아이한테 아버지가 어디 계신지 물었을 때 들었던 대답을 되풀이할 수 밖에 없다.

"모르겠는데요."

1938년 9월호

조선에서의 어느 이른 아침

조선 목포 성골롬반회
제랄드 매리난 신부

시계를 다시 들여다보니 새벽 4시 30분이었다. 방망이 두드리는 소리에 잠이 깼는데 도대체 무슨 소리일까 궁금해하다가 번득 머릿속에 그 해답이 떠올랐다. 그것은 또 그 여자들이 빨래를 하는 소리였다.

여러분들은 왜 그런 이른 시간에 여자들이 빨래를 하고 싶어 하는지 궁금해할 것이다. 그리고 왜 빨래를 하는 중에 방망이를 두드리는 일이 꼭 필요한 것인지도 궁금할 것이다. 이에 대한 답을 잘 알고 있긴 했지만 그 당시에는 그 점이 나한테 제일 짜증나는 것이었다.

조선의 빨래 방법

조선의 여성들은 사람이 잠을 자는 동안에도 작용하는 신기한 가루비누의 특성을 잘 모르고 있거나 자기네 나라에 예로부터 전해지는 전통 빨래 방법을 더 선호한다거나, 둘 중 하나이다. 전통적인 빨래 방법의 핵심은 찬물로 빤 옷을 쥐어짜서 평평한 빨래돌판 위에 놓고 둥근 나무방망이로 한 번에 서너 시간씩 두드리는 것이다. 조선인들은 이 방법으로 옷에 광택을 낼 수 있으며, 다른 방법으로는 절대 안 된다고 주장한다. 좀 의심스럽긴 하지만, 이게 사실이라 하더라도 그로 인해 옷이 해지고 찢어진다면 이러한 이점이 무슨 소용이겠는가 하고 생각하게 된다. 나는 여기서 이 같은 관행을 비판하려는 것은 아니고 있는 그대로 이야기하려는 것뿐이다.

조선에서는 하루하루가 빨래를 하는 날이어서 방망이 두드리는 소리를 이른 아침, 잠에서 깼을 때부터 (사실 이 소리 때문에 깨게 된다) 밤늦게까지 들을 수 있다.

이런 방법으로 빨래를 하는 데에는 시간이 아주 많이 걸리기 때문에 사회생활의 여러 가지 요구들에 따라 아낙네들은 그들 간에 일종의 합의에 도달했다. 그들은 강가나 냇가, 또는 물을 쉽게 구할 수 있는 곳은 어느 곳이든 공동 빨래터로 선택해 그곳에서 빨래를 하러 옹기종기 모인다. 조선 여성들은 마음대로 실컷 동네 사람들에 대해 수다를 떠는 동안, 쌓인 감정들의 분출구를 발견한다. 많은 이들이 마치 젖은 빨랫감이 그들의 초상(화)이기라도 한 듯 조선의 빨래터의 빨랫돌 위에서 방망이질을 당한다.

내가 포기하다

이런 일 때문에 새벽 4시 30분에 잠에서 깨는 것은 별로 유쾌한 경험은 아니다. 사실은 매우 짜증나는 일이다. 이 문제에 대한 내 생각은, 만일 빨래를 두드려야 한다면 최소한 나머지 마을 사람들(물론 말할 것도 없이 정상적인 멀쩡한 사람들)이 잠자리에서 일어날 때까지는 기다려야 한다는 것이다. 나는 더 자고 싶었다. 미사는 6시가 되어야 있고 일어나기에는 너무 이른 시간이었다.

하지만 내가 정말 다시 잠들겠다는 생각을 진지하게 했다면, 나는 빨래터 아낙네들을 생각지 않고 있었던 것이다.

빨래터 아낙네들이 많아질수록 방망이 두드리는 소리는 점점 커졌고, 잠을 잔다는 것은 절대적으로 불가능해졌다. 후자의 사실을 나는 어쩔 수 없이 인정할 수밖에 없었다. 마침내 순교자가 된 심정으로, 식후의 달콤한 잠에서 깬 비단뱀 같은 기분으로 나는 잠자리에서 일어났다.

그러나 시간은 위대한 치료자다. 내게는 마음을 가라앉힐 수 있는 것들이 많이 있었다. 아쉬운 마음은 사라졌고, 한 시간 후에는 세상을, 사랑이 담긴 것은 아니라 해도 적어도 평온한 마음으로 다시 바라볼 수 있게 되었다. 마침내 지나가는 발소리가 들릴 정도가 되고 신자들이 미사를 드리러 오고 있어서 나도 아침 기도에 참석하기로 했다.

박씨 아주머니

한가로이 성당으로 가는데 박씨 아주머니가 가는 길을 막고 있었다. 박씨 아주머니를 잘 아는 사람들은 그 아주머니가 길을 막고 있다면 절대로 그냥은 못 지나간다는 것을 안다. 차라리 암호랑이 옆을 그냥 지나가려 하는 편이 낫지!

"안녕히 주무셨어요?" 박씨 아주머니가 상투적인 조선식으로 말을 걸었다. 아주머니가 내게 할 수 있었던 여러 인사말 중에서 나는 이 말이 내 화를 최고로 돋우기 위해 계산된 말이라고 생각했다. 아침잠을 완전히 망쳐버린 데다 그 기억을 지우느라 편치 않은 시간을 보낸 것만으로도 너무나 기분이 좋지 않았다. 그런데 사전예고도 없이 그런 일들을 다시 떠올리게 하는 것은 마치 환자를 치과 의자에 묶어놓고 집게로 충치를 뽑아내는 것과 다를 바가 없었다. 하지만 조선에 온 지 몇 달밖에 안 된 처지에서도 나는 무심한 표정으로 속마음을 감추는 것을 배워 알고 있었다. 배운 것을 활용해 나는 박씨 아주머니의 인사에 말없이 고개를 숙여 답했다.

내 태도에 자신이 생긴 아주머니는 좋은 아침이라고 자신이 먼저 날씨 이야기를 꺼냈다. 그 순간까지도 나는 그에 관해 아무것도 느끼지 못하고 있었다. 사실 여러 아침을 보내면서 나는 이 문제는 새삼 다시 논평할 것이 거의, 아니 전혀 없다고 생각했었다. 그러나 여자와 논쟁하는 것은 어리석은 일임을 상기하고는 그 문제를 그냥 흘려보냈다.

이때쯤 아주 자신을 잃은 박씨 아주머니는 날씨가 좋으리라고 말했다. 나는 아주머니와는 이 점에서도 달리 생각하고 있었다. 나는 원래 낙천적이지만, 그날 아침은 좋지 않게 시작했고 시작이 안 좋으면 뒤이어 다른 안 좋은 일이 생긴다는 것을 알고 있었다. 하지만 내 의견은 다르다는 것을 내비치고 싶지 않아서 나도 날씨가 좋길 바란다고 말했다. 그런데 박씨 아주머니는 사실 내 말을 듣고 있지 않았다. 아주머니는 자기 생각에 너무 몰두해 있었다. 곧 그녀는 새로운 이야기를 꺼냈다. "애들이 지금 얻고 있는 기회 말이에요. 얻기만 하면 정말 대단한 거지요?" 나는 또 무슨 새로운 뚱딴지 같은 소리인가 생각하면서 다음 이야기를 기다렸다. "학교 말씀입니다." 아주머니가 설명했다. 아주머니가 하는 말이 여전히 오리무중이어서 나는 가타부타 하지 않고 잠자코 있었다. "우리 아들 요한이가 지난주에 학교를 졸업했습니다." 아주머니가 계속 말했다. 여기서 내 입장이 더 안전해졌다. 나는 대단한 일이라 말해줬다. 냉정하게 본다면 매우 기발한 재주는 아니었지만 그 상황에서는 적절한 것이었다고 나는 생각했다. "고등학교에 들어갈 수 있다면 대단한 일이겠지요. 다음 주에 시험을 봐야 해요. 만약 합격하지 못하면 못 가는 것이지요."

아주머니의 이 마지막 말을 짐작하려고 나는 온갖 상상을 다 해봐야 했는데 아마 요한이 시험을 통과하지 못하면 학교에 입학을 못한다는 뜻이겠거니 하고 생각했다.

"그래서 요한이를 위해 오늘 미사를 바쳐주시면 좋겠습니다. 신부님." 아주머니가 계속 말했다. "신부님이 이 불쌍한 여인을 위해서 최소한 그 정도는 해주실 수 있지요?" 솔직한 자여, 그대 이름은 박씨 아주머니로다!

이야기를 듣고보니 전날 밤에 비슷한 부탁을 받지 않았더라면 나는 기꺼이 아주머니의 부탁에 응했을 것이다. 나는 이런 사정을 설명하고, 가능한 한 부드럽게 같은 시험을 볼 예정인 김씨 아주머니의 아들 미카엘을 위해 미사를 드려주기로 이미 약속이 되어 있음을 알려주었다. "그 아이요!" 박씨 아주머니가 몹시 경멸하는 투로 한마디 하더니 잰걸음으로 성당 안으로 들어가버렸다.

물론 누구라도 아주머니의 기분을 이해할 수 있을 것이다. 경쟁이 치열한 입학시험은 만일 미카엘이 시험에 통과하면 요한이 합격할 수 있는 자리가 하나 줄어들게 되는 셈이 된다. 박씨 아주머니가 계산에 통달한 것은 아니라 해도 간단한 뺄셈은 얼마든지 할 수 있는 것이다.

어쨌든 시험날까지는 아직 일주일이 남아 있으니까 다음 날 아침에 다시 부르면 될 것을 나는 알고 있었다. 하지만 누군가는 손쉬운 일처럼 말할 지도 모르지만 결코 쉬운 일은 아니다. 사실, 남의 험담을 잘하는 성향 때문에 박씨 아주머니는 본당에선 좀 골칫거리였다. 하지만 나는 서둘러야 했다. 이미 미사에 15분이나 늦었다.

나의 복사(服事)들

나는 서둘러 제의실(祭衣室)로 가 준비를 시작했다. 전혀 예상치 않았던 것은 아니지만, 여기서 또 다른 문제가 생겼다. 복사가 없었던 것이다. 제대 초에 불을 붙이는 윤 아오스딩은 자기가 종을 울릴 수 있다고 했지만[1] 응답송(應答誦)[2]은 잘 알지 못한다고 말했다. 미사 시작 직전 정 베드로가 나타나 아오스딩은 곤경에서 벗어나게 되었다. 정 베드로는 최근에 복사단에 들어왔는데 미사경전 낭독대를 옮기기엔 덩치가 너무 작았다.

평소처럼 많은 신자들이 미사에 참석해 있었다. 빨래터 이야기에서 짐작할 수 있듯이 조선인들은 아침에 일찍 일어나는데, 천주교 신자들의 경우 많은 사람들이 매일 새벽미사에 참석한다.

교리교사가 평소대로 힘차게 기도문을 낭송했다. 신자들이 차례에 따라 응답기도에 답했다. 그리고 우리 모두는 '평화'이신 하느님 앞에서 우리의 사소한 문제들은 다 잊게 되었다. 미사가 끝난 후 모든 사람이 함께 한동안 무릎을 꿇고 감사기도를 드린 후 성당을 나서 각자 집으로 돌아갔다.

그리고 아침 식사를 하러 가다

정해진 일과대로 아침 식사를 하러 갔다. 식탁이 차려져 있었고 모든 것이 마련되어 있었다. 그런데 식복사(食服事)[3]가 온 기색이 없었다. 시계가 계속 째깍거리며 가고 있었고 내가 평소에 식사하는 시간이 한참 지났지만 여전히 식복사가 나타나지 않았다. 틀림없이 뭔가 잘못되었다고 생각하면서 주방을 살피러 갔다. 최근에 나는 아주 자랑스럽게 생각하는 새로운 주방을 만들어, 그곳에 현대적으로 디자인한 조리용 화로를 설치했다. 그런데 우리 식복사는 그 화로를 한 번도 진심으로 마음에 들어 하지 않았다. 그는 오로지 석탄을 때는 화로만 좋아했고, 화로가 바뀐 것을 언짢아했다. 하지만 내가 새 화로를 내다버릴 정도로 그의 비위를 맞추어줘야 할 일은 없기 때문에 그는 어쩔 수 없이 새 화로에 적응해야만 했다.

마태오

주방에 들어가보니, 식복사가 자기가 몹시 싫어하는 그 화로 앞에 무릎을 꿇고 있었다. 그는 화로 안에 석탄을 가득 채우고 어디 싸구려 상점에서 사온 풀무로 불을 붙이려 애쓰고 있었다.

풀무에 대해 내가 그에게 싫은 소리를 한 것이 이번이 처음은 아니었다. 아주 오랫동안 그것은 우리 말다툼의 원인이었고, 나는 심지어 풀무를 없애버리겠다고 위협까지 한 적도 있었다. 새 화로에 불을 붙이는 방법은 종이, 장작, 석탄을 순서대로 넣고 성냥에 불을 붙여 종이에 지피는 것이라고 몇 번을 되풀이해서 이야기해줬었다. 실수하는 일이 없도록 하기 위해 내가 그 방법을 실제로 몇 번씩 시범으로 보여주기도 했었다. 하지만 그는 내 지성을 매우 낮춰보았거나 아니면 싼 값에 풀무가 생겼기 때문에(그는 그 풀무가 얼마나 싼지를 내 귀에 못이 박히도록 이야기했었다) 그것을 활용해야 한다고 생각했다.

나를 스치고 간 분노의 물결을 보고서 이제껏 그는 내가 본 모습 중 가장 당황한 모습으로 일어섰다. 나는 알려준 방법에 따라 화로에 불을 지피라고 그에게 말했다. 내가 프라이팬을 마구 휘둘러 내 말에 무게를 더하지 않은 것은 내 절제심을 잘 보여준다. 이 프라이팬은 유혹하듯이 화로 위에 놓여 있었다. 프라이팬 안에는 내가 여러 차례 되풀이해 지시했지만 이를 무시하고, 아침 식사를 훨씬 미리 준비해놓으려 아예 전날 밤에 구워놓은 것이 분명한 계란과 베이컨이 있었다. 아침 식사를 준비하는 적절한 시간이 언제인가는 식복사와 내가 의견이 안 맞는 또 다른 문제였다. 마태오(우리는 그를 이렇게 불렀다)는 밤에 화력이 좋기 때문에 아침 식사에 내놓을 계란과 베이컨을 굽기에 가장 적절한 시간이라고 주장했는데, 그렇게 미리 준비를 해놓으면 아침에 풀무로 실험을 할 수 있는 더 많은 시간을 가질 수 있다는 사실을 그가 모를 리 없었다. 그 식사를 먹어야 하는 가장 직접적인 당사자로서 나는 그런 방식으로 준비를 못하게 했고 그 같은 금지를 뒷받침하기 위해 여러 가지 위협을 했었다. 마태오는 면담을 할 때는 늘 고분고분했지만 실제로는 누구 말에도 굽히지 않는다는 증거가 바로 여기 있었다(만일 증거란 게 필요하다면).

마태오가 불을 지피고 식사 준비를 하는 동안 나는 옆에서 지켜보고 있었다. 그는 결코 마음이 편해보이지 않았고, 내 경험상 그가 뭔가 불편해할 때는 그것은 단순히 양심의 가책을 느끼는 일이 있었음을 나타내는 정도가 아니라는 사실을 나는 알고 있었다. 그것은 항상 그가 무슨 큰일을 저질렀을 때 그랬던 것이다.

이제는 불이 잘 올라 있었다. 석탄을 한 삽 더 떠 넣으면서 마태오는 뭔가를 살피는 것처럼 프라이팬을 보았다.

나는 마태오에게 베이컨과 계란을 새로 구우라고 분명하게 말했다. 밤에 미리 아침 식사를 준비해놓지 말라고 벌써 몇 번이나 이야기했었는가를 마태오에게 물어봤다. 그는 잠시 말을 하려고 하다가 분명, 자기가 할 일에 암산하는 것은 포함되어 있지 않다는 것을 떠올리고는 섣부르게 대답하려 하지 않았다. 대신 그는 이제 모든 것이 다 괜찮을 것이며 몇 가지 안 남은 사소한 것들은 자신에게 맡겨도 괜찮을 것이라고 말했다.

기선을 제압하려는 그런 어설픈 수작에 나는 당장 의심이 일었다. 나는 쓸데없는 소리는 그만두고 주전자를 끓이라고 말했다. 그는 주전자를 들고 내 옆으로 지나가려 했다.

"그 안에 있는 물이면 될 겁니다"라고 내가 말했지만, 마태오는 진짜 좋은 차를 준비하려면 신선한 물이 꼭 필요하다고 고집했다. 나를 위한 그런 배려는 마태오의 성격으로 볼 때 전혀 없던 일이었다. 마침내 나는 그가 뭔가 불편해하고, 나를 피하려 하고, 마지막으로 둘러대며 했던 말들 등등이 뜻하는 바를 알아차리고선 주전자 뚜껑을 열어봤다. 내 의심이 옳았다. 주전자 안에는 삶은 양배추가 가득 들어 있던 것이었다.

짐작했겠지만 마태오와 나 사이에 의견이 일치하지 않는 문제는 수도 없이 많았다. 양배추를 요리하는 문제는 이미 우리 갈등의 중요한 밑바탕이었는데, 나는 냄비에 삶아야 한다고 했지만 마태오는 주전자에 넣고 삶아야 가장 맛이 좋다고 우겼다. 나는 "이게 도대체 뭡니까?" 하고 물어봤는데, 그에게 잘못했다는 말을 반드시 하게 하려고 단단히 마음먹었기 때문이다. 평소 때처럼 능청스럽게 그가 대답했다. "그건 오늘 저녁에 쓸 양배추인데요, 어젯밤에 화력이 좋을 때 삶아놓은 겁니다."

이제 내 인내심은 한계에 도달했다. 나는 그가 잘못한 만큼 야단을 쳤고, 한마디 덧붙이기까지 했다. 그리고 나는 내가 완전히 이성을 잃지 않을까 걱정이 되어 식탁으로 돌아왔다. "잘 기억해 두세요. 한 번만 더 이런 꼴이 생기면 당신은 쫓겨나는 겁니다."

내가 말했다.

마태오를 쫓아내다

시계가 9시를 가리켰을 때 마침내 아침 식사가 나왔다. 평소보다 2시간이나 늦었고 나는 몹시 배가 고팠다. 이제 여러분도 보겠지만, 내가 혹시라도 그날 아침의 골치 아픈 일들이 다 끝났다는 생각을 가졌었다면 나는 엄청 잘못 생각한 것이었다.

맛을 보니 차(茶)가 꽤 차가웠는데 나는 물을 안 끓였다는 것을 알 수 있었다. 이것도 역시 식복사와 내가 서로 자주 다투는 문제였다. 그는 따뜻한 물과 끓는 물의 차이점을 도무지 알지 못했고, 내가 차에서 그 차이점을 알아내면 그것은 요행으로 맞춘 것이라고 했다. 그는 내가 끓는 물을 더 좋아하는 것을 유별난 취향일 뿐 아무것도 아니라고 생각했던 것이다. "이 물 끓였어요?" 내가 물었다. "그럼요!" 그가 대답했다.

이번에는 도가 지나쳤다. 내가 한 모든 지시에 따르지 않는 것도 나빴지만, 서투른 거짓말로 나를 바보 취급하는 일은 도저히 봐줄 수 없었다. "됐습니다." 내가 아주 차갑게 말했다. "나가세요. 당신은 해고입니다. 당장 여기서 나가고 다시는 오지 마세요."

내가 마태오를 해고한 것은 처음은 아니었지만 이번에는 아주 확고하게 말한 것이 틀림없었다. 그는 너무 놀란 나머지 내가 제일 좋아하는 차 단지를 떨어뜨렸다. 부서진 조각들이 사방으로 튀었고, 내가 앉아서 부서진 조각들을 쳐다보고 있는 동안 그는 눈물을 흘리며 방을 나갔다. 내 앞에는 고단한 하루의 일과가 놓여 있었다. 나는 이 늦은 아침 시간에 아침 식사도, 식복사도, 차 단지도, 그리고 아무것도 없는 신세였다.

강원도 산간의 선교

조선의 우리의 새 선교지역과 주민들에 관한 이야기

조선 강원도 춘천 가톨릭선교회
토마스 퀸란 신부

약 일만 평방마일의 지역을 포함하는 강원도는 조선에서 가장 넓은 도(道) 중 하나다. 강원도에는 300마일이 넘게 펼쳐진 해안선이 있고, 유명한 금강산이 도 전체를 가로지르고 있다. 강원도의 물리적 외형은 거칠고 산악지대가 많으며, 대부분 지역의 토양이 척박하다. 어떤 곳은 마치 나란히 높게 쌓아둔 장작더미처럼 산들이 서로 평행하게 달린다. 또 어떤 지역은 사발 속에 사발을 넣어둔 것처럼 보이는데, 한 가운데에는 비옥한 평야가 있다.

조선 남부지방처럼 굴곡진 광대한 평야는 없고, 인구는 우묵한 지역이나 산들 사이의 가파른 계곡에 집중되어 있다. 통신수단이 잘 갖춰져 있고, 자동차 도로가 곳곳에 놓여 있는데, 그런 것들을 계획해낸 기술자들은 자기 분야에 있어서 분명 최고 수준의 사람들이었을 것이다. 강원도에는 현재 철도노선이 하나인데, 새로 두 개의 노선을 건설하는 중이다.

순교자들의 후예

강원도의 총인구는 대략 150만 명 정도인데 그중 일만 2,000명이 천주교 신자다. 조선에서 가장 훌륭한 사람들 중 이들이 포함되어 있다고 말해도 내 생각엔 과장은 아닐 듯하다. 이들 대부분은 약 100년 전에 있었던 가혹한 박해 동안 서울과 다른 도시들에서 피신해온 순교자들의 후예들이다. 이들의 조상은 도시에서 부유하고 안락한 생활을 누렸지만 끔찍한 박해가 일어나자 신앙의 유산을 지키기 위해 모든 것을 버리고 강원도의 산으로 피신했다. 그 후손들은 비록 물질적으로는 가난하지만, 자신들의 가계(家系)를 자랑스러워하며 오늘날에도 자신들의 순교한 조상들이 겪어야 했던 투쟁과 고통을 숨죽인 채 이야기한다. 박해를 기억하고 있는 몇몇 노인들과 이야기를 했었는데, 그분들 사이에 앉아 피신과 탈출에 대한 옛이야기(체포되어 죽는 이야기도 가끔 포함해)를 들은 것은 정말 영광스러운 경험이었다.

번창하는 교회

강원도에는 11개의 훌륭한 성당과 공소(公所)[1]가 있다. 열두 분의 조선인 신부님들이 12만 명의 신자들을 담당하고 계신다. 그분들 중 한 분으로 정 아오스딩 신부님이 계신데, 신부님은 강원도에서 40년이 넘게 사목활동을 해오신 일흔여섯 살의 노장 신부님이시다. 정 신부님은 어린 시절, 교회에 불어닥친 마지막 박해들을 직접 겪으셨고, 젊었을 때는 영웅적인 프랑스 선교사님들과 함께 현재 강원도 곳곳에 있는 훌륭한 선교원들을 건립하셨다. 라리보 주교님[2]께서 호의를 베푸셔서 덕망 높으신 이 노장 신부님과 다른 신부님들 세 분으로 하여금 우리의 새 선교활동을 도와주도록 하셨다. 우리는 순방을 다니던 중 온갖 조선 신부님들을 만나뵈었는데 신부님들의 사목활동 모습을 볼 수 있었던 것은 매우 큰 기쁨이었다. 신부님들은 정말 눈부시게 훌륭한 선교사들인데, 열성적으로 사목활동에 임하시고 신자들에게 사랑받고 있으며, 신자들 마음속에 조선의 순교자들에 대한 깊은 사랑을 심어주셨다. 한 성당에는 박해 당시 사용된 고문도구가 보존되어 있는데, 미사 후에 엄마들이 어린아이들을 데리고 가 그 고문도구들을 보여주고 설명해주는 것을 본 적이 있다. 그 성당에 부속된 공소에서 젊은이들이 우리에게 순교자들의 이야기를 들려줬다. 정 레오 신부님께서 이따금씩 적절한 질문을 하심으로써 기억을 떠올리게 하고 전체 이야기를 분명히 해주시는 모습을 본 것은 신자들을 가르치는 방법을 배우는 데 큰 도움이 되었다.

초창기의 프랑스 선교사들

강원도의 조선인 신부님들은 매우 훌륭한 분들인데, 이들의 훌륭한 성과는 이분들의 영광스러운 선구자들인 용감한 프랑스의 아들들 덕분이다. 이 프랑스 선교사들의 외로운 묘소들이 여기저기 선교원들에 산재해 있는데, 이들의 영광스러운 불요불굴(不撓不屈)이 이들 계승자들의 오늘의 모습을 만들었다. 초창기 조선 선교의 역사를 서술할 때 등장하는 이 영웅적인 개척자들은 콜로세움에서 순교한 로마 순교자들이나 초기 그리스도 교회의 사제들에 비해 결코 뒤지지 않는다. 강원도의 도경계 바로 건너편에는 조선 최초의 신학교[3]가 위치해 있다. 11년간 산골짜기의 그 작은 오두막에서 최초의 조선인 신학생들은 기도하며 공부했다. 그곳에서 그들의 영웅적인 프랑스인 신부님들은 체포되어 사슬로 묶인 채, 그들의 마지막 여정, 즉 순교를 향한 여정을 떠났다. 우리는 쉽사리 그 신부님들을 존경하고 그분들에게서 감화를 받지만, 사형집행인의 칼날에 목숨이 끊길 때까지 주교님과 신부님, 신자들에게 가해졌던 고통과 모욕적인 처우를 들으면 몸서리가 쳐질 것이다. 정말로, 고귀한 유산이 우리에게 전해졌다. 독자 여러분께 부탁드리거니와, 우리의 선임자들과 비교해보면 미약하고 보잘것없는 우리지만, 우리에게 전해진 그 영광스러운 전통을 계승할 수 있게 우리가 우리 몫을 다할 수 있도록 기도해주시길 부탁드리는 바다.

라리보 주교님의 호의

라리보 주교님과 서울교구 신부님들이 우리에게 보내주신 도움과 격려에 대해서 우리가 얼마나 감사해하는지는 이루 말로 표현할 수가 없을 정도다. 그분들은 우리에겐 형제나 다름없었다. 주교님께서 베풀어주신 호의의 한 예는 그분이 어떤 사제이신가를 잘 보여준다. 강원도에 있는 한 선교원은 성당과 공소가 아주 작았다. 올해 주교님께서 강원도를 우리 선교회에서 담당하도록 정하셨을 때, 그 선교원이 있는 지역에서 아주 좋은 땅을 사서 선교원을 지을 수 있는 기회가 생겼다. 조선인 신부님들은 그 부지가 매우 좋은 줄은 알았지만 돈이 없었고, 그래서 주교님을 찾아뵈었다. 그러자 주교님께서는 다음과 같은 인상적인 말씀을 하셨다. "성골롬반회의 신부님들이 강원도를 맡으실 겁니다. 하지만 성골롬반회 신부님들이 그 일을 하시든, 우리가 그 일을 하든, 그 일은 하느님과 신자들의 영혼을 위한 것입니다. 신부님들께서 말씀하시는 그 땅은 나도 알고 있습니다. 정말 좋은 곳이지요. 가서 그 땅을 매입하십시오. 제가 돈을 내도록 하겠습니다." 신부님들은 가서 부지를 매입하셨고, 훌륭하신 주교님 덕분에 우리 선교회는 앞으로 여러 세대에 걸쳐 그곳에서의 선교에 대해서는 근심할 필요가 없게 되었다. 그 밖에도 강원도에 있는 우리를 위해 많은 일들이 이루어졌다. 얼마 전까지만 해도 프랑스인 신부님들이 홀로 지셨던 조선 선교의 과중한 부담을 떠올려보면, 그분들이 이루어낸 수많은 업적과 발전에 깜짝 놀랄 것이다. 그러나 아직 해야할 일이 많이 남아 있기에 우리가 시작된 일을 계속해서 잘 수행할 수 있도록, 그래서 순교자들의 핏속에 뿌려진 씨앗에서 훌륭한 수확을 할 수 있도록 우리 독자들께서 많은 기도를 해주시고 도움을 주시길 부탁드리는 바다.

다른 종(鐘)

조선 목포 성골롬반회
패트릭 데블린 신부

"저게 무슨 종이야?" 나는 혼자 중얼거렸다. 12월 1일 아침, 나는 평소보다 한 시간 일찍 잠에서 깼다. 시계는 새벽 5시를 가리키고 있었고 해가 뜨려면 아직 한참 멀었다. 근처에 있는 종이 울리는 소리가 고요를 깨고 더 이상 평화로운 깊은 잠에 못 빠져들게 뒤흔들어놓았다.

"목포에 있는 성당 종은 아닌데, 그 소리는 내가 너무 잘 아는데. 분명 내가 알고 있는 이 도시의 예배당이나 학교의 종소리도 아니고…"

그러다가 기억이 났다. 그 소리는 사찰의 종소리였다. 예전에 한 번 그 소리를 들어보고는 어디서 들리는 소리인지 물어본 적이 있었다.

잠에서 깬 채로 누워서 듣고 있었는데, 그 사찰에서 들려오는 단조로운 '댕'하는 종소리가 마음이 편치 않고 불편한 기분이 들게 했다. 그 황량한 12월의 아침에 종소리를 듣고 있으니 이교에 대해서 듣고 읽었던 모든 것이 머릿속에 떠올랐다. 나는 생각에 잠겼다. 타종하는 종지기, 의식에 이제 막 참여하려는 이교의 사제들, 종소리를 듣는 사람들. 이 모두가 골고다[1]의 위대한 희생 속에 포함되어 있었다. 그리스도의 성혈(聖血)은 이들 모두를 위해 흘려진 것이었다. 그러나 아, 예수 그리스도 사후 거의 2,000년이 지났음에도 불구하고, 아직 수많은 사람이 그분에 대해 들어보지조차 못했다는 사실을 생각하면 너무나 안타깝다.

잠시 후 미사를 바치기 위해 제대 발치에 서 있는데, 그리스도의 희생에 도전하며 그 이교의 모든 힘을 다해 울려대는 종소리가 계속 들려왔다. 저 멀리 언덕 사이사이로, 저 아래 해변으로, 파도 위로, 부처의 메시지가 울려 퍼지며 이교의 신들 앞에 경배하라고 수백만의 사람들을 부르고 있었다. 참되신 하느님께서는 이교 사원의 메시지가 귓가에 울리는 바로 그곳에서 당신 자신을 바치고 계시는데도…

조선에 대해 우리가 다음과 같이 쓸 수 있는 그 날은 언제 올 것인가?

성탄종들이 언덕에서 언덕으로

안개 속에서 서로서로 울려 퍼지려나?

목포의 자랑

조선 목포 성골롬반회
패트릭 모나간 신부

　　목포 본당이 지닌 결코 작지 않은 자랑거리 중 하나는 다섯 명이나 되는 목포의 딸들을 천주교에 바쳤다는 사실이다. 그들은 모두 대구의 샬트르 성바오로수녀회 소속이다. 하지만 그들은 자신들이 목포출신이라는 사실을 결코 잊지 않는다. 만약 여러분이 그들을 방문해서 여러분도 목포에서 왔다고 말한다면 여러분은 틀림없이 따뜻한 환영을 받을 것이다. 동향(同鄕)출신이라는 유대감은 이분들의 타고난 수줍음과 긴장을 녹여줘, 당장 대화가 시작될 것이며, 여러분이 그들의 부모님, 형제자매, 사촌들과 숙모들을 알고 있다고 말한다면 여러분은 폭포 같은 그들의 이야기보따리를 풀어놓는 셈이다. 그들은 여러분이 정신을 못 차릴 정도로 고향 사람들에 대한 질문들을 쏟아낼 것이다. 시간이 몹시 귀중하기 때문에 그들은 여러분의 방문 동안 각자 자기의 소중한 사람들에 대한 모든 소식을 들으려고 할 것이기 때문이다.

그들은 본당이 어떻게 돌아가고 있는지도 알고 싶어 한다. 그들은 소녀시절을 성당 주변에서 보냈기 때문이다. "성당 청소와 제대 장식은 누가 맡고 있지요?" 하고 그들은 묻는다. "수녀원에 들어오기 전엔 우리가 했었는데… 모든 게 예전처럼 잘되고 있나요?" 그들은 기도 중에도 항상 목포를 얼마나 기억하는지, 그리고 그것이 그들의 유일한 분심(分心)[1]이라고 말한다. 그들은 한 오라비에 대해 묻는다. "그가 성당생활은 열심히 하는가요?" 또 천주교 신자가 되는 것을 망설이는 친척에 대해서 "그분이 세례를 받았나요?" 하고 그 밖의 것들을 묻는다.

하지만 아! 시간은 너무나 빨리 지나가버린다. 종소리가 울린다. 복도를 따라 울리는 종종걸음 소리들이 소란스럽다. 그들은 미처 물어보지 못했던 모든 질문들을 생각하며 성무(聖務)나 맡은 일을 하러 가기 위해 서둘러 자리를 떠야 한다.

대구는 목포에서 기차로 하루가 걸리는 곳이어서, 목포에서 오는 손님은 그들에게는 이만저만 반가운 손님이 아니다. 여러분은 작별인사를 하고 곧 다시 보러 오겠다고 성실하게 약속을 한다. 변덕스런 약속으로 그들의 마음에 상처를 주는 것은 몰인정한 짓일 것이다.

의심의 여지가 없이 조선 소녀들, 특히 목포 소녀들은 훌륭한 수녀가 된다. 그들은 모든 종류의 실질적인 선교업무를 수행할 능력이 있다. 외국인 수녀들에게는 허용되지 않지만, 그들은 학교에서 학생들을 가르친다. 그리고 병원과 고아원에서 사람들을 보살핀다. 서너 명의 수녀들이 무리를 지어 시골 지역의 작은 수녀원들에 살면서, 많은 무리가 학교를 운영하고 아픈 사람들을 방문하며 여성 예비신자들을 가르친다.

그들은 모두 샬트르 성바오로수녀회 소속이다. 수련원은 서울과 대구에 있다. 그들의 정신과 업적은 그들을 형성해온 선구적인 프랑스 수녀님들의 불멸의 명예가 되고 있다.

환갑(還甲)
목포의 환갑 축하잔치

조선 목포 가톨릭선교회
패트릭 모나간 신부

박 마가렛은 나이가 많은 목포 주민입니다. 얼마 전까지 그녀는 우리의 가장 열성적인 선교사 중 하나였고, 얼마나 많은 우리 신자들이 그녀를 통해 입교했는지는 가늠하기 어려울 정도입니다. 그녀의 막내아들은 몇 년 전에 사제서품을 받았습니다. 이렇듯 이곳 신자 사회에서 그녀가 갖는 비중은 단순한 것이 아닙니다.

박 마가렛의 예순 한 번째 생일

몇 주 전 박 마가렛은 예순 한 번째 생일을 맞았습니다. 이는 그녀가 중국식으로 60년의 순환을 마쳤다는 것인데[1], 조선에서는 태어날 때를 한 살로 치기 때문입니다. 이날은 조선인들에게는 매우 경사스러운 날로, 우리의 '황금의 축일'에 해당하는 날입니다. 효성이 깊은 자식들은 이 뜻깊은 축하행사를 위해 필요하다면 가진 모든 돈을 쓰기도 합니다.

이웃들의 준비

박 마가렛은 세속적인 물건들을 한 번도 풍족하게 누려본 적이 없었습니다. 그녀는 선교사로 일해 받은 얼마 안 되는 월급으로 근근이 지내왔지만 얼마 전 청력이 나빠져서 일을 그만두게 되었습니다. 박 마가렛의 환갑잔치에는 매우 많은 손님이 올 것으로 예상되었는데 그녀는 전라도의 절반이 넘는 지역에서 잘 알려져 있었기 때문입니다. 그래서 손님들을 대접하려면 많은 돈이 필요할 터였습니다. 그러나 조선인들은 잘 알려진 대로 매우 마음이 따뜻한 사람들이라서, 비록 환갑을 맞이한 박 마가렛이 사람들 사이에서 오랫동안 일을 해왔다는 그 사실 때문에 의무적으로 그녀의 행사에 도움을 주도록 한 것이 아니라 할지라도 어떤 행사든 도움을 주기 위해 몰려 왔을 것입니다. 교구의 남자들은 비용을 댔고 여자들은 음식을 만들었습니다. 한 친절한 여성 신자는 환갑 잔칫날 쓰도록 자신의 집을 내줬는데, 박 마가렛의 집은 손님을 대접하기에 너무나 좋았기 때문입니다.

축하행사

축하행사는 새벽 6시 30분 미사로 시작되었는데 모든 교구민이 미사에 참석했습니다. 미사 후에는 앞서 말한 집에서 축하잔치가 이어졌습니다. 색색의 음식들로 차려진 관례에 따른 큰 환갑상이 가장 큰 방 한 가운데에 놓였습니다. 상 뒤편에는 환갑을 맞은 박 마가렛이 왕좌(王座)에 앉은 여왕처럼 밝은 색 방석 위에 앉아 있었습니다. 그녀의 친구들이 온종일 찾아와 영예로운 나이를 맞게 된 그녀를 축하해주고 경의를 표했습니다. 모든 사람을 위한 음식과 음료가 마련되었고, 조선의 부용노 곁들여셨습니다. 축하잔치는 아주 잘 치러졌고, 시인이 뭐라고 써왔던 간에 '환갑'이라는 것은 무언가 말할 것이 있습니다.

대구의 새 대교구장

필자 미상

　고(故) 드망즈 주교님의 후임이신 무세 몬시뇰께서 대구에 취임하시다.
　다음은 맥폴린 몬시뇰의 축사(祝辭)다.

고(故) 드망즈 주교님의 후임으로 대구대교구장에 임명된 파리외방선교회의 무세[1] 몬시뇰께서 최근 대구대성당에 착좌(着座)하셨습니다. 독자들은 우리 신부님들이 1933년 조선에 왔을 때 처음으로 활동을 시작한 곳이 바로 대구라는 것과, 맥폴린 몬시뇰의 광주교구가 2년 전에 독자적인 선교구로 승격되기 전까지 원래는 대구대교구에 속해 있었다는 것을 기억하고 있을 것입니다.

무세 몬시뇰의 대구대교구장 임명 소식에 조선에 있는 우리 신부님들은 매우 기뻐했습니다. 신부님들은 새 대교구장님이 고(故) 드망즈 주교님의 후임으로 부족함이 없다고 생각하고 있으며, 특히 조선에 처음 입국했을 때부터 신부님들의 가장 믿음직스러운 친구였던 분들 중 한 분에게 주어진 영예에 기뻐하고 있습니다. 무세 몬시뇰의 취임식 후에 열린 리셉션에서 맥폴린 몬시뇰은 무세 몬시뇰의 주교 승진에 대해 맥폴린 몬시뇰과 휘하의 신부님들이 느낀 기쁨을 담은 축사를 프랑스어로 하면서, 무세 몬시뇰이 숭고한 직책을 행복하게 오래도록 수행하시길 기원했습니다. 다음은 맥폴린 몬시뇰의 축사를 번역한 것입니다.

오늘 무세 몬시뇰께 드리는 축하에 저도 작은 역할이나마 보태게 된 것은 저에게는 매우 즐거운 일입니다. 장황하게 말을 하여 여러분을 지루하게 만들지는 않도록 하겠습니다. 먼저, 저는 말재주가 없습니다. 그리고 또, 무세 몬시뇰의 겸양을 생각하지 않을 수가 없습니다.

우리 성골롬반회 선교사들은 무세 몬시뇰께 갚을 수 없을 만큼 너무나도 큰 신세를 졌습니다. 우리가 대구에 처음 온 그날부터

몬시뇰께서는 우리를 형제로 맞이해주셨습니다. 선교 수장(首長)
으로서 몬시뇰께서는 우리의 물질적 편의에 대한 책임을 맡고 계
셨습니다. 몬시뇰께서는 우리에게 안락한 숙소와 좋은 식사를 제
공해주셨습니다. 그리고 우리에게 매우 친절하셨고, 우리가 필요
로 하는 것은 가장 사소한 것이라도 세심하게 신경써주셨습니다.
어느 누구도 몬시뇰보다 우리를 더 편안하게 해주지는 못했을 것
입니다.

무세 몬시뇰의 전임자이시며 우리가 애도하고 있는, 고명한
인물이신 드망즈 몬시뇰은 어떤 의미에서는 성골롬반회의 선교
사라고 할 수도 있을 것입니다. 왜냐하면 드망즈 몬시뇰은 보주
(Vosges)[2]에서 태어나셨는데, 몬시뇰의 선조들은 보주에서 골롬반
성인(聖人)이 직접 하신 선교를 통해 신앙을 갖게 된 것이 분명하
기 때문입니다. 무세 몬시뇰도 리옹(Lyon)이 고향이신데, 골롬반
성인은 아니지만 또 한 분의 위대한 선교사였던 이레네오 성인(St.
Irenaeus)[3] 덕택에 신앙을 갖게 되었다고 할 수 있을 것입니다. 그
런데 새 주교님께서는 젊은 시절 전라남도에서 사목을 하셨는데,
처음에는 우리 교구의 천국과도 같은 섬인 제주도에서, 그 후에는
본부가 있는 목포에서 활동을 하셨습니다.

새 주교님은 당시 우리의 선구자셨는데, 전라남도에서 활동할

성골롬반회 선교사들을 위해 길을 마련하고 계셨습니다. 단언하건대, 그곳에서 일하시는 동안 몬시뇰께서는 오직 하느님과 조선인들만을 위해 일하셨습니다. 그러나 모르고 계셨겠지만 몬시뇰은 나중에 몬시뇰을 따르게 되는 성골롬반회 선교사들을 위해서도 일을 하고 계셨던 것입니다. 몬시뇰께서는 태생이 성골롬반회의 선교사는 아니지만, 우리에게 베푸신 은혜로 인해 적어도 우리에게는 성골롬반회의 선교사이십니다.

우리 성골롬반회 선교사들은 무세 몬시뇰의 취임일인 오늘, 몬시뇰께 축하를 드리고 우리 선교회의 수호성인의 가호와 보호가 몬시뇰께 있기를 빕니다. 그리고 동시에 우리들 자신도 축하를 받아야 한다고 느낍니다. 대구대교구장에 무세 몬시뇰께서 임명되신 것은 대구의 신부님들과 우리들 간에 처음부터 있어 왔던 친밀한 관계가 앞으로도 계속될 것임을 나타내는 징표입니다.

다시 한 번, 제 이름으로 그리고 우리 신부님들의 이름으로 새 주교님께 축하를 드립니다. 진심으로 풍성한 결실을 맺는 사도직이 되시길 기원합니다. 오래도록 편안하시길…

순천의 우리 학교

조선 전라남도 순천 천주교선교회
토마스 넬리간 신부

학교의 개교와 발전, 조선 어린이에 관한 몇 가지 이야기와 값비쌌던 교리문답 경연.

이 글에서 순천에 학교를 열게 된 이야기를 간략하게 소개하고자 한다. 우리는 3년 전에 41명의 학생들과 2명의 교사들로(한 명은 필자이고 다른 한 명은 조선인 여선생이다), 초라하고 낮은 지붕에 방 하나가 있는 건물을 교사(校舍)로 쓰며 개교했다. 다음 페이지 상단에 있는 사진은 개교하던 해의 학생들과 교사들, 그리고 학교 건물을 보여주고 있다.¹ 우리 학생들은 대부분 외인이다. 하지만 학교가 우리에게 학부모들과 접할 기회를 제공하기 때문에 우리는 궁극적으로 학생들과 더불어 학부모들도 개종시키게 되길 바라고 있다.

첫 학기가 끝날 무렵 우리 학교가 배움의 전당으로 이름이 널리 알려지기 시작해 그 결과로 입학신청서를 훨씬 많이 받게 되었다. 하지만 적당한 시설이 부족했기 때문에 아이들을 더 받는 게 불가능해졌다. 하지만 다음 해에는 신청했던 아이들을 다 받아주기로 약속했는데, 교사를 한 명 더 채용하여 오후반을 개설할 계획이었기 때문이다. 입학이 허락되지 않자 아이들은 낙담해 울음을 터뜨렸지만, 우리는 어찌할 수 없음을 잘 알고 있었기 때문에 단호한 태도를 유지했다.

지식에 대한 조선 어린이들의 갈망

이야기를 계속하기 전에 여기서 잠시 이야기를 돌려 학교와 공부에 대한 조선 어린이들의 태도를 설명하는 게 필요할 듯하다. 학교와 공부에 대한 조선 어린이들의 생각은 우리와는 너무나 반대여서 서구인들의 사고방식으로는 이해가 거의 불가능할 정도다. 조선 어린이들이 입학허가를 바라는 정도는 서구의 어린이들이 서커스 장에 들어가고 싶어 하는 만큼이나 학교에 들어가고 싶어 한다. 이러한 욕구는 어린 시절의 일시적 착각에서 비롯된 것이 아니다. 그 같은 욕구가 그들이 학교를 다니는 내내 그리고 졸업하는 그 순간까지 계속 한결같이 지속되기 때문이다. 서구의 어린이들과는 대조적으로 조선의 어린이들은 새벽 6시에(때로는 5시에) 일어나 아침을 먹기 전에 2시간 동안 공부한다. 이는 전날 저녁에 노느라 허비한 시간을 벌충하기 위한 것이 아닌데, 전날 밤도 공부를 하며 보냈기 때문이다. 교육을 통해 좀 더 자신을 발전시키고자 하는 조선 어린이들의 욕망은 오직 자기보존의 본능에 버금가는 것이다. 아일랜드에서 부모들의 어려움은 자녀들이 충분히 오랜 시간 동안 공부를 하는지를 감독하는 것이지만, 반대로 조선의 부모들은 자식들이 공부에 너무 몰두하여 건강이 상하게 되지는 않는가를 늘 주의해야 한다.

각설하고 본래 이야기로 돌아가자. 철학 교수님이 우리가 교수님이 질문을 못하시도록 교수님 말씀을 샛길로 빠지게 만드는 데 성공한 뒤에 본래의 이야기로 돌아가기 위해 늘 말씀하셨듯이. 우리 학교는 첫해에 대단한 발전을 이루어냈고, 다음 학기 첫날 아침에는 운동장에 내려갔더니 연령과 체격이 천차만별인 어린이들로 가득 차 있었다. 이 어린이들은 단 하나의 목적을 가지고 있었다. 신학교 출신인 우리 교리교사의 표현에 따르면 '준(準) 신학교'인 우리 학교에 입학하겠다는 일념이었다.

포위당하다

교사들이 (당시 우리는 두 번째 교사를 채용했었다) 울상을 지으며 나를 만났다. 그들이 말했다. "신부님, 아마도 아이들을 전부 받을 수가 없겠습니다. 입학시험을 보면 머리가 좀 떨어지는 아이들은 걸러낼 수 있을 것 같아요." 나는 그 자리에서 동의했다. 그리고 교사들에게 시험에 관한 전권을 주고 입학생은 100명으로 제한한 다는 조건을 붙였다.

몇 시간 후 교사들이 돌아와 벌써 100명을 다 뽑았는데 떨어진 아이들의 부모가 승복하지 않고 내게 와서 직접 자기 자식들을 뽑 아주도록 호소하겠다고 기다리고 있다고 알려줬다. 교사들이 나 와 이야기하고 있는 동안에도 어머니들이 우는 아이들을 데리고 줄을 지어 몰려 와 나에게 한 명만 더 받아달라고 성화를 해댔다. 하지만 나는 단호하게 거절할 수밖에 없었다. 이미 수용할 수 있 는 학생 수가 넘었기 때문에 어쩔 수가 없었다. 몇몇 부모들은 저 녁까지 남아서 심지어 자기 자식이 쓸 책상을 직접 사 오겠다고 하기도 했고, 또 어떤 부모들은 다음 날 아침에 다시 찾아와 똑같 은 부탁을 계속했다. 부모들의 고집은 적어도 한 가지 성과를 거됐다. 다음 해에는 더 큰 건물이 필요하다는 것을 우리에게 확신시켜준 것이었다.

총명하지만 돈이 많이 드는 어린이들

우리 학교는 이제 마을에서 중요한 요소가 되었는데, 아이들과 교사들 모두 특별한 교복을 정하길 몹시 바라고 있었다. 우리는 교복을 정했다. 그리고 새로 교복을 정한 것과 일 년 만에 학생이 74명이 늘어난 것이 너무 자랑스러워서 사진을 한 장 다시 찍기로 했다. 우리 건물은 전혀 초등학교 건물로는 보이지 않지만, 이 둘째 해에 우리 학교는 처음 시작했을 때보다 더 체계가 잡혔고 정식 초등학교가 되었다. 그해 연말이 되기 전에 나는 교리문답을 모두 암기하는 남학생과 여학생에게 상을 주겠다고 약속했다. 학생들 모두가 새로운 의욕을 가지고 교리문답을 통달하려고 공부하기 시작했다. 시험날이 되어 나는 그 문제를 결정하기 위해 학교로 갔다. 나는 입상한 남녀학생에게 새 남녀교복을 선물해주려고 마음먹고 있었다. 교리대회가 끝났을 때, 10명의 남학생과 8명의 여학생이 한 글자도 틀리지 않고 교리문답을 줄줄 외우는 것을 보고 시험이 끝날 무렵에 내가 얼마나 놀랐을지 여러분들은 짐작할 수 있을 것이다. 입상한 18명을 원래 예상했던 2명으로 줄일 방법은 도저히 없었기 때문에 하는 수 없이 활짝 미소를 지으며 내게 있는 돈을 다 털어 사람을 보내 열여덟 벌의 교복을 사오라고 보내야 했다. 나는 내 학생들 앞에 새 남녀교복을 미끼로 흔들어대며 그들의 지적능력을 완전히 과소평가했던 것이다. 동네 옷 장사꾼들은 이 엄청난 주문에 싱글벙글했다. 그들은 우리 학교가 정말 큰 학교가 되면 장사가 엄청나게 잘 될 것이라는 가능성을 보았다. 그리고 우리 학교는 덩달아 인기가 높아졌다. 이렇게 해서 두 번째 해가 지나갔는데, 모든 면에서 볼 때 완전한 성공이었다.

새 학교 건물을 짓기로 결정하다

내 예상으로 우리의 다음 어려움은, 내년 초에 입학을 신청하러 올 모든 학생을 수용할 시설을 마련하는 것이었다. 나는 새 건물을 지을 방도가 없었기 때문에 우리 교구장이신 맥폴린 몬시뇰께 자금을 지원해주시길 간청했는데, 몬시뇰께선 흔쾌히 교실 두 개짜리 건물을 지을 수 있는 돈을 보내주셨다. 이로써 우리가 가장 열망하던 소원이 이루어졌다. 이제 수업을 각기 다른 교실에서 가르칠 수 있게 되었기 때문이다. 우리는 여태껏 한 교실에 모두 모여 있을 수밖에 없었고, 그래서 말 그대로 늘 난장판이었다. 학생들은 소리 내어 공부를 했는데 항상 서로 경쟁하듯이 앞다투어 목청껏 큰소리를 질러댔기 때문이다.

구두(口頭)시험

방학이 끝나고 새 학교 건물이 성공적으로 지어지자, 다양한 연령과 체격의 어린이들이 입학을 신청하러 왔다. 우리는 부모들에게 입학하기 위해선 아이들이 최소한 아홉 살 이상이어야 하고 입학시험을 통과해야 한다고 알려줬다. 우리는 이런 요건을 통해 학교가 적절히 수용할 수 있고 교사들이 효율적으로 가르칠 수 있는 만큼만 학생 수를 제한할 계획이었다. 그러나 우리는 부모들의 비상한 머리를 미처 고려하지 못했다. 입학시험은 구두시험인데다 시험장소가 매우 비좁은 곳이었기 때문에 문제가 밖에 있는 사람들에게 다 새어나갔다. 그러자 부모들이 아이들을 비교적 조용한 운동장 구석으로 데려가 첫째로는 아홉 살이라고 대답할 것과 둘째로는 시험관들이 묻는 문제들에 대한 답을 아이들 머리에 철저히 주입했다. 결국 나이 제한과 입학시험 장벽이 모두 무용지물이 되는 바람에 우리는 어떤 아이들을 입학시킬 것인지에 대한 마음을 결정하지 않을 수 없었다. 이 부모들의 주입식 교육 뒤에는 재미있는 이야기가 하나 있었다. 새 학년도가 시작되고 며칠 동안 우리가 운동장에서 마주친 아이들에게 이름이 뭔지, 부모님 성함이 어떻게 되는지, 아침을 뭘 먹었는지 등 별별 것을 다 물어봐도 돌아오는 대답은 한결같이 "아홉 살입니다"였다. 부모들이 주입을 아주 제대로 시킨 셈이었다.

우리 새 학교가 축성(祝聖)되다

맥폴린 몬시뇰이 새 학교의 공식개교를 위해 오셨고 모든 학생이 새 교복을 입고 참석했다. 새 학교 건물의 축성식을 하는 데 있어서 충분히 장엄한 의식(儀式)을 찾아내느라 애를 먹었는데, 보통의 축성식으로는 조선인들의 의례적인 과시욕을 만족시키지 못할 것이기 때문이었다. 그래서 우리는 찾아낼 수 있는 최대한 긴 의식을 찾아내 행하기로 결정하고, 그에 덧붙여 성인(聖人)호칭기도와 성가(聖歌)들도 바치기로 했다. 맥폴린 몬시뇰께서는 학생들에게 공부에 전념하도록 훈화를 하셨고, 그다음에 우리는 사진을 찍으러 자리를 옮겼다. 독자 여러분께서 아이들을 한 명 한 명 잘 살펴보시고, 아이들의 입학연령조건 충족과 관련된 우리의 판단에 있어 우리가 많은 실수를 한 것은 아닌지 알려주시면 감사하겠다.

우리 학생 수는 현재 156명이고, 상을 주는 유인책이 없어도 모두가 학업 면에서 뛰어난 성과를 거두고 있는데, 특히 교리과목에서 그렇다. 학생들은 모두 매주 일요일에 미사에 참석해 소리 내어 기도를 바친다. 그리고 교사들은 학생들에게 아침에 등교했을 때와 오후에 하교할 때 성당에 들러 성체조배(聖體朝拜)²를 하도록 가르쳐왔다. 우리는 이런 방법으로 학생들에게 천주교에 대한 지식과 이해가 배양되기를 희망한다. 그렇게 되면 학생들이 졸업한 후에, 비록 세례를 받지 않았다 하더라도 천주교와의 인연에 대한 기억을 간직할 것이고, 천주교와의 인연으로 언젠가는 하느님의 은총을 받아 신자가 될지도 모를 일이다.

아침의 고요 속에서

네브래스카 성골롬반회
패트릭 오코너 신부

2,100만 명의 사랑스러운 사람들의 나라에 눈을 뜨다.

그들은 나를 새벽 5시 30분쯤에 깨웠는데 나는 몇 시간 더 자고 싶었다. 이는 내가 조선에서 처음 겪은 일이었다. 그리고 조선은, 여러분들이 이미 읽어본 대로 고요한 아침의 나라라 불린다!

나는 남만주철도회사의 열차를 타고 있었다. 자정 무렵, 봉천(奉天)[1]에서 출발해 만주와 조선 간의 국경지대인 안동(安東)[2]에 도착할 때까지 밤 여행 동안 대부분 나는 잠을 잤다. 그곳에서 나를 깨우려는 정중하지만 확고한 시도들이 시작되었다. 어떤 이는 내

여권을 보자고 했다. 잠시 후에는 세관원이 다른 칸에서 건너오더니, 내 가방 속의 내용물을 보자고 했다. 물론 이런 일은 전 세계 어느 국경지역에서도 의례적인 일이고 이에 대해서 내가 불평을 할 이유는 전혀 없었다. 하지만 10시까지는 기차에서 내릴 수가 없었고, 11시 이후까지는 아침 식사를 기대할 수가 없었기 때문에 나는 늦게까지 오래 자고 싶었다. 분명 고요한 아침의 나라는 이런 종류의 계획을 위해서 이상적인 나라였다. 하지만 아일랜드에서 조선에 이르기까지, 어느 곳에서든 새로 온 사람은 예기치 않은 일을 당할 수 있다.

이젠 잠이 다 깨어 창문 밖을 내다봤는데 잠에서 깬 것이 다행스러웠다. 고요한 아침에 본 조선의 첫 풍경을 놓쳤더라면 후회했을 것이다. 유월 어느 날의 아침 햇살에 빛나고 있는 상쾌한 초록의 전원 풍경이 눈에 들어왔다. 우리는 논과 밭이 경작된 상쾌한 골짜기 사이를 달리고 있었다. 사람들이 벌써 물이 고인 논두렁에서 일을 하고 있었다. 우리 가까이에 있는 언덕들은 가파르고 푸르렀다. 우리가 본 집들은 단층의 오두막집인데 짚으로 두텁게 지붕이 얹혀져 있었다. 보아하니 벽들은 진흙 벽돌로 되어 있었고 각 모퉁이에는 단단한 나무 기둥이 세워져 있었다. 넓은 길들은 남쪽으로 갈수록 더 많아지긴 했는데, 여기서는 드문드문 보였고,

논두렁 사이로 지그재그로 작은 통로가 나 있었다. 기차역은 규모가 보통 작았고 항상 깔끔했다. 모든 것이 여름 아침의 햇살을 받아 빛나고 있었다.

신세계

바로 이곳이 조선이었다! 나는 풍경과 사람들을 유심히 바라봤다. 우리에게 처음 보는 나라는 신세계와도 같다. 이곳은 고유의 역사와 언어 그리고 생활양식을 지닌 사람들이 사는 곳이다. 이곳이 그들의 모국이며, 이곳에서 그들은 한 가족으로서 조선 고유의 방식으로 매일을 보내고 인간사의 공통된 일들을 겪는 것이다.

천주교의 정신에서 볼 때 조선은 특별한 매력을 지니고 있다. 이 동양의 나라의 초기 천주교회사(史)에는 경이로운 이야기들이 넘쳐난다.

1775년 조선의 사절단이 (아마 지금 내가 기차로 여행하고 있는 똑같은 길로) 중국 황제의 궁궐이 있는 북경으로 갔다. 조선은 중국의 속국이었는데, 그렇긴 해도 은자의 왕국이라는 별칭에 걸맞게 외부세계의 영향에는 매우 폐쇄적이었다. 어떤 외국인도 조선에 들어오지 않았고, 중국 황제에게 매년 조공을 바치러 가는 사절단 외에는 어떤 조선인도 이 나라 밖으로 나가지 않았다. 드문 여행 기회를 최대한 이용하여 1775년의 사절단은 북경에서 물품을 다소 구입한 것이 분명하다. 어떻든 그들은 북경에 있던 초기 예수회 선교사들이 중국어로 집필한 몇 권의 책들을 갖고 귀국했는데 그 책들은 설득력 있게 합리적이면서 고귀하며, 사람들에게 위안을 주는, 진실로 신성한 종교인 예수 그리스도의 종교를 설명하는 책들이었다.

신앙이 조선에 들어오다

조선이 은자의 왕국이던 시절로 거슬러 올라가서, 당시 몇몇 현명하고 신실한 사람들이 그 책들을 읽고 천주교 신자가 되기로 마음먹었다. 하지만 세례를 받기 위해서는 1785년까지 기다릴 수밖에 없었다. 그들의 친구 한 명이 그 해에 중국으로 가는 사절단에 포함돼 있었는데, 그[3]는 중국에 가서 북경 대주교로부터 세례를 받았다. 조선으로 돌아와서는 그가 다른 이들에게 세례를 베풀었다. 그로부터 10년 후, 천주교 사제가 아직 조선에 들어오지 않은 상태였는데도 이미 조선의 천주교 신자 수는 4,000명이 되었다. 그들은 북경처럼 자신들도 주교와 사제를 가질 필요가 있다고 느꼈다. 그래서 자신들 중에서 한 명을 주교로, 다른 몇몇을 사제로 선출했는데, 성사는 오직 서품을 받은 이에 의해서만 거행되어야 하고 성직은 교황청에서 임명해야 한다는 사실은 꿈에도 생각조차 못했었다. 성직자로서의 직무를 한동안 행하다 어떤 이가 우려를 일으키게 하는 글을 읽게 되었다. 그들은 멀리 북경 대주교에게 자문을 구했고, 대주교는 그들의 사제직이 시작부터 유효하지 않은 것이라 설명해줬다.[4] 그들은 이런 실망스러운 결과에 이의 없이 복종했고, 희망을 갖고 정식 사제가 오기를 기다렸다. 1795년에 드디어 한 사제가 왔다. 용감한 중국인 주문모 신부가 비밀리에 조선에 입국하여 사목활동을 시작했다. 6년 후 주문모 신부의 활동은 그의 순교로 끝을 맺었지만 이때까지 신자 수가 일만 명으로 늘어나 있었다. 이들 중 수천 명이 그들의 첫 번째 선교사와 함께 죽음을 당했다.

30년이 넘도록 용감한 조선의 천주교 신자들은 사제 없이 지냈다. 그들은 교황에게 간절한 청원서를 써 보냈다. 그 편지는 교황 비오 7세에게 전해졌지만 당시 교황은 프랑스에서 나폴레옹에게 잡혀 있는 처지였다.[5] 볼모 신세인 교황이 할 수 있는 일은 멀리 떨어져 있는 가여운 조선 신자들을 동정하고 그들을 위해 기도하는 것 외에는 아무것도 없었다. 1836년 파리외방선교회 소속의 한 신부[6]가 마침내 조선에 입국했다. 오늘날까지 이어져 있는 조선 천주교회의 파리외방선교회 소속의 영웅적인 선구자 신부들과 더불어 그들이 교육시킨 조선인 신부들의 긴 계보는 이 신부로부터 시작된 것이다. 1892년까지 연이은 박해들이 신부들과 신자들을 계속해서 휩쓸어버렸다. 1892년이 되어서야 비로소 조선에서 천주교가 합법화되었다. 박해로 죽음을 당한 셀 수 없을 정도로 많은 순교자들 중 76명이 1925년 교황 비오 11세에 의해 복자(福者)로 시복(諡福)되었다.

지난 34년간 조선은 일본의 통치 아래에 있었다. 러일전쟁이 조선 땅에서 벌어졌으며 종전(終戰) 결과 일본이 조선을 장악하게 되었다.

봉천역으로 다시 돌아가서 이야기를 계속하자면, 그곳에는 중국, 조선, 일본에서 온 여행객들(또는 모스크바, 베를린 그리고 파리로 향하는 시베리아 횡단열차의 이용객들)이 마주치지만 서로 어울리지는 않았는데, 나는 거기서 처음으로 고유의 의상을 입은 조선인들을 봤다. 그들은 높은 말총머리 모자를 쓰고 치렁거리는 긴 하얀 외투와 발목을 조여 맨 자루 같은 흰색 바지를 입고 있었다. 얼굴이 아이같이 동글동글한 조선 여성들은 흰 블라우스와 통이 넓은 긴 하얀 스커트를 입었는데, 폭이 넓어 우아하게 보이는 복장이었다.

다음 날 아침에 나는 창문을 통해 조선인들이 자기들 나라에서

일하거나, 걸어 다니고 혹은 이야기를 나누는 모습을 봤다. 그들
은 매우 매력적인 민족이라는 인상을 준다. 남자들의 얼굴에는 유
머감각이 그득하고 여자들의 얼굴에서는 순결함과 겸손함을 엿
볼 수 있다. 최초의 조선 천주교 신자들의 역사를 보면 영적(靈的)
으로 신실하다는 의미에서의 어떤 단순함과 표리부동 없이 직설
적인 면을 알 수 있다. 사람들을 관찰할 때뿐만 아니라 선교사들
이 말해줘야 하는 것에 귀를 기울일 때에도, 여행객은 오늘날의
조선인들 속에서도 이와 같은 특징의 흔적들을 발견한다. 그것은
매우 귀중한 자질로 진정한 위대함을 위해 반드시 필요한 것이며
많은 약점을 구제할 수 있는 것이다.

평양에서

나는 평양역에서 내렸다. 20여만 명의 인구를 지닌 도시의 휘
황찬란한 최신식 기차역이 보였다. 평양(일본식 지명은 평성이다)
은 조선에서 한참 교세를 확장하고 있는 메리놀선교회의 본부가
있는 곳이다. 내가 당장 해야 할 일은 성당을 찾는 것이었다. 중국
에서는 성당을 찾아가려면 '천주당(天主堂)', 즉 하늘의 주인을 모
시는 교회가 어딘지 사람들에게 물어봐야 하는데, 성당이 어디 있
는지를 알고 있어서 그곳까지 데려다주는 대가로 몇 푼의 돈을 벌

길 바라는 사람들이 너무 많아 더러 당혹스러울 것이다. 조선에서는 어떻게 물어봐야 할 것인가? 이곳의 언어는 중국어와는 매우 다르지만 중국 단어들이 많이 사용되고 있다. 게다가 조선 고유의 글자가 있지만 한자들도 사용되고 있다. 나는 역에서 어떤 사람에게 말을 걸어 성당을 뜻하는 한자들을 쓴 것을 보여줬다. 그는 이해했다. 그래서 나는 '천주당'을 조선어로는 어떻게 발음하는지를 들어보길 기대했다. 몇 분 후, 나는 평양의 한 택시(인기 있는 최신 모델의 미제 자동차였다)에 앉아 요란한 경적소리와 함께 언덕배기 오르막길을 올라 이 번잡한 도시에서 사목활동을 펴고 있는 메리놀선교회의 친절한 코너 신부님이 계신 성당과 사제관으로 가고 있었다. 평양의 중심가 도로는 널찍하고 현대식이었다. 하지만 샛길들은 좁고 꾸불꾸불한 골목길들이었다. 이는 런던에서 티벳의 수도 라싸에 이르기까지 매우 오래된 정착지들에선 전형적인 것이다.

조선에서 택시를 타는 데 돈이 얼마 정도 드는가 하면, 나는 10분가량을 타고 갔는데 조선 돈 70전, 즉 대략 1실링 정도를 내야 했다.

그날 아침, 평양에서 나는 조선에서의 첫 미사를 드렸다. 미사가 시작할 때 나는 뭔가 신기한 걸 알아챘다. 그것은 정말로 분심

(分心)이 들 정도로 방해가 되는 것은 아니었고 오히려 기분 좋은 것이었다. 복사(服事) 아이가 양말만 신고 제대 주변을 걸어 다니고 있었던 것이다! 그제서야 나는 오히려 내가 조선의 관습을 어기고 있다는 것을 알게 되었다. 길에서 신는 신발을 신고 있는 내 두 발이 몹시 눈에 거슬리고 어울리지 않아 보였다. 꼭 대성당 안에 화물차가 들어와 있는 것처럼 장소에 어울리지 않았다. 그 첫날 아침 이후로 나는 조선에서 미사를 드릴 때에는 슬리퍼를 신으려고 하게 되었다.

신발

조선인에게 집 안에서든 성당 안에서든 실내에서 신발을 신고 있는 것은, 우리가 침대에서 신발을 신고 있거나 식탁 위에 발을 올려놓는 것이나 마찬가지로 무례하고 어울리지 않는 것으로 여겨진다. 조선인들은 성당 안에 들어올 때 신발을 현관에 벗어 둔다. 자기 집이든 이웃의 집이든, 조선인은 집 안에 들어갈 때에는 집 앞쪽에 있는 작은 승강단(壇)[7]에 올라서며 신발을 벗는다. 솜씨가 빠른 도둑이라면 일요일 미사 동안에 쉽게 한 무더기의 신발을 훔쳐 도망가도 피해자들은 쫓아오지 못할 것이다. 그러나 그런 일은 일어나지 않는 것 같다. 조선의 아낙네들은 양말이 닳고 해지기 때문에 굉장히 많이 바느질을 해야 할까? 나는 잘 모르겠다. 그러나 조선의 양말과 스타킹[8]은 바닥이 덧대어 꿰매져 있는 것 같다.

조선성당에는 신자들이 앉는 의자가 없다. 사람들은 반질반질한 나무 마루에 남녀가 양편으로 나뉘어서 무릎을 꿇고 앉는다. 남자들은 성당 안에서 말총머리 모자를 쓰고 여자들은 흰색 베일[9]을 쓴다. 기도 소리는 중국처럼 큰 고함을 지르진 않는다.

내 기억에 성골롬반회 선교원들 중 한 곳에서였다. 마룻바닥에 무릎을 꿇고 앉는 관습이 있다고 해서 조선인 신자들이 나무 바닥을 덜 딱딱하게 여기지는 않는 것을 나타내주는 모습을 처음 봤다. 성당 문간에 본당 신자들이 각자 자기 방석을 갖다놓은 것을 봤는데, 아마도 류마티스가 있거나 나이가 들었거나 아니면 여러분이나 나처럼 순전히 인간적인 이유[10] 때문이었을 것이다.

조선의 성골롬반회

조선에 있는 성골롬반회 선교원들은 중동부 춘천지목구와 남서부 광주지목구에 있다. 춘천은 지난 몇 개월에 걸쳐 점차 별개의 지목구로 승격됐다. 맥폴린 몬시뇰과 휘하의 신부님들은 지난 6년간 광주에 계셨다. 조선 전체 인구 2,100만 명 중 약 5분의 1이 성골롬반회에 맡겨진 두 개 지목구에 있다.

광주지목구에 있는 대부분의 선교원은 기차를 타면 갈 수 있고, 제주도의 본당들은 물론 예외지만 대신에 그곳은 정기적으로 운행하는 기선(汽船)이 있다. 일본정부는 조선에 도로와 철도, 버스를 제공했고, 학교를 세웠으며, 또 헐벗은 산들에 나무를 심었다. 그리고 기계장치와 산업화, 유럽과 미국의 문물을 조선에 도입했다.

특히 도시들과 마을들에서 여러분은 변화의 조짐을 볼 수 있을 것이다. 서양의 물질적인 성과물과 기계화의 과정이 일본에 들어왔던 것처럼 조선에도 들어오고 있었다. 그러한 것들이 목적과 일치하게 사용될 때에는 그 자체가 좋은 것이며 이익이 되는 것이다. 또한, 그러한 것들이 인간에 대한 하느님의 뜻과 조화를 이뤄 사용될 경우에는 유익하기도 하다. 불행하게도 미국과 유럽의 많은 남녀는 자신들의 영혼을 물질적인 것들보다 윗자리에 둔 것이 아니라 자신들의 영혼을 그것들의 노예로 만들어버렸다. 이것은 문명이 거꾸로 된 것이다. 그리고 불행한 사실은, 동양이 서양의 기술과 발명품들을 받아들이면서 너무나 흔히 서양 물질주의자들의 정신을 함께 받아들인다는 것이다. 따라서 여러분은 극동 지방의 여러 도시에서 불가지론(不可知論)이나 무신론(無神論)만이 전기를 사용하고 자동차를 운전하거나 영화를 구경하는 것에 걸맞은 유일한 정신 사조라 생각하는 젊은이들을 볼 수 있을 것이다. 그들은 그런 이상한 개념을, 물질의 현명한 이용은 그 자체로 물질주의에 대한 논박이 된다는 사실과 과학에 의한 물리법칙의 발견은 그런 법칙을 만드신 전능하신 조물주의 존재하심에 대한 증거를 더해줄 뿐이라는 것을 망각해버린 서양의 얄팍한 저술가들과 교사들에게서 배웠다.

오늘날 조선의 도회지 거리를 걷다보면 큰 소리로 흘러나오는 라디오 소리가 들린다. 상점에서는 자명종 시계, 펠트 모자, 섬광(閃光)전구, 미국식 의류, 자전거, 아이스크림, 담배, 만년필 등을 볼 수 있다. 경적을 울려대는 자동차들은 먼지를 일으키며 급하게 지나간다. 그리고 은행 건물들과 현대식 서양 건축 형태로 지어진 학교들이 시선에 들어온다. 하지만 동시에 인력거(人力車)와 조선 고유의 의상을 입은 사람들, 그리고 전통적인 형식으로 지어진 주택들도 눈에 들어온다. 또한 라디오에서 큰 소리로 나오는 음악은 동양 음악이다. 마치 두 개의 강이 합쳐지는 것처럼 두 개의 문명이 혼란스럽게 만나는 것을 목격하는 것 같은 기분이 든다. 그 둘이 합쳐진 후에, 그 흐름은 어떤 색을 지닐 것이며 어디로 흐르게 될 것인가?

'지금이 그 때다'

지금이 주님께서 조선인들을 위해 주님의 교회에 위임하신 영적(靈的) 도움을 그들에게 줘야 할 그 때다. 영적 발전은 결여된 채 10년 혹은 20년 동안 물질적인 발전만 계속된다면 이 온유하고 조용한 사람들은 이교(異敎)보다 더 나쁜 무관심과 물질주의에 깊이 물들게 되고 말 것이다. 지금 이들은 영원한 생명의 진리를 잘 받아들이고 있다. 나는 1935년 메이누스선교회 소속의 한 젊은 선교사가 올 때까지 사제도, 성당도 없었던 어떤 마을을 하나 안다. 그 신부님은 자신의 본당지역 여기저기에서 150명의 신자를 찾아냈다. 2년 후 신자들은 297명으로 늘었고, 성당, 학교와 더불어 개종할 가능성이 있는 꽤 많은 수의 예비자들이 생겼다. 나는 최근까지 신부님도 그리고 천주교 신자가 단 한 명도 없었던 한 부산한 작은 철도 마을을 기억한다. 열성적인 한 선교사의 노력 덕택에 그 마을에는 40명의 새 천주교 신자가 생겼고, 고향에 있는 친구 덕택에 성당과 사제관, 학교가 지어지고 있었다. 현재 그 마을에는 성당이 있고 일요일에는 100명 이상의 신자들이 미사에 참례한다. 지난 성탄절에는 그 본당에서 41명이 세례를 받았다.

조선 선교원에 필요한 것들

외진 마을들을 위한 공소와 사람들과 만나 교리를 가르치는 필수적인 일을 행할 교리교사. 이것이 오늘날 조선 선교에서 필요한 것이다. 가장 필수적인 것인 하느님의 은총은 풍부하게 내려지고 있다. 하느님의 은총이 전해질 때 사람들은 그 은총에 힘입어 일한다. 물론 인간적인 결점들과 인간적인 어려움들, 그리고 이 불완전한 세상에서 비롯된 어쩔 수 없는 장애들이 있다. 그러나 그러한 것들이 특별한 장애를 야기할 정도는 못된다. 마땅히 이런 점들을 고려하면서 나는 적어도 성골롬반회의 선교활동을 위해 다음과 같이 감히 말씀드리고자 한다. 오늘날 조선에서 신자 수를 늘리는 데 유일한 장애는 공소와 교리교사가 부족한 것뿐이다. 한 마디 반드시 더 덧붙여 말씀드려야 할 것은, 100파운드면 성당을 짓는 데 큰 도움이 되며, 한 달에 2파운드면 교리교사 한 명을 유지할 수 있다는 것이다.

백 년이 걸려도 만들 수 없는 것이 하루아침에 망가질 수 있다.
-중국 속담

제2장

1940년대에
실린 기사

1940년 2월호

도사울의 경삿날

조선의 한 산간 마을에 새 성당을 짓게 된 이야기

조선 강원도 춘천 천주교선교회
브라이언 게라티 신부

"대단한 날이었어요. 그렇게 사람들이 많이 모이다니. 그리고 신부님들이 많이 오시다니. 내 생전에 우리 마을에서 신부님을 세 분이나 한꺼번에 뵙게 되리라고는 상상도 못해봤지요. 옛날에는 신부님 한 분을 뵙는 것도 여간 드문 일이었는데. 이런 날이 있게 해준 분들께 천주님이 은총을 내려주시길 빕니다." 김씨 아주머니가 그 큰 행사에 대해서 간단하게 하신 이야기다. 간략하게 요령껏 말하는 데 있어서는 김씨 아주머니를 따를 사람이 없다.

그 모든 것이 시작된 사연

그 모든 것은 몇 달 전에 내가 김씨 아주머니의 고향에 정기적인 방문을 했을 때 시작됐다. 도사울은 조선 북부 산간지대의 외진 작은 마을이다. 높이 솟은 바위산들과 높다란 봉우리들 아래에 그림 같이 자리를 잡고 있는 도사울은, 만약 어떤 화가가 그 경치를 볼 수 있는 호사를 누릴 수 있다면 가지각색의 아름다움을 보여줄 것이다.

하지만 마을에 가는 신부는 분명 그 경치가 자주 보이긴 해도 여러 가지로 생각할 것들이 많기 때문에 그 예술적인 아름다움을 충분히 감상할 여유가 없다. 산을 오르는 육체적 피로, 겨울철의 폭설이나 여름철 태풍의 가능성(결코 드문 일이 아니다), 눈이 빠지게 종부성사(終傅聖事)[1]를 기다리고 있을 가여운 병자의 모습, 이런 것들로 인해 선교사는 미적 감각에 무심해질 수밖에 없으며, 어떠한 자연의 아름다움보다도 가기 편한 길을 원하게 하는 마음이 생긴다.

당시 내가 터벅터벅 걸어갈 때가 바로 그런 기분이었다. 구름 한 점 없는 하늘에서 태양은 인정사정없이 내리쬐고 있었고, 마침내 목적지가 눈에 들어오자 안도의 한숨이 나올 정도였다. 마을의 신자들은 내가 온다는 것을 미리 들어 알고 있어서 상당히 많은 사람이 내가 도착하기를 기다리고 있었다. 그들은 조선의 전형적인 한 초가집 주변에 모여 있었는데, 그 집은 박 시몬의 집으로 사목자와 신자들이 합의하여 신부가 도사울에 올 때면 사목활동을 펼치는 장소로 선택된 곳이었다. 신부가 마을에 머무는 동안 그 집이 성당이면서 사제관인 셈이었다.

나는 그 집을 향해서 발걸음을 옮겼다. 그 집에 며칠간 머물러야 했는데, 마을의 신자 수가 꽤 많지만 조선의 다른 집들과 마찬가지로 내가 머무르는 집은 협소해서 신자들이 하루에 모두 모여 미사에 참석해 영성체(領聖體)[2]를 할 수가 없었다.

내가 다가가자 사람들이 지나가도록 옆으로 물러섰다. 그들은 조선의 관습대로 허리를 굽혀 공손하게 인사를 했고, (나는 씩씩하게 감추려고 애쓰고 있었지만) 나에게 얼마나 피곤하시냐고 걱정을 표하기도 했다. 잠깐 쉬는 동안 나는 바깥세상에서 가져온 소식을 모두 알려줬고 또 마을 사람들의 안부에 대해서도 물어봤다. 그리고 허기를 달래기 위해 든든하게 식사를 했다. 그러고 나서 할 일을 시작했다.

고백성사를 주는 데 몇 시간이 걸렸다. 그 후 잘 때까지 틈틈이 이야기를 하면서 식사를 했다.

다음 날 아침에 우리는 모두 일찍 일어났다. 미사에 참석하고 영성체를 한 사람들은 다른 사람들에게 자리를 내주기 위해 집으로 갔다. 이날도 전날과 마찬가지로 지나갔고, 모든 신자가 영성체를 다 할 때까지 이어지는 날들도 계속 이렇게 지날 것이었다.

마을 대표들이 찾아오다

마지막 날 아침 식사를 마치고 집으로 출발할 준비를 하던 중 마을 유지들의 대표자들이 들이닥쳤다.

선교활동 중인 신부들은 대표자들을 보통 우려의 눈빛으로 보는데, 오랜 경험을 통해서 통상 그들이 다녀가고 나면 문제가 생긴다는 것을 알고 있기 때문이다. 그때도 대표자들이 아주 단호한 결의를 풍기고 있어서, 내가 그들을 쳐다보는 눈에선 꽤나 우려하는 기색이 보였을 것이 틀림없었다. 나는 아주 안 좋은 소식을 들을까봐 조바심이 났다. 내 성질대로 했더라면 나는 아마 한 순간도 지체하지 않고 무슨 일인지 낱낱이 따져보았을 것이다. 하지만 조선에서는 그렇게 하는 법이 아니다. 내가 자리를 권하자 그들은 앉았고 우리는 날씨, 농사, 시장 그리고 어디에서나 그러하듯 조선에서도 일상적인 대화의 약방감초격인 이야기들을 즐겁게 나누기 시작했다.

그들은 이런 이야깃거리에 별로 싫증을 내지 않았다. 그들이 하는 이야기를 무심히 들었던 사람이라면 아마 그들의 생활에 유일한 관심사는 늦어진 장마라고 생각했을 것이다. 하지만 그들 여섯 명의 깊은 심중에는 똑같이 단 하나의 생각이 자리 잡고 있었는데 그것은 장마철 따위와는 거리가 멀어도 한참 먼 것이었다. 시간이 좀 지나면 그 생각은 자연히 밖으로 나오리란 걸 알고 있었기 때문에, 그 생각을 털어놓게 하려고 공연히 내 쪽에서 뭔가를 시도한다면 그것은 시간과 정력을 절약시켜주기보다는 오히려 낭비하게 하는 셈이었다.

새 성당을 원한다!

대화는 곧 종교에 관한 이야기로 바뀌었다. 조선에서의 신앙 전파에 대한 이야기들이 한참 나왔다. 조선에서 계속해서 신자 수가 늘어나고 있고, 따라서 신자들이 박해기간 중에 만족해야 했던 그런 장소보다 종교생활을 위한 더 적절한 건물을 마련해야 할 필요성이 있다는 이야기가 나왔다. 이제 우리는 흉중(胸中)을 열었고 그들이 찾아온 목적이 명백해졌다.

조선의 전체적인 상황에 대한 이야기로부터 도사울 마을에 필요한 것들로 이야기가 금세 옮겨갔다. 대표자들은 나에게 제안할 것이 있는 것 같았고 그것은 마을 사람들을 위해 성당 건물을 짓는 것과 관련된 것인 듯했다.

그런 건물의 필요성이 강조됐다. 당시 성당 용도로 쓰던 집의 불편함이 지적됐다. 조선식 가옥은 아무리 좋아도 성당으로 쓰기엔 마땅치 않았다. 사제에게도 불편하고 신자에게도 불편했다. 게다가 신자 수가 계속해서 늘어난다면 성당 대신 가옥을 쓰는 것도 곧 완전히 불가능하게 될 터였다. 그래서 성당을 짓는 것은 시급한 사안이었다.

이들의 열성적인 이야기들은 나에게 감명을 줬다. 내 담당지역들은 하나같이 도사울 마을처럼 어려운 처지여서 미사를 드릴 적절한 장소를 마련하는 문제는 내 주요 관심사였다. 나는 이 사람들이 스스로 자기들에게 필요한 것을 깨달은 것에 마음이 기뻤고, 그 같은 필요들을 해결하려는 그들의 어떠한 제안들도 진지하게 고려할 준비가 되어 있었다. 나도 나름대로 이 방문객들에게 많은 암시를 하며 그들의 제안이 무엇인지를 물어봤다. 그 순간 잠깐 그들의 얼굴에 당황하는 기색이 비쳤다. 내 생각에 그들은 자신들이 제공해야 하는 것이 너무나 보잘 것 없어서 그 말을 하기가 창피한 것 같았다. 하지만 거듭 재촉하자 그들은 자신들의 제안을 솔직히 말했다.

문제점

그들은 건물을 지을 자금을 마련하는 것이 어렵다는 것을 알고 있었다. 그들 자신도 돈이 없었고, 마을 사람들도 너무 가난해 조금씩이라도 기부할 돈이 없었다. 하지만 돈을 기부할 수는 없지만 그들은 돈에 상응하는 것을 제공할 준비가 되어 있었다. 그 자리에 있던 모든 사람은 성당 건축비용을 줄이기 위해 기꺼이 일할 용의가 있었다. 그들이 부지를 마련하고 건물 터를 파겠다는 것이었다. 또 건축자재도 직접 나르겠다고 했다. 기술이 필요한 일이건 아니건 간에 할 수 있는 것은 다 하겠다고 했다.

그들은 세련된 건물을 원하는 것은 아니었다. 가장 소박하고 단순한 건물로도 충분했다. 모두 함께 모여 미사드릴 공간이 있고, 신부가 마을에 머무는 동안 묵으면서 일할 수 있는 방이 하나 딸려 있다면 그것으로 족했다. 그리고 그런 경우라면 그들은 대부분의 작업을 자신들 힘으로 해낼 수 있을 것이라 여겼지만, 건축자재는 신부가 제공해주길 기대할 수밖에 없었다.

이것이 그들의 제안이었는데, 내가 보기에 그것은 매우 너그러운 제안이었다. 그 누구도 그들이 지닌 모든 것을 하느님을 섬기는 데 바칠 준비가 되어 있지 않다고 말할 수 없으리라. 나는 그들의 호소에 매우 감명을 받았다. 나는 모든 대표가 전부 이 사람들처럼 상대하기가 쉽다면 선교사들의 많은 어려움 중 하나가 덜어질 것이라고 느꼈다.

하지만 돈이 뒷받침되지 않는다면 아무리 감탄한다 하더라도 그것만으로 건물을 세울 수는 없는 노릇이었고, 건물을 뒷받침할 돈이 내 수중에는 없다는 사실을 생각하니 마음이 편치 않았다. 마을의 신자들이 모든 일을 다 할 경우 내 계산으로는 그들이 생각하는 건물을 짓는 데 대략 100달러가 필요했다. 분명 큰 액수는 아니지만 문제는 그것이 아니었다. 100달러든 100만 달러든 조선의 산길 위에서 돈을 구할 수 없다는 사실은 마찬가지 아닌가!

마을 대표들은 대답을 기다렸다. 자, 어떻게 해야 하나? 나는 도저히 그들을 돌려보낼 수 없었다. 그러나 큰 희망을 줄 수도 없었다. 이런 상황에 처했을 때 보통 하던 대로 시간에 맡기기로 마음먹었다. 그러면 아마 돈이 생길지도 몰랐다. 과거에도 돈이 생긴 적이 있었다. 어떤 경우든 간에 나는 절망하지 않을 생각이었다. 나는 대표들에게 내 힘으로 할 수 있는 모든 것을 하겠지만 당장 확답을 줄 수 없다고 말했다. 그들은 내 대답에 만족했다. 그리고 의례적인 작별인사를 나눈 뒤 나는 많은 생각에 잠긴 채 귀갓길에 올랐다.

해결

그 후 몇 주 동안 도사울이 머릿속에서 계속 맴돌았다. 어떻게 해서든 그 가여운 사람들에게 성당을 짓는 데 필요한 돈을 구하게 되길 바라며 기도를 드렸다. 그리고 어쩌다 돈을 구하게 되었다. 어느 너그러운 분이 마을 사람들이 바라던 그런 성당을 짓는 데 필요한 100달러를 기부해줬던 것이다. 나는 즉시 이 기쁜 소식을 그들에게 알려줬다.

열성적인 공사기간이 시작됐다. 공사업자들을 불러들였고, 몇몇 설계도들이 제안되었다가 퇴짜를 당하기도 했다. 그러다가 다른 설계도들로 바뀌었고 승인되었다. 장소가 선정되고 부지가 마련됐다. 믿을 수 없을 만큼 짧은 시간 내에 건물이 착공됐다.

마침내 새 성당을 축성(祝聖)하는 경사스러운 날이 다가왔다. 마지막 판자에 못질을 하고 제대(祭臺)가 설치되고 모든 것이 준비됐다. 우리 지도 신부님이신 퀸란 신부님께서 친절하게도 10월 첫 일요일에 새 성당을 축성해주시기로 하셨다. 모두가 그 날을 너무나 학수고대했다는 사실을 말할 필요가 있을까?

축성식을 하기로 한 전날, 퀸란 신부님과 나는 멀리 떨어진 도사울을 향해 출발했다. 더운 날이었는데, 보통 때였다면 산을 오르느니 차라리 무슨 일이든 간에 딴 일을 하고 싶었을 그런 날이었다. 그러나 그 날만큼은 상관없었다. 다음 날에 대한 기대로 가득 차서 힘들다는 생각이 들 여지가 없었다. 퀸란 신부님은 어떠셨는지 내가 말할 수는 없지만, 이 여행을 즐기시는 것 같았다. 퀸란 신부님은 여러 해 동안 중국의 고지대(高地帶)에서 이런 종류의 사목활동을 하신 적이 있었고, 아마도 여러 해 동안의 사목활동을 통해 산에 오르시는 것을 좋아하시게 된 것 같았다. 나도 그렇게 되길 바랄 뿐이다.

여담(餘談)

조선의 산길에서는 대화를 계속 이어나가는 것이 결코 쉬운 일이 아니다. 길들이 너무 좁아서 지나가는 사람은 마치 연못으로 가는 오리 떼처럼 일렬로 지나가야 한다. 그래서 단순히 육체적으로 산을 오르는 데만도 호흡이 가쁜데 게다가 대화를 편하게 하려면 앞사람의 뒤통수를 통해 말하는 재주를 지니고 있어야 할 것이다. 조선인들은 목청껏 말함으로써 이 문제를 해결하지만, 나는 개인적으로 그렇게 하는 것은 너무 피곤한 일이라 생각한다. 만약 내가 산을 기어오르다 곰이라도 보게 된다면 뒤에 오는 사람들이 굴러 떨어지지 않도록 힘껏 소리쳐서 위험을 알리겠지만, 그런 비상사태(이 지역에서는 충분히 일어날 수 있는 일인데 아직 그런 일을 안 당한 것에 대해 하느님께 감사드린다)가 아니라면 그냥 조용히 산을 오르는 게 나는 더 좋다.

하지만 그때는 달랐다. 한꺼번에 말해야 할 게 너무나 많았다! 군대교관이 "우로 보며 앞으로 갓!" 하고 갑자기 소리쳤을 때의 자세로 산을 올라가다보니 산을 반쯤 오르자 목이 아팠지만 기세를 꺾지 않고 산꼭대기를 지날 때까지 씩씩하게 잘 참아냈다.

목적지에서 몇 마일가량 떨어진 곳에 다다르니 우리를 맞이해 새로 지은 성당까지 안내할 사람들이 영접하러 나와 있었고 기분이 좋아졌다. 성당에 도착하니 그 지역의 천주교 신자들이 성당을 둘러싸고 있었는데 그들은 우리를 맞이하러 사방에서 몰려 온 사람들이었다.

새 성당

성당 건물은 더할 나위 없이 만족스러웠다. 성당은 신자들을 충분히 수용할 만큼 넓었고 신부와 교리교사가 쓸 수 있는 작은 방도 두 개가 있었다. 아담하고 아름다운 제대는 또 다른 너그러운 후원자의 선물이었다.

모여 있는 신자들은 모두 기쁨에 들떠 있었다. 도사울의 소식은 금세 주변지역에도 알려졌고 멀리 떨어진 지역의 신자들이 많이

와 있었다. 그들 중 몇몇은 이것저것 따져보는 시선으로 건물을 찬찬히 살펴보고 있었다. 그 사람들이 뭘 생각하고 있는지, 그리고 다음번에 그 사람들의 구역에 가면 내게 무엇을 말할 지 알 수 있었다. 그들은 한 마을에서 할 수 있는 일이라면 다른 마을에서도 할 수 있을 것이라 말할 것이다. 글쎄, 나중에 알게 될 것이다.

특별한 손님

한 특별한 손님이 우리보다 먼저 도착해서 우리를 마중하기 위해 두 팔을 벌리고 우리를 기다리고 있었다. 조선인 신부님이신 정 신부님[3]은 이 지목구에서 연세가 가장 많은 분이었는데 조선식으로 표현하자면 '일흔일곱 살을 잡수셨다.' 정 신부님은 천주교 신자들이 산으로 피난 가야했던 박해 당시를 기억하고 계신다. 강원도에 가장 훌륭한 천주교 공동체들이 있는 것은 이 지방이 조선에서 가장 산이 많은 곳이기 때문이다. 신앙 때문에 박해를 당한 신자들은 보통 훌륭한 신자들이다. 말할 필요 없이 정 신부님은 모국의 발전에 매우 관심이 있으셨고 우리가 성전 봉헌식에 참석해주시도록 초대했을 때 흔쾌히 수락하셨다. 지난 43년간의 사제활동 중 신부님은 강원도 내의 모든 소규모 천주교 공동체를 다 돌아다니셨는데, 이곳에는 현재 그 공동체들을 관할하는 유럽에서 온 우리 신부들이 십여 명이 있다. 종종 정 신부님이 다니셔야 했던 여정들에 대해 생각해보는데 나는 신부님이 복음에서 언급되는 바로 그런 신앙, 즉 산도 움직일 수 있는 그런 믿음[4]을 지니신 것이 틀림없다고 생각한다.

그날 밤 고백성사를 다 주고 난 후(상당히 많은 신자들에게 주었다) 정 신부님께서는 박해 당시에 있었던 많은 일에 관해 이야기해주셨다. 신부님은 이야기를 정말 흥미진진하게 잘하셨고, 이야기의 내용도 정말 가치가 있는 것들이었다. 정 신부님께서 언젠간 그분의 경험을 책으로 펴내셨으면 하는 바람이다.

일요일 아침이 맑고 화창하게 밝아왔다. 우리는 해 뜰 무렵에 일어났는데 벌써 많은 사람이 성당을 둘러싸고 있었다. 정해진 예식 시작 시간이 되자 성당에 사람이 가득 차서 넘쳐났다.

방금 전 이곳 도사울의 하느님께 봉헌된 새 성당에서 미사를 드리는 동안 우리는 무릎을 꿇고 기도를 드렸다. 축성의 장엄한 순간을 기다리면서 사람들이 기대에 차 숨을 죽였다. 많은 사람이 소리 없이 기쁨의 눈물을 흘렸다. 제대 위에 계신 예수님께 모두가 함께 감사의 기도를 바쳤고 그 기도의 후렴은 김씨 아주머니의 경건한 바람이었다. "이런 날이 있게 한 모든 이에게 천주님의 은총이 내리소서."

발행일 미상

조선에서 교회 세우기[1]

필자 미상

이 장에 실린 두 장의 사진은(목포의 성골롬반회 패트릭 모나간 신부님께서 보내주신 것들입니다) 선교활동의 서로 다른 두 가지 양상을 나타내주고 있습니다. 첫 번째 사진은 맥폴린 몬시뇰의 조선 광주교구의 본부가 있는 목포에서 세례식 때 촬영한 것입니다. 개종한 이교도들의 세례식은 선교 해의 연말까지 미루어지지 않고, 그들이 천주교 교리를 다 배우는 즉시 거행됩니다. 예비자들은 보통 그룹을 지어 교리를 배우고 세례를 받으며, 세례식은 보통 성탄대축일이나 부활대축일, 그리고 성신강림대축일 같은 대축일에 거행됩니다. 이 사진이 촬영된 세례식에서는 47명의 이교도들이

교회의 품 안으로 받아들여졌습니다.

하지만 선교사로서는 세례를 주는 것만으로 충분치 않습니다. 선교사는 어디든 가능한 곳이라면, 청소년들에게 학교를 제공하여 미래의 교회를 위한 군건한 토대를 마련해야 할 것이기 때문입니다. 두 번째 사진은 우리 신부님들이 운영하고 있는 목포의 성심(聖心)학교 학생들의 사진입니다. 성심학교에는 천주교 신자만 입학할 수 있는 것은 아닙니다. 신자가 아닌 어린이들도 성심학교에 입학할 수 있으며, 실제로 비신자인 어린이들에게 학교에 다니라고 권유를 하고 있는데, 학교를 통해서 비신자인 많은 부모들과 접촉을 하게 되고 이 부모들은 그들의 자녀와 함께 종종 신자가 됩니다. 그리고 개종으로 즉시 이어지지는 않는다 하더라도 천주교에 대한 편견이 거두어지고, 어린이들은 선교사들에 대해, 그리고 교회의 가르침에 대해 공감하며 이해를 하게 되어 이는 종종 몇 년 후에는 결실을 맺게 됩니다.

1940년 8월호

송 바오로의 행복

필자 미상

조선의 어느 성골롬반회에서 있었던 일련의 은총들의 실화.

송 바오로의 이야기는 슬픈 이야기다. 적어도 그렇게 보였다.

그는 어린 나이였다. 그는 번성하는 집안의 자손이었다. 그리고 그는 천천히 그러나 확실히 죽어가고 있었다. 결핵에 걸린 그는 이제 병세가 상당히 진전되어 이곳 목포의 병실 침대에 쇠약하고 탈진한 상태로 누워 있었다.

병원에 입원할 때 그의 이름은 바오로가 아니었다. 그는 신자가 아니었고, 그의 친척들도 모두 그러했다. 집안도 대대로 신자가 아니었다.

이곳 성골롬반회에 소속된 한 교리교사가 병원에 입원해 있는 한 남자를 문병하고 있었다. 그는 이 송씨 집안의 아이를 알게 됐다. 모든 훌륭한 교리교사처럼 이 사람도 열성적이고 기민해서 곧 한 영혼, 이 세상의 모든 것, 심지어 생명마저도 자기로부터 빠져나가는 걸 느낀 한 젊은이를 도울 기회임을 알아차렸다. 이 젊은이를 향해 엄숙한 죽음의 시간은 빠르게 다가오고 있었다.

그 교리교사는 바오로와 친구가 됐다. 그는 그에게 참되신 하느님에 대해, 영원한 지복(至福)의 생명(이 세상에서의 삶은 이를 위한 짧은 준비일 뿐이다)에 대해, 우리 거룩하신 구세주 예수 그리스도(우리는 이분의 이름으로 천국에 들어간다)에 대해 이야기했다.

어디에선가 누군가가 조선의 성골롬반회를 위해 기도하고 있거나, 고통받고 있거나, 혹은 그 두 가지를 다 하고 있다.

믿음의 은총이 송 바오로에게 내렸다.

그는 세례받기를 청했다. 부모들은 반대하지 않았다. 그는 병세가 너무 위중했기 때문에 교리교사는 그를 죽을 위기에 처한 사람으로 간주하고 지체 없이 세례를 베풀었다.

하지만 바오로는 생명을 이어가며, 한 달 동안이나 평화와 기도 속에서 종교생활을 영위하고 덧붙여 세례의 은총까지 받게 됐다. 사제들이 그를 보러 왔다. 그들은 송 바오로에게 경건한 세례 성사 예식을 베풀어줌으로써 그가 그리스도의 생명으로 새로이 태어나는 아름다운 의식을 완성해줬다. 그들은 그에게 첫 영성체를 베풀었다. 그들은 그의 머리에 성유(聖油)를 발라주었다.[1]

하느님 군대의 일원으로 바오로가 보낸 4주는 그 자신뿐만이 아니라 다른 이들에게도 영성(靈性)의 증진을 가져왔다. 그는 목포에서 널리 알려져 있었고 그의 집안은 연줄이 많았다. 그래서 병원에 그를 보러 오는 사람들이 있었는데, 이 죽어 가는 소년을 보러왔던 사람들은 모두 그가 불평하거나 두려워하고 있는 것이 아니라 행복해하고 있는 것을 보고는 놀라워하며 깊은 감명을 받았다. 그는 사람들에게 자신의 행복의 근원이 무엇인지를 분명히 알게 해줬다. 그의 행복은 그가 새로이 알게 된 신앙에서 비롯된 것이었다.

송 바오로는 죽기 전 부모님에게 마지막, 엄숙한 부탁을 했다. 그는 자신의 장례를 천주교식으로 치러줄 것을 간청했다. 이 점에 대해 그가 강조한 것은 괜한 것이 아니었다. 비록 그의 아버지와 어머니가 그가 세례받는 것을 용납했다 해도, 그들이 가문의 명예와 조상대대로의 전통에 따라 외교인식으로 장례를 치르지 않을까 두려워할 만한 이유가 있었다.

그러나 그의 부모는 그가 죽어가며 한 부탁을 들어주기로 약속했고 그 약속을 지켰다. 그들로서는 쉬운 일이 아니었다. 그들은 다른 친척들의 강력한 반대에 부딪혀 이를 견뎌내야 했다.

그리하여 이곳 목포의 우리 성당에서 송 바오로의 장례가 치러졌다. 장례식은 장엄하게 거행됐다. 신자가 아닌 그의 친구들과 사촌들과 삼촌들은 천주교식으로 장례를 치르는 것에 반대했었겠지만 그래도 모두 장례식에 참석했다. 이 소년과 그의 집안의 인기와 명망이 어느 정도였는지는 성당에 보내진 수많은 공들인 조화(弔花)들을 보면 알 수 있었다.

송 바오로의 부모는 자식의 행복한 죽음에 이미 깊은 감명을 받고 있었다. 장례미사와 장례의식의 신성한 아름다움은 그들에게 더 깊은 인상을 남겼다.

그 결과 그들은 현재 세례성사를 받기 위해 준비하고 있는 중이다.

그렇다면 결국 송 바오로 이야기는 '매우' 슬픈 이야기인가? 그는 결코 그렇지 않다고 말할 것이다.

1940년 9월호

미국에서 일본으로

조선 춘천교구 성골롬반회
제랄드 매리난 신부

매리난 신부님이 미국에서 조선의 선교지역으로 돌아가며 태평양을 건넌 항해 이야기를 들려주고 있다.

너무 깊이 물에 잠기는 흘수선(吃水線)을 보고 사람들이 뭐라 하던 간에 (좀 더 걱정이 많은 몇몇 사람들은 분명 우려하는 눈길로 흘수선을 쳐다보았습니다) 승선할 때 제가 보기에 배는 충분히 안전하게 보였습니다. 어쨌거나 저는 흘수선이 뭔지 이해하는 척을 하지는 않았습니다. 저에게 흘수선은 정치나 은행 시스템과 같은 범주에 해당하는 것이니까요. 그런데 흘수선이 의미하는 바에 대해 생각해보게 된 것은 항해를 반쯤 마쳤을 때였습니다.

제가 데스크에 갔을 때 데스크 너머에서 한 승무원이 저로서는 알 수 없는 어떤 그림을 보며 골똘히 생각에 잠겨 있었습니다. 그 그림은 제 눈에는 어떤 조각 그림 맞추기의 청사진처럼 보였는데, 실은 그 그림은 배의 설계도였습니다. 그는 잠시 생각을 멈추고 저를 보고 미소를 지으며 (저도 함께 미소로 답했습니다) 객실 열쇠를 주어 저는 그것을 받았습니다.

그는 바깥의 부두에서 그토록 많은 언쟁을 일으키고 있는 흘수선에는 전혀 관심이 없는 듯했습니다. 나중에서야 알게 된 사실이지만, 항해를 해도 괜찮은지 이야기하는 것을 우연히 흘려듣고 걱정을 하던 몇몇 승객들은 그의 침착한 모습 때문에 안심하게 되었습니다. 어쨌건 그는 이 배의 승무원인데다, 아마 수년간 이 노선을 다녔을 것이라고 그들은 주장했습니다. 만약 흘수선에 어떤 문제가 있다면 그가 알 것이고, 배가 가라앉을 참이라면 그가 배의 설계도나 곰곰이 들여다보고 있지는 않을 터였습니다. 만약 그런 상황이라면 그는 일어나서 뭔가를 했을 것입니다. 적어도 배 밑창의 창고에 내려가 쥐들이 피신 준비라도 하고 있는지를 살펴봤을 것입니다.

그러나 비관론자들은 그가 아마 그런 건 전혀 자기 일이 아니라고 생각했을지도 모른다고 반격했습니다. 승무원들은 때때로 희한하고 말도 안 되는 오리발을 내미는 수가 있긴 합니다. 그리고 흘수선에 대해 가장 우려를 한 사람들 중 몇이 마치 그 문제들이 자기네의 특별한 전문인 양 말한 것은 틀림없습니다. 그들은 심지어 자신들의 주장을 납득시키기 위해 예를 들기도 했습니다.

그때 저는 아는 바가 전혀 없었지만, 몇몇 승객들은 정말로 걱정을 많이 했는데, 결국에 기관장이 관객들의 두려움을 가라앉히기 위해 호출되어 와서는 아주 능숙하게 자신의 임무를 완수했습니다. 그는 걱정하는 승객들에게 안전한 항해를 약속했을 뿐만이 아니라, 악천후로 인해 야기될 수 있는 사소한 불편함마저도 없는 편안한 항해를 약속했습니다. 분명 그것이 그들의 걱정을 덜어내고, 항해의 즐거움을 누리는 데 없어서는 안 될 안도감을 주는 데 바로 필요한 것이었습니다.

작별

배는 오후 4시에 닻을 올릴 예정이었는데 지금 3시 30분이었습니다.

저는 조선 선교지역으로 돌아가는 귀환 여정의 첫 단계로 3일 전에 네브래스카에 있는 성골롬반회를 출발했습니다. 오마하에서 한 무리의 친구들이 행운을 빌어주어 큰 격려를 받으며(그들은 제가 얼마나 격려를 받았는지 모를 것입니다) 기차에 오를 때, 마치 저는 두 번째로 고향을 떠나는 것만 같았습니다.

저는 생각에 잠겨서 갑판 위에 서서 시애틀의 언덕들을 바라봤는데 동시에 샌프란시스코의 안개를, 네브래스카의 평원들을, 폭풍이 휩쓸고 간 보스턴을(1938년 9월 허리케인) 그리고 뉴욕 지하철의 모습을 떠올려봤습니다. 일 년 전에 저는 조선에서 돌아오고 있었습니다. 그리고 12개월 후 저는 새로 사귄 친구들을 떠나게 되었는데 그들을 떠나는 것은 오랜 친구들과 헤어지는 것만큼이나 힘들었습니다. 하지만 저는 또 오랜 친구들에게 되돌아가는 셈이었습니다. 수년간 조선은 저에게 고향이나 다름없었고 그래서 미국을 떠나는 것이 고향을 떠나는 것으로 느껴졌지만 또한 조선으로 돌아가는 것도 고향으로 돌아가는 기분이었습니다.

뷔리당의 당나귀[1]

저는 평생 처음으로, 똑같이 맛있는 두 건초 더미에서 같은 거리만큼 떨어져 서서 어느 쪽의 건초로 향할지 마음을 정하려다 굶어 죽은 배고픈 당나귀의 기분을 이해할 수 있었습니다. 저는 그당나귀에게 동질감마저 느꼈습니다. 사실 저는 제가 꼭 그 당나귀

같다는 생각이 들었습니다. 확신하건대, 저를 다른 곳으로 가게 해서 배의 악단을 위한 자리를 마련하려고 제 눈길을 끌려고 한 몇몇 객실 승무원들이 정말로 이런 생각을 뒷받침해줬습니다.

이제 갑판과 바깥의 부두에는 사람들로 가득했는데, 그들은 서로 색종이 테이프를 던졌지만 너무 부정확하게 던져서 저처럼 환송 나온 사람이 없는 아주 소수의 승객들만이 속절없이 종이 무더기를 뒤집어써야 했습니다. 아무리 움직이려 해봐야 소용없었기 때문에 저는 밑으로 내려갈 수 있을 때까지 내려가 갑판 난간에 딱 붙어 있었습니다.

안녕, 미국이여!

마지막 안내 방송 소리가 들렸습니다. 승객이 아닌 사람들은 5분 내로 하선해야 했습니다. 마지막 일 분 전에 도착한 사람들은 짐 꾸러미에 길이 막혔고, 승강통로에서 마지막 일 분에 배에서 내리려는 사람들과 머리를 부딪히는 광경이 연출되었습니다. 사과하는 말들이 여기저기서 들리고 가방들이 곳곳에 떨어졌습니다. 일 분밖에 안 남은 것입니다! 줄이 풀리고 승강통로가 치워지고 있는데 시간에 딱 맞춰 마지막으로 도착한 행상인이 육지와 배 사이의 거리가 뛰어넘을 수 없을 만큼 멀어지기 직전에 배에 펄쩍 뛰어올라 탔습니다. 부두에 닻을 내렸던 밧줄은 이미 보이지 않았고, 엔진이 부르릉거리기 시작했으며 색종이 테이프 외에는 아무것도 남아 있지 않았습니다. 천천히 우리는 출항했습니다. 조금씩 우리는 부두로부터 멀어져 갔습니다. 배의 속도가 점점 더 빨라집니다! 색종이 테이프를 손에 쥔 사람들이 한사코 우리를 따라옵니다. 마치 우리가 그들을 끌고 가고 있다고 생각될 정도입니다. 그러다간 우리가 그들을 물속으로 끌고 갈 것 같다는 생각이 들 정도입니다. 하지만 아닙니다! 색종이 테이프가 끊어지기 시작했습니다. 색종이 테이프들은 젖은 채 물 위에 떠 있었고 아주 몇 줄만이 끊어지지 않은 채 있었습니다. 가장 오랫동안 마지막까지 끊어지지 않은 테이프에 배 위의 사람들과 부두 위의 사람들이 모두 큰 환호성을 보냈습니다. 아, 그러다 줄이 끊어졌습니다. 그리고 우리는 떠나갔습니다. 안녕, 미국이여!

이제 승객들의 명단을 살펴볼 차례입니다. 여러분은 이런 여행에 대해서는 전혀 모르실 것입니다. 물론 저는 거의 기대하지 않았지만 혹시 제가 아는 사람이 배 위에 함께 타고 있을지도 모르는 일이었습니다. 그런데 제가 조선에서 만났던 사람들을 세 명이나 배에서 보게 되었을 때 얼마나 놀랐을지 한 번 생각해보십시오! 그분들 중 한 분은 베네딕토회 소속이었습니다. 이는 좋은 징조 같았습니다. 저는 당장 그분들이 어디 있는지 찾아 나섰습니다. 우리는 모두 우리의 제2의 고향인 조선으로 가고 있다는 것을 알게 되었습니다. 그리고 이 공통점으로 우리는 일본 요코하마에 도착해 헤어질 때까지 배 위에서 많은 일상적인 이야기를 나누게 되었습니다.

저는 또한 도쿄로 돌아가는 길인 두 분의 일본인 수녀님들과 중국으로 가는 거룩한말씀선교회(神言宣敎會) 소속의 신부님 한 분도 역시 배에 타고 있다는 것을 알게 되었습니다. 그리고 그 밖에 많은 수의 신자들이 있었는데 이들은 매일 미사를 볼 수 있게 되었다며 좋아했습니다.

우리의 처음이자 유일한 기항지는 밴쿠버였습니다. 그곳에서 몇몇 승객을 더 태웠지만 항구에서는 몇 시간밖에 머물지 않았습니다. 닻을 올리는 동안 시애틀을 떠나던 광경이 반복되었고 요코하마로의 긴 항해가 시작되었습니다.

하루도 채 가지 않아 우리는 기온이 뚝 떨어진 것을 느꼈습니다. 제 생각에 오마하의 타는 듯한 더위를 생각해보면 기온이 내려간 것 자체로는 별로 나쁜 일이 아니었습니다. 길거리에 계란을 두면 익을 정도의 오마하의 햇볕에 하도 익숙해져 더 이상 특별한 일로 여겨지지 않았습니다. 기온이 내려가는 것은 우리 모두가 즐거운 마음으로 예상하며 기대하던 좋은 일이었습니다. 하지만 어느 정도까지만 내려갔으면 좋았을 것이라는 생각이 들게 되었습니다. 기온이 그냥 떨어지는 것과 예상 밖으로 떨어지는 것은 다른 이야기입니다. 그런데 기온은 예상 밖으로 많이 떨어졌습니다. 항해를 시작한지 4일이 채 안 되었을 때, 가벼운 여름옷 차림으로 여행을 시작한 대부분의 승객들은 전열기(電熱器) 주변에서 떨고 있거나, 화물 담당자에게 두꺼운 옷이 담겨 있는 '지금은 필요 없는' 트렁크들 보관소로 가게 해달라고 은근히 부탁했습니다.

알류샨 열도[2]

물론 계속 추워질 줄 몰랐다는 것을 인정하려는 사람은 아무도 없었습니다. 우리 모두는 짐짓 태연하게 배의 우현(右舷) 또는 좌현(左舷) 쪽으로 몇 해리밖에 떨어져 있지 않은 알류샨 열도에 관해, 마치 그것이 모든 것을 설명해주는 듯이 이야기를 했는데, 4일 전까지만 해도 '알류샨'이 개의 품종 이름인지 마술 이름인지도 몰랐던 우리가 말입니다.

우리가 부딪혔던 것은 추위뿐만이 아니었습니다. 거의 연달아 비가 내리고 싸락눈이 내리고 안개가 끼었으며, 우리 중 갑판 의자를 돈 내고 빌렸던 사람들은 말은 안했지만 잘 알지도 못하면서 공연히 돈을 썼다는 생각이 들었습니다. 그래서 갑판 의자가 진짜로 필요했던 척하기 위해 우리는 폐렴에 걸릴 위험을 무릅쓰고 매일 5분가량을 갑판 의자에 앉아 있기도 했습니다. 이틀이 지난 뒤에 저는 의자가 없는 사람에게 제 자리를 기꺼이 돈을 받고 내줄 의향도 있었지만 갑판 승무원 같은 전문가도 못하는 마당에 제가 그렇게 할 수 있을 것 같진 않았습니다.

날씨 때문에 불편했음에도 불구하고, 모든 사람들은 즐거웠으며 날짜도 하루하루 잘 지나가고 있었습니다. 낮에는 갑판에서 게임을 했고, 밤에는 책을 읽었으며, 밤낮없이 이야기를 나누었습니다. 그리고 잠자리에 들 시간이 되면 깊은 바다가 우리를 마치 요람을 흔들 듯이 우리를 흔들어준다는 생각과 느낌에 매우 유쾌했습니다. 물론 바다가 우리를 흔들어주는 데 있어서 단점이 있긴 했는데, 갑자기 변덕스럽게 세차게 흔드는 경우도 있긴 했습니다. 배가 거칠게 흔들려 아침에 잠에서 깨었을 때 이런 점을 알게 되었습니다. 바다가 분명 그날은 기분이 좋지 않아 우리를 흔들어 요람 밖으로 떨어뜨리려 하는 것 같았습니다.

우리는 모두 이를 견디기 위해 갑판으로 몰려나왔지만 바다가 솟아올라 우리를 잡아먹을 듯한 광경은 제일 용감한 사람을 제외하곤 우리 모두를 겁먹게 하기에 충분했고, 그래서 우리는 다시 줄지어 잠자리에 들었습니다.

태풍

기상에 대한 문의가 있었는데, 기상부서에서는 기상이 안 좋은 것을 태풍이라 설명했습니다. 그것이 우리에게 생각할 거리가 되었습니다. 개인적으로 저는 태풍에 대한 커다란 경외심을 갖고 있는데, 태풍의 위력을 직접 본 적이 있기 때문입니다. 조선 목포에 태풍이 분 날이 있었는데, 바람의 위력으로 성당 창문이 모조리 다 깨지고 지붕이 송두리째 하늘로 날아갔으며 서까래와 들보와 모든 부속물들도 폭격을 당한 것처럼 모두 함께 날아갔습니다. 그때 유달산 산등성이에 있던 튼튼한 구호소인 '휴게소'도 나는 융단처럼 바람에 날아갔는데, 날아가 어디에 떨어졌는지는 아무도 모릅니다. 태풍에 대해 제가 갖는 심정은, 그림으로 보는 태풍 말고는 다시는 태풍을 안 본다 하더라도 이미 충분히 봤기 때문에 더는 보고 싶지 않다는 것입니다.

우연히 함께 있던 기관장은 당시의 태풍은 약한 것이기 때문에 두려워할 것이 없다고 말했습니다. 그러나 그가 하는 말의 가치는 시애틀에서 그가 항해 내내 좋은 날씨가 계속될 것이라고 말했던 것 때문에 신뢰가 떨어졌습니다. 게다가 태풍 때문에 흘수선에 관해 다시 사람들의 의문이 일기 시작했습니다. 흘수선처럼 심각한 문제와 관련해 날씨에 대해 속였던 사람이 하는 소리를 과연 받아들일 수 있겠는가 하는 질문이 있었습니다. 어찌되었든 간에 좀더 분명하게 확인을 해주는 것이 나쁘지는 않을 것 같았습니다.

사람들이 다가가자 객실 사무장이 시애틀에서 흘수선의 상태가 어쨌건 간에 지금 현재는 분명 아무 이상이 없다고 선언해서 모두를 놀라게 했습니다. 그는 연료 소모와 여타의 이유로 인해, 흘수선은 매일 조금씩 올라가게 되어 있다고 말했습니다. 심지어 그는 흘수선이 어느 정도 올라가는지를 인치 단위로 정확히 알고 있었습니다.

의심 많은 사람들은 자신들이 직접 이 점을 확인했더라면 아마 더 만족했을 것입니다. 그들은 갑판 난간으로 가며 보는 것이 믿는 것이라고 말했습니다. 아무리 몸을 굽혀도 그들은 잘 볼 수 없었습니다. 기린이라도 아마 볼 수 없었을 것입니다. 그 후에 어떤 사람이 난간 밖으로 몸을 구부리고 있는 모습이 보였는데, 흘수선을 보느라 그렇게 하고 있는 것인지, 뱃멀미가 나서 그렇게 하고 있는 것인지 누구도 확실히 알 수 없었습니다.

폭풍이 종종 그러하듯, 이 태풍도 시작할 때와 마찬가지로 갑작스럽게 모든 소동을 멈추며 소멸되었습니다. 승객들 대부분은 바다에서 이는 폭풍에 대해 읽었던 내용들을 떠올리며 그렇게 가볍게 태풍에서 벗어난 점에 대해 안도했습니다. 하지만 태풍이 부는 동안 재미있어 하며 짜릿함을 느꼈던 일부 승객들은 실망하는 기색이 역력했습니다. 제 생각에 호츠 신부님이 이 승객들의 느낌을 잘 요약한 것 같았는데, 신부님은 뱃멀미를 일으킬 정도로 심하지 않은 폭풍은 별로 재미가 없는 것이라고 말씀하셨습니다. 호츠 신부님은 뱃멀미를 한 적이 한 번도 없었다는 점을 굳이 말씀드릴 필요는 없을 것 같습니다. 그가 뱃멀미를 하게 된다면 아마 다른 것에서 재미를 찾을 것입니다.

태풍이 끝나자 날씨가 점차 좋아졌고, 일본이 가까워질수록 솟아올라가는 온도계를 보며 아직 여름이라는 사실이 새삼 떠올랐습니다. 날이 찰 때는 짙은 남색 제복을 입고 있던 객실 승무원들이 깨끗한 흰색 제복으로 바꿔 입고 나타났습니다. 승객들은 코트와 가벼운 담요를 옆에 내려놓았고, 이제는 의기양양해진, 갑판의자를 대여했던 사람들은 따뜻한 햇볕 아래에서 호사를 누렸습니다.

선장이 대접하는 만찬의 밤에 우리는 '스키야키'를 대접받았는데, 이 음식은 외국인들이 좋아하는 진짜 일본음식입니다. '스키

야키'는 얇게 저민 쇠고기와 야채를 밥과 함께 먹는 요리입니다. 이 요리의 특징은 음식을 대접받은 사람들이 직접 조리를 한다는 점입니다. 각 승객 무리들은 작은 화로에 담긴 숯불과, 고기와 야채가 담긴 조리 그릇을 받았습니다. 밥만 먼저 마련되었습니다. 설탕을 넣고 고기와 야채를 함께 요리하는데, 손님들은 자기가 원하는 만큼 요리가 되었을 때 먹을 만큼 덜어 먹습니다. 첫 그릇을 먹는 동안 두 그릇째가 준비되고, 모두가 포식을 할 때까지, 필요하다면 세 번째 네 번째 그릇이 계속 준비됩니다.

물론 일본식으로 바닥에 앉아서 젓가락으로 요리를 먹었습니다. 대부분의 외국인들은 나이프와 포크를 받아서 음식을 맛있게 먹었습니다. 이번에는 웨이터들이 아주 사려가 깊어서, 서양인의 전형적인 서투름 때문에 젓가락질이 미숙해 젓가락을 야채가 담긴 접시에 떨어뜨리거나 젓가락을 한 짝씩 양손에 쥐고 있던 사람들에게 나이프와 포크를 가져다줬습니다.

선장이 대접하는 만찬은 항해의 마지막 사교행사로 하선을 할 준비를 알리는 신호였습니다. 다음 날은 짐을 꾸리고, 마지막으로 짧은 편지를 쓰거나 선내 도서관에서 빌린 책을 마저 다 읽느라 모두가 분주했습니다.

마침내 일본에 도착

보통 '후지야마'라 불리는 후지산이 보이기 시작하자 일본이 자랑하는 대자연의 걸작인 이 후지산을 보려는 사람들이 갑판 위에 줄을 이루었습니다.

우리는 가능한 한 오래도록 산의 모습을 즐겼지만 항구에 가까워질수록 후지산은 대형 백화점들과 큰 굴뚝들에 가려 보이지 않게 되었습니다. 우리는 환상의 영역에서 현대적인 최신 도시에 다가가고 있는 현실로 내려오게 된 것입니다. 우리는 30분이 채 안 되어 정박했습니다. 세관원들과 입국심사 관리들과 옥신각신하느라 분주하게 30분이 지나갔습니다. 그리고 마침내 수속이 끝났고 우리는 육지에 내리게 되었습니다. 제게는 이때가 사실상 긴 여정의 끝이었습니다. 저는 곧 조선으로 귀향(歸鄕)할 것입니다.

선택받은 조선인들

2,200만 명의 남녀에 관한 즐거운 이야기

네브래스카 성골롬반회
패트릭 오코너 신부

그런 동음이의(同音異議) 재담(才談)이 안 나올 수가 없다.[1] 누군가 조선에 관한 글을 쓸 때 그런 재담을 삼갈 수 있다면 그는 보통 인간 이상일 것이다.

그렇다. 이 글은 코리아[2]에 관한 글이지, 유대인에 관한 글이 아니다.[3] 코리아 사람들은 선택받은 민족이다. 여러분이 알다시피 그들의 공식 국호(國號)는 우리가 부르고 있는 코리아가 아니라, '조선'이다.

조선인들은 유쾌한 주제인데 왜냐하면 그들은 유쾌한 민족이기 때문이다. 남자나 여자나 그들은 점잖고 말수가 적으며 소박해 조선인들을 만나보면 그 즉시 여러분은 그들에게 마음을 뺏길 것이다. 설사 여러분이 조선의 천주교 신자들을 만나보기 전이라 해도 그들의 놀랍고 영웅적인 역사 때문에 여러분은 그들에게 감탄하게 될 것이다.

순교자들에 대한 코리아의 천주교 신자들의 기억은 아직도 생생하다(변호사들이 말하는 대로, 동음이의 재담은 충분히 했기 때문에 지금부터는 코리아와 코리아 사람들에 관해 이야기하겠다).

신앙을 위해 순교한 신자들 중의 일부는 다비트⁴와 파넬⁵과 동시대의 사람들이다. 오늘날 조선의 어떤 교구에서 여러분은 시복(諡福)을 받은 순교자의 손자나 손녀를 만나볼 수도 있다. 여러분은 순교 당시를 기억하고 있는 노인 곁에서 함께 기도를 할지도 모른다.

우리 성골롬반회의 본당에서 일요일 미사 후에 성당에서 서성거리며 우리 코리아 친구들을 한 번 만나보시라. 마른 몸에 젊게 보이는 어떤 남자가 다가올 것이다. 그는 수줍음이 많고 말수가 적은 듯이 보이지만 일상생활에서는 뒷걸음치거나 겁먹는 면이 전혀 없다. 그의 이름은 '필립보'이고 순교성조(殉教聖祖)의 피가 그의 몸에 흐른다. 그의 어머니는 복자 김대건 안드레아와 같은 집안이다. 복자 김대건 신부는 최초의 조선인 사제였는데, 1845년 사제서품을 받은 지 한 달 후에 순교했다. 필립보는 서른여덟 살이고 교육받은 사람인데, 현재 교리교사다. 사실 그는 신자 회장에 성당지기에, 교리교사며 평신도 사도로서 할 수 있는 거의 모든 일을 다 하고 있다. 그의 하루는 새벽 6시에 새벽 삼종기도[6]를 알리는 순천성당의 종을 울리는 일로 시작된다. 그는 미사에 참석해 영성체를 하고 감사기도를 드린다. 필립보가 멀리 떨어져 있는 시골 마을들을 향해 출발하거나 혹은 시내를 순회하러 출발할 때는 아직 이른 아침이다. 필요한 경우 그는 이틀이나 3일씩 시골에 머무르며 사람들을 만나고 길 잃은 양 떼를 찾아다니며, 또 병들고 가난한 사람들을 찾아다닌다. 필립보는 무식한 사람들을 가르치고 신자가 아닌 사람들을 입교(入敎)시키며 정식으로 혼인을 올리지 않은 사람들을 도와 혼인을 올리도록 해주고, 죽어 가는 사람에게 세례성사를 주며 시골 성당의 초가지붕도 돌본다. 밤이 되어 잠을 청하기 위해 마른 몸을 코리아식 방바닥에 눕혔을 때는 항상 힘겨운 일과를 마친 뒤다. 그는 결혼을 했고 행복하고 단출한 천주교 가정을 꾸리고 있지만 그의 수입은 겨우 한 달에 10달러이다.

해롤드 헨리 신부님의 교구인 나주에 이번 일요일에 가보면 미소를 짓고 있지만 근엄한 신사들을 만날 수 있는데, 그들은 흰옷에 폭이 넓은 외투와 발목 부분을 조여 맨 자루 같은 바지를 입고 있다. 그들의 성긴 턱수염과 햇볕에 그을린 주름진 얼굴 모습들은 거의 원뿔 모양의 검은색 말총머리 모자를 쓰고 있는데, 그 모자들은 턱 아래로 한쪽 귀에서 다른 쪽 귀까지 이어진 구슬 끈으로 조여져 있다. 여름철 그들은 하얀 서양식 밀짚모자를 쓸 때도 있다. 그들은 기품이 있고 인사치레를 잘한다. 틀림없이 여러분이 예순 살쯤 되었을 것이라고 말할 것이다. 걱정하지 마시라. 여러분이 조로(早老)한 것은 아니다. 그들은 그저 여러분이 얼마나 현명하고 점잖게 보이는지 혹은 최소한 그들이 생각하기에 여러분이 어떻게 보이고 싶어 하는지를 말해주고 싶은 것뿐이다.

어느 노인의 이야기

나이가 많은 본당 신자 중에서 다른 사람들과 마찬가지로 기품 있는 어느 한 노인이 열심히 길을 떠날 채비를 하고 있었다. 그는 뭔가 염두에 두고 있었는데 헨리 신부님의 이야기로 그것이 무엇인지 알게 되었다. 근처 어느 곳에서 한 남자가 임종(臨終)을 앞두고 있었는데 이 일흔여섯 살의 교우는 그 사람에게 들러, 가능하다면 빨리 교리를 가르쳐 그가 참된 신앙을 알고 임종하게 되는 모습을 보려 서두르고 있었다.

다음은 헨리 신부님께서 그 노인에 관해 해주신 이야기다. 그는 오랫동안 외인으로 지내다가 기독교로 개종했는데, 첫 개종은 개신교였다. 당시 그의 나이는 오십이었다. 그는 신심이 깊고 열성적인 장로교 신자였고, 14년간 개신교 전도사로 활동했다. 그는 종교에 관한 글을 읽기를 좋아했는데 하루는 독서를 하다가 큰 충격을 받았다. 그는 임종하는 자리에서 천주교 신자로 개종한 어느 개신교 목사에 관한 글을 읽게 됐던 것이다. 그는 곰곰이 생각했다. "참 이상하구나. 임종의 순간에 개신교로 개종한 천주교 신부에 관해서는 들어본 적이 없는데… 놀라운 일이다."

현재 조선의 개신교 선교사는 돈을 잘 버는데, 천주교 선교회에서 줄 수 있는 돈의 거의 두 배에 가까운 금액을 받는다. 나이가 일흔이 된 사람이 자신의 삶의 방식을 바꾸고 싶어 하지 않을 것은 당연한 일이다. 그러나 이 점잖은 노인은 어떤 대가를 치르더라도 완전한 진리를 원했다. 당시(대략 1932년경이다) 나주에는 성당이 없었다. 그래서 그는 다른 마을로 건너갔다. 그곳에서 한 신부님이 그의 문제를 들어주고 그의 질문들에 대답해줬고, 집에 가져가라고 천주교 서적을 몇 권 줬다. 그는 나주로 돌아와 그 책들을 읽고서는 자신이 해야 할 일이 어디에 있는지를 알게 되었다. 우리는 브라운슨[7]과 뉴먼[8] 같은 사람들이 자신의 기존 입장에 의

문을 품을 수밖에 없게 되어 처음에는 천주교에 담긴 진리의 가능성을, 그 다음에는 그 개연성을, 그리고는 마침내 그 진리의 빛나는 확실성을 받아들이게 되는 동안 겪었던 영적(靈的) 질풍노도에 관해 숨죽인 채 이야기를 하고 있는 것이다. 그러한 질풍노도가 나주에 사는 이 가여운 조선 노인의 영혼에서는 덜 했을 것이라고 생각할 이유는 전혀 없다. 그는 이미 이교(異敎)를 떠나 개신교 신자가 되는 긴 여정을 걸어왔었고, 마음씨 착한 장로교 신자들과 수년간을 즐겁게 지내왔고, 그래서 이제 명예로운 휴식을 갈망하며 더 이상의 변화를 틀림없이 원치 않았을 것이다. 하지만 그는 자신의 깨달음을 따르며 부차적인 어려움에도 불구하고 자신에게 주어진 은총을 받아들이기로 마음먹었다. 천주교 신자가 되기를 간절히 바라면서 그는 죽기 전에 나주에서 성당과 천주교 사제를 볼 수 있게 되기를 기도했다.

1933년 성골롬반회 선교사들이 나주에 파견됐다. 1935년에는 헨리 신부님이 나주에 부임하셔서 작은 성당을 열었다. 헨리 신부님의 첫 번째이면서 또한 가장 행복한 개종자는 바로 그 노인이었다. 그는 다른 신자들에게 교리를 가르쳤기 때문에 또한 큰 도움이 되기도 했다.

성골롬반회 소속의 신부들이 왔다는 것은 당연히 더 많은 본당들이 설립되고 외진 공소(公所)들을 더 자주 보살피게 되었다는 것을 의미했다. 코리아 선교의 영웅적인 개척자들인 파리외방선교회 선교사들은 많은 진전을 이루어냈다. 천주교 신자의 증가에 보조를 맞추고 개종의 기회를 최대한 활용하기 위해서는 신부들이 더 많이 필요하게 되었다.

코리아의 바드리시오 성인

다음은 넓은 나주교구에 있는 다섯 곳의 선교원들 중 한 곳에 관한 이야기다. 그곳은 가파른 푸른 언덕들 너머에 있는 외진 곳이다. 이 마을들에서 여러분은 박해기간 중에 마을과 도시로부터 피난을 와 오랜 세월 동안 교회와 접촉이 끊겼던 옛 천주교 집안들을 만날 수 있다. 이 특별한 공소에 가면 '바드리시오'라는 세례명을 가진 어떤 나이가 지긋한 신사가 당신을 맞을 것이다. 아마도 그 사람은 샤르즈뵈프 신부님에게 세례를 받은 것 같은데 샤르즈뵈프 신부님은 이 지역에서 거의 30년 전에 사목활동을 하셨다. 신부님은 성(聖) 바드리시오 성인을 열렬히 추앙하셨다. 그래서 신부님은 아일랜드 더그 호(湖)에 있는 '패트릭 성인의 연옥'까지 성지순례를 다녀오기도 하셨다.[9]

이 코리아의 바드리시오는 외떨어진 이 마을에 지난 20년간 미사도, 사제도 없었다고 말했다. 그리고 그 20년 중 17년 동안만 자신이 진실한 마음으로 기도를 바치다 그 후 신심을 잃었다고 수치심과 양심의 가책을 느끼면서 이야기했다. 그러나 얼마 후 그는 다시 마음을 가다듬고 기도를 바치기 시작했는데 아침저녁으로, 그리고 일요일에도 기도를 바쳤다. 그러다 마침내 신부님이 오시게 되었으니 그분이 바로 나주의 첫 본당 신부님으로 오신 성골롬반회의 헨리 신부님이셨다. 기쁨에 들떠서 바드리시오는 영성체를 하러 왔고 신부님에게 다 낡은 자신의 교리문답서와 손때 묻은 기도서를 보여줬다. 그리고 그는 지난 20년간 임종을 맞는 자리에서 자신에게 세례성사를 받은 사람들의 명단을 보여줬다!

코리아의 시골은 언덕과 계곡이 많은데 눈이 오면 매섭게 추워지고 비가 내리면 언덕과 계곡뿐만이 아니라 주택가와 가까운 여타 장소들마저도 진흙탕이 된다. 늦봄과 초여름은 경치가 좋은데 미소를 잘 짓는 점잖은 사람들에 걸맞은 풍경이 배경을 이룬다. 온종일 사람들은 들판에서 일을 하는데 그들이 하는 일은 매우 고되다. 여기저기서 사람들이 보리를 거둬들이거나 도리깨로 곡물을 타작한다. 또 나무 물레방아를 밟아서 돌린다. 그리고 물을 대놓은 논에서는 모내기를 한다. 종종 가족 전체가 논에 나와 있는 것이 보이기도 한다. 한번은 작은 논에서 발목 혹은 무릎 깊이까지 물에 잠긴 채 나란히 서서 모내기를 하고 있는 사람들의 수를 세어본 적이 있는데 무려 14명이나 되었다.

때로 산언덕들이 나무가 없고 바위투성이기도 하지만 보통은 식목이 잘되어 있다. 오래된 도도한 일본 품종의 나무들과는 대조적으로 코리아의 나무들은 수령(樹齡)이 얼마 안 된 것들이다. 이 나라는 태고(太古)로부터 내려오던 나무들을 거의 잃었다. 오늘날 우리가 보는 것들은 정부의 재조림(再造林) 사업의 결과다. 소나무와 전나무의 어둑어둑한 숲들이 경사면을 따라 솟아 산등성이들을 뒤덮고 있고, 논들의 가장자리를 따라 밝은 녹색을 띠는 포플러나무숲들이 서 있다.

알려지지 않은 하느님

코리아의 시골 풍경이 초록빛, 은빛 그리고 금빛을 띤 한 폭의 그림이었던 유월의 어느 일요일이 기억난다. 산언덕길 사이사이로 비옥한 계곡들의 경치가 보였다. 도로 가까이에서는 산들바람이 빽빽이 들어선 포플러나무들을 쓸고 가며 부드러운 햇살을 받아 빛나고 있던 잎사귀들을 간지럽히고 있었다. 거의 뿌리 부근까지 나뭇잎들이 무성한 곧게 솟은 나무들이 물을 대놓은 논에 비치고 있었는데, 줄지어 어린모가 심긴 곳에서는 그 모습이 제대로 비치지 않기도 했다. 이런 광경들은 그곳에서 일을 하는 인간보다 창조주이신 하느님에 대해 더 많은 것을 말해주고 있지만, 이 모든 아름다움을 지어내신 분은 아직 수백만의 코리아의 자녀들에게는 여전히 알려져 있지 않다. 일요일 오후였지만 그들에게는 그저 논에서 고되게 일해야 하는 평범한 하루에 지나지 않았으며 미사 종소리도, 세상사의 근심에서 벗어난 안식의 평온함도 알지 못하는 날이었다.

코리아에 사는 대부분의 사람은 가난하지만, 빈곤은 중국의 여러 지방들처럼 심한 정도는 아니다. 코리아 사람들은 5명 중에 4명 꼴로 농사를 짓는다. 하지만 공장의 수가 늘어나고 있고 광산들이 개발되고 있으며 서양식과 동양식이 혼합된 마을들이 늘어나고 있다.

코리아에서의 교회에 대한 지원

천주교 신자들은 그들의 얼마 되지 않는 헌금으로 사제들을 지원하고 성당건립을 도와주고 있다. 선교단체의 수가 얼마 안 되는데다가 코리아에 있는 교회의 임무는 개종 전에는 헌금을 낼 리가 없는 이교도들에 대한 선교도 포함하고 있기 때문에, 선교단체들은 인건비뿐만이 아니라 유지비도 외국의 천주교 신자들에게 주로 의지할 수밖에 없었는데, 만일 그렇게 하지 않는다면 선교활동이 중단될 수밖에 없다. 하지만 코리아의 천주교 신자들의 기여는 상당한 것이어서 금전적인 가치보다 훨씬 더 큰 중요성을 지닌다. 그들은 원칙을 고수하고 있으며 장래에는 자립할 것을 약속하고 있는데, 그렇지 않다면 선교사들이 하는 일은 영원히 미완성으로 남을 것이다. 신입 교우들은 자신들이 교회를 지원해야 한다는 것을 깨닫지 못했다면 완전히 개종한 것이 아니다. 입교한 지 얼마 안 되는 가난한 이에게 이 점을 가르친다는 것은 결코 쉬운 일이 아니다.

코리아에 있는 성골롬반회 신부들은 성당을 지을 때 신자들이 부지나 비품을 제공하거나 노동력을 제공한다고 이야기한다. 몇 년 전 목포에 있는 성당 건물들을 수리할 때는 신부들이 수리비용의 절반 이상을 신자들에게서 받았고, 순천에서는 성당 종과 제대(祭臺)비용을 신자들이 지불했다. 성모 마리아의 자녀회 회원 중 한 명은 성수반(聖水盤)[10]을 봉헌했다. 나주의 선교원들 중 세 곳에서는 교리교사들이 작은 공소를 짓도록 부지를 제공했는데 그들은 급여도 없는 시간제 봉사자였다. 한 예비신자(즉, 세례를 받기 위해 교리교육을 받고 있는 사람)는 전주에서 학교와 성당, 사제관을 짓는 데 필요한 땅을 기부했다. 그가 기부한 것은 서양 화폐로 약 120~140파운드에 해당하는 것이었다. 그리고 천주교학교에 다니는 어린이들은 한 달에 20~50전을 내고 있다.

코리아의 화폐단위는 일본의 엔화(貨)다. 중국과의 전쟁이 발발하기 직전인 평시에 엔화는 미국 달러에 대해 대략 3대 1의 비율이었다. 즉 1전은 약 3분의 1센트였다. 부유한 코리아 가정(많지는 않다)은 일 년에 40~50 혹은 많게는 100엔을 성당에 헌금한다.

내가 들렀던 한 본당의 평균 헌금액은 가구당 1엔이었다. 코리아 남부지역 노동자의 일일 수입이 45~50전, 즉 0.5엔가량이라는 것을 생각해본다면, 이 금액들이 지니는 의미를 잘 알 수 있을 것이다. 그런데 이 액수도 역시 평시에 그러한 것이다.

한번은 목포 기차역에서 신부님 몇 분과 천주교 교사와 이야기를 나누는 동안 코리아 짐꾼에게 무거운 옷가방을 기차에 신도록 준 적이 있다. 그 짐꾼은 객차에 가방을 실었고 나는 10전, 대략 미화(貨) 3센트를 그에게 줬다. 잠시 후 그가 다시 돌아오는 모습이 보였고 뭐가 잘못된 것인지 궁금했는데 그는 내게 5전을 거슬러 주기 위해 다시 왔던 것이다!

코리아 사람들은 문명화된 사람들이다. 그들의 문명은 사실 수세기 동안 이교도적 환경에 지배되어 왔다. 그렇지만 그들은 문화라 할 수 있는 진정한 전통문화를 가지고 있다. 조선인들은 음악적 재능이 풍부한 사람들인데 그들의 전통음악은 서양인들에게도 호소력을 지닌다. 하지만 그들의 취향이 배타적이지는 않다. 어느 코리아 도시에서 열렸던 한 코리아인 바이올린 연주자의 공연에 갔었던 것이 기억난다. 그는 독일에 유학을 갔었고 귀국과 동시에 자신의 조국에서 공연을 하고 있던 중이었다. 우리를 초대한 사람과 코너 신부님, 신사 몇 분들과 나를 제외하고는 청중들은 모두 코리아 사람들이었던 것 같은데 그 수는 대략 600명이나 되었다. 공연장은 공익정신을 가진 한 시민이 시에 기증한 것이었다. 젊은 연주자는 정식 야회복을 입고 등장해 뛰어난 연주를 들려줬다. 그의 반주자인 한복을 입은 코리아 여성도 역시 그 연주자만큼이나 뛰어난 재능을 지닌 듯했다. 연주곡은 주로 외국의 고전음악이었다. 청중들은 미국인들과 유럽인들도 안절부절못하며 "나한텐 너무 수준이 높아!"라고 푸념할 만한 곡들을 집중해서 귀를 기울여 감상하고 있었다. 앙코르 곡으로 그 뛰어난 연주자는 대중적이라 할 만한 곡을 연주해줬다. 그 유월 밤에 젊은 연주자가 자신이 느끼는 것보다 더 애절하게, 팽팽한 진동하는 현(絃)들을 떨리는 활로 켜는 동안, 이 코리아 도시의 이교도 청중들이 가슴 떨리도록 애절한 프란츠 슈베르트의 '아베 마리아'를 들으며 앉아 있는 광경은 매우 극적(劇的)으로 느껴졌다.

코리아에서 본 영화

서양에서 조선으로 건너온 것들이 모두 슈베르트의 음악처럼 높은 양질의 것만은 아니었다. 어느 날 저녁 나는 코리아의 한 시내에 있는 극장에 영화를 보러 갔다. 코리아에 들어온 그런 종류의 영화를 보며 사람들이 거기에 어떤 반응을 보일지 지켜보는 일은 흥미로울 것 같았다. 두 편의 영화가 상영되고 있었는데 첫 번째로 상영하는 영화는 내가 알기로 할리우드에서 제작한 것이었고 두 번째로 상영하는 영화도 아마 그런 것 같았다. 나중에 들은 이야기지만 두 번째 영화는 꽤 훌륭한 작품이라는 이야기를 들어서 나는 그 영화가 정말 보고 싶었다. 먼저 상영하는 영화의 일부만 봤는데 그걸로 충분했다. 그 영화는 오래된 희극 무성영화였는데 영화계에서 돈을 많이 받는 배우들이 주연을 맡았다. 정말 낯부끄러운 영화였다. 내용이 부도덕한 것은 아니었지만 조잡하고 어리석고 거친 영화였다. 어떤 코리아 사람이든 그 영화를 보고 나면 아마 상스러운 난장판에서 만든 영화라 결론지었을 것이다. 나는 항의의 표시로 극장을 나왔지만 쓸데없는 짓이었다. 잘못은 코리아에 있는 것이 아니었다. 그런 영화를 해외로 내보내려는 사람들과 시스템이 비난받아 마땅한 것이다. 그 같은 구경거리들은 서양의 생활이나 가치기준을 제대로 반영하고 있지 못할뿐더러 누구의 위신도 높여주지 못한다. 외국인들이 볼 때 그런 것들은 그리스도교 신자들과 그리스도교적인 것들에 대한 외국인들의 평가를 실추시킬 뿐이다.

혹시 코리아에서 극장을 가게 된다면 로비에 신발을 벗어 놔둘 대비를 해야 한다. 극장 직원이 여러분의 신발을 박씨의 신발이나 이씨의 신발과 구별하게 하는 꼬리표를 줄 것이다. 여러분은 양말만 신은 채 극장에 들어가게 될 것이다. 극장 안에는 의자가 몇 개 있지만 관객들 대부분은 바닥에 방석을 깔고 앉아 있다.

코리아의 집

코리아 사람들은 소박하게 생활한다. 그들의 집은 보통 작은 단층 오두막집에 종종 초가지붕이지만 때론 여러분이 중국에서 볼 수 있는 것과 같은 굽은 기와를 얹은 집들도 가끔 볼 수 있다. 대부분의 집에는 방이 한두 개 정도만 있는 것 같다. 바깥에는 신발을 벗고 올라서는 승강단[11]이 있다. 집 안에 들어서면 천장은 낮고 방바닥은 기름먹인 종이[12]로 도배되어 있다. 방에 가구는 거의 없으며 잠을 잘 때에는 솜이불을 덮고 방바닥에서 잠을 잔다. 취사시설[13]은 집 한쪽에 있고, 난방관[14]은 집 한쪽 끝에서 반대편까지 방바닥 아래에 뚫려 있는데 가장 중심적인 난방공급 장치이다.

조선인의 수는 2,258만 명이다. 다시 말해 그것이 코리아의 인구다. 성골롬반회는 관할지역인 광주와 춘천지목구에서 그중 395만 명을 맡고 있다. 오웬 맥폴린 몬시뇰은 광주지목구장이시다. 가장 최근에 지목구로 승격된 춘천에는 아직 지목구장이 임명되지 않았다. 이 두 지역에서는 30명의 성골롬반회 신부가 사목활동을 펼치고 있다.

이 30명의 신부는 어느 곳에서든 신앙을 전파하는 엄청난 과업에서 이런저런 식으로 반드시 예상하기 마련인 여러 가지 어려움을 겪고 있다. 이런 어려움 중 몇몇은 인간의 본성에서 비롯되는 것인데, 인간의 본성이란 어느 곳에서든 완벽할 수는 없는 것이다. 다른 어려움은 각각의 선교현장의 특수한 상황에서 비롯되는 것이다. 하지만 너무 넓은 지역에 너무 적은 수이지만 이 30명의 신부는 현재 상황에 대해 행복하게 이야기하고 미래에 대해서는 낙관적으로 이야기한다.

불행히도 이 신부들이 지닌 각각의 능력이 반드시 불가피한 것만은 아닌 방식으로 제한되고 있다. 비록 30명이라는 적은 수지만 외진지역들에 공소와 선교사들이 더 많이 있다면 그들은 훨씬 더 많은 것을 이루어낼 수 있을 것이다. 누구든 코리아에 있는 선교 원들을 방문해보면 이런 사실을 확신할 수 있을 것이다. 지금 코리아에 있는 각각의 신부 한 사람마다 6명의 전업 교리교사와 여섯 곳의 공소들을 제공해준다면, 그 신부들은 자신의 선택과 선택받은 조선인 사이에서 자신의 노고와 희생들의 최대한의 수확을 할 기회를 제공받는 셈이다.

1941년 1월호

조선의 산지(山地)에서

조선 강원도 춘천 천주교선교회
제랄드 매리난 신부

매리난 신부는 조선 내 우리 선교회의 두 번째 선교구역의 본부가 있는 춘천에 도착한다. 그는 선교활동을 위해 최근 이곳으로 발령을 받았다.

강원도에 가는 가장 좋은 방법에 대해 물어봤다가 철도가 몇 달 전에 개통됐다는 사실을 알게 됐다. 물론 철도는 느릴 수밖에 없었다. 내가 들은 바로 최신식 기차가 낡은 기차만큼 빨리 달리길 기대할 수 없다는 것을 알게 됐다. 나는 그것이 서양과 동양의 본질적인 차이의 또 한 가지 사례인가 하는 부질없는 생각이 들었으나, 그런 것이 아니었다. 그것은 단지 새로 놓인 철도의 불안정함에 근거한 생각이었을 뿐이었다.

나는 최근 설립된 강원도 춘천지목구로 가는 중이었는데 이 지목구에서 선교활동을 하도록 얼마 전에 임명받았다. 조선 남부에 있는 목포를 출발해 이 나라의 수도인 서울에 도착했다. 강원도로 가는 이 여행의 첫 단계는 어렵지 않았는데 전에 서울에 몇 번 와본 적이 있기 때문이었다. 강원도에 관해서 내가 아는 것이라고는 조선에서 산이 가장 많은 지역이라는 것뿐이었는데, 지형학적 관점에서는 흥미로운 지식일지는 몰라도 내 여행의 길잡이로서는 거의 도움이 되지 않는 지식이었다. 하지만 조선인들은 진짜 초행인 여행자에게는 언제나 친절해 그들이 알고 있는 정보를 기꺼이 알려주려고 아주 애쓴다.

목적지까지 기차를 타고 갈 수 있다는 것을 알게 되니 기분이 좋았다. 나는 강원도로 가는 기차역의 위치를 찾아내기만 하면 됐다. 이 문제는 택시를 타고 운전사에게 역으로 태워달라고 해서 해결됐다. 기차역까지는 택시를 타고 한참을 가야했는데 그 역이 도시에서 한참 먼 외곽에 위치해 있었기 때문이다. 하지만 야간열차를 탈 수 있는 시간에 맞춰 도착했다.

기차가 빨리 가지 않는다는 것에 대해서는 마음의 준비가 되어 있었다. 실제로 기차는 기어갔다. 그리고 그보다 더 안 좋았던 것은 기차가 기어가면서도 별로 멀리 가지도 않았고 숨이라도 돌리는 양 자주 멈춰섰다는 것이다. 기차역들은(모든 역이 규모가 작았고 대부분은 아직 완공되지 않은 상태였다) 3~4마일밖에 떨어져 있지 않았지만 그 짧은 거리조차도 멀리 떨어진 거리인 것처럼 기차가 중간마다 자꾸 멈춰섰고, 이런 식으로 많은 시간이 허비됐다. 서울에서 내 목적지인 춘천까지의 거리는 70마일이 채 안 되었다. 철도 회사의 운행시간표에 따르면 4시간이 걸릴 예정이었지만, 내가 탄 열차는 5시간이 걸렸다. 그때 이후로 이 노선은 크게 개선되어왔고 장담하건대 앞으로도 계속 나아질 것이라는 점을 의심치 않는다는 말을 덧붙여야겠다.

5시간이 나에게 주어졌기 때문에 나는 충분히 경치를 감상할 수 있었다. 강원도 경치는 아름다운 야생 상태여서 화가가 그림으로 그릴 만한 충분한 가치가 있을 정도였다. 눈앞에는 논들이 있었는데 조선의 주식(主食)은 쌀이기 때문에 조선 어디서나 볼 수 있는 전형적인 경관이었다. 그러나 조선 남부지역의 논들은 광활한 반면 이 지역의 논들은 매우 작았다. 논들 뒤편에는 산들이 우뚝 솟아 있었다. 이것들 역시 산에 나무들이 우거져 있다는 점에서 남부지역의 산들과는 달랐다. 산봉우리까지 나무로 뒤덮여 있는 이 지역의 산들은 나의 미적 감각을 자극했을 뿐만 아니라 훨씬 더 중요한 것은 그 모습이 내게 안도감까지 느끼게 했다는 것이다. 왜냐하면 그 산들은 겨울철 땔감을 싸게 구할 가능성이 있을 것이라는 기대를 갖게 했고, 소문대로 강원도가 춥기로 유명한 곳이라면 우리에게는 구할 수 있는 값싼 땔감이 모두 필요할 것이기 때문이었다. 한마디 덧붙이자면 이 기대는 이루어지지 않았다(다행히 기차를 타고 가던 당시에는 이런 사실을 예상 못했다). 나중에서야 알게 됐지만 값싼 땔감이란 것은 말총 모자를 쓴 양반들에게 다 팔려 동이 났고 '그림의 떡'이었다.

등산가와 선교사

산들을 보면서 여러 가지 생각이 들었다. 자연의 아름다움의 요소들이라는 점에서 산이 비판의 대상이 아니라는 점을 기꺼이 인정하지만, 여행의 장애라는 관점에서 본다면 산은 너무나 가공스러운 존재가 아닌가! 물론 이 생각에 대해서도 이견(異見)의 여지가 있을 수 있다는 점은 나도 알고 있다. 기름지팡이를 든 선교사가 산에서 깜짝 놀라서 보는 것을 등산용 지팡이를 든 경험 많은 등산가는 대수롭지 않게 볼 것이다. 하지만 나는 등산가의 열정을 갖고 싶은 바람은 꿈에도 없었고 나는 이 산들을 앞으로 나아가는 데 방해가 되는 장애물로 보았다. 나는 산 너머를 보며 사제로부터 수십 리씩 떨어져 살고 있는 사람들이 죽어가면서 종부성사(終傳聖事)를 간절히 청하는 모습이 눈에 선했다. 그리고 여름철 호우 속에서 허우적거리거나 한치 앞도 보이지 않는 겨울철 눈보라를 헤치며, 기를 쓰며 때맞춰 그들에게 가기 위해 눈앞에 보이는 산을 기어오르고 있을 내 모습을 떠올렸다. 산이라고? 내 마음대로 할 수만 있다면 동해에다 그 산들을 죄다 쓸어 넣어버리고 싶다.

스위스를 여행하던 한 여행객이 그 나라에 대해 혹평하며 "도대체 산을 빼놓으면 이 나라엔 뭐가 있나?" 하고 말한 적이 있다. 강원도에서 선교사로 짧은 기간을 지낸 후 나는 우리 새 지목구에 대해 그 반대말을 해야 할 것 같다. "도대체 산들만 빼놓고 뭐가 부족한가?" 하고 말이다. 산들이 유일하게 안 좋은 점이다. 개인적으로 내게 의견을 물어본다면 나는 산을 없애는 데 전적으로 찬성한다고 말할 것이다. 하지만 내 생각이 잘못된 것일 수도 있다. 성서에서는 산들이 특별한 지위를 지니는 것처럼 여겨진다는 생각이 들었다. 시나이산[1], 호렙산[2], 아바림산[3], 레바논산[4], 모리아산[5], 네보산[6], 가리짐산[7], 산상수훈(山上垂訓)[8], 산 위에서의 거룩하신 변모[9], 골고다산[10], 올리벳산[11] 등을 보듯이! 산들은 하느님과 그분의 가르침이 불변하다는 사실을 상징한다고 말할 수 있을 것이다. 돌아가신 교황 비오 11세께서는 등산을 매우 좋아하셨다. 그리고 또한 '선교의 교황'으로 불리셨다. 두운(頭韻)이 같은 것을 제외하고도 '산(mountain)'과 '선교사들(missionaries)' 사이에는 무슨 연관성이 있는 것이 아닐까?

내 가방을 얻으려는 쟁탈전

다행히 모든 기차여행에는 끝이 있다. 사람들이 모두 기차에서 내리는 바람에 상념이 깨졌다. 창밖을 내다보니 마침내 춘천역에 도착해 있었다. 벌써 시간이 늦어서 밖은 어두웠고 잘 보이진 않았지만 경춘선 종착역의 건물들 윤곽만 희미하게 보였다. 내 여행 가방들을 집어 들고 철로를 몇 개 건너서 개찰구에 다다랐다. 개찰구를 통과해 밖으로 나오자 내 가방들을 서로 빼앗으려는 쟁탈전이 벌어졌다. 사방에서 사람들이 나를 도와주려고 손을 내밀었다. 여행에 익숙하지 않은 사람이라면 아마도 도시 전체가 자기를 영접하러 나온 것으로 생각했었을 텐데, 환영의 열기가 너무나 대단했기 때문이다. 하지만 도시 전체가 사실은 돈을 벌기 위해 나왔다는 것을 나중에 알게 되면 그때서야 그는 자신이 잘못 생각했음을 깨닫게 될 것이다. 나는 경쟁자가 둘로 줄어들 때까지 그 맹렬한 공세를 막아냈다. 한 명으로 줄어들었더라면 더 좋았겠지만 나는 최후의 한 명을 어떻게 정해야 할지를 몰랐다. 내가 그때 들고 있던 손가방은 두 개뿐이었는데, 내 양옆에서 두 사람이 각기 가방을 잡으려 애쓰고 있었다. 그런데 생각지도 않은 곳에서 구원의 손길이 찾아왔다. 정식 철도 짐꾼 한 사람이 현장에 나타나 자기 일거리를 빼앗으려는 그러한 시도에 대해 당당히 화를 내며 적절한 의성어 몇 마디로 가짜 일꾼들을 쫓아버렸다. 양손에서 가방들을 놓고 나니 이제 홀가분하게 걸을 수 있었다.

역 바깥으로 나오면서 나는 보통의 조선 도시의 중심가이려니 예상했었다. 그러나 역사 건물들만 덩그러니 있었다. 어렴풋이 도시라 할 만한 것은 하나도 눈에 보이지 않았다. 버스가 한 대 서 있었는데 내가 듣기로는 버스를 타면 5전이라는 싼값에 시내 중심가까지 타고 갈 수 있다는 것이었다. 서울에서 기차역이 도심에서 얼마나 멀리 떨어져 있는지 생각이 났다. 이 별난 철도회사는 영업을 그만두고 싶은 열망이 있는 것만 같았다.

기차에서 내린 모든 승객이 버스 한 대에 다 올라타는 것은 쉬운 일이 아니었지만 어찌어찌해서 다 올라탔고, 나 역시 여하튼 살아서 지금 이 이야기를 하고 있는 것이다. 승객들 대부분은 버스 안에서 서 있었는데 각자에게 할당된 비좁은 공간은 거의 입석이라고 할 수도 없을 정도였다. 손잡이 끈이 있었더라면 모두 잡고 있었겠지만 달려 있지 않았다. 사실 버스가 흔들리고 덜커덩거릴 때마다 승객들이 넘어지지 않은 것은 순전히 넘어질 수 있는 공간이 없었기 때문이었다. 사람들은 중심을 잃었지만 똑바로 서 있을 수는 있었는데 잠시 가다가 버스가 갑자기 멈춰 설 때면 사람들이 불평할만한 가장 안 좋은 일은 경험상 머리를 부딪히는 것이었다.

춘천 시내

버스에 탄 그 순간부터 나는 우리가 어디로 가고 있는지 알 수 없었지만 사람들이 문으로 내리는 것을 보고 마침내 시내에 도착했다는 것을 알 수 있었다. 우리는 큰 버스터미널 밖에 멈췄다. 바로 길 건너편에는 병원이 있었는데 병원과 버스터미널이 나란히 위치해 있는 것에 뭔가 불길한 의미가 담겨져 있으리라고 생각하지 않았다. 병원 옆에는 이발소와 과일가게가 있었고, 아래쪽 길로 더 내려간 곳에는 철물점과 귀금속 상점이 있었다. 가끔씩 택시가 쏜살같이 지나가거나 버스터미널에 붙어 있는 차고로 들어갔다. 분명 여기는 춘천 시내였다.

버스에서 내가 내릴 차례가 됐을 때 한 무리의 천주교 신자들이 내 짐을 챙기고 성당으로 가는 길을 안내해주려고 기다리고 있는 것을 발견했다. 거리와 골목길 몇 개를 건너간 시간은 채 10분도 되지 않았지만 그 짧은 거리를 가는 동안에도 언덕을 한 곳 넘어야 했다. 조명이 밝은 중심가에서 벗어나자 꽤 어두웠기 때문에 지형이 어떤지 도무지 알 방법이 없어서 안내하러 온 사람들 뒤에 바짝 붙어 따라가며 생각했다.

"신부님, 조심해서 걸으세요." 이제껏 가던 길에서 옆으로 벗어나 한 계단 더 높은 곳으로 올라가며 신자들이 내게 주의시켰다. 이것은 뒷길로 가는 것이라고 누가 말해줬는데, 성당 정문으로 가는 길은 훨씬 더 멀다는 것이었다. 주변을 둘러보니 우리는 어떤 조선가옥의 마당에 들어와 있었다. 우리는 그런 마당에 널려 있기 마련인 여러 가지 가재도구들 사이를 지나갔다. 나를 안내하는 신자들은 모두 키가 작았고, 그래서 걸을 때 조심하라고는 했지만 머리도 조심하라는 말을 할 생각은 나지 않은 모양이었다. 갑자기 나는 멈춰서게 됐는데 뭔가가 내 목을 휘감아버리는 바람에 숨을 쉴 수가 없었다. 뒤쪽에서 올가미로 내 목을 휘감은 것 같은 느낌이었는데 지금도 그런 느낌을 다시는 경험하고 싶지 않다. 그 순간을 플래시를 터뜨려 사진으로 찍었더라면 바보 같이 걷다가 목이 빨랫줄에 걸린 우스꽝스러운 내 모습이 찍혔을 것이다. 다행히 다른 사람들은 알아차리지 못한 것 같았다. 조심스레 몇 걸음을 더 가니 성당 앞마당에 도착했다.

마침내 도착하다!

너무 어두워서 성당의 모습이 잘 보이진 않았지만 초가집에서 불빛이 빛나고 있었고, 나를 안내한 신자들은 그 집으로 발걸음을 향했다. 퀸란 신부님께서 본당 신자들과 문가에서 기다리고 계셨다. 그들의 환영은 너무 대단해서 내가 꼭 고향에 돌아온 이민자라도 된 것 같은 기분이 들었다. 그 집은 초라했고 가구들도 부족했지만 방학 첫날 고향에 돌아온 그 어느 학생도 나보다 더 큰 행복을 느끼지 못했을 것이다. 잠시 후 우리는 복음전파에 대한 희망과 두려움, 방법들과 수단들, 가능한 방법들과 불가능한 방법들에 대해 깊이 토론했다. 잠자리에 들 시간이 됐을 때 나는 벌써 강원도에는 밝은 미래가 있다는 것을 확신하고 있었다.

대략 사방으로 여덟 자인 작은 방에 누워 마음속으로 하루 동안 있었던 일들을 다시 생각해봤다. 강원도로 온 나의 여정을 초창기 선교사들의 여정과 비교해봤다. 한 겨울에 나는 그분들을 따라서 얼어붙은 압록강을 건넜다. 그분들과 함께 산비탈에서 눈보라 속에 숨기도 했다. 그리고 조선인으로 변장하여 그분들과 같이 사법당국의 추적을 피했다. 그러고는 마침내 나는 그분들을 따라 함께 체포되어 고초를 겪었고, 그분들이 순교자의 영예를 안게 되는 순간에 그분들과 함께 있었다.

만약 우리의 사료(史料)에
더 이상 승리한 전투와 빼앗은 깃발이 보이지 않고
죽음과 패배와 비탄에 잠겨 있다 하더라도
우리의 충성심만은 흔들리지 않으리. —스콧

1941년 2월호

교황청, 퀸란 신부를 교구장에 임명

필자 미상

일간신문에서 이미 발표된 바와 같이 교황청은 토마스 퀸란 신부님을 조선 춘천교구의 교구장으로 임명했다.

춘천교구는 2년 전 메이누스선교회의 관리에 위촉되었다. 그 이래 조선에 있는 우리 선교회의 다른 선교지역인 광주교구의 교구장인 맥폴린 몬시뇰이 신생 교구에 임명될 때까지 임시로 춘천교구의 관리자 역할을 대행해왔었다.

퀸란 몬시뇰은 아일랜드의 티퍼레리군 보리솔레이의 팔라스 출신이다. 몬시뇰은 로스크레아의 마운트 성요셉학교에서 중등교육을 받았고 이어서 털레스의 성패트릭대학에 진학했다.[1] 몬시뇰이 텔레스 학생일 때 메이누스선교회가 결성됐다. 퀸란 몬시뇰은 이 신생 선교회에 지원했고, 1918년 1월 달간 파크에 신학대학이 처음 개교했을 때 입학해, 1920년 사제서품을 받고, 같은 해에 선교지역에 파견되는 첫 사제단의 일원으로 중국으로 떠났다. 미래의 교구장인 몬시뇰은 첫 11년을 한양²교구에서 보내며 갤빈 주교 아래에서 주요보직을 맡았다. 1931년 몬시뇰은 바로 얼마 전 교황청이 우리 선교회에 위탁한 강시성(江西省) 난청(南城)의 선교원으로 전보되었다. 한양에서 보낸 11년간의 경험은 난청에서의 새로 시작하는 선교에 매우 큰 도움이 됐다. 1933년에 퀸란 몬시뇰은 안식 휴가년이 되어 아일랜드로 돌아왔고. 이듬해에 1933년 가을에 교황청이 우리 신부님들에게 사목을 부탁했던 조선의 새 선교지역에 임명되었다. 2년 전 우리 선교회가 조선의 두 번째 선교지역의 복음화를 담당하도록 요청받았을 때, 퀸란 몬시뇰이 새 선교지역 근무를 임명받은 사제단의 지도자로 선정됐다.

퀸란 몬시뇰이 첫 교구장을 맡은 춘천교구는 약 일만 평방마일 정도로 이루어져 있다. 인구는 대략 150만 명이며 그중 일만 명가량이 천주교 신자다. 우리 신부님들이 도착하기 전까지 춘천지역은 그 이름도 빛나는 파리외방선교회가 담당하는 서울대교구의 관할하에 있었다.

춘천교구에서 퀸란 몬시뇰과 활동 중인 신부님들의 명단은 다음과 같다.

패트릭 브렌난 신부님(미국 시카고교구 출신)

제랄드 매리난 신부님(아일랜드 다운앤코너 출신)

버나드 게라티 신부님(아일랜드 엘핀 출신)

토마스 넬리간 신부님(아일랜드 클로인 출신)

제임스 도일 신부님(아일랜드 미스 출신)

프랜시스 맥간 신부님(아일랜드 미스 출신)

제임스 맥긴 신부님(아일랜드 다운앤코너 출신)

프랜시스 갤러거 신부님(아일랜드 애콘리 출신)

프랜시스 헐리히 신부님(교회법 박사, 아일랜드 두네딘 출신)

요셉 다이버 신부님(아일랜드 라포 출신)

앤서니 콜리어 신부님(아일랜드 아르마 출신)

허버트 헤이워드 신부님(그리스도교회 출신)

패트릭 디어리(아일랜드 데리 출신)

패트릭 맥고완 신부님(아일랜드 데리 출신)

필립 크로스비 신부님(호주 발라렛 출신)

1941년 2월호

조선 천주교 박해 사건들의 회고

조선 강원도 춘천교구
브라이언 게라티 신부

정 신부님[1]께서 궁금해하시는 듯이 우리를 둘러보시며 물어보셨습니다. "강원도의 초창기 천주교에 대해 제가 이야기해준 적이 있던 가요?"

　우리 외국인들은 신부님이 이야기해주신 적이 없다고 말씀드렸지만, 함께 있는 조선인 신부님들은 그 이야기를 전에 들은 적이 있는 것 같다는 생각이 들었습니다. 적어도 그들은 그 내막을 알고 있다는 듯이 만족스럽게 서로를 쳐다보며 앞으로 신부님께서 들려주실 이야기가 어떤 내용인지, 그리고 그 이야기가 참 좋은 내용이라는 것을 알고 있다는 듯이 편한 자세로 의자에 앉아

이야기에 귀를 기울였습니다.

마침 풍수원에서 성체성혈대축일(聖體聖血大祝日) 행렬이 있었던 때였습니다. 관례에 따라 이웃 본당들에서 많은 신부님들이 행사에 참여하기 위해 오셨습니다.[2] 전부 열 분의 신부님이었는데, 그중 여섯 분은 조선인 신부님이었습니다.

행렬은 대성공이었습니다. 화창한 아름다운 날이었고 주변 경관(景觀)이 매우 좋았습니다. 온 천지에 꽃들이 만개해 있었습니다. 산들은 꼭 궁중의 어릿광대가 쓰는 고깔모자처럼 화려한 색상으로 울긋불긋했습니다. 수천 명의 신자들이 왔지만 준비가 잘 되어 있어서 예식은 매우 질서정연하게 잘 치러졌습니다. 모든 것이 순조롭게 끝났고, 연로하신 본당 신부님이신 정 신부님(연세가 일흔여덟 살로 교구에서 가장 연세가 높은 사제이시다)께서는 애써 태연한 척하려 하셨지만, 분명 점잖으신 체면에 손상되지 않을 만큼 매우 자랑스러워하셨습니다. 분명 신부님은 그날 작은 자기만족을 누릴 충분한 자격이 있었습니다. 우리 모두 신부님이 자랑스러웠습니다. 그리고 신부님이 신부들과 신자들로부터 받았던 많은 칭송들은 진정한 찬사들이었습니다.

정 신부님은 우리에게 근사한 저녁식사를 대접하셨는데, 아침에 분주하게 움직였던 터라 두 배로 반가웠습니다. 식사 후 우리는 편한 자세로 의자에 기대어 앉아 각자 생각에 잠겨 있었는데, 그때 정 신부님께서 강원도에서의 초창기 천주교에 대해 이야기를 들려주겠다고 하신 것이었습니다. 말할 필요도 없이 우리 모두는 기대에 들떴습니다. 그때 분위기가 그런 이야기에는 안성맞춤이었기 때문입니다.

오늘 그 행렬을 생각하면(정 신부님은 잠시 생각에 잠기셨습니다) 그 모든 일들이 다시 떠오릅니다. 시대는 분명 변했지요. 제가 신부님들 중 몇 분들처럼 젊었을 때(신부님은 퀸란 신부님을 쳐다보셨는데 퀸란 신부님은 겨우 스물한 살밖에 안 된 선교사이시다), 남들이 보는 앞에서 야외에서 행렬에 참가할 수만 있다면 더 이상 소원이 없겠다고 생각했던 것이 기억납니다. 하느님께 감사하게도 마침내 우리는 정부나 다른 사람들의 분노를 돋우지 않고도 우리가 하고 싶은 대로 모여서 예배행사를 드릴 수 있게 되었습니다.

제 생각에는 분명 신부님들도 모두 이 강원도 신자들과 이야기를 하면서 조상 대대로 내려온 자기네 천주교 신앙에 대한 긍지를 가지고 말하는 것을 들었을 것입니다. 개중에는 일곱 세대, 여덟 세대로 거슬러 올라간다고 말하는 신자도 있을 겁니다. 이렇게 말하면 아마 신부님들은 강원도가 조선에서 처음으로 선교가 이루어진 곳들 중 하나라 생각될 겁니다. 그러나 사실은 강원도는 선교가 가장 늦게 된 지역입니다. 신부님들도 알다시피, 강원도는 이 나라에서 가장 가난한 도(道)이고 산세가 가장 험하고 인구가 가장 적은 도입니다. 초창기에 강원도는 선교사들에게 많은 편의를 제공할 수 없었기 때문에 자연히 선교사들은 자신들의 사목활동으로 더 많은 결실을 기대할 수 있는 지역으로 갔습니다.

초창기 조선 천주교 신자들이 강원도로 피신하다

그러나 박해가 점점 가혹해져가자 오래된 천주교 가정 중 많은 가정들이 안전한 곳은 강원도뿐이라는 것을 알고는 가족을 이끌고 이 산속으로 피신을 와 정착하게 되었습니다. 그러나 후일 박해가 끝났을 때 그들은 이미 강원도에 잘 정착을 했기에 이전의 고향으로 가겠다는 생각을 하지 않게 되었습니다. 그리하여 강원도에는 전국에서 가장 오래된 천주교 가정들이 많이 있게 되었고, 또 그들의 친척 중에 복자(福者)로 시복(諡福)된 순교자들이 몇씩이나 있는 집안들이 있게 된 것입니다.

다른 지역에서 온 이런 천주교 신자들의 유입과 더불어 선교사들도 또한 그들이 돌봐야 할 양 떼들의 영적(靈的)인 요구를 보살펴야 했습니다. 이 풍수원 교구는 가장 먼저 설립된 곳들 중의 하나입니다. 풍수원 교구는 1886년에 설립되었는데 조선이 대목구(代牧區)[3]로 설립되고 54년이 지난 후였습니다.

르메르 신부님

풍수원의 첫 교구 담당 신부님은 파리외방선교회 소속의 루이 르메르 신부님이었는데 신심이 깊고 매우 열정적인 분이셨습니다. 무척이나 힘든 난관들에 맞서면서 르메르 신부님은 부단한 노력을 하시며 교구내의 이교도들을 개종시키는 사목에 10년간 헌신하셨습니다.

당시는 지금처럼 선교사들이 활동하기가 쉽지 않았던 시절이었습니다. 1882년 5월 5일의 조약[4]에 따라 외국인들이 조선에 입국하는 것이 정식으로 허용되었는데, 이 나라는 아주 초기부터 외국인에게 닫혀 있었고, 발각되면 사형을 당했습니다. 그러나 이 조약의 체결로 모든 조선인 이교도들의 가슴속 깊이 뿌리를 내린 채 타오르고 있던 외국인들에 대한 증오가 금방 사라졌으리라고 생각하는 것은 잘못입니다.

우선, 조약 자체가 큰 반대에 부딪혔습니다. 그 조약은 조선에서 가장 강력한 몇몇 정치 세력들에게는 받아들일 수 없는 것이었고, 그들은 조선을 오랜 세월 동안 다른 나라들에서 고립시켜 '은자의 왕국'이라는 별칭을 얻게 한 맹목적이고 지각 없는 정책을 계속 유지시키고 싶어 했습니다. 조약에 대한 반대가 실제로 어마어마해서 1882년 7월에는 격분한 무리들이 국왕과 일본인들에 반대하는 궐기[5]를 일으켰습니다.

몇 세대에 걸쳐 외국인들을 경멸감과 증오심을 갖고 대하도록 배워온 국민이 그들의 관점을 쉽사리 바꾸지 않으리란 점은 잘 알 수 있는 것입니다. 수 세대에 걸친 이런 편견이 사라지기까지는 수십 년이 걸렸습니다.

르메르 신부님이 풍수원 교구에 오셨을 때는 외국인에 대한 반감이 여전히 높던 때였습니다. 목숨을 부지하기 위해서 선교사들은 미리 조심할 필요가 있다는 것을 알게 되었습니다. 그래서 선교사들이 흔히 썼던 방법은 조선인으로 변장하는 것이었습니다.

르메르 신부님의 변장

다른 많은 동료 선교사들처럼 르메르 신부님도 이 방법을 사용했습니다. 처음부터 신부님은 완전히 조선 선비처럼 보이기 위해 꾸몄습니다. 그러기 위해서는 옷을 완전히 바꿔 입어야 했는데 신부님에게는 매우 불편한 것이었습니다. 옷 이외에도 신부님은 조선 남자들 대부분이 하듯이 머리카락을 길게 길러 머리 위에서 상투를 틀어야 했습니다.

이 괴로운 시기가 끝나는 마지막 날까지 상투를 트는 것은 르메르 신부님에게는 크나큰 고생이었습니다. 신부님은 상투 트는 법을 끝내 익히지 못해서 매일 아침마다 한 조선인이 와서 신부님의 상투를 틀어줘야 했는데, 상투를 트는 과정이 몹시 불편했지만 신부님은 한 번도 불평을 하거나 불편해하는 기색을 내비친 적이 없었습니다.

말총으로 만든 갓을 써 체통 있는 선비의 모습으로 온전히 갖춘 뒤, 르메르 신부님은 말을 타거나 걸어서 길고 지루한 여행을 많이 하셨습니다. 신부님은 먼 길을 많이 다니셔야 했는데, 왜냐하면 풍수원 교구는 지금도 넓지만 당시에는 훨씬 더 넓었기 때문입니다. 풍수원 교구는 그 후 15개 교구로 나뉘어졌지만 신부님들도 잘 알다시피 각 교구는 그래도 큽니다. 르메르 신부님은 15명의 신부님이 할 몫의 일을 혼자서 다 하셨고 당시엔 지금만큼 신자 수가 많지 않았다고 하더라도 당시 사목활동을 힘들게 한 것은 신자들의 수가 아니라 신자들에게 가는 것이 어려웠다는 점이라는 것을 말해두고 싶습니다.

르메르 신부님의 노고는 많은 이교도들의 개종으로 보상을 받았지만, 신자들이 모여서 미사를 드릴 곳이 없는 것이 르메르 신부님에게는 또 큰 걱정거리였습니다. 어떤 건물을 세울 계획을 하기엔 르메르 신부님이 가진 것이 너무 없었고, 그뿐만 아니라 여타 다른 사정들도 이와 같은 계획을 세우고 착수하기엔 시기가 너무 일렀습니다.

르메르 신부님의 후임자

모범적인 선교사였던 르메르 신부님께서 잘 운영해온 풍수원 교구에 제가 1896년에 부임하게 되었습니다. 그때부터 쭉 이곳에 있었으니 한 44년이 된 것 같습니다. 도착한 그 순간부터 저는 저의 보살핌에 맡겨진 이곳의 신자들과 안면을 익히기 시작했습니다. 그러나 그것은 쉽지가 않았는데, 박해에 대한 두려움이 여전히 남아 있어서 신자들은 자신들이 신자임을 노출시키는 불필요한 위험을 무릅쓰려하지 않았기 때문입니다. 저는 매우 조심스럽게 일을 진행할 수밖에 없었고 신자 방문도 남들 눈에 안 띄게 하는 수밖에 없었습니다. 설상가상으로, 신자들은 최대한 남들의 발길이 닿기 힘든 곳에 살고 있었습니다. 신자들을 만나러 하루에 50마일을 걸어가는 것이 제겐 특별한 일이 아니었습니다.

도로 비슷한 것이라도 있었더라면 좀 나았겠지만 그런 것도 없었습니다. 그래서 어느 산길로 걸어갈 것인지를 택할 수밖에 없었는데, 그래봐야 길이 험하기는 마찬가지였고, 피곤해서 잠깐 누워서 쉬었다 가야겠다라는 생각이 들면, 산에서 어둠을 만나면 아마 늑대에게 잡혀먹게 될 것이라는 위로의 생각을 하면서 쉬는 수밖에 없었습니다.

교구가 너무 넓어서 외곽지역을 다니는 데 일 년에 석 달이 걸렸는데, 그 석 달은 대부분 계속 걷는데 걸리는 시간이었습니다.

신부님이 머무는 동안 신자들이 내준 집들은 어느 지역에서든 간에 몹시 초라했습니다. 집들은 흙바닥에 이가 들끓는 침상이 있는 산중의 토담집이었습니다. 짚단을 엮은 지붕은 너무 낮아서 사제는 몸을 굽힌 채로 거친 기다란 나무 의자를 제대(祭臺)로 쓰며 미사를 드려야 했습니다.

하지만 신자들의 소박한 신앙이 그 모든 고생을 상쇄해주었습니다. 신부의 방문에 기뻐하는 모습, 신부의 안전을 염려하는 모습, 그리고 기도에 전면하는 모습 등 이 모든 것들이 합쳐져서 좀 더 편한 환경에 있는 신부님들이라면 아마 결코 느껴보지 못할 그런 평화로움을 느끼게 해주었습니다.

조선 천주교회, 지하에서 올라오다

외국인들과 그들이 들여온 교회에 대한 편견은 서서히 가라앉았고 이 세기(世紀)가 시작될 무렵에는 신부님들이 좀 더 공개적으로 사목활동을 하는 것이 가능해졌습니다. 오래지 않아 전국에서 교회들이 생기기 시작했습니다.

그 동안 내내 우리 신자들은 작은 집에 모여 미사를 드리는 것으로 만족해야 했지만, 신자 수가 늘어남에 따라 1907년에 저는 풍수원에도 성당을 세울 때가 되었다고 결정했습니다. 우리는 3월에 성당을 짓기 시작해 이듬해 11월에 성당을 완공했습니다.[6] 신자들은 아낌없이 도움을 주었습니다. 낮 동안에 신자들은 들판에 나가 자신들의 생업에 종사했고 저녁이 되면 건축자재를 운반하거나 성당을 짓는 데 도울 수 있는 일은 무엇이든 다 했습니다.[7] 그리하여 우리는 아주 적은 비용으로 성당을 완공하는 것이 가능하다는 것을 알 수 있었습니다. 지금 우리가 앉아 있는 이 집은 성당을 짓고 나서 5년 후에 지은 것입니다. 여러분이 보시다시피, 두 건물 다 세월의 풍파를 잘 견뎌내고 있습니다.

국내의 혼란

1907년부터 1911년까지, 조선은 온갖 사회적 혼란에 빠졌습니다. 서로 갈등하던 정치 조직들이 저마다 정부 통제권을 장악하고 자 혈안이 되어 있었고, 그 결과 내분상태가 오래도록 심하게 계속되었습니다.

이런 정치조직 중 가장 유명한 하나는 '의병(義兵)'이란 명칭으로 알려져 있었습니다. 의병의 지도자들은 주로 구(舊)체제의 상태가 존속되는 것을 바랐으며, 조선의 모든 현대적 발전을 극렬하게 반대했습니다. 다른 조직들은 조선의 행정과 교육제도의 급진적 변화를 주장했습니다. 이들은 심지어 국교(國敎)를 세우려고 시도했지만 그다지 성공을 거두진 못했습니다.[8]

1911년 이래로 강원도에서 배교(背敎)를 한 사람은 거의 없었습니다. 신부님들은 신부님들 본당에서 교회가 얼마나 번창하고 있는지 잘 알고 계시기 때문에 굳이 제가 풍수원에서 교회가 번창하고 있다는 이야기를 해드릴 필요가 없을 것 같습니다. 여러분은 오늘 행사를 보셨습니다. 그것으로 충분할 것입니다.

어린아이가 그들을 인도하게 하라

깊은 신심을 지녔던 한 작은 소녀의 이야기

조선 광주교구
프랭크 우즈 신부

어딘가에서 북이 울리고 있었다. 이제 나는 그 불길한 소리를 안다. 전에도 그 소리를 몇 번 들어본 적이 있는데, 이상한 주문도 함께 들렸다. 그 소리는 성당 옆에 있는 집에서 무당이 시끄럽게 북을 치는 소리였는데, 그 집에는 우리 신자가 될 열두 살의 권춘기가 살고 있었다.

권춘기의 가족은 완전히 외교인이었다. 그러나 권춘기는 천주교 교리를 배웠고 그것을 매우 소중히 여겼다. 그 아이는 세례를 받기에 충분할 만큼 교리에 대해 알고 있었고 몹시 세례를 받고 싶어 했다. 이따금씩 권춘기는 미사에 왔다. 나는 그 애에게 왜 일요일마다 오지 못하는지 물어봤다. 풀이 죽은 채 그녀가 대답했다. "나는 신심(信心)이 있어요. 하지만…" 그러고는 그 아이는 고개를 떨구었다. 내가 아무리 여러 번 물어도 항상 그 아이는 수줍어하며 끝까지 대답을 다 하지 못했다.

몇 달 전 저녁을 먹고 성당 마당으로 나왔을 때 나는 무당이 또 우리 성당 옆에서 굿을 하고 있는 것을 알았다. 저녁 공기가 무당의 단조로운 불안한 북소리로 고동치고 있었다.

"저 사람들 또 시작이구만." 우리 성당의 믿음직한 청년들 중 한 명인 김 프란치스코가 말했다. 나는 귀를 기울였다. 그랬다. 그 낯익지만 항상 이상한 소리가 같은 방향으로부터 들려오고 있었다. 나는 가엾은 어린 권춘기와 그 아이의 신심을 머릿속에 떠올렸다. 저 외교인의 귀청이 터질 듯한 북소리 옆에서 그 어린아이의 심장 뛰는 소리는 얼마나 미약한가!

다음 날 아침에 아침밥을 먹고 나왔을 때 교우 한 사람이 급한 소식을 가지고 들어왔다. "성당 옆집에 사는 남자가 병세가 매우 위독하답니다. 자기가 곧 죽을 것을 알고 교리 선생님을 불러오랍니다."

나는 급히 교리교사를 보내 사정을 알아보도록 했고, 그가 돌아오기를 열심히 기다렸다. 무당의 북소리로 시끄럽던 그 집은 이제 잠잠해졌다. 내가 보낸 교리교사가 반가운 손님이었던 것이다. 선교사가 돌아와 놀라운 소식을 전했다.

아버지의 굴복

"그 남자가 세례받을 준비가 되어 있습니다"라고 교리교사가 말했다. "그의 딸 권춘기가 이미 그에게 교리를 가르쳐놓았답니다! 하지만 그가 마음에 걸려하는 것이 하나 있답니다. 지난 몇 년 간 그의 어린 딸은 매주 성당에 가고 싶어 했지만 그때마다 그가 못 가게 했답니다. 게다가 집에 무당을 불러들였었지요. 이제 자기가 잘못했다는 것을 알고선 그 때문에 걱정하고 있습니다."

"그래서 뭐라고 했습니까?"

"그런 일을 한 것과 그 밖의 모든 죄에 대해 통회¹하라고 했습니다. 세례성사를 받으면 하느님께서 용서해주실 것이라고 말해 줬습니다."

그랬다. 아버지의 머뭇거리는 외교인 생활과 어린 딸의 천주교 신앙에 대한 사랑 사이의 갈등, 그것이 바로 권춘기가 털어놓을 수 없었던 상심(傷心)이었고, 내 앞에서 고개를 떨구고 서서 수줍어하며 미처 털어놓지 못했던 그 대답이었다. 무당의 북소리는 그 애의 귓전에서 무섭도록 가깝고 컸다. 그러나 그 아이에게는 좋은 기회였다. 그 아이는 고집스러운 아버지가 자기가 가르치는 짧고 간결한 교리공부에 귀를 기울이도록 실제로 설득해냈다. 그리고 그 아이는 그 기회를 최대한 잘 이용했다. 바로 얼마 전까지만 해도 시끄러운 무당굿을 갈망하던 그 병든 사람이 이제 천주교 신자로서 죽음을 맞이하길 바라게 됐다. 곧 그는 세례를 받게 될 것이고 모든 것이 잘될 것이다.

절정(絶頂)

절정의 순간은 내 예상보다 훨씬 더 일찍 찾아왔다. 그날 저녁 마당에 나가려고 하고 있는데 "그 사람이 죽어가고 있습니다" 하고 고함치는 소리가 들렸다. 나는 유리잔에 물을 담아 들고 그에게 쫓아가 막 임종하기 전에 도착해 세례를 줄 수 있었다.

이제 매주 일요일 아침마다 성당에 제일 먼저 나와 있는 사람들은 권춘기와 그 아이의 어머니, 그리고 그 아이의 오빠다. 임종의 자리에서 그들의 아버지는 그들이 성당에 잘 나가길 바란다는 간절한 소원을 남겼다.

열두 살짜리 소녀의 가슴 뛰는 소리가 미신(迷信)의 죽음의 북소리를 잠재운 것이었다.

말괄량이 '왈바리'

조선 목포 가톨릭선교회
패트릭 모나간 신부

이웃사람들은 그녀가 어렸을 때 말괄량이라는 뜻인 '왈바리'라고
그녀를 불렀고, 그 별명은 계속 그녀에게 붙어 다녔다. 그녀는 어
렸을 적에 행동이 제멋대로인데다 충동적이어서 그런 별명을 얻
게 된 것이었다. 내가 그녀를 처음 만났을 때 그녀는 일흔 살이었
는데, 옆에 있던 사람들이 그녀를 친밀하게 별명으로 부르는 것을
듣고도 나는 별로 놀라지 않았다. 그녀를 부를 다른 호칭을 알고
있는 사람이 아무도 없었던 것 같았기 때문이었다.

45년이 넘는 세월 동안 왈바리는 이곳 목포에서는 유명인사였
는데 관습을 무시하는 그녀의 성격 때문에 목포에서 그녀는 '괴

짜'라는 평판을 얻게 됐다. 그리고 악착같이 일한 덕분에 그녀는 그럭저럭 돈을 모으게 됐다. 그러나 한편으로 그녀는 신심이 깊은 독실한 불교 신자였다. 주로 그녀의 노력으로 마을을 내려다보는 곳에 사찰이 하나 세워졌고, 이 절에 그녀의 이름이 새겨졌다. 가난한 사람들에 대한 그녀의 관대함은 본보기였다. 계산적이지 않고 충동적인 성품 탓에 그녀는 추위에 떨고 있는 걸인을 보면 외투나 겉옷을 벗어서 줘버리곤 했다.

죽기 몇 달 전에 왈바리는 천주교회에 대해 알게 되었다. 그녀는 우연히 우리 여성 선교사 중 한 사람을 만나게 됐는데 그 선교사는 그녀에게 사후(死後)의 삶에 대한 천주교의 가르침을 설명해 줬다. 왈바리는 깊은 인상을 받은 듯했고, 불교 승려를 청해서 그 문제에 관한 설명을 부탁했다. 그 승려의 설명을 들어본 후 그녀는 다시 선교사에게 오라고 했다. 불교 승려와 우리 선교사를 번갈아가며 부르기를 며칠 동안 계속하더니, 어느 화창한 날 그 불교 승려는 더 이상 오지 않아도 된다는 말을 듣게 됐다. 왈바리는 서두르기는 했지만 진심으로 세례를 받을 준비를 했고, 앞서 말한 그 선교사에 의해 세례성사 준비를 하게 되었다.

임종이 아주 가까웠지만 그래도 왈바리는 몇 주를 더 숨을 이어갔다. 그녀는 세례성사 의식을 치르고 병자성사를 받기 위해 사제를 청했다. 나는 그녀가 행복하게 죽음을 받아들이는 모습을 보았다. 그녀는 새로운 이름, 즉 세례명을 갖게 되었고 자신의 세례명이 무엇인지를 재빠르게 나에게 말했다. 그러고 나서 그녀는 잠시 후 행복하게 임종을 맞이했다.

1942년 2월호

조선의 생활양식

조선의 주택, 조선의 음식, 조선의 신자들

조선 광주교구 메이누스선교회
패트릭 데블린 신부

평범한 조선주택은 목재와 진흙, 볏짚으로 지어져 있다. 세부적인 자재들은 약한 것 같아도 조선의 주택들은 내구성이 꽤나 강하고, 훨씬 더 튼튼한 구조물들의 기초를 흔들 정도의 강력한 폭풍마저도 견뎌낸다. 바닥은 땅바닥에서 1피트 정도 혹은 그 이상으로 위로 떨어져 있는데 약 2인치 두께의 화강암 석판으로 만들어졌고, 이음새에는 시멘트가 정교하게 발라져 있다. 그리고 기름먹인 두꺼운 종이에 풀을 야무지게 칠해 전체 바닥 위를 덮는다. 조선인들은 실내에서는 신발을 신지 않는다. 버선을 신은 발로 바닥을 밟고 다니면 기름먹인 종이는 닳아서 비단처럼 부드러워진다.

혹심한 추위가 몰아치는 겨울철 난방을 위해서 여러 개의 열기송관(熱氣送管)이 바닥 밑에 깔려 있다. 주택 외부의 트인 구멍에서 불을 지피면 연기가 관을 타고 지나가면서 방, 즉 바닥 위에 있는 방들에 온기를 전하게 되는 것이다. 조선의 주택에는 굴뚝이 없기 때문에 연기가 아주 잘 빠져나간다. 한 번은 내가 앉아 있던 근처 툇마루의 트인 구멍에서 연기가 나오는 것을 보고 궁금해했던 기억이 있다.

조선의 음식

조선의 주식(主食)은 다른 극동(極東) 지역과 마찬가지로 쌀인데, 여기에 약간의 생선을 곁들여 먹는다. 조선인들은 다양한 야채를 좋아하는데, 어떤 것들은 날로 먹기도 하고, 또 어떤 것들은 데쳐서 먹기도 한다. 조선인들이 가장 흔하게 먹는 것은 단연 김치인데 이것은 조선 고유의 채소 절임으로, 그 시큼하고 지독한 냄새는 조선 곳곳에 배여 있다. 모든 조선의 주택에는 김치 항아리들이 줄지어 놓여 있는데 그중 큰 것은 10~12갤런 정도의 용량이며 여러 달을 먹을 수 있는 양의 김치가 발효되고 있다. 조선의 가정 주부는 김치 항아리를 여러 개 갖고 있을수록 특별한 자부심을 느낀다.

조선인 신자들

처음으로 조선인 신자들의 모임에 갔던 때를 나는 결코 잊지 못할 것이다. 조선의 성당 안에는 의자가 없고 신자들은 방석이 있으면 그 위에, 없으면 맨바닥에 그냥 쪼그리고 앉는다. 옛날부터 조선에는 의자가 알려져 있지 않았고 오늘날 가장 부유한 조선의 가정에서도 의자는 사용되고 있지 않다. 가족들과 손님들, 그리고 만일 가족을 방문한 신부가 있다면 신부마저도 방석 위에 쪼그리고 앉거나 무릎을 꿇고 앉는데, 서양인들 대부분은 불편해할 자세다.

한편 조선의 신사들은 신발을 문가에 벗어 두는 반면에 모자는 계속 쓰고 있다. 조선에 처음 온 선교사는 첫 날 아침 미사 중 성체성사를 할 때 딱딱한 모자를 쓴 조선 남성을 보곤 약간 놀란다. 반면에 남성과는 대조적으로 조선 여성은 결혼을 하는 경우나 경제력이 뒷받침되어 값비싼 모자로 치장하는 경우가 아닌 이상 모자를 쓰지 않는다. 하지만 성당에서는 모든 경우 기다란 흰 미사보를 착용하며, 그 때문에 일요일 아침의 여성 신자들이 앉은 곳은 견습수녀들이 모여 있는 모습과 비슷하게 보인다.

조선의 공소
내 교구 신자들과 함께한 저녁

조선 메이누스선교회
토마스 케인 신부

신발을 벗어 두고 승강단(壇)[1]에 올라 집 안에 들어갈 때는, 몸을 굽혀야 한다. 황토색의 기름먹인 종이를 발라놓은 방바닥이 뜨뜻한 것을 알고는 놀란다. 오히려 기분 좋은 느낌이다!

완전한 조선식

그 집은 우리 선교회의 한 선교사 집이었는데, 동해를 내려다보는 산 끝자락에 웅크린 전형적인 조선 마을에 있는 완전한 조선식 주택이었다.

그 집에 있는 큰방은 미사를 드리는 장소로 쓰이고 있었고, 각각 사방 6피트가량의 다른 세 개의 방들이 이 집의 나머지 실내 구조였다. 이 네 개의 방들은 서로 통하게 되어 있는데 각 방 사이에는 미닫이가 있고, 미색 종이²를 바른 격자무늬의 나무 여닫이 문³을 통해 승강단 또는 작은 현관⁴과 통한다. 햇빛은 대부분 이 종이 바른 문을 통해 들어오며 응달쪽 창문(solitary window)으로는 들어오지 않는데, 이 창문은 방바닥에 앉았을 때의 눈높이보다 위에 달려 있다. 나중에 사람들이 모이자 미닫이를 젖혀 두 방이 합쳐졌지만 그래도 여전히 작은 방이었다.

조심스레 시험해보니 천장 높이는 내가 걱정 없이 똑바로 반듯이 일어설 수 있는 딱 그 정도의 높이였다. 방 안을 재빨리 살펴보니 가구는 고작 하나가 눈에 띄었는데, 사제가 고백성사를 줄 때를 제외하곤 편리한 선반으로 사용되는 작은 의자였다. 예의를 갖춰서 외투를 입고 있을 수도 있었지만 구석에 박힌 못에다 외투를 걸고, 사람들이 권하는 대로 자리에 앉았다. 물론 나는 하나밖에 없는 의자를 당겨서 거기에 앉을 수도 있었지만, 의자에 앉아 다른 사람들을 내려다보는 것은 어울리지 않는 것 같았고, 또 앞서 잠시 언급했듯이 의자가 편안해 보이지도 않았다.

의자에 앉으려는 생각을 단념하고 나서 자리를 잡고 쪼그리고 앉았다. 그러고 나서 편하게 하려고 등을 벽에 기대고, 다리를 모양 없이 너무 쭉 펴지 않으려고 노력했다. 나는 가장 키가 크고 풍채가 좋은 조선인 한 사람이 너무나 위엄 있게 책상다리를 하고 앉아서 몸을 앞뒤로 무아지경에 빠져 흔들흔들 할 수 있는 것이 부러웠다.

집주인이 오렌지, 사과, 배를 담은 과일접시를 내왔다. 남자 한 사람이 주머니용 칼을 꺼내 펼쳐서 건네주고는 나더러 과일을 잘라 먹으라고 권했다. 나는 귤을 하나 집어서 껍질을 벗겼다. 그러고는 대화가 시작됐다. 곧 내가 할 말이 별로 없어지자 나와 함께 온 선교사가 말을 이어받았다.

그리고 내가 왔다는 소식을 듣고는 여인들이 고백성사를 보기 위해 모여들었다. 나는 한 방에서 하나뿐인 의자에 앉았고, 그들은 옆방에서 삐죽하게 열린 미닫이를 통해 고백을 했다.

저녁식사 시간

그리고 저녁식사 시간이 됐다. 두 명의 선교사, 집주인이 나와 같이 식사를 하게 되어 있었다. 음식은 집 밖의 화덕에서 조리했다. 음식을 만드는 동안 1피트 높이도 안 되는 세 개의 작은 테이블[5]이 차려졌고, 테이블 위에는 국과 밥이 담긴 놋그릇, 생선, 해초, 계란이 담긴 더 작은 접시들, 놋젓가락과 납작한 놋숟가락이 놓여 있었다.

테이블 가까이에 가려고 할 경우 두 다리를 어떻게 할 것인가 하는 문제가 다시 발생한다. 식사 중에는 말을 할 필요가 없었지만 소리를 많이 낼수록 더 좋은 것으로 여겨졌다. 중국인들과 마찬가지로 조선인들도 손님이 소리를 내며 음식을 먹지 않으면 음식을 맛있게 먹지 않는다고 생각한다. 음식은 맛있어 보이지 않았고, 또 그 음식을 통해 걸릴 수 있는 질병들에 대해서도 많이 들어봤었다. 그러나 맛은 괜찮았다. 이곳의 신자들이 집에서 만들어 신부에게 가져다주는 것과 같은 잘 요리한 조선음식은 기다려질 정도다. 식사 맛이 좋아서 나는 잘 먹었는데, 적어도 밥그릇이 움푹 파일만큼 먹었다. 특별히 신부를 위해서 만든 맛난 음식이 있었는데, 내가 다 먹지 않고 남기자 함께 식사를 하던 두 사람이 남김없이 먹어 치웠다. 식사 중에 나는 얇은 놋대접으로 물을 마셨는데 그 물은 밥을 지을 때 쌀을 끓인 물[6]이었다.

우리는 방바닥 가운데에 놓인 촛불 옆에서 식사를 마쳤다. 그리고 그날 저녁의 볼일이 시작됐다.

여자들이 방 안에 들어와 천천히 무릎을 꿇고, 바닥에 입이 닿을 정도로 몸을 숙이고는 "찬미 예수"라고 말한다. 그러면 나는 "아멘"이라 답하고 고개를 끄덕인다. 이따금씩 그들 중 한 명이 한두 개의 질문을 쏟아낼 것이다. 그러고는 그들은 다른 방으로 모인다.

질문 시간

남자들은 한꺼번에 찾아왔다. 거의 모든 이가 수염을 기르고 있었는데, 수염은 기르기가 아주 쉽지 않아서 위엄의 상징이었다. 마치 인위적으로 붙여놓은 것처럼 수염 한 올 한 올이 눈에 보였다. 염소수염은 볼품없었음에도 불구하고 그들은 말하거나 생각할 때 자랑스럽게 쓰다듬으며 서너 모금 대나무 담뱃대로 담배를 피웠는데, 그들은 담뱃대에 계속 담배를 채워 넣는 것 같았다.

그들은 많은 것을 물어봤는데 세세하고 사사로운 것들이었다.

"언제 세례를 받으셨지요?" 그리고 내 모든 친척, 심지어 내 조부모까지도 천주교 신자였다는 것에 놀라워했다.

"아일랜드가 미국보다 조선에 더 가깝습니까?"

"학교는 몇 년 동안 다니셨습니까?" 여섯 살 때부터 학교에 다녔다고 말했을 때는 체면이 많이 섰지만, 한자는 전혀 모른다고 솔직히 털어놓았을 때는 체면이 구겨지고 말았다.

그들은 영어를 쓰는 것을 보고 감탄했다. 그러나 그들은 책을 거꾸로 들고 살펴봤다. 그들 모두 영어책들이 훌륭하고 한 권을 읽는 데 몇 년은 틀림없이 걸릴 것이라는 데 의견이 일치했다.

그리고 남자들의 고백성사를 보았고 그러고 나서 저녁기도를 바쳤다. 저녁기도를 바친 후 남자들이 다시 들어왔는데 이번에는 신학토론을 하기 위해서였다. 그들은 탠퀴리[7] 책에서도 찾아볼 수 없을 만큼 많은 어려운 문제를 제기하고 그것을 해결했다. 그런데 꼭 성 토마스[8]의 가르침에 부합한 것은 아니었다. 나는 그냥 구경꾼일 뿐이었다. 그들은 진지하게 토론에 임했고 서로를 도와 문제를 해결했다.

잠시 후 이불이 들어왔는데, 나는 잘 시간이 됐다는 것을 알았다. 저녁을 잔뜩 먹은 데다, 담배들을 피워대고, 말이 통하지 않아 힘들다보니 나는 더 피곤했었다. 그래서 내 방문객들이 촛불을 들고 옆방으로 건너가 미닫이를 닫자 너무나 반가웠다.

보통은 이불로 몸을 덮지만 방바닥이 가끔 너무 뜨거웠기 때문에 나는 아예 방바닥 위에 이불을 깔았다. 그래서 나는 있던 자리의 이불은 내 밑에 깔고 외투를 몸 위에 덮고 누웠다. 베고 자라고 조선식 베개(나무토막[9]이다)를 내게 줬다. 그래도 나는 8시간 동안 곤히 잠을 잤다.

다음 날 아침이 되자, 이른 시간에 미사를 드렸고 그러고 나서 돌아왔다.

1943년 4월호

조선의 추억

메이누스선교회
제랄드 매리난 신부

눈 덮인 산의 나라. 험상궂고 사람을 반기지 않는 수수께끼 같은 산들. 기암절벽 속에 이교(異教)의 신들을 모신 사원을 품고 있는 산들. 감시하는 눈초리로부터 악령숭배, 무술(巫術), 그리고 알 수 없는 그 밖의 이교적인 종교의식들을 감추고 있는 산들. 그 기나긴 세월 동안 성당의 종소리가 한 번도 울려 퍼진 적이 없고 어떠한 성당 첨탑도 지켜본 적이 없는 산들. 삭막하고 냉정한 산골.

106년 전의 조선

1836년 성탄절, 샤스탕 신부님[1]이 조선 국경에 도착했을 때 그분의 눈에 비친 광경이 그랬다. 파리외방선교회 소속으로 샤스탕 신부님은 변장을 하고 조선에 입국해, 조선정부의 탄압에 저항하며 이 나라에 깊이 뿌리내린 이교(異教)를 근절하고자 노력한 최초의 선교사들 중 한 분이었다. 선교사로서 신부님의 일생은 짧았다. 모든 외국인의 조선입국을 금지한 법을 위반한 죄로 샤스탕 신부님은 1839년 9월 21일, 조선 관헌들에 의해 처형당했다.[2] 그러나 신부님과 함께 순교를 하신 용감한 다른 두 선교사, 앵베르 주교님과 모방 신부님과 마찬가지로 신부님은 신앙의 씨앗을 뿌렸다. 그분의 순교로 인해 조선은 마지막 사제를 잃었지만 그 씨앗은 계속해서 자라났다.

조선, 1942년의 성탄절

점점 더 많은 수의 다른 선교사들이 조선에 들어와 그 일을 이어받아 계속하고 있다. 하느님께서 그들의 노력에 많은 은총을 내려주셨다. 1942년 성탄절에는 15만 명이나 되는 조선인들이 베들레헴에서 갓 태어난 아기 예수 앞에 무릎을 꿇고 공손하게 경배를 드렸다. 그러나 안타깝게도 신부들의 숫자는 전쟁 전보다 줄어 있었다. 그러다 보니 미사와 성체성사의 횟수가 줄어들 수밖에 없을 것이다. 그러나 그들의 목자(牧子)들이 추방당했지만 신자들은 마음과 진정을 다해 충실하게 성탄절을 지켜나갈 것이다. 우리는 이를 확신하고 있다. 그리고 가능하다면 아무리 고생스럽다고 하더라도 조선의 천주교 신자들은 어디든지 첩첩산중을 넘어 그들의 성당과 공소에 오고야 말 것이다.

그러한 업적을 이루는 데 한 세기에 걸친 고된 노고와 희생, 그리고 피 흘림이 필요했다. 그리고 고된 노고와 희생은 여전히 계속될 것이다. 멀리서 이와 같은 상황을 본다면, 결과들이 그에 따른 그 모든 고생과 고난을 정당화시켜주는가 하는 의문이 들 수도 있다. 그러나 우리는 선교사가 그의 양 떼를 주변에 모았을 때 느끼는 그런 환희를 경험할 수 없기 때문에 그러한 의문이 들 따름이다.

3년 전, 내가 이런 생각들을 하고 있을 때 톰 넬리간 신부님이 여느 때처럼 불쑥 나타나 말씀하셨다.

"와서 성탄절을 저와 함께 지냅시다. 저는 완전히 혼자라서 도움이 필요합니다. 고백성사를 보러 많은 신자가 올 겁니다. 그리고 성가대에게 '고요한 밤, 거룩한 밤'을 좀 지도해주셨으면 합니다. '어서 가 경배하세'는 그렇게 형편없진 않지요. 적어도 무슨 노래를 부르고 있는지는 알 수 있으니까요."

"재미있겠군요. 가도록 하겠습니다."

고성에 있는 성당은 아주 초라한 건물이었는데 조선에서는 매우 흔하게 볼 수 있는 형태의 건물이었다. 벽은 대나무 발 위에 진흙을 덮고 회반죽으로 마무리되어 있었다. 지붕은 함석으로 되어 있었다. 눈에 띄는 의자가 없었지만 특별한 일은 아닌데 왜냐하면 조선인들은 마룻바닥에 책상다리로 앉기 때문이다. 천으로 덮은 긴 의자가 성당 건물에 있었는데, 커튼이 쳐져 있어 신자들에게는 부분적으로 가려져 있었다. 고장이 난 관(管) 세 개와 이따금씩 되거나 안 되거나 하는 네 개의 관이 달린 풍금이 문 바로 안쪽에 놓여 있었다. 제대(祭臺)는 평범한 나무로 만들어져 있었는데, 마룻바닥에서 한 계단 위의 단(壇) 위에 있었다.

이런 빈약한 물품들을 갖고 신자들은 그 작은 성당에서 축일에 맞는 외관을 꾸미기 위해 온갖 궁리를 하고 노력을 총동원했다. 아낌없이 사용한 꽃줄 장식은 지붕으로부터 늘어뜨려 매달았다. 성당은 온통 색깔 전구로 장식된 관목(灌木)들로 화려하게 꾸며졌고 제대는 조화(造花)로 장식되었다.

사제관

사제관은 성당에 딸린 두 개의 방으로 되어 있었다. 방 하나는 사무실, 거실, 공부방, 식당 겸 서재로 사용됐고 다른 방은 침실이었다. 바깥쪽에 있는 방에는 작은 난로가 있었는데, 난로 근처에 있는 사람들이 틈날 때마다 땔감을 지펴도 방의 온도를 간신히 영상(零上)으로 유지할 뿐이었다.

이른 오후에 외부지역에 있는 신자들이 도착하기 시작했다. 그 중 많은 이들이 새벽부터 일찍 출발해서 먼 거리를 걸어왔지만, 난로 주변에 모여 앉아 잡담을 나누는 동안에 피로한 기색을 전혀 나타내지 않았다.

자정 무렵까지 고백성사를 보려는 신자들이 계속 몰려 왔다. 미사 시간이 가까워오자 사람들은 성당 안에 자리를 잡기 시작했다. 남자들은 한쪽에 여자들은 다른 쪽에 각각 양편으로 나누어 앉았다. 신자들이 성당 안에 모두 들어오자 한 치의 틈도 없었다.

시계가 자정을 알리자 넬리간 신부님이 미사를 시작하셨다. 성가대는 최선을 다해 성가를 불렀다. 비록 성가대의 실력이 다소 부족했지만 그래도 결과는 좋았다. 아기 예수를 찬미하기 위해 한껏 목청을 높인 아이들의 목소리가 그 나름의 아름다움을 지니고 있었고, 이는 화음법칙으로는 평가될 수 없는 것이었기 때문이다.

고생으로 거칠어진 손가락 사이로 묵주알들이 가만히 내려오는 동안 만물의 주님께서 그의 백성들에게 내려오심을 환영하는 진실된 기도가 천상(天上)으로 울려 퍼졌다. 고양된 거룩하신 주님을 경배하며 수백 명이 일제히 머리를 조아렸을 때[3] 이교의 종교 의식들은 멀리 달아나는 것처럼 보였다. 사찰(寺刹)의 북소리가 울릴지 모르겠지만 이 화음을 방해할 수는 없었다. 전쟁으로 찢기어진 이 세계 한 구석에서 평화가 내렸다.

넬리간 신부님은 언젠가 더 좋은 성당과 더 많은 신자가 생기기를 바라고 있다. 하지만 그는 3년 전 성탄절에 내가 고성성당에서 봤던 것보다 더 진정한 신앙, 충직 그리고 헌신의 표현을 보기를 바랄 순 없을 것이다.

조선의 학교생활

메이누스선교회
해롤드 헨리 신부

종이 울리자 조선 나주에 있는 우리 학교 앞에 어린이들이 10분 정도 하는 아침 훈련과 체조를 위해 줄을 선다. 지각한 몇몇 게으른 아이들은 다른 아이들 앞에 서서 체조를 해야 하는데, 체조가 끝나면 선생님에게 등교시간을 지키지 않은 데 대해 야단을 맞을 것이다.

내 유성기에서 울려 퍼지는 활기찬 음악에 맞춰 어린이들은 마치 노련한 군인들처럼 교실로 행진하는데, 교실에 들어가기 전에 잊지 않고 신발을 벗어 놓는다. 우리 학교 교실은 24평방피트밖에 안 되는 넓이인데, 각 교실에 75명에서 90명가량의 아이들을 밀어 넣는다. 책상은 단순하게 생겨서 고작 널빤지 두 개로 되어 있는데, 하나는 의자 역할을, 하나는 책을 읽거나 글을 쓰는 받침대로 사용된다.

조선의 어린이들은 40분 이상 가만히 앉아 있지를 못한다. 그래서 그 시간이 지나면 아이들이 밖으로 나가 남아도는 힘을 발산하도록 해준다. 내가 알기로 아일랜드의 어린이들도 학교에 다니는 것을 좋아하겠지만, 토요일에도 학교에 가야 하고 여름철에는 한 달, 성탄절에는 2주 정도밖에 방학이 없다면, 그래도 학교 가는 것을 좋아할까? 아마 그렇게 좋아하지는 않을 것이다.

수업 내용을 공부할 때 우리 조선 어린이들은 배우는 내용을 목청껏 소리 높여 외친다. 앞자리에 앉는 기수라는 아이는 그리 총명한 편은 아닌데, 교실 뒤편에 앉는 순기라는 아이에게 이 문제를 어떻게 풀어야 하는지를 큰소리로 물어본다. 순기는 필요한 내용을 큰소리로 대답해주고 선생님은 두 아이가 공부하는 것에 그렇게 큰 관심을 보이는 데 대해 대견스럽다는 표정으로 바라본다.

'아이들은 학교에 오는 것을 좋아한다'

벌을 줄 때 우리는 절대로 아이들을 방과 후 학교에 늦게까지 남겨두는 일은 하지 않는다. 아이들은 그 때문에 학교에 오는 것을 좋아한다. 대신 수업시간 중 교실에 들어가지 못하게 하고, 수업시간 동안 교무실에서 한두 시간가량 벽을 보고 서 있게 한다.

학교 청소는 어린이들이 직접 한다. 하루 수업이 끝나면 선생님이 정한 한 조의 아이들이 양동이와 대걸레를 가져다 교실 구석구석을 닦는다. 다른 한 조는 운동장으로 나가 대나무 빗자루로 운동장을 쓸고, 잡초가 보이면 뽑아낸다. 그들은 나무와 꽃을 심고 학교와 주변을 말끔하고 깨끗하게 보이도록 만드는 것을 큰 자랑으로 여긴다. 가끔씩 아이들은 오전 8시에 학교에 등교하여 오후 6시까지 집에 가지 않을 때도 있다.

아이들은 우리 주님에 대해서도 잊지 않고 있다. 300명의 우리 어린 학생들은 매일 아침 등교하기 전에 성체조배'를 한다. 방과 후 그들은 성당에 들러 하느님께 작별인사를 드리고 축복을 기원한다. 천주교 신자인 모든 어린이는 일요일 어린이 미사에 빠지지 않고 참석하며, 어린이들 대부분은 일주일에 세 번 미사에 와서 영성체를 한다. 성당에 다닌다고 조롱하는 많은 외인들 속에서도 아이들이 훌륭하고 충실한 신자로 자라나는 것은 바로 이런 이유 때문이다.

1945년 11월호

조선의 식복사(食服事)

작은 야고보에 대한 추억

네브래스카 성골롬반회
토마스 케인 신부

조선에 간 처음 몇 달 동안 나는 한참 조선어를 배우고 있었는데, 클레어 카운티 출신이신 톰 쿠삭 신부님과 함께 생활하도록 보내졌다. 쿠삭 신부님은 두 명의 잡부를 두고 계셨는데, 두 사람 다 세례명이 야고보였다. 두 사람을 구별하기 위해서 우리는 한 명은 큰 야고보, 다른 한 명은 작은 야고보라 불렀다. 큰 야고보는 식복사(食服事)였는데, 어느 날 그의 어머니가 그에게 석 달치 월급에 해당하는 12달러를 보내자(어머니의 자애로움으로 보낸 것이지만 잘못 생각한 것이다) 갑자기 떠나버렸다. 그는 느닷없이 생긴 큰돈에 의지해서 살기로 마음을 먹었고 그래서 그의 일은 작은 야고보가 자연스레 맡게 되었다.

작은 야고보는 항상 미소를 짓고 있는 호감이 가는 청년이었는데, 물을 싫어하였다. 그는 모든 음식을 잘 만들었는데, 특히 감자푸딩을 만들었을 때는 정말 맛있었다. 하지만 그는 음식을 만들기 전에 손을 씻어야 한다는 점을 이해하지 못했다. 맥폴린 몬시뇰께서 우리를 방문하셨을 때 특히 그 점이 몹시 신경에 거슬렸다. 한번은 내가 주방에 가서 토스트를 가져오라고 그를 보냈는데, 그는 지저분한 손으로 토스트 두 쪽을 들고 와 몬시뇰께 내밀었다. 완벽하게 조선식 예절을 갖추어 야고보는 몬시뇰께 지저분한 두 손으로 토스트를 드렸는데, 조선에서는 연장자에게 무엇이든 간에 한 손으로 내미는 것은 불손한 짓이기 때문이다. 하지만 맥폴린 몬시뇰께서는 아주 오랫동안 선교활동을 해오셨기 때문에 야고보의 청결치 못한 작은 단점에 대해서 개의치 않으셨다.

매일 아침 9시가 되면 그는 내 방으로 뛰어 와선 "돈을 주십시오"라고 말했다. 그 날 세 끼 식사를 준비할 식료품을 살 수 있게 25센트에 해당하는 조선 돈을 달라는 뜻이었다. 식복사가 된 지 얼마 안 됐을 때, 하루는 그가 음식을 사러 가던 길에 빵집에서 멋진 케이크를 보고선 그런 멋진 케이크를 만들고 싶다는 달콤한 꿈을 꾸면서 돌아왔다. 그는 곧 케이크를 만드는 일에 착수했지만,

첫 시도는 계란과 밀가루, 그리고 그런 케이크를 만드는 데 들어가는 여러 재료를 전부 쓸데없이 내다버리게 되는 결과를 가져왔을 뿐이었다. 우리는 그가 빵집을 봤던 걸 유감스럽게 여겼으나, 시간이 좀 지나자 그는 정말 맛있는 빵을 만들어냈다.

그런데 그가 거의 완벽한 수준에 다다랐을 때, 그는 갑자기 성당일을 그만두기로 결정했다. 요리실력이 정말 좋아지고 있던 바로 그때, 그가 떠난다고 하니 밥을 먹다 눈물이 날 지경이었다. 하지만 그는 장사를 배우러 가고 싶어 했고, 아무도 말릴 수는 없었다. 그러나 그는 떠나기 전, 나이프와 포크도 구별 못하는 새 청년을 하나 데려와서는 우리를 위해 그를 가르쳤다. 한 가지 위안이 되는 것은 이 청년들은 정말 빨리 배운다는 것이다. 이들이 만드는 음식은 세련된 것은 아닐지라도 잘 만든 음식이다.

선교활동 경험이 많은 쿠삭 신부님은 아예 조선음식을 계속 잡숫고 사시기로 결정하셨는데 이는 아침과 점심, 저녁 세 끼 모두 똑같은 음식 즉, 국과 밥 한 그릇씩, 고기와 생선 또는 계란을 계속 드신다는 뜻이었다. 그 정도면 아침 식사론 충분한데, 사실 좀 과하기도 하다. 이따금 경제적 형편이 좋지 않아서 서양음식을 사먹을 수 없을 땐 나도 조선음식을 먹곤 했지만 조선에 온 지 얼마 안 되었던 그 당시엔 별로 먹고 싶은 마음은 들지 않았었다.

발행일 미상

퀸란 몬시뇰로부터 온 편지

필자 미상

4년 전 일본이 선전포고를 한 이후 퀸란 몬시뇰께서 보내신 첫 편지가 얼마 전에서야 나반(Navan)에 있는 성골롬반회 본부에 도착했다. 퀸란 몬시뇰은 조선 춘천지목구에 있는 우리 선교회의 수장이시다. 다음은 몬시뇰께서 쓰신 내용이다.

"미군들이 이곳 서울에 들어와 있습니다. 스펠만 주교님은 이곳의 미군들을 잠시 방문하고 계신데, 자애롭게도 이곳에 있는 우리들의 편지를 한 통씩 미국에 가져가서 도착하는 대로 부쳐주시겠다고 하셨습니다. 제 예상으로는 머지않아 통신수단이 자유롭게 다시 개통될 듯합니다.

하느님께 감사하게도 우리는 강원도에서 모두 잘 지내고 있으며, 전혀 고생하지 않았습니다. 이따금씩 식량이 품귀한 적도 있었지만 정말 굶주린 적은 없었습니다. 일본 관리들은 사려 깊었고, 교황청 사절단은 항상 큰 힘이 돼주었습니다. 독일의 베네딕토회 신부님들이 종종 음식을 소포로 보내 도움을 주셨습니다. 시내에서는 자유롭게 다닐 수 있었지만 시내를 벗어나려면 경찰의 허가가 필요했는데, 충분한 사유만 있으면 허가를 해줬습니다."

조선에서의 선교

다음 페이지에 있는 지도¹에 짙은 색으로 칠해놓은 부분이 조선의 두 선교지역이다. 맥폴린 몬시뇰과 휘하의 신부님들이 맡고 계신 광주지목구는 1933년에 메이누스선교회에 위임됐고, 춘천지목구(강원도 행정지역과 같은 지역이다)는 우리 회에 1938년에 위임됐다. 이 두 지역의 총인구는 400만 명인데 그중 일만 8,000명이 천주교 신자다. 우리 선교회의 신부님들이 이곳에 오기 전에는 파리외방선교회의 선교사들이 이 두 지역을 맡고 있었는데, 파리외방선교회의 선교사들은 조선에서 1831년 이래로 선교활동을 펼쳐왔고 모든 자격에 비춰보건대 '조선교회의 아버지들'이라 칭할 수 있을 것이다. 조선에 있는 나머지 다섯 개의 선교지역들 중

두 곳은 파리외방선교회의 선교사들이 담당하고 있고, 한 곳은 바이에른 성 오틸리엔 바바리안 베네딕토회의 신부님들(1909년 조선에 입국)이, 한 곳은 뉴욕 메리놀선교회의 신부님들(1923년 조선에 입국)이, 또 한 곳은 조선인 성직자들이 맡고 있다. 조선의 총인구는 2,200만 명인데 천주교 신자 수는 대략 11만 6,000명이다.

1946년 5월호

조선의 감옥에서 지낸 3년

메이누스선교회
패트릭 도슨 신부

태평양 전쟁이 발발하자 조선에 있던 서른 명의 메이누스 선교사들이 체포되어 몇 개월간 구금되어 있었다. 그리고 세 명을 제외하고는 모두 풀려나 일곱 명의 미국과 호주 신부들은 본국으로 추방되었고 아일랜드에서 온 신부들은 그들의 선교지역으로 돌아갔지만 활동에 심한 제약을 받았다. 계속 갇혀 있던 도슨, 라이언, 스위니 이 세 명의 신부는 표면상으로는 스파이 혐의로 징역을 선고받았는데 사실은 그들의 선교활동 지역이 일본군 작전기지가 있는 섬이기 때문이었다. 도슨 신부는 감옥에서도 강한 정신력을 잃지 않아 간수들이 함께 수감되어 있던 조선인 수감자들에게 '행복한 수감자의 본보기'로 삼기도 했다.

일본이 진주만을 공격한 12월 7일은 조선 날짜로는 12월 8일이
었다. 일본 당국에서는 목포 선교본부에서 와 있던 나를 찾아냈는
데, 목포는 내 본당지역인 제주도에서 약 100마일 이상 떨어져 있
다. 당시 나는 그곳에서 맥폴린 몬시뇰과 일본이 곧 전쟁에 뛰어
들 것으로 보이는 상황에서 우리가 해야 할 일이 무엇인지를 의논
하고 있었다. 그날 그 자리에는 그 밖에도 네 명의 신부님들이 우
리와 함께 계셨는데 모나간 신부님, 헨리 신부님, 오브라이언 신
부님, 그리고 길렌 신부님이었다. 밤 10시 30분쯤 사복을 입은 스
무 명가량의 일본인과 조선인 사복형사들이 사제관으로 찾아와
일본이 개전(開戰)했으며 우리들을 경찰서로 데려가야겠다고 통보
했는데, 우리가 중립국 국민이기 때문에 우리를 '잘 보호하기 위
해서'라고 했다. 나와 맥폴린 몬시뇰, 모나간 신부님, 헨리 신부님
등 네 명이 지목됐고 잠시 후 우리는 경찰서 유치장에 엄중히 감
금됐다. 다음 날 오브라이언 신부님, 길렌 신부님, 멀컨 신부님 세
분이 더 끌려와 우리와 함께 있게 됐다. 우리 일곱 명이 함께 있게
되어 다소 위로가 됐지만, 덜 비좁았더라면 견딜만했을 것이다.
유치장은 겨우 사방이 6피트밖에 되지 않았다.

제주도로 돌아가다

유치장에서 대략 일주일을 지내는 동안 조선인 신자들이 쌀과 고기, 계란 등 음식을 하루에 세 번씩 가져다줬다. 일주일이 지난 후 간수들이 다시 와서 나를 밖으로 데려가더니 스파이 혐의로 총살하겠다고 말했다. 그들은 정말로 진심인 것 같았는데, 총살집행은 섬에서 할 것이라며 나를 배에 태우면서 내 뱃삯은 내가 내라고 무심결에 농담을 했을 때에야 비로소 내 두려움이 약간이나마 누그러졌다. 바다로 나간 지 얼마 안 되어 나는 우리가 남쪽으로 제주도를 향해 가고 있다는 사실을 알게 됐고, 좀 더 희망을 갖게 됐다. 조선에 있었던 8년 동안 대부분의 시간을 보냈던 내 관할지역의 중심지인 제주시에서 우리는 하선했다. 경찰서장이 우리를 맞으러 부두에 나와 있었다. 그는 내 건강에 대해 정중하게 물어보더니 나를 경찰서로 데려가 독방에 집어넣었다. 누군가가 내 사제관에서 담요를 가져다줬는데, 나중에 알게 된 사실이지만, 내가 스파이 짓을 한 증거를 찾기 위해 경찰들이 사제관과 성당을 샅샅이 수색했다고 한다.

라이언 신부님과 스위니 신부님

독방에서 4일을 지내고 난 뒤 다른 감방으로 옮겨졌는데 그곳에는 다른 수감자가 두 명이 있었다. 알고보니 이들은 제주도에서 활동하던 토마스 라이언 신부님과 오스틴 스위니 신부님이었다. 라이언 신부님은 자신이 담당하던 공소에서 체포됐고 스위니 신부님은 성모 무염시태(無染始胎)축일¹ 미사를 집전하기 위해 제주에 왔다가 체포됐다. 우리 중 누구도 같은 건물에 있다는 것은커녕 체포된 것조차도 전혀 모르고 있었기 때문에 우리의 재회는 세 사람 모두에게 즐거운 놀라움이었다.

우리는 우리의 체포 이유가 우리가 그토록 여러 해 동안 활동해온 제주도에 중국 폭격을 위한 비행장을 비롯한 대규모의 해군 군사시설들이 있기 때문이라는 것을 알게 됐다. 우리를 스파이로 엮으려는 목적으로 많은 천주교 신자들이 검거돼 혹독한 취조를 당했는데 그중 많은 이들은 열두 살에서 열여덟 살 사이의 청소년들이었다. 대체로 신자들 대부분은 매우 충성스러웠지만, 몇몇은 극도의 강압을 받아 우리에게 불리한 진술을 했다가 나중에 철회했다. 물론 그런 사실은 나중에서야 알게 된 것이고, 당시에는 희망에 차서 성탄절에 풀려날 것이라고 서로를 안심시켰다. 그러나 성탄절에도 우리는 여전히 감옥에 갇혀 있었고, 신년(1942년)이 된 지 얼마 안 됐을 때 우리는 다시 한 번 각기 다른 감방들에 수감됐으며 6개월 후 육지로 이송될 때까지 우리는 서로 만나보지 못한 채 지내야 했다.

처음 수감된 이 기간 동안 우리는 매우 세세한 것까지도 심문받았다. 하루 16시간씩 3일간 계속된 심문은 쓰라린 경험이었다. 하지만 웃기는 일들도 있었다. 예를 들면 군사시설에서 일하던 몇몇 조선인들은 내가 날씨에 대해 물어본 적이 있다고 시인했다. 나는 그에 대한 해명을 요구받았다.

"왜 그리 날씨에 관심이 많아요?" 간수 중 하나가 나에게 물어봤다.

"날씨에는 특별한 관심이 없습니다." 내가 대답했다. "내가 신경을 쓰든 안 쓰든 진눈깨비나 싸락눈이 올 수도 있습니다."

"오!" 그가 말했다. "그러니까 진눈깨비나 싸락눈이 내려서 우리 비행기가 이륙하지 못하길 바란 거네?"

"절대로 아닙니다." 내가 말했다. "저로서는 비행기들이 하루 24시간 내내 떠 있어도 상관이 없습니다."

"오," 그러자 그가 말했다. "그러면 당신은 우리 조종사들이 온종일 공중에 있다 연료가 떨어져서 추락하길 바란 거네?"

이런 식의 심문이 밤까지 계속됐다. 그러고 나서 그들은 몇몇 우리 가엾은 신자들이 겁에 질려서 했던 우리에게 불리한 진술들을 모두 적은 서류를 작성했다. 진술된 내용의 대부분은 사실이 아니었다(날씨에 관한 위의 심문이 대표적인 예다). 그리고 나머지 일부는 마음만 먹는다면 악의적으로 해석할 수 있는 것들이었다. 간수들은 우리가 서류에 서명을 하면 청소년 신자들을 풀어주겠다고 약속했다. 이 불운한 청소년들이 겪고 있는 고생에 책임감을 느낀 데다, 뭘 선택하든 간에 우리에게 닥칠 결과는 별반 다를 것이 없을 것 같아서 우리는 서류에 서명을 했고, 청소년들은 풀려났다.

우리의 고분고분한 태도에도 불구하고 사법절차가 빨라질 기미는 전혀 없었다. 몇몇 신자들과 함께 우리가 광주로 이송된 날은 7월 4일이었는데, 석 달 후에 우리에 대한 정식재판이 열렸다. 가는 길에 우리는 수갑을 차고 포승줄에 같이 묶여 있었다. 우리와 마주친 많은 사람들이 그런 모습을 보고 재미있어했지만, 신자들뿐만이 아니라 외인도 우리에게 음식을 주고 잘 대해줬다. 그런 점에서는 이송된 것이 기뻤다. 지난 12월에 체포된 이후로 제주도에서 출발하기 직전에서야 처음으로 우리에게 세수와 면도를 하고 옷을 갈아입는 것이 허용됐고, 우리가 도착한 새 수감시설에서는 목욕할 수 있는 호사를 누릴 수 있었으며, 재판을 기다리는 미결수들이 입는 푸른 기모노로 옷을 갈아입게 되었기 때문이다. 하지만 깨끗함은 금방 먼 행복한 옛 추억이 돼버렸다. 새로 이송된 광주의 감방들에서 우리는 다른 범죄자들과 같은 방에 수감됐고, 자세히 말하지는 않겠지만 무척이나 더러웠다.

마침내 10월 25일에 우리 재판이 열렸다. 우리는 육군과 해군 기밀을 염탐했다는 혐의로 기소됐고, 함께 재판을 받게 된 열네 명의 신자들이 우리에 대해 불리한 증언을 하도록 재판정에 서게 됐다. 기쁘고 자랑스럽게도 신자들은 그와 같은 증언을 거부했다. 대신 그들은 전에 했던 증언들을 철회했으며, 그 증언들은 극심한 공포 아래에서 강요받은 진술들이라고 강조했다. 하지만 신자들의 주장은 우리에게 전혀 도움이 되지 않았다. 우리는 모두 유죄가 인정되어 최종선고까지 다시 감방으로 돌려보내졌다. 3주 후 우리는 다시 법정에 나섰는데, 검찰의 구형량이 너무 높아서 감형을 확신했었지만 오히려 형량이 늘어나버렸다. 라이언 신부님과 스위니 신부님은 각각 2년형을, 나는 형기 절반의 중노동이 포함된 5년형을, 그리고 신자들은 제각기 여러 가지 형량을 선고받았다. 감옥에서 이미 우리가 지낸 11개월은 전혀 고려되지 않았다. 앞으로의 일을 예상하니 기분이 좋지 않았지만, 우리의 감정에도 불구하고 간수 한 명이 우리를 감옥으로 데려가며 나에게 엄숙하게 다음과 같이 말했을 때는 우리 모두 웃음을 터뜨릴 수밖에 없었다. "그렇게 형량이 높은 걸 보니 주교님이신가 보죠?"

우리는 이제 기결수 신분으로 붉은 기모노를 지급받았고, 지문을 채취당했으며 주 옥사(獄舍)로 옮겨졌다. 우리는 같은 감방에 갇혔는데 큰 위안이 됐다. 가구가 전혀 없었지만 추위와 굶주림만큼 걱정이 되는 것은 아니었다. 첫 겨울은 혹독하게 추웠는데 한번에 몇 주씩 창가에 고드름이 매달려 있었고, 가벼운 솜으로 된 기모노와 솜이불 두 장이 우리 세 명이 가진 전부였다. 음식은 너무나 형편없어서 얼마 지나지 않아 우리 셋은 영양실조로 고생하게 되었다. 1943년 7월에 라이언 신부님의 건강이 너무 나빠져서 당국에서는 신부님이 돌아가실지도 모른다고 생각해 목포에 계신 맥폴린 몬시뇰에게 보냈는데, 라이언 신부님은 종전(終戰) 때까지 그곳에서 지내셨다. 1944년 10월에는 스위니 신부님이 형기를 마치고 맥폴린 몬시뇰과 지목구의 다른 신부님들과 함께 있도록 보내졌는데, 목포 선교본부의 숙소에 연금당했다.

한편 내게 내려진 중노동은 알고보니 좀 우스운 일이었다. 감옥 안에 수감되자마자 바늘과 실, 그리고 꿰매야 할 한 뭉치의 양말이 내게 주어졌다. 바느질은 신학교의 교과과정 중 너무나 하기 싫은 과목이었고, 양말을 꿰매보려고 했지만 결과는 엉망진창이었다. 양말을 너무 많이 망쳐놓아서 간수들도 나에게 맞지 않는 일이라고 포기했고, 양말 대신 장갑을 꿰매라고 시켰는데, 양말보다는 좀 솜씨가 나왔다.

나는 기분전환을 위해 아일랜드 노래를 부르기도 했고, 몸을 따뜻하게 하려고 아일랜드 민속춤을 추기도 했다. 그걸 보고 간수들도 나만큼이나 재미있어 했으며, 다른 수감자들에게 나를 행복한 수감자의 빛나는 본보기라고 칭찬했다. 간수들은 왜 다른 수감자들이 나처럼 즐거워하지 않는지 알고 싶어 했다.

계속 그렇게 지내다가 1945년 여름에 한 조선인 공산주의자가 내 방에 수감됐다. 그는 탈출을 시도하다 간수로부터 팔에 세 군데나 총을 맞았었는데, 대단한 사람이었다. 우리는 함께 지낸 몇 달간 종교에 대해 흥미로운 토론을 나눴다. 그리고 8월이 되자 원자폭탄이 투하됐고, 소련군이 만주를 침공했다. 8월 15일에 가장 악질적인 범죄자 두 명(그 조선인 공산주의자와 나)을 제외한 모든 수감자가 감옥 중앙 강당에 집합해 교도소장으로부터 일본 천황이 국민들을 불쌍히 여겨 전쟁을 끝내기로 결심했다는 발표를 들었다. 수감자들이 방으로 돌아가며 그 기쁜 소식을 우리 둘에게도 전해줬고, 누군가가 조선의 국가(國歌)를 갑자기 부르자 모두들 따라 불러서 온 감옥에 조선국가 소리가 울려 퍼졌다.

이틀 후에 내 수인(囚人)번호를 부르더니 내 옷을 내어주고 이제 자유의 몸이라고 했다. 나는 즉시 광주의 일본인 주교님의 주교관을 찾아갔는데, 주교님은 나를 따듯하게 맞아주셨다. 다음 날 아침, 퀸란 몬시뇰께서 세우신 성심(聖心)성당에서 3년 9개월 만에 미사를 처음으로 드렸다. 그 날은 내 생일이었다.

1946년 8월호

조선에서의 감금

메이누스선교회
요셉 오브라이언 신부

오브라이언 신부는 조선의 전시(戰時)기간을 회상하는데, 그 절정은 종전이 선포되기 9일 전 길렌 신부의 선종(善終)이었다.

조선 남부지역의 메이누스 선교사들이 일본 총독의 명령에 의해 북쪽의 산속 계곡에 자리한 마을로 이송된 것은 약 일 년 전이었다. 마을 이름은 일본어로는 '고센'이고 조선어로는 '홍천'이다. 우리가 헨리 길렌 신부님을 이질로 잃은 것은 작년 8월 그곳에서였다. 이 고립된 먼 곳에서 우리는 온갖 소문과 공포, 불안 속에서 마지막 몇 달을 보내다 생존자들에게는 행복하게도 극적인 종전을 맞이했다.

첫 번째 감금

일본이 1941년 12월에 세계대전에 참전했을 때 우리는 조선 남부지역에 있었는데, 각각의 신부님들이 자신의 담당지역에서 각자 부여받은 일을 하고 있었다. 개전이 선포된 12월 7일 저녁 우리는 경찰서 유치장에 갇혀 있었는데, 보통 신부님들은 자신이 활동하는 지역의 유치장으로 끌려갔다. 우리에 대한 처우는 경찰 서장의 성격과 각 지역의 정치 권력자들이 어떤 사람인가에 따라 크게 차이가 났다. 목포에서는 맥폴린 몬시뇰과 패트릭 모나간 신 부님, 헨리 길렌 신부님과 내가 약 두 달간 한 감방에 갇혀 있었 다. 전체적으로 우리에 대한 처우는 그리 나쁘지만은 않았다. 조 직체로서의 경찰은 우리에게 호의적이었고, (일본기관들의 형식적 관료주의에 따라) 가능한 한 많은 특혜를 베풀었다. 우리를 일시적 으로 감금한 진짜 목적은 조사할 수 있는 모든 것들을 낱낱이 조 사해서 우리가 어떤 사람들인지를 파악하려는 것이었다. 첫 두 달 이 지나자 우리는 함께 선교원 사제관에 갇혀 있다가 세 번째 달 이 지나갈 무렵에 풀려났지만 도슨, 라이언, 스위니 세 분의 신부 님들은 풀려나지 못하고 각기 징역형을 선고받았다. 풀려날 때 우리는 일상적인 활동은 자유롭게 해도 좋다고 들었으나 대부분의 경우, 신부님들이 각자의 지역으로 돌아와보니 지방 당국으로부터의 제약이 너무나 많아서 신부님들이 돌아오기 전에 활동의 자유를 취소하는 명령이 먼저 내려진 것으로 생각될 뿐이었다. 일본인들은 항상 국제법과 종교에 대한 일본 헌법의 입장을 전시(戰時)라는 긴급한 상황하의 대(對)외국인 정책과 조화를 이루도록 하는 데 어려움을 겪는 것처럼 보였다. 우리는 전시 중의 정치·종교적 실험에 있어서 일종의 실험용 쥐가 된 셈이었는데, 이 실험에서 재미있고 우스운 상황이 많이 생기곤 했다.

두 번째 감금

우리가 풀려난 지 아홉 달이 채 되지 않았을 때 우리는 목포 시내에 있는 우리 선교본부 사택에 다시 연금을 당했다. 함께 있던 열 분의 신부님들 중에서 오직 두 분만이 시내 본당에서 활동할 수 있는 다소간의 자유를 허가받았다. 조선에 온 이래로 계속 목포에 계셨던 길렌 신부님은 신자들 사이에서 사목활동을 계속하셨는데 아무런 반대가 없음을 알았다. 그래서 1945년 5월 28일까지 이제껏 해왔듯이 조심스럽게 계속 열심히 활동을 하셨다. 나는 같은 기간 중에 목포에 있는 일본인 천주교 신자들을 상대로 활동하는 것을 허가받았다. 길렌 신부님은 도움을 받지 못한 채 혼자서 조선인 천주교 신자들 사이에서 활동을 하셨는데, 그러다 보니 과로를 할 수밖에 없었고 그 2년 반의 기간 동안 지치지 않은 열정으로 과로를 하신 것이 아마 돌아가시게 된 이유 중 하나였을 것이다. 왜냐하면 과로가 영양가 있는 음식을 섭취하지 못한 것과 더불어 신부님의 건강을 해쳤고 그래서 병에 걸리시자 견뎌내지 못하고 결국 종전(終戰) 무렵에 쓰러지시고 말았기 때문이다.

목포에서의 생활

목포에 있는 선교본부 사택에서의 생활은 그렇게 힘들지는 않았다. 우리는 자유로웠지만 또 한편으로는 자유로운 것이 아니었다. 우리는 식량을 얻기 위해 선교원이 세워져 있는 바위투성이 언덕에서 경작하면서 날을 보냈다. 가뭄과 더불어 척박한 토양과 해충 때문에 우리의 수고는 큰 성과를 거두지 못했지만 적어도 희망의 토대를 줬다. 우리가 풍작을 이룬 유일한 곡물은 밀이었는데, 나중에 막 수확을 이룰 시기에 북쪽의 강원도 지역에 있는 산속 계곡으로 끌려가게 되어 그냥 두고 올 수밖에 없었다. 목포에서 다시 돌아오신 라이언 신부님과 스위니 신부님을 맞이하는 기쁨을 맛봤는데, 두 신부님은 형기(刑期)를 마치고 풀려 나와 우리에게 한 동양의 감옥에서 지낸 경험담을 재미있게 이야기해주셨다. 전쟁 소식도 들었다. 선전선동에도 어느 정도의 사실적 근거는 분명히 있기 마련이었고, 항상 전투들에서 승리한 것으로 영웅적으로 미화해 보도하는 신문들에서도 행간을 통해 짐작할 수 있는 것이 있었다. 중국 북부지역 어느 기지에선가 출격한 B-29'기들이 야하타 제철공장을 파괴하러 가는 길에 벽력 같은 굉음을 내면서 목포 상공에 처음으로 나타나 우리의 잠을 깨운 것은 1944년 6월 어느 날 밤이었다. 전쟁이 점점 가까이 다가오고 있었다. 우리는 필리핀 침공 소식을 들었고[2] 얼마 지나지 않아 그 결과도 알게 됐다. 필리핀 침공은 조선에도 그 여파가 미쳤다. 1944년 1월까지만 해도 조선 남부에서는 헌병대를 제외하고는 일본 군인들이 별로 보이지 않았으나, 이때부터 조선 반도 남단지역에 쏟아지듯 들어와 배치되기 시작했다. 오키나와가 침공을 당했고 얼마 안 되어 미군의 비행정과 항공기들이 해안가 밖 상공에서 날아다니는 모습이 매일 목격됐는데, 그들은 눈에 띄는 선박들을 모두 마음대로 격침시켰다.

길렌 신부님의 선종(善終)

이런 상황이었기 때문에 우리가 북쪽에 있는 외딴 산속 마을로 옮겨가야 한다는 소식을 들었을 때 별반 놀라지 않았다. 우리의 새 거처는 퀸란 몬시뇰의 지목구에 있었는데 성당과 사제관이 있었고 메이누스회 소속의 게라티, 맥간, 매긴 신부님이 이미 그곳에서 살고 계셨다. 4~5년간 떨어져 지내다 세 신부님을 다시 만나게 돼 기뻤다. 말할 필요도 없겠지만 열 명의 신부님들이 추가로 기거하게 되어 숙소가 몹시 비좁았고, 식량문제도 날마다 더욱 심각해졌다. 게라티 신부님과 동료 두 분이 먹기 위해 야채를 심어놓은 작은 텃밭은 예상치 못하게 몰려 온 많은 손님들까지 감당하기에는 턱없이 부족했다. 주변 경치는 매우 아름다웠다. 그리고 그런 산속 계곡은 건강하게 살 수 있는 곳으로 생각될 것이다. 그 해에 그리 좋지 않았던 날씨도 그와 관련이 있을 것이다. 아무리 그렇다 하더라도 모든 신부님들의 건강이 점차 쇠약해졌고 7월 말 무렵 길렌 신부님이 이질에 걸려 쓰러지셨다. 이 나라 전체에 의약품 재고가 거의 바닥나고 있었기 때문에 이질을 치료할 적당한 약을 때맞춰 마련하는 것은 불가능했다. 길렌 신부님은 건강이 점점 악화되다 8월 6일에 종부성사(終傅聖事)[3]를 받고, 주변에 모인 우리 신부님들에게 성모연도(聖母煉禱)[4]를 바쳐주도록 부탁하시고는, 신부님들이 연도를 하는 가운데 조용히 숨을 거두셨다. 길렌 신부님의 선종은 우리들과, 신부님께서 그토록 오랜 기간 동안 그렇게도 열심히 사목활동을 하셨던 목포의 신자들에게 큰 빈자리를 남겼다. 그러나 종전(終戰)을 겨우 9일 앞두고 길렌 신부님을 당신께로 부르신 것은 하느님의 뜻이었다.

발행일 미상

세 사람의 조선인

마태오, 도밍고, 데레사

메이누스선교회
해롤드 헨리 신부

1935년 맥폴린 몬시뇰로부터 조선 나주(羅州)에 본당을 개설하라는 명을 받았을 때 그 작은 마을에는 이미 약 30명에서 50명가량의 신자들이 있었다. 성당도, 사제관도, 그리고 그런 건물들을 지을 교회 소유의 땅도 없었다. 지금까지 신부가 나주에 들를 때면 마을 신자들의 집 방 하나를 빌려 성당으로 사용하는 수밖에 없었다.

나주(羅州)에서의 시작

나는 마을 끝자락의 땅을 좀 사서 처음에는 통나무 성당을 지었다. 성당을 완공하고 나는 내가 살 집을 지었고, 대문 옆에 교리교사를 위한 집을 하나 더 지었다. 그러고 나서 교리교사를 할 만한 마땅한 사람이 있는지 찾아보기 시작했다. 그런데 본당지역 내에 있는 공소(공소란 상주하는 사제가 없는 선교원이다)[1] 한 군데에 서른두 살쯤 된 훌륭한 젊은이가 살고 있었다. 그의 이름은 김 마태오였는데, 그가 살고 있는 마을의 정식 교리교사는 아니었지만 선교활동을 도와오고 있었다. 그는 종종 마을의 외인 어린이들을 모아다 천주교 교리를 가르치고는 했는데 아이들의 부모들 상당수가 성당에 관심을 갖게 만드는 데 성공했다. 그리고 내가 그의 동네에 처음 갔을 때, 그는 내게 교리교육을 잘 받은 30명의 영세 신청자들을 보여줬다. 나는 마태오의 성실함과 열정에 반해 그가 수락할 의향이 있다면 그를 나주의 교리교사로 삼기로 마음먹었다. 내가 이 이야기를 꺼내자 그는 기쁘게 그 일을 맡겠지만 전적으로 주님을 위해 하는 일이기 때문에 봉급은 아내와 두 아이를 부양할 만큼만 받겠다고 했다. 그 자리에서 의견의 일치를 보고 악수를 나눴으며, 그 이후로 나는 내 결정을 한 번도 후회해본 적이 없다.

마태오

마태오는 나주에 있는 집으로 이사를 하고, 일주일도 지나기 전에 마을의 외인 청소년들을 위해 야간 교리학교를 시작했다. 그는 병자가 있는 집에 자주 찾아가는 것을 중요하게 생각했는데, 시간이 흐르자 천주교 신자와 마찬가지로 외인들의 임종 자리에서도 친숙한 얼굴이 되었다. 그리고 종종 외인들이 임종하는 경우, 교리를 가르쳐 세례를 받게 하는 데 성공했다. 또 임종 후에는 소매를 걷어붙이고 시신을 염했고, 슬픔에 잠긴 유족들 곁을 지키며 그들에게 도움이 되는 일이라면 할 수 있는 일은 무엇이든 다 했다. 그러한 자선활동을 하며 밤을 지새우고 새벽 4시나 5시가 되어서야 귀가하는 일은 그에게는 특별한 일이 아니었다. 이따금씩 조선에서는 몹시 혐오스러운 질병에 걸리는 경우가 있는데, 마태오는 어쩔 수 없는 불쾌감을 느낀다 하더라도 절대로 내색하는 법이 없었다. 그는 그런 병에 걸린 병자의 몸을 씻겨주고 영적(靈的)인 필요를 채워줄 뿐만이 아니라 물질적인 도움도 주었다.

나주에서 가장 인기 있는 사람

마태오는 그런 순수한 정신과 적극적인 자선활동으로 인해 명성이 커질 수밖에 없었다. 그래서 결국 누구든 아픈 사람이 있으면 마태오를 찾게 됐다. 마을에서 그가 가장 인기 있는 사람이라는 점은 말할 것도 없었고, 성실한 성품과 더불어 유쾌한 유머감각까지 지니고 있어서 어떤 장소에서든 그는 중심인물이 됐다. 마태오와 식복사를 하던 도밍고, 도밍고의 동생 그레고리 때문에 나는 나주에서 지내는 동안 단 한 순간도 지루했던 적이 없다.

전쟁이 변화를 가져오다

전쟁이 발발하자 미국인인 나는 체포되었고 얼마 안 되는 마태오의 봉급마저도 줄 수 없는 형편이 되었다. 그럼에도 불구하고 그는 하던 일을 계속 했고, 신자들이 그에게 모아주는 성금으로 생활했다. 전쟁 발발 이전에 개전(開戰)의 낌새를 알아차렸을 때부터 이미 나는 마태오에게 다른 일을 찾아보는 것이 좋을 것이라고 충고를 했었다. 하지만 그는 살아 있는 한 성당을 위해 봉사하는 일을 그만두지 않을 것이라고 말했다. 이 무렵 그는 경찰서에 불려가 몇 번 조사를 받는데, 외국인 신부, 그리고 성당과의 관계를 끊으면 관청에 좋은 자리를 주겠다는 제안을 받았다. 그 제안에 대해 그는 자신에게는 구원해야 할 불멸의 영혼이 있으며, 만일 자신이 굶어죽게 된다 하더라도 자신은 영혼을 구원하고자 할 것이라 대답했다.

책임자가 된 마태오

1942년 한 여름에 나는 조선을 떠났는데 마태오가 내 본당을 책임지고 있었고, 그 무렵에는 연금에서 풀려나 있던 맥폴린 몬시뇰이 마태오에게 봉급을 주고 계셨다. 나는 나주에 있는 나의 충직한 친구이자 교리교사인 마태오를 다시 만나게 될 날을 기대하고 있다.

도밍고

내 식복사였던 도밍고는 마태오보다는 나중에 왔는데 당시에는 스물두 살이었다. 1941년 12월 8일에 나주 본당에서 약 40마일 떨어진 목포에서 내가 체포되었다는 것을 알고 도밍고는 즉시 사제관에 있던 음식을 모두 싸들고 목포에 와서 머물며 음식을 해서 날랐다(목포 경찰서 유치장에 있는 동안 우리는 외부음식반입을 허용받았다). 일주일 후에 나주에 있는 감옥으로 이송되자 그는 그곳으로 따라와 똑같은 일을 해주었다. 그 후에 내가 다시 광주에 있는 중앙선교원에 연금을 당하게 되자 도밍고는 광주 경찰서로 찾아가 나와 함께 지낼 수 있도록 허락해달라고 간청했다. 내게는 남은 돈도 거의 없었고, 또 돈이 생길 지 어쩔 지도 알 수가 없었기 때문에 도밍고에게 어쩌면 봉급을 줄 수 없을 것 같다고 미리 말했었다. 그러나 그는 개의치 않았으며 오히려 내가 그런 말을 꺼냈다고 매우 섭섭해했다. 내가 귀국하던 날의 도밍고의 모습이 지금도 눈앞에 생생하다. 내가 떠날 때 그는 부끄러워하지도 않고 엉엉 울면서 말했다. "신부님, 다시 돌아오시면 제가 식복사 또 해 드릴게요."

데레사

세 번째로 기억에 남는 사람인 데레사는 또 한 명의 신앙의 증거자였다. 고등학교 학생이었던 그녀는 가장 고매한 성품을 지닌 천주교 소녀와 운 좋게도 가까운 친구 사이였다. 그 친구의 품행에 감명을 받아 데레사는 성당에 관해 물어보고 교리를 배워 세례를 받고, 자기 오빠까지 설득해 세례를 받도록 했다. 하지만 부모님의 반대가 너무 심해서 그녀는 몰래 세례를 받아야만 했다. 그런데 세례받은 사실이 새어 나가 그녀는 집에서 구박을 받게 됐다. 미사를 보고 집에 가면 부모님이 그녀를 때리고 옷을 벗겨서 밖에 나가지 못하게 하는 일이 여러 차례 있었다. 한 번은 데레사의 어머니가 엄청나게 화가 나, 작은 칼로 그녀의 온몸을 찔렀다. 그런 일을 당하고는 그녀는 심하게 병이나 자리에 몸져누웠는데, 상태가 너무 안 좋아 종부성사를 (물론 극도로 비밀리에) 받아야 했을 지경이었다. 그러나 그녀는 건강을 회복해 집에서 도망 나와 우리 학교에 아이들을 가르치러 왔는데 당시 그녀의 나이는 열아홉 살이었다.

더 심한 구박

데레사의 어머니는 데레사가 어디 있는지를 알게 되자 그녀를 집에 데려가려고 왔다. 우리는 물론 언젠가 이런 일이 있을 것을 예상해 대비했고, 한편으로는 몇 해 동안 데레사가 우리 학교에서 아이들을 가르쳐야 한다는 계약서를 작성해두었다. 그 계약서는 법적인 구속력이 전혀 없는 것이었지만 한동안 그녀를 구하는 데 도움이 됐다. 한편 데레사는 수녀가 되고 싶다는 마음을 품게 됐는데, 자유롭게 집에 돌아가서 부모님의 마음을 달래 드릴 수 있다면 부모님도 그녀가 종교에 귀의하는 것을 허락해주실 것이라고 생각했다. 하지만 그녀는 더 큰 실망만 하게 됐다. 그녀가 가족들에게 돌아가보니, 가족들은 어떤 외인과 그녀를 결혼시키려고 했고 그녀는 다시 한 번 집에서 도망을 나올 수밖에 없었다. 그녀가 다시 나주로 돌아왔을 때, 나는 그녀를 수녀원에 보낼 준비를 했다. 그러다 전쟁이 발발했고 나는 체포되었다. 그리고 내가 감옥에 있는 동안 데레사의 어머니가 내가 없는 틈을 타, 이 불쌍한 아가씨를 쫓아와 다시 붙잡아 갔다는 사실을 알게 됐다. 그 후에 데레사가 어떻게 되었는지, 가족들의 심한 반대를 결국 이겨냈는지 어쨌는지는 아직 모르고 있다.

우리『극동』지(誌)의 독자들에게 이 신심 깊은 영혼들과 조선의 모든 천주교 신자들을 위해 기도해주시길 부탁드리는 바다.

퀸란 몬시뇰이 보낸 보고서

조선 춘천지목구

1939년 이른 봄에 메이누스선교회는 교황청으로부터 조선의 두 번째 선교구역을 관할하라는 명을 받았다. 현재 춘천지목구로 알려진 그 지역은 동부 해안선을 따라 위치해 있는 일만 평방마일의 지역이다. 3명의 우리 신부들이 즉시 그 새 선교지역에 임명되어 토마스 퀸란 신부(현재는 몬시뇰) 휘하에서 활동하게 됐고, 같은 해 가을 무렵에는 11명의 신부들이 더 임명되어 총 14명의 메이누스선교회 신부들이 이 지역에서 활동하게 되었다.

전시(戰時)의 춘천

전시기간은 특히 새 선교사업에는 힘든 시절이었다. 유럽에서 전쟁이 발발했고, 비밀리에 전쟁에 대한 대비를 해온 일본은 식민지인 조선에서 서양인들이 하는 활동을 엄중히 경계하게 됐다. 2년 후 일본은 전쟁에 참전했고, 그와 함께 외국인 선교사들의 조선에서의 활동은 잠정적으로 중단됐다. 춘천에 있던 14명의 메이누스 선교사들은 구금됐고 6개월 후에 그들 중 4명은 적성국 국민으로서 그들의 본국인 호주, 뉴질랜드, 미국으로 송환됐다. 7명의 조선인 신부들이 남아서 구역에 있는 일만 명의 신자들을 대상으로 자유롭게 사목활동을 할 수 있었지만, 교회에 대한 일본 당국의 적대적인 태도 때문에 외인들을 대상으로 선교활동을 하는 것은 답보상태에 머물 수밖에 없었다. 1945년 8월, 일본의 항복으로 우리 신부들은 다시 자유를 되찾았으나, 한편으로 러시아와 미군에 의해 조선은 임의로 남북으로 분단되었고, 위도 38선을 경계로 남부지역은 미국이, 북부지역은 러시아가 점령하게 됐다. 퀸란 몬시뇰의 지목구 상당 지역이 러시아의 점령지역 내에 있었는데, 우리 신부들은 아직까지 한 명도 그곳으로 돌아가는 것을 허가받지 못하고 있다.

바로 얼마 전에 우리 선교회 총회장님께 전달된, 지난 6월 30

일자로 종료된 작년 한 해의 선교에 대한 퀸란 몬시뇰의 보고서에는 종전 이후로 조선에서 계속 되어온 불안정한 상황이 반영되어 있다. 서로 사이가 그다지 좋지 않은 두 점령군에 의해 나라가 분단되고, 경제생활은 거의 정체되어 있으며, 국내에서 생산해내는 생필품은 드물고 물가는 엄청나게 치솟아 있는 이런 상황은 선교활동을 펼치기엔 썩 좋은 것이 아니다. 앞서 말했던 해에 춘천지목구에서 세례성사를 받은 성인 신자의 수는 72명뿐이었고 세례성사를 받기 위해 교리를 받고 있는 예비신자는 177명이었다. 퀸란 몬시뇰의 언급은 비록 간결하지만 미래에 대해 낙관적인 전망을 하고 있다. 퀸란 몬시뇰은 다음과 같이 적고 있다. "불안정한 상황 때문에 조금밖에 진전을 거둘 수 없었지만, 하느님의 도우심으로 내년에는 더 많은 성과를 거둘 수 있을 것이다. 올해가 가기 전에 임시정부가 수립될 것으로 예상되는데, 그 후에는 일련의 무역협정들과 환율고정이 뒤따를 것이고 그렇게 되면 성당건립을 기대해볼 수 있을 것이다."

발행일 미상

조선의 일본인

조선 광주지목구 메이누스선교회
요셉 오브라이언 신부

37년 전 (정확히는 1910년 8월 29일에) 조선은 일본의 속국이 되었다. 일본의 통치하에서 조선은 여러 분야, 특히 교육과 공공 서비스 분야에서 상당한 혜택을 입게 됐지만 조선인들은 자신들이 처한 상황이 속국의 백성이라는 것을 단 한 번도 진심으로 인정한 적이 없다. 많은 수의 보다 계몽된 일본인 관리들이 일본 식민주의자들의 강탈주의를 억제해 조선인들의 신뢰를 얻고자 노력했지만, 이들 대다수의 공공연한 정책은 풍족하고 따뜻한 조선 남부지역을 완전히 일본인들의 거주지역으로 만드는 것이었다. 토박이 농부를 몰아내는 것은 항상 평화적으로 이루어졌다. 만약 돈이 필요한 조선인이 일본인 대금업자를 찾아가면, 대금업자는 농토를 저당으로 잡고 소액의 돈을 기꺼이 빌려준다. 그러면 생각이 깊지 못한 조선인은 일본인 대금업자가 기꺼이 돈을 빌려주는 것에 혹해 다시 또 융자를 받으러 가는데, 역시 별 어려움 없이 돈을 빌린다. 시간이 지나 돈을 상환할 시기가 됐을 때 조선인이 채무를 갚을 능력이 안 되면 일본인 대금업자는 저당물을 빼앗고, 농토를 빼앗긴 조선인 채무자는 가족들을 데리고 만주로 이주하는 수밖에 없었다.

조선에 와 있던 일본 이주민의 숫자가 일본정부에는 잘 파악되어 있었지만, 조선인들에게는, 심지어 공직에 근무하던 최고위직 조선인 관리에게조차도 그 숫자가 결코 공개된 적이 없었다는 사실은 일본인 이주자들이 어느 정도나 많이 조선에 유입되어 있었는지를 나타내줬다. 신문들 사이에 유행했던 식으로 아주 점잖게 표현하자면, 이 정보가 만일 발표됐다면 '민심을 진정시키는 데' 도움이 되었을 것 같지는 않다. 종전(終戰)이 되어 맥아더 장군이 조선에 있던 모든 일본인의 귀국을 명령했을 때 조선에 와 있는 일본인들의 공식적인 숫자가 처음으로 발표됐는데 350만 명이었다. 그 후 몇 달 동안 일본인들이 대규모로 본국으로 돌아가는 모습을 본 사람이라면 앞서의 공식적인 추산이 어느 정도 축소된 것이라는 걸 느낄 수밖에 없었을 것이다.

조선의 일본인 천주교 신자들

조선 곳곳에 얼마 되지 않는 일본인 천주교 가정들이 흩어져 있었다. 그들은 주로 규모가 큰 시내에 집중되어 있었는데 강론과 교리공부를 완전히 일본어로만 하는 그들만의 특별한 성당이 몇 군데에 있었다. 아마 다해서 네다섯 곳 정도였을 것이다. 그러나 일본인 이주자들 대다수는 물론 천주교 신자가 아니었다. 그들은 두 부류였는데 한 부류는 조선으로 건너온 이주민들이고 다른 한 부류는 총독부에 근무하는 수많은 관리들이었다. 두 부류 모두 천주교 선교사를 만나 복음(福音)을 접해볼 기회가 없었다. 일본 본토에서는 지난 15년간 약간의 진전이 있었지만, 같은 시기 동안 조선에 있는 일본인 관리들에 대해서는 교회에서 전혀 성과를 거두지 못했다고 말하는 것이 옳을 것이다.

일본인 천주교 신자들의 수준

1939년 맥폴린 몬시뇰이 광주지목구의 본부가 있는 목포에 그 지역에 있는 일본인 신자들을 위한 성당을 건립하셨다. 그 지역에는 다해서 대략 60여 명의 일본인 신자들이 있었는데 그중 절반가량이 목포에 모여 있었다. 목포에 있는 신자들 중에는 관리들이 있었는데 항상 여기저기로 전근을 갔기 때문에 많은 수가 된 적이 한 번도 없었고 항상 규모에 변동이 있었다. 그러나 신자 수는 적었지만 신자들의 수준은 매우 높았다. 우리의 일본인 신자들은 철저하게 천주교 신앙인으로서의 본능을 지녔고, 관청의 압박이 아무리 심하더라도 그들은 신앙을 굳건히 지켰다. 그들 대부분은 나가사키에서 온 사람들이었는데 순교를 겪은 교회의 영광스러운 역사를 매우 자랑스럽게 생각했다. 그들은 조선에서 천주교의 확장에도 적극적인 관심을 갖고 있었으며 또 조선인 천주교 신자들로부터 존경과 찬사를 받았다. 이렇듯 신앙은 서로 다른 민족들 사이에 조화와 신뢰를 싹트게 할 수 있는데, 정치가들은 결코 이루어낼 수 없었던 일이다.

오브라이언 신부님의 활동

조선에 오기 전에 2년간 일본에서 선교활동을 한 적이 있고 그래서 쓸 만큼의 일본어 지식이 있었기 때문에 맥폴린 몬시뇰은 광주지목구에 있는 일본인 신자들의 사목활동을 내게 맡기셨다. 내가 할 일은 주로 목포 시내에 있었지만, 일 년에 두세 번 외진지역에 있는 신자 가정을 방문해 그들에게 미사를 보고 영성체를 할 수 있게 하는 것이 내가 꾸준히 해오던 일이었다. 내 개인적으로도 그런 식으로 되풀이해서 신자 가정을 방문하는 것은 항상 즐거움과 교화의 원천이었고, 흩어져 있는 얼마 안 되는 일본인 신자들의 가정에서 이교의 사막 속에 있는 진정한 천주교의 오아시스를 발견하는 것은 큰 기쁨이었다. 이웃에 조선인 신자들이 있는 경우엔 그들도 늘 미사에 함께 참석했고, 일본어를 할 줄 아는 경우(왜냐하면 내가 일본어로만 말했기 때문이다) 고백성사를 보고 영성체를 하기도 했다.

경찰의 미행 위협을 받으며

나의 일본인 가정방문은 항상 경찰 조사의 위험 아래에 이루어졌고, 신자들과 나는 모두 우리 회동의 의도와 목적에 대해 주기적으로 조사를 받았다. 경찰은 항상 내 해명에 대해 만족한다고 말하곤 했지만 일본인 신자들에겐 나를 다시 집 안에 들여놓으면 엄중하게 처벌할 것이라고 위협을 가했다는 것을 나는 알았다. 그럼에도 불구하고 신자들은 빈번히 당국의 위협을 무시해버렸다. 한 일본인 신자 가족에게서 마지막으로 메시지를 받았던 것은 내가 감옥에 있을 때였는데, 경찰이 먼저 개봉을 한 상태였다. 그들은 친절하게도 심하게 아픈 병자가 있는 한 가정에서 내 도움을 필요로 하고 있다고 알려줬는데, 나는 조선에 많이 와 있는 일본인 신부님들 중 한 분과 연락해보라고 답신을 보냈다. 나중에 나는 그들이 200마일이나 떨어져 있는 서울에서 신부님을 한 분 모셔왔다는 것을 알게 됐다. 이런 본보기적인 사건이 조선에 있던 보통 일본인 천주교 신자들의 신심을 대변해주는 단적인 예로 간주될 수 있을 것이다.

전후 일본으로의 귀국

전쟁은 피할 수 없는 종말에 도달했고, 귀국명령에 따라 조선에 있던 350만의 일본인들(아마 더 많았을 것이다)이 가지고 갈 수 있는 모든 소지품을 챙겨서 집을 떠나, 어느 남쪽 항구로 가 일본으로 귀국할 수 있는 교통편을 얻을 생각으로 가장 가까이 있는 철도역으로 몰려들었다. 그토록 단기간 내에 완벽한 질서를 유지하며 그러한 대규모의 이동을 실행하는 것은 불가능한 일이었고, 그런 엄청난 비참한 지경 속에서도 일본인들의 천재적인 조직성이 드러나긴 했지만 많은 성과를 거두기엔 너무도 큰 파국이었다. 본국으로 돌아가는 난민 상태의 일본인들은 일본까지 갈 운송수단이 마련될 때까지 몇 개월을 여러 시설에서 공동으로 생활했다. 그런 생활은 묘사하기보다는 차라리 상상하는 편이 나을 것이다.

그곳에서 일본인들이 겪은 비참함과 굴욕적인 대우는 매우 심한 것이었고, 그들의 통치가 아무리 억압적이었다 하더라도 어쨌거나 일본인들이 당시 겪은 고통과 처량함을 보면 측은하다고 할 수밖에 없었다. 현재 조선의 남반부에는 일본인들이 거의 남아 있지 않은데, 보도에 따르면 간신히 살아남은 몇몇 일본군 패잔병들이 소련 점령지역에서 미국 점령지역으로 몰려 내려오고 있다고 하며, 일본으로 귀환하기 전까지 미국 점령지역에서 치료와 관리를 받을 것이라고 한다.

1947년 8월호

조선 천주교의 재건

필자 미상

예로부터 동방의 은자(隱者)의 왕국으로 알려져 왔던 조선은 전쟁이 끝난 후 비록 정도와 의미는 다르지만 오랫동안 버려져 왔던 그 이름을 다시 되찾아 가고 있다. 지금까지 2년째 조선은 소련군과 미군에 의해 점령당해 있는데 이들은 자기네들 간에 임시로 이 나라를 두 지역으로 나누어 소련군이 북부지역을, 미군이 남부지역을 장악하고 있다. 소련군의 점령지역은 침묵의 베일에 싸여 어떤 상황인지 알 수가 없으며, 방문객들에게 비우호적이다. 반면 미군들은 외국인들의 입국을 허용하고는 있지만 이 나라에 살다가 전쟁기간 중에 본국으로 송환되었던 외국인들에 한해서만 허가를 제한해오고 있다. 이러한 정책의 실제적인 결과로 대부분이 미군지역 내에 있는 한 선교구역과 완전히 미군지역 내에 있는 나머지 한 선교구역 등 우리 조선 안에 있는 두 개의 선교구역에서는 종전 후에도 새로운 젊은 신부들의 보강을 받지 못하고 있다. 물론 미국의 그러한 정책은 현재 상황 때문에 어쩔 수 없이 취해진 임시적인 것이고, 그러한 정책을 가져온 현 상황들과 함께 종료될 것이다.

퀸란 몬시뇰의 편지

한편 조선 동부 해안을 따라 위치한 춘천지목구에서는 토마스 퀸란 몬시뇰께서 향후 계획을 세우고 있다. 퀸란 몬시뇰은 다음과 같이 쓰셨다. "나는 이곳 도청소재지에 대성당을 짓는 일에 착수하려 합니다. 자재를 구하기가 어렵고 또 값도 비싸지만, 시멘트를 구할 수만 있다면 미국에서 지붕 자재가 오기를 일 년이라도 기다릴 수 있습니다. 그리고 이웃한 지역에서 우연히 화강암강(江)을 발견했는데, 길이 험하긴 해도 트럭이 다닐 만합니다. 그리스도의 성체성혈대축일(聖體聖血大祝日)[1] 때문에 풍수원에 다녀올 예정인데 돌아오면 외투를 벗고 작업에 착수하려 합니다. 우리 선교원 부지에 인접한 곳에 이미 작은 땅을 구해놓았는데, 미군 대령이 친철하게도 전체 부지를 고르게 하는 작업을 할 수 있도록 불도저 두 대와 군인들을 보내줬습니다. 군인들은 매일 돈도 받지 않은 채 큰일을 하고 있습니다. 작업이 끝나면 부지가 근사하게 보일 것 같습니다. 그리고 대성당은 규모가 크지는 않지만 앞으로 몇 년은 사용할 만 할 것입니다."

퀸란 몬시뇰은 1938년 이래로 춘천에 계신다. 퀸란 몬시뇰의 지목구에는 약 일만 2,000명의 신자들이 있는데, 그들 대부분은 백여 년 전에 있었던 피로 물든 박해의 와중에 서울과 다른 조선의 도시들에서 피난을 온 순교자들의 후손들이다. 그 지역은 산악지대이고 신자들은 가난하지만, 그들은 자신들의 혈통을 자랑스럽게 생각하고 오늘날에도 순교한 선조들의 시련들과 투쟁들을 이야기하길 즐긴다. 이 지목구에 적당한 성당과 학교를 마련하는 일은 일본의 개전(開戰)이전에 조선의 상황 때문에 막대한 지장을 받았었고 앞으로도 그런 종류의 해야 할 일이 산적해 있다.

한국의 오두막

퀸란 몬시뇰의 춘천 본부

프랜시스 헐리히 신부(민법 박사)

「자, 여름을 환영하라」 *(1946년 멜버른 『호손 신문』에서)*

한국의 수도인 서울의 동쪽으로 가면 거친 산들과 좁은 협곡들
로 이루어진 지역에 강원도가 있는데, 한국에서 가장 척박하고 가
장 낙후된 도(道)다. 새로 개통된 철도를 이용해 서울에서 60마일
떨어진 도청소재지 춘천까지 갈 수 있다. 이곳에 강원도 선교본부
가 있다.

강원도로 가다

춘천에는 선교사의 마음을 기쁘게 해줄만한 빼어난 건축물이 없다. 남북으로 길이가 약 200마일이고 동해로부터 내륙으로 70마일에 걸쳐 자리 잡고 있는 강원도는 최근까지 서울대목구 산하의 오지였다. 오래 전에 프랑스 선교사들이 이곳에 천주교 선교소들을 세웠지만, 이 기관들을 적절히 담당할 충분한 수의 신부들이 없었다. 내가 소속된 선교회는 남쪽의 목포에서 이미 활동 중이었는데, 일찍이 1938년에 강원도를 위임받고 그 이후로 강원도는 별도의 선교지역이 되었다. 처음으로 두 명의 신부님이 1938년 가을에 목포에서 이곳으로 왔다. 그 직후에 교황청은 강원도에 지목구를 설립하고 토마스 퀸란 신부님을 초대 지목구장으로 임명했다.

퀸란 몬시뇰

한국에 온 지 둘째 날 밤이 되었을 때 제임스 도일 신부님이 춘천 선교원으로 올라가는 미끄러지기 쉬운 골목길을 안내해주셨다. 우리는 어둠 속에서 희미하게 보이는 알 수 없는 물체들의 그림자 언저리를 지나 커튼 사이로 흘러나오는 불빛을 가로질러 자갈이 깔린 작은 안마당에 들어섰다. 우리의 발소리와 목소리에,

안마당을 향해 있는 문이 열렸다. 훤칠한 키에 체구가 큰 모습이 불빛에 비쳤다. 몬시뇰이셨다. 내 마음은 6년 전의 어느 날 밤으로 달음질했다. 중국에서 조선으로 부임지를 옮기시기 전 휴가 때 아일랜드에서 몬시뇰이 달간(Dalgan)[1]에 있는 우리 신학생들에게 중국에서의 경험담을 한 시간가량 이야기해주신 적이 있었는데, 그 한 시간이 금방 지나갔었다. 나는 몬시뇰께서 "잘 왔어요" 하고 말씀하시며 내미신 손을 잡았다. 그곳에 간 것이 너무도 기뻤다.

처음 본 춘천의 모습

다음 날 새벽이 되어 새로운 이곳의 환경을 둘러볼까 하다가 도일 신부님이(신부님은 내가 도착했을 때 나를 만나셨다) 서울에서 신중히 내게 미리 주의를 주셨던 말씀이 생각났다. 춘천에서는 너무 많은 것을 기대해선 안 된다고 하셨었다. 내가 서울에서 라리보 주교님의 손님으로 프랑스풍의 주교관에서 그날 밤을 보냈을 때, 대성당 경내를 우아하게 만드는 건물의 견고함과 장엄함에 감동을 받았었다. 이제 춘천성당대성당 경내(compound)를 보니 다소 웃음이 나올 수밖에 없었다. '경내(compound)'라는 명칭이 짜임새 있게 울타리가 둘러쳐진 경내라는 뜻이라면 그런 명칭은 적절하지 않겠지만, 복합건물이라는 뜻에서라면 사실 'compound'

가 맞긴 맞다.[2] 사실 그곳은 한국인 신부님 한 분이 살았던 오지에 있는 선교주택이었는데, 물자를 써서 보수 한 번 해본 적이 없었다. 그리고 앞으로도 한동안은 대대적인 보수는 고려될 수 없을 것이다. '노구교사건(蘆溝橋事件, China Incident)'[3] 이래로(2년이 넘었다) 일본제국은 전시(戰時)경제하에 놓이게 됐다. 물자부족으로 인해 건물을 새로 짓는 건 공공복리에 직접 관련이 있는 건물들로 한정됐다. 춘천에 적당한 성당과 선교주택을 건립하는 것은 그런 범주에 속하는 것으로 여겨지지 않았다. 그리고 여하튼 선교회의 재원(財源)은 지목구에 있는 일만 2,000여 명의 신자들에게 좀 더 긴급하게 필요한 것들, 예를 들자면 교리교사의 채용, 벽지와 오지에 공소들을 마련하는 일 등에 사용돼야 했다.

다시 춘천성당 이야기로 돌아가자. 성당 터는 50피트가량 되는 작은 언덕의 경사면과 꼭대기인데, 높이가 다르게 층이 져 있었다. 본당건물과 사제관은 그 중 맨 아래에 있고, 그 위에는 작은 야채 밭이 있는데, 밭의 바깥쪽 가장자리에는 선교용 종을 지탱하는 흔들거리는 구조물이 하나 있다. 더 위쪽엔 방 하나짜리의 박공이 있는 건물이 있는데, 유아원으로 사용되고 있고 그 뒤로 구불구불하게 난 작은 길을 따라 언덕 꼭대기로 올라가면 퀸란 몬시뇰의 거처가 있는데 그곳에서 보이는 경치가 좋은 것은 아니지

만 탁 트여 있다. 몬시뇰의 낡은 오두막집에는 공부방과 침실이
있다.

내가 도착한 낮은 층의 집터 마당은 두 쪽은 성당과 경계를 이
루고 있었고 다른 두 쪽은 사제관과 경계를 이루고 있었는데, 두
건물 모두 L자 모양이었다. 본당 양철지붕 위에는 아직 눈이 두껍
게 쌓여 있었지만 초가지붕 위에는 눈이 거의 사라지고 없었다.
그리고 뒤편 처마 끝에는 고드름이 몇 개 달려 있었다.

나는 여러 곳을 다녀봤지만 L자 모양의 본당건물을 본 것은 그
때가 처음이었다. 기독교 세계에 그런 모양의 성당이 또 있을까
싶다. 고정된 제대가 본당 맨 윗부분에 있었지만 일요일에는 본당
모서리에 있는 제대가 사용됐고 본당 내 한쪽 편은 남자 신자들이
다른 한쪽 편은 여자 신자들이 차지했다.

사제관에는 퀸란 몬시뇰의 두 보좌 신부인 도일 신부님과 매리
난 신부님이 지내고 계셨다. 그곳에서 몇 야드 떨어진 곳에는 한
국인 가족들이 기거하는 여섯 가구가 옹기종기 모여 있었는데, 그
들은 어쩌다가 선교회의 땅에 살고 있다는 것 말고는 선교회 활동
과 아무런 특별한 관련도 없었다. 예전에 한 마음씨 좋은 신부님
이 그 집들을 짓도록 허락해줬었고, 현재 그 집들은 원래 소유자
들에게서 물려 내려온 것들이었다. 그래서 그 집들이 들어서 있는

땅은 지금 살고 있는 사람들에게 보상만 해준다면 선교원이나 성당을 짓기 위해 반환받을 수도 있다. 근처의 야채를 키우는 텃밭에서 아이들이 노는 것까지도 보상해달라고 할 수는 없을 것이다.

퀸란 몬시뇰의 오두막

몬시뇰께선 오두막에 있는 방을 하나 내게 내주셨는데, 전날 밤 늦은 시간에 나를 데리고 언덕을 올라 방으로 안내하셨다. 바깥 벽을 따라 높이가 2피트 되는 좁은 플랫폼[4]이 있었는데 몬시뇰께서 그 위로 올라가 미닫이 문짝을 여셨다. 몸을 굽혀서 방에 들어갔는데, 방 안에는 침대 하나, 받침대 위에 올려놓은 양철 대야 한 개, 그리고 서랍장 하나가 있을 뿐이었으며, 맨손체조를 할 정도의 공간도 거의 남아 있지 않았다. 출입하는 방문은 동시에 창문 역할도 했다. 바깥쪽 나무 문짝 대신 흰 종이나 면포를 바른 안쪽 미닫이를 사용할 수 있게 되어 있었다.[5]

몬시뇰께선 어디서 주무시는지 여쭤보자, 몬시뇰은 옆방을 가리키셨다. 날이 밝아 살펴보니 몬시뇰이 그 방에서 책상에 앉아 계셨는데, 그 방은 의자 두 개와 책장 하나를 들여놓을 정도의 공간이었다. "여기서 주무신다고 하셨던 것 같은데요." 내가 말했다. "아, 그럼요, 자주 여기서 잠도 자지요." 몬시뇰이 대답하셨다. "아

니, 그냥 바닥에서요? 세상에, 제게 주신 방이 몬시뇰님의 방인줄
은 몰랐습니다." 퀸란 몬시뇰은 내가 당황하는 모습을 보고 쿡쿡
웃으셨다. 몬시뇰께선 나를 안심시키려 말씀하셨다. "걱정하지 말
아요. 저쪽 구석에서 아주 편하게 잔 적이 많이 있어요. 그리고 추
운 날 밤에는 한국 방바닥보다 훨씬 못한 곳들이 있어요."

시간이 지나면서 그것을 나도 스스로 알게 됐다. 한국의 가옥
들은 외관상 별로 볼 것이 없다. 그러나 그곳에 사는 사람들은 그
런 사소한 것들에 신경을 쓰지 않는다. 한국인들은 가장 단순한
자재로 매우 적절한 거처를 용케도 만들어낸다. 그리고 한국의 겨
울은 굉장히 춥다.

한국의 가옥

한국의 가옥은 단단한 기둥들과 들보들로 집의 틀을 세우고,
벽은 버드나무나 포플러나무 가지로 발을 엮어 세우고서 그 안과
밖을 반죽한 진흙으로 1피트 두께로 바른다. 지붕은 볏짚을 두텁
게 엮어 올리는데, 시간이 지나면 골풀 색깔로 변한다. 춘천성당
사제관처럼 대부분의 한국 가옥들은 L자 모양이다. 안쪽 앵글은
막히지 않은 공간인데, 반들거리는 나무 바닥으로 된 마루이다.
이 마루는 집의 두 날개를 따라 좁은 플랫폼[6]으로 이어져 있다(이

것을 베란다라 하기는 어려울 것이다). 마루에 올라 설 때에는 반드시 신발을 벗어야 한다. 격자무늬 형태의 틀에 종이를 바른 방문이 베란다 역할을 하는 부분을 향해 나 있다. 그러나 한국 가옥의 가장 눈에 띄는 중요한 특징은 작은 방들의 바닥이다. 이 방들은 격자무늬의 문창살에 종이를 바른 문이 있어 앞서의 좁은 단 쪽으로 열리게 되어 있다.

방바닥은 한국인들이 보통 잠을 자는 곳이다. 한국인들은 또한 이 방바닥에 앉아서 식사를 하기도 하고 손님을 접대하기도 한다. 처음에 자기네 살 집을 지은 사람들은 방바닥을 덮힐 간단하고 경제적인 방법(다른 방법으로는 이 방바닥이 매우 건강에 좋지 않을 휴식처가 될 것이다)을 궁리해야 했을 것이다.

한국의 중앙난방

가옥의 바닥은 진흙과 돌로 채워져 있는데, 바깥쪽 벽 아래에 파놓은 아궁이나 부엌에 있는 아궁이로부터 나온 많은 관(管)들이 바닥을 통과하고 가옥 뒤편에 있는 굴뚝에서 합쳐진다. 이 관들은 크고 평평한 석판들로 덮여 있는데 그 위에는 회반죽을 발라 돌 위를 부드럽게 해놓고 손으로 만든 한국 종이를 세심하게 그 위에 붙여놓는다. 마지막으로 특별하게 마련해놓은 기름종이로 바닥 전체를 덮는다. 이렇게 만들어놓은 것을 '온돌방'이라 한다. 소나무 장작을 태워서 낸 불은 밥을 짓는 데 쓰이며 동시에 부엌과 붙어 있는 한두 개의 방의 난방수단으로도 쓰인다. 바닥에 깔린 관들을 덮고 있는 석판들은 불이 꺼지고 난 한참 후에도 온기를 품고 있다. 한국 가옥의 다른 특징들과 마찬가지로 온돌방에도 몇 가지 단점들이 있다. 종종 연기가 방바닥 틈새로 새어나와 방에 차서 눈을 아프게 한다. 바닥에 깐 석판들이 또 조만간 느슨해지기도 하며 이따금씩은 바닥에 구멍이 나기도 한다. 그러나 여전히 장점이 있으니 그것은 가장 추운 겨울날에도 따뜻하게 앉아 있을 수 있는 자리를 제공해준다는 것이다.

그렇기 때문에 그런 바닥 위에서 잠을 청하는 것은 처음에 보이는 것처럼 고행(苦行)을 하는 것이 절대 아니다. 잠을 잘 때는 솜을 채워놓은 매트리스[7] 위에 누워 솜이불을 덮는다. 자는 사람이 한국 사람이라면 머리를 받치기 위해 나무토막이나 곡물 낟알을 채운 작은 자루를 이용할 것이다. 그러나 외국인이라면 베개를 사용하거나 베개가 없다면 옷으로 즉석에서 베개를 만들어 벨 것이다.

1948년 3월호

조선 에피소드

해롤드 헨리 신부

일본 지배하의 조선에서 수년간의 전시(戰時) 중에 새로 생긴 한 천주교 공동체의 파란만장한 이야기들.

오늘 나는 조 마리우스가 임종했다는 소식을 들었는데 내일 그의 영혼의 안식을 위해 미사를 드릴 것이다. 그의 임종 소식은 오래된 감동적인 기억을 떠오르게 했다. 조 마리우스가 나를 처음으로 찾아왔던 1936년의 어느 날이 생각난다. 당시 나는 나주(羅州)에서 사목활동을 하고 있었는데, 그는 나주에서 약 20마일 떨어진 함평(咸平)이란 마을에서 나를 만나러 왔다. 그는 자기가 얼마 전에 다른 도(道)에서 함평으로 이사를 왔다고 설명했다. 자기는 그 마을에서 유일한 천주교 신자인데, 쉬이 갈 수 있는 거리 내에는 신부님이 없으며, 얼마 후 자신이 함평에서 비신자인 외인인 여인과 교회의 관면(寬免)¹과 축복을 받지 못한 채 결혼을 했다고 말했다. 그는 결혼한 이후, 아내에게 천주교 교리를 가르쳤는데 이제 아내가 세례를 받고 자신들의 혼인도 천주교교회법에 합당하게 교정되길 바란다고 했다.

싹트는 신앙 공동체

그로부터 며칠 후 나는 함평에 갔는데, 마리우스는 이미 자신의 여러 외인 친구들에게 신자가 되도록 설득해 그중 몇몇을 자신에게서 교리를 배우게 만들어놓았었다. 그 후 내 보좌 신부인 김요셉 신부님과 나는 함평을 정기적으로 방문했는데, 일 년이 채안 되었을 때 세례 준비를 하는 예비신자가 90여 명이나 생겼다. 주일 미사가 없는 조선의 외진지역에서는 조선인 신자들이 매주 일요일에 모여 함께 기도를 바치곤 하는데, 마리우스의 집은 얼마 지나지 않아 늘어나는 예비자들을 수용하기에는 너무 비좁아서, 맥폴린 몬시뇰로부터 함평에 작은 공소를 지을 부지를 매입할 허가를 받아냈다. 하지만 이 단순한 한 걸음이 이제 막 싹트는 함평의 연약한 천주교 공동체에 화근이 되고 말았다.

경찰과의 갈등

나는 적당해 보이는 부지를 골라 그 땅에 대해 몇 가지를 물어 봤다. 땅주인은 땅을 팔고자 했고 우리는 거래를 하는 데 동의했다. 그런데 며칠 후 땅주인이 마음을 바꿔 땅을 팔지 않겠다고 했다. 그래서 나는 적절해 보이는 다른 땅의 주인을 만나봤는데, 그도 처음엔 팔겠다고 했다가 며칠 후엔 마음이 변했다. 같은 일을 세 번이나 겪고 나자 비로소 이 사람들에게 나와 거래를 못하게 하는 어떤 압력이 가해지고 있다는 것을 명백히 알 수 있었다. 약간 설득을 하자 그들은 경찰의 지시에 따라 그렇게 했다는 것을 털어놨지만, 절대 발설하지 말라고 경고를 받았기 때문에 제발 비밀로 해달라고 내게 간청했다. 그러나 법에 의하면 교회가 토지를 매입할 권리가 보장되어 있으므로 나는 그 권리를 행사하기로 마음먹었다. 적당한 부지 구입을 위한 협상을 맡길, 경찰에 알려져 있지 않은 천주교 신자 한 명을 골라 이전에 만났던 세 명의 땅주인과 협상을 해보도록 함평으로 보냈다. 그는 성공적으로 거래를 마쳤고 구입한 부지 역시 경찰이 모르게 등기(登記)했다. 그에 대한 경찰의 조치가 일주일 후에 취해졌는데, 경찰은 무슨 일이 있었는지를 알아차리고는 땅을 판 땅주인을 조 마리우스, 그리고 땅을 매입하는 데 도움을 준 몇몇 사람들과 함께 체포해 투옥했다.

맥폴린 몬시뇰과 내가 그들을 대리해서 도청소재지에 있는 도경 (道警)에 강력히 항의했으나 어떠한 만족할만한 성과도 거둘 수가 없었다.

탄압, 그리고 성장

그때부터 경찰은 이제 막 싹트기 시작한 함평의 교회를 파괴하려고 전력을 기울였다. 나와 접촉한 것으로 밝혀지면 누구든 체포했기 때문에 나는 얼마 안 되는 예비신자들이 더 이상 곤경에 처해지는 것을 피하기 위해 함평 방문을 중단했다. 그러나 네다섯 명의 함평 예비신자들이 매주 일요일에 조용히 나주에 왔다가 곤 했으며, 1941년 12월에 전쟁이 발발해[2] 우리의 사목활동이 일시적으로 중단될 때까지 25명의 예비신자들이 영세를 받았다. 그러다 1941년 12월 초에 그 지역에 있던 모든 외국인 선교사들이 검거되어 투옥되거나 연금을 당했다. 6개월 후에 나는 적성국 국민이라는 이유로 미국으로 송환됐고 거의 6년이 지나서야 함평에 있는 내 어린 양들을 다시 만날 수 있었다. 2주 전에 내가 처음으로 다시 함평을 찾아갔을 때 350명이 넘는 활기찬 영혼들의 작은 천주교 공동체를 볼 수 있었는데, 그곳은 11년 전에 신자라고는 조 마리우스 한 명뿐이었던 곳이었다. 수년간의 전쟁기간 내내 이곳의 몇 안 되는 신자들은 일요일에 모여 함께 기도를 바치는 것조차 금지당했었다. 그러나 그들은 끈질기게 신앙을 고수했고, 1945년 8월 일본이 항복한 뒤 맥폴린 몬시뇰께선 조선인 신부님 한 분을 그들에게 보내 상주하도록 하셨다. 건축자재의 품귀와 엄청난 가격 때문에 전쟁 전에 우리가 사놓은 땅에 성당을 짓는 것은 불가능한 일이었다. 하지만 조선인 신부님이 사제관으로 쓸 방이 셋 딸린 집 한 채와 임시성당으로 사용할 집 한 채를 임대했다. 초가지붕에 다 쓰러져 가는, 비좁은 임시성당은 늘어가는 신자들을 수용하기엔 이미 너무 비좁아서 신자들이 새 성당을 건립하기 위해 돈을 모금하고 있다. 물론 그들은 우리의 도움을 필요로 할 것이다. 그러나 그들을 돕는 것은 매우 영예로운 특권이 될 것이다. 초창기 25명의 신자 중 단 한 명도 경찰 탄압의 압력에 굴하지 않았다. 그리고 현재, 함평의 작은 천주교 공동체에는 군수, 역장(驛長), 군청, 경찰서, 우체국 직원들 등 그 지역에서 가장 영향력이 있는 사람들이 포함돼 있다.

이것이 전부가 아니다. 이 작은 공동체는 결코 정체되어 있지 않다. 함평의 조선인 신부님은 신자가 되기 위해 끊임없이 몰려오는 외인에게 교리를 가르치느라 항상 바쁘시다. 함평의 천주교회

에는 희망찬 미래가 있는데 이는 하느님의 은총에 힘입은 조 마리
우스 한 사람의 열성적인 신앙 덕분이며, 우리는 그의 유해를 내
일 묘지에 매장할 것이다.

조선의 교회

전시(戰時)기간과 전후(戰後)의 선교에 관한 보고

오웬 맥폴린 몬시뇰

일본이 참전하기 직전에 조선에 들어와 있는 프랑스, 미국, 아일랜드 선교회의 외국인 교구장들은 당시 민간인들에 대한 통제권을 장악한 일본 경찰과 군대의 압력에 의해 직책을 사임해야 했다. 5명의 주교들의 사임에 따라 공석이 된 직위는 2명의 일본인과 3명의 조선인 성직자들로 채워졌는데 이들은 도쿄 주재 교황청 대사의 승인을 받아 교황청으로부터 임명을 받았다. 외국 선교회 교구장들 중에서 독일의 베네딕토회 주교만이 아무런 방해를 받지 않고 교구장직을 유지할 수 있었다.

미국 선교사들의 본국 송환

이런 갑작스러운 교구장들의 전면적인 교체는, 행정적으로는 어떤 어려움을 가져왔는지는 몰라도, 조선인들에 대한 선교활동에는 아무런 직접적인 영향을 미치진 않았다. 검열시기 동안 조선 천주교가 입은 가장 혹독한 타격은 1942년 여름, 조선에서 활동하던 모든 미국인 선교사들이 미국으로 송환된 것이었다. 메리놀 교구에는 행정구역상 두 개의 도(道)가 포함되어 있었는데, 미국인 신부들은 그 지역들에서 근 20년간을 지치지 않고 활동해 큰 성공을 거두고 있었다. 선교사들의 철수가 수백 명의 예비자들과 영세를 받은 지 얼마 되지 않은 신자들, 잘 조직된 학교들과 훌륭한 의료시설들에 남긴 결과는 재앙에 가까운 것이었다. 새 조선인 주교와 몇 안 되는 조선인 신부들이 갑자기 떠맡게 된 선교와 행정상의 부담이 얼마나 큰 것인지는 쉽게 상상이 갈 것이다. 그러나 다행히도 미국인 신부들이 교회 유지에 공헌해야 할 의무에 대해 신자들을 잘 교육시켜놓았었기 때문에, 조선 내 선교활동에 대한 외국으로부터의 모든 재정적 지원이 기관들로부터 차단되었을 때 그 교육은 결실을 보았다.

프랑스 선교회

프랑스 선교회의 형편은 그렇게 안 좋지는 않았다. 프랑스 선교사들은 대체로 동요되지 않았고, 그들의 선교회는 조선인 성직자들로 잘 구성돼 있었다.

광주지목구

전쟁이 발발하자 광주지목구에서는 지목구 소속의 17명의 메이누스회 선교사들이 투옥됐다. 그 중 3명은 2년에서 5년까지의 형을 각기 선고받았는데, 표면적으로는 스파이 활동을 했다는 게 이유였지만, 실상은 일본 군사작전 기지가 있는 섬[1]에서 선교활동을 하고 있기 때문이었다. 나머지 14명 중에서 미국 국적의 3명은 미국으로 송환되었고 다른 7명은 감옥에서 풀려났으나 목포시에 있는 선교본부의 숙소에 비공식적으로 연금을 당했다. 1941년 12월에 체포되어 1945년 8월에 석방될 때까지 광주지목구는 일본인 지목구장과 6명의 신부들이 이끌어나갔다.

전후(戰後)의 환경

전쟁이 끝난 후 조선은 임시로 두 나라의 점령군에 의해 분단이 되었는데, 위도 38도선 북쪽 지역은 소련군이, 남쪽 지역은 미군이 점령했다. 광주지목구는 모두 미군지역 내에 있어 미군의 진주 이후 선교사들은 완전한 이동의 자유를 누리고 있다. 그러나 그렇다고 해서 이제껏 아무 일도 없었던 것처럼 선교활동이 새로 시작될 수 있다는 건 아니다. 선교사들 대부분은 건강상의 이유로 귀국해야 할 필요가 있었고 곧 외국인 신부 5명과 조선인 신부 6명으로 인원이 줄어들었다. 군 통제에 의해 새로운 선교사들의 조선입국이 금지되었다. 선교활동 진전에 가장 좋은 상황과는 거리가 한참 멀었지만, 1947년도 통계수치를 보면 비관적으로 생각할 이유는 없다. 지역 내 성인 영세자 수와 선교사들 수 사이의 비율은 전쟁 전에 유지됐던 기준에 거의 필적한다.

전시(戰時)의 유산들

아마 조선에만 해당된다고는 할 수 없는 전시의 불운한 유산들에 대해 이야기할 차례다. 사람들에게 일주일 내내 일할 것을 강요한 비상시국 법규는 미사 참여와 교리교육 참석에 상당한 지장을 초래했고, 그로 인해 신입 교우들에게는 습관을 들이기가 결코 쉽지 않은 일요일 미사의 의무적인 참여가 경시되게 됐다. 당국자들, 말하자면 국민정신을 유지시킬 책무가 부과되어 있는 경찰과 학교 교사들은 젊은이들의 미사 참여에 눈살을 찌푸렸다. 특히 학교 교사들은 부모들의 지위와 권위를 침해해 천주교 신자인 부모들은 자식에 대한 부모로서의 전통적인 통제권을 많이 잃게 됐다. 가족 내에서 젊은이들을 먼 곳으로 강제노역에 내보냈던 일 때문에 가족 내의 유대는 더더욱 약화됐다. 천주교에 대한 직접적인 종교 탄압은 없었지만, 외래 종교를 고수하거나 접하는 일은 못마땅한 것으로 여겨졌고, 누구에게나 어려운 일이 되었다.

조선인 천주교 신자들의 충직함

그러한 모든 어려움에도 불구하고 조선인 신자들은 교회에 충직했다. 많은 신자들이 그들의 외국인 신부들과 옥살이를 함께했고, 그들로 하여금 신부들에게 불리한 허위증거를 제공하게 유도하려는 목적으로 가해진 위협에 용감히 저항했다. 모든 신자들이 자신들의 형편이 되는대로 천주교에서 세운 학교의 지원과 조선인 및 외국인 선교사들의 유지를 위해 기여했다. 우리가 목포에 연금되어 있던 몇 해 동안 신자들이 우리에게 돈과 식량을 가져다 줬는데 많은 경우 신자 자신들이 곤궁한 형편에 있으면서도 그렇게 했다. 신자들 덕택에 우리는 단 한 번도 극단적인 궁핍에 처해 본 적이 없었다.

발행일 미상

최 안드레아

패트릭 모나간 신부

 광주에서 아침 식사를 마쳤을 때 한 젊은 여인이 내 방으로 들어와 관례적인 천주교식 인사말을 조선어로 건네며 고개 숙여 인사했다. "찬미 예수." 그녀는 내가 자기를 알고 있다는 듯이 나를 쳐다봤지만 나는 그녀가 기억나지 않았다. 나는 광주에 온 지 얼마 되지 않았기 때문에 아직은 신자들을 다 알아볼 수 없었다. 나를 찾아온 아가씨는 실망하는 기색이 역력했다. 그녀가 말했다. "신부님, 저 모르시겠어요? 목포의 천주교 학교에 다녔는데, 신부님이 그때 거기 계셨습니다. 그리고 저에게 영세를 주시고 혼배성사 때 주례해주신 분이 길렌 신부님이셨어요." 그렇게 말해도 도통 기억이 나지 않았다. 목포는 광주에서 50마일이나 떨어져 있는 먼 곳이었는데 내가 거기서 13년을 지내는 동안 수백 명의 여학생들이 그곳의 천주교 학교를 거쳐 갔다.

전쟁이 끝나기 일주일 전에 선종(善終)하신 길렌 신부님은 나와 5~6년간을 함께 지냈는데 내가 기억할 수 있는 것보다 훨씬 많은 세례성사와 혼배성사를 집전하셨다. 나는 아마 그녀가 학창시절 이후로 성숙해지고 많이 변한 것 같다고 설명했다. 그러고 나서 그녀가 나를 찾아온 목적을 말했는데, 자신의 남편인 최 안드레아가 결핵으로 죽어가고 있다고 했다. 그는 오랫동안 병을 앓아왔는데 스물다섯 살밖에 안 되었기 때문에 처음엔 죽는다는 걸 받아들이기 힘들어했다고 했다. 그래서 지난 몇 달간 그는 하느님과 그분의 섭리에 대해 불만을 품고 자신의 아내와 어머니가 성당 근처에도 못 가게 했다. 그러나 지난 며칠간 그의 신체상태가 눈에 띄게 악화됐고, 그는 갑자기 신부님을 모셔오길 청해서 그의 어머니와 자신이 안심하게 되었다고 했다. 나는 남편을 준비시키도록 그의 부인을 서둘러 집으로 보냈고, 성당으로 가 성체성사를 준비했다. 그리고 선교사가 나와 동행해 길을 가르쳐주기로 했다.

언덕 위의 무덤

우리의 목적지는 시 외곽 근처의 산자락에 있는 작은 마을이었다. 가는 동안 광주교구의 신부님의 무덤임을 나타내는 켈트식 십자가가 산등성이에 있는 것이 눈에 보였다. 그곳은 레터케니 출신의 댄 맥메나민 신부님이 묻혀 계신 곳으로, 맥메나민 신부님은 나와 신학교 동기였다. 맥메나민 신부님에 대해 계속 생각하다 최 안드레아의 집에 도착했는데, 그는 반갑다는 미소를 지은 채 내게 손을 내밀었다.

그를 본 순간 그가 오래 살지 못할 것임을 알 수 있었다. 목이 부어 있었고 거의 말을 하지 못하는 상태였다. 그런데 그는 스물다섯 살을 먹은 젊은이라기보다는 열일곱 살을 먹은 소년처럼 보였다.

그에게 종부성사를 주고 나서 떠날 채비를 하는데 최 안드레아가 나를 바라보며 말했다. "저 기억 안 나세요, 신부님? 저는 맥메나민 신부님에게 세례를 받았습니다. 맥메나민 신부님은 저쪽 산등성이에 묻혀 계시죠." 그가 고갯짓으로 무덤이 있는 쪽을 가리켰다. "제가 학생이었을 때 맥메나민 신부님은 목포에 있던 신부님 사제관에 저를 심부름 보내곤 하셨죠. 그리고 길렌 신부님은 저에게 세례를 주시고 우리 혼배성사를 집전하셨습니다. 두 분 신부님들을 떠올리니 죽음을 받아들일 수 있게 되더군요. 며칠 내로 그분들을 뵙게 될 것 같습니다."

두 분의 아일랜드 신부님에게서 어떻게 죽음을 맞이하는지를 배운 젊은 조선인의 얼굴에 미소가 피어올랐다.

1948년 8월호

한국의 나병환자들

패트릭 모나간 신부

선교사가 섬에 있는 나환자 요양소에 가 신자들에게 사목활동을 펴다.

이곳 광주에서 활동하는 신부들의 업무 중의 하나는 나환자 요양소가 위치한 한국 남해의 섬에 있는 신자들의 영적(靈的)인 필요를 돌보는 것이다.

한국의 교통수단

그 섬은 우리 성당과 본당 사제관에서 대략 80마일가량 떨어진 곳에 있다. 가는 길의 반은 기차를 타고 가지만, 기차에서 내려 이 섬에 가는 배를 탈 항구 마을까지 가는 데에는 정기적인 교통편이 없기 때문에 지나가는 트럭을 붙잡아 얻어 타고 가야 한다. 운이 좋다면 얻어 탄 트럭이 항구까지 계속 가지만, 두세 번 이상씩 차를 바꿔 얻어 타고 가면서 도중에 어디선가 하룻밤을 지새우며 가는 경우가 훨씬 많다.

나는 지난주에 처음으로 이 요양소에 가봤다. 내 친구 하나가 이곳 광주의 교도소 당국에서 나병에 걸린 죄수들을 트럭 한 대에 태우고 요양소에 직행으로 보낼 예정이 있다는 것을 알려줬고, 교도소의 영향력 있는 인사와 알고 지내는 다른 친구 하나가 알선해 줘서 나는 그 트럭에 한 자리를 얻을 수가 있었다. 더욱 잘된 것은 나는 의사 한 분과 같이 가도록 허락을 받았는데, 그분은 최근에 임명된 요양소장과 아는 사이여서 나를 요양소장에게 소개시켜 주기로 했다.

햇살이 따사로운 아침에 16명의 우리 일행이 출발했다. 간수 책임자인 경사와 운전사, 그리고 나는 운전석에 앉았고, 의사와 무장한 간수 4명, 그리고 8명의 죄수들은 트럭 뒤편에 탔다. 우리가 탄 트럭은 일본군이 전쟁 중에 사용했던 낡은 트럭으로 언덕길을 힘겹게 올라갔는데, 내리막길에서는 속도를 내어 지체된 시간을 벌충했다. 가는 길은 산길이었는데 비좁고 거친데다 구불구불한 길이라서 처음 한 시간가량 나는 몹시 안절부절못했다. 그러나 우리의 노련한 운전사가 고물 트럭을 가지고 별로 애도 쓰지 않고 U자형 급커브 도로 위를 능숙하게 운전하자 그 모습에 나도 용기가 생겨서 몸을 뒤로 젖히고 편안한 자세를 취했다.

섬 요양소

우리는 점심을 먹기 위해 길가에 있는 여인숙에서 잠시 멈췄고, 해안가 도시에 도착했을 때는 저녁이었는데 그곳에는 육지와 섬을 가르고 있는 좁은 바닷길을 건너게 해줄 작은 배가 우리를 기다리고 있었다. 나환자들이 내리자마자 트럭을 샅샅이 소독했고, 그들이 앉았던 매트는 밖으로 꺼내어 소각해버렸다. 바다를 건너는 동안 나는 섬의 아름다운 경관에 감탄했는데, 잘 가꾸어진 숲과 녹음이 우거진 모습은 자연스레 아일랜드를 떠올리게 했다. 누군가가 섬의 지형에 대해 설명하기 시작했다. 협소한 지협으로 연결된 두 개의 좁은 띠 모양의 땅으로 이루어진 이 섬은 알파벳 모양 대문자 H처럼 생겼다. 육지 쪽 띠에는 사무실과 직원들의 숙소가 있고, 바깥쪽 띠에는 약 5,000여 명가량의 나환자들이 수용되어 있다.

나환자들

나환자들은 섬 곳곳에 산재되어 있는 깔끔하게 설계된 마을에 살고 있는데 결혼한 부부 환자들을 위해서는 별도의 숙소들이 있다. 환자들 대부분은 일을 할 수 있는데, 밭을 경작하고 땔감을 모으는 일과 그 밖에 그들의 대규모 공동체에 필요한 일들을 하느라 매우 분주하다. 병세가 심하게 진행된 환자들은 진료소와 가까운 곳에 있는 기다란 단층 숙소에 수용되어 있다.

천주교 여걸(女傑)

섬에 도착한 후에 내가 첫 번째로 할 일은 섬의 관리들에게 인사를 하고 신자들에게 신부가 도착했음을 알리는 것이었다. 직원 중에 신자인 간호사가 있어서 모든 일이 한결 수월해졌는데, 그녀의 이름은 김 젬마이고 6년 전에 북한에서 베네딕토회 신부님에게 세례를 받았다고 했다. 그녀는 지난해에 이 요양소에 왔는데 일생을 나환자들을 돌보는 데 바칠 의향이라고 했으며, 현재에는 나환자들의 아이들을 돌보는 일을 맡고 있었다. 나환자의 아이들이라고 해서 반드시 나병에 걸리거나, 나병이 유전되는 것은 아니었다. 나환자의 아이들은 출생하는 즉시 부모와 떨어져 특별 거처에 수용되어, 그곳에서 양육되고 교육을 받는다. 젬마는 100명이넘는 그런 아이들을 돌보며 자기가 맡은 어린아이들에게 친모와같은 관심을 기울이고 있다. 나는 그녀의 영웅적인 활동에 감탄을 금치 못했다. 그녀가 돌보는 아이들은 단정한 옷차림에 예의바르고 교육이 잘 되어 있었다. 또, 그녀는 조금 큰 아이들을 데리고씩씩한 소년단을 조직해놓았다. 이 아이들은 나중에 세상에 나가혼자 힘으로 살아나가야 할 터인데, 젬마는 그들을 잘 준비시키고있었다.

젬마의 도움으로 나는 만나봐야 할 관리들을 즉시 만나볼 수 있었고, 불필요하게 지체하는 일 없이 바로 일정을 잡을 수 있었다. 다음으로 저녁은 방문객 숙소에서 대접받았고, 그 후에 안내인의 인도를 받아 섬 바깥 지역으로 미사용구를 챙겨 갔는데, 그곳에는내가 온다는 소식을 미리 들은 신자들이 고백성사를 보기 위해 강당에 모여 있었다.

나의 양 떼를 만나다

위층에 있는 방에서 나를 기다리고 있던 15명의 나환자들을 만났다. 그들이 나를 반겨주는 것 하나만으로도 그곳에 갈 만한 가치가 있었다. 한 할머니는 앞을 보지 못했고, 다른 두 분의 할머니는 잘 걷지 못했는데 이 세 분 모두가 나를 둘러싸고 웃다가 울다가 하면서 돌아가며 나를 반겨주셨다. 나환자들은 바깥 세상에 대해 내게 많은 것들을 물어봤는데, 특히 고향의 성당과 그 성당이 얼마나 발전했는지를 물어봤다. 신부는 그들이 만나볼 수 있는 유일한 외부인이라서 그들은 그 드문 기회를 최대한 이용한다. 광주 출신의 한 젊은 환자에게는 그 환자의 어머니가 보낸 편지와 담배를 전해주었다. 그는 한쪽으로 편지를 들고 가 울먹이며, 한편으론 기쁨의 환호를 지르면서 편지를 읽었다. 그러고는 다시 나한테로 와서 고향에 있는 모든 친구들에 관해 온갖 것들을 물어보았다.

나환자 선교사

장 프란치스코는 나환자 선교사이다. 그는 얼마 안 되는 신자들을 모아 일요일에 함께 기도를 바치고, 임종의 위기에 처한 예비자들에게 세례를 주며, 임종하는 신자들을 돌본다. 프란치스코는 바닥에 앉아 자신이 하는 일에 대해 이야기했다. 한 할머니가 신부가 마지막으로 다녀 간 이후에 돌아가셨는데 "아주 행복하게 돌아가셨다"라고 덧붙여 말했다. 또한, 한 할아버지는 너무 병세가 심해서 그날 저녁에 그 자리에 올 수가 없었는데 다음 날 아침 미사 후에 자신이 그 할아버지에게 성체성사를 줘야 하는지를 물어봤다. 그리고 3명의 예비자들이 교리교육을 받고 있는 중인데 아직은 교리문답서를 다 마치진 못했지만 다음번에 내가 방문할 때까진 세례를 받을 준비가 되어 있을 것이라고 했다. 프란치스코는 이어서 매주 일요일마다 모여서 함께 기도를 드릴 수 있는 작은 성당을 짓고자 하는 자신의 바람과 계획에 대해 말했다. 아무리 규모가 작고 소박하다 하더라도 그런 성당이 있다면 자신들의 소규모 공동체에 활력을 불어넣는 괄목할만한 계기가 되어 더 많은 사람을 입교(入敎)시키는 결과를 가져오게 될 것이다. 그의 이야기를 들으니 충분히 공감이 가서 그 작은 양 떼에게는 너무나 중요한 의미를 지닐 한 가지 계획을 진전시키는 데 전력하기로 마음먹었다. 그러고 나서 함께 묵주기도와 저녁기도를 바치는 동안 나는 고백성사를 줬고 서둘러 작별인사를 하고 정문이 닫히기 직전에 급히 떠났다. 방문객 숙소 입구에서 담당자가 내 머리끝부터 발끝까지 샅샅이 소독했고 잠시 후 나는 잠자리에 들었다.

요양소에서의 미사

다음 날 아침 6시에 나는 나환자 거주구역으로 돌아가 같은 2층 방에서 전날 모였던 15명의 신자들이 참석한 가운데 미사를 드렸다. 의사이며 내 친구이기도 한 조 아오스딩이 복사 역할을 하러 나와 동행했다. 여기서 감히 그 가여운 나환자들이 이 성스러운 희생의 의식에 참여해 보여준 사랑과 경외의 큰 기쁨을 묘사하진 않겠다. 무서운 병 때문에 어떠한 인간적인 위로도 소용이 없는 상태에서 고통에 내몰려 온전히 하느님에게만 의지하게 된 15명의 남녀들을 독자 여러분의 마음속에 한 번 그려보길 바란다. 몇 달 만에 성체성사를 통해 하느님을 자신들의 영혼에 받아들일 기회가 허용된 그들의 모습을 상상해보시라… 그들 영혼의 내밀한 깊은 곳에서 하느님께서 그들만이 들을 수 있는 거룩하신 위로의 말씀을 해주셨음이 분명한 그 경건한 순간을 그들만이 누리도록 존중해주자.

작별

광주에 있는 한 친구가 지금은 한국에서는 드문 일상품인 잎담배와 담배를 나환자들에게 주라고 우리에게 줬다. 나는 나환자들에게 나눠주라고 하면서 프란치스코에게 담배를 맡겼다. 그리고 작별의 시간이 되었다. 우리는 다시 방문객 숙소로 돌아가 소독을 받고 아침 식사 후에 요양소장을 만나봤다. 젬마와 그녀가 돌보는 아이들에게 작별인사를 하기 위해 잠시 들른 다음 선창가로 서둘러 갔는데, 우리를 데려온 경사와 간수들이 먼저 와서 기다리고 있었다. 이윽고 우리는 건강하고 활동적이며 바쁜 사람들이 살고 있는 세상을 향해 속도를 내고 있었다.

그러나 내 마음은 그 섬에서 떠나려 하지 않았다. 나는 가장 혐오스러운 병 때문에 동족들과 함께 살 수 없도록 영원히 쫓겨난 한 무리의 남녀들 사이에서 12시간을 보냈다. 나는 동족들에게서 버림받은 그 사람들을 위해 봉사하는 데 일생을 바치고 있는 한 젊은 한국 여성의 헌신을 목격했다. 나는 선교사인 프란치스코에 대해 생각했다. 그는 작은 양 떼를 용감하게 이끌거나 겸손한 자세로 복음 메시지의 좋은 씨앗을 수용력이 풍부한 토양의 이곳저곳에 뿌리고 있다. 나는 세 할머니들, 앞이 보이지 않는 할머니와 다리가 절단되어 잘 걷지 못하던 두 할머니들을 떠올렸다. 그리고 광주에 살고 있는 그 어머니를 내가 아는 젊은 환자도 떠올렸다. 아주 짧은 시간이었지만 그 사람들을 만나 대화를 해보고 그들 사이에서 일을 한 것은 바로 영혼 깊숙한 곳에 와닿는 경험이었다.

만일 내가 받은 감동이 독자 여러분에게 조금이라도 전해졌다면 예수 그리스도의 이름으로 청하건대, 여러분의 기도 중에 이 주님의 어린 양들을 기억해주시고 가엾게 여겨주시길 청하는 바다.

조씨와 마리아 의사 선생님

서로 정반대의 사회적 위치에 있는 두 명의 한국인 본당 신자

패트릭 모나간 신부

지난해 봄 언젠가, 쿠삭 신부님이 초인종 소리에 문을 열어보니 어떤 중년의 남자가 문밖에 서 있었다. 신부님을 찾아온 남자는 전형적인 한국의 걸인이었는데, 누더기 옷을 걸치고 밥솥과 곡물 자루를 들고 있는 것이 영락없이 걸인이었다. 쿠삭 신부님이 동냥을 주려고 주머니에 손을 넣자 남자가 신부님을 만류하면서 말했다. "신부님, 저는 돈을 구걸하러 온 것이 아닙니다. 저는 세례받을 준비를 하고 있는데 교리과정을 끝마치고 싶습니다." 자신의 말이 진정이라는 것을 입증하려고 그는 성호를 긋고는 자신이 이미 알고 있는 천주교 기도문들을 외우기 시작했다. 그것이 걸인

조씨와 신부님의 첫 만남이었다. 교리교육은 금세 마쳐졌고 현재 조씨는 천주교 신자다. 한 미국인 친구가 조씨에게 말끔한 옷을 줬고, 조씨는 매주 일요일 아침 일찍 우리 성당 잡부의 숙소에 와 깨끗이 씻고 그의 누더기를 그가 '미사복장'이라 부르는 그 말끔한 옷들로 갈아입은 뒤, 미사가 시작하기 전에 성당 안에 자리를 잡고 앉는다. 만약 여러분이 월요일에 구걸하러 다니는 조씨와 마주치게 된다면, 전날 미사 강론 중에 그가 여러분 옆에 앉았던 사람이라는 생각은 절대로 들지 않을 것이다.

조씨는 자기가 하는 일을 매우 진지하게 여기며 일 년 내내 구걸을 다닌다. 하지만 그가 엄격히 고수하는 나름의 자존심의 원칙이 있는데, 그것은 신부님에게서는 자선을 한사코 받기를 거절하며 또, 신부님에게는 어떤 식으로든 부담을 드리지 않는 것이었다.

마리아 의사 선생님

걸인 조씨와 사회적으로 정반대의 위치에 있는 교구민이 한 사람 있는데, 여러분은 이곳 광주에 있는 성당으로 오면 평일 아침 미사 때마다 이 사람을 볼 수 있을 것이다. '마리아'라는 세례명을 지닌 이분은 점잖아 보이는 외모에 조용한 성품을 지닌 여성인데, 이곳 시내 중심가에서 병원을 운영하는 잘 알려진 의사다. 작고 깨끗한 건물을 지닌 병원의 이름은 '성 마리아 병원'인데 병원의 이름은 지적(知的)이며 능력 있는 이 병원 원장님의 개종 때부터 붙여진 이름이다.

마리아 선생님을 보면 여러분은 그녀가 실제 나이보다 훨씬 젊다고 생각할 것이다. 그러나 마리아 선생님은 다섯 명의 자녀를 둔 어머니며, 정식으로 자격을 갖춘 의사로, 광주에서 17년째 진료를 해오고 있다. 그녀는 소아과 전문이지만 성 마리아 가톨릭 병원에서는 성인들도 진료를 받는다.

병원 조제실 벽에 붙어 있는 성모님의 그림은 마리아 선생님에게 외인 환자들에게 성모의 아드님에 대한 좋은 이야기를 들려줘야 한다는 것을 상기시켜준다. 마리아 선생님은 신자들에게 매우 신망이 높은데, 형편이 어려운 신자들은 그녀의 병원에서 무료로 치료를 받는다. 마리아 선생님은 성마리아가톨릭 여성 신자회 회장인데, 이 단체의 최근 주요 관심사는 신부님과 선교사들을 지원할 기금을 마련하는 것이다. 마리아 선생님 자신이 우선 아낌없이 기부를 하고 있으며, 그녀의 모범이 교구의 다른 신자들에게 놀라운 영향을 미치고 있다.

두 분의 선교회 지도자

필자 미상

　교황께서 두 분의 메이누스 선교사를 한국 내 교구장으로 임명하시다.

교황님께서 두 분의 메이누스 선교사를 한국 내 교구장로 임명했음을 발표하셨다. 토마스 퀸란 몬시뇰은 춘천지목구장으로, 패트릭 브렌난 신부님은 광주지목구장으로 임명되셨다.

퀸란 몬시뇰

퀸란 몬시뇰은 감동적이고 다양한, 오랜 기간의 선교경력을 갖고 계신다. 몬시뇰께서는 고향에서 지낸 한 번의 휴가를 제외하고는 1920년 이래로 계속해서 동양에 계셨다. 퀸란 몬시뇰은 배편으로 중국으로 선교를 떠난 최초의 우리 신부님들 일행 가운데 한 분이었다. 몬시뇰은 중국 한양(漢陽)교구에서는 갤빈 주교님 휘하에서, 난징(南京)교구에서는 클리어리 주교님 휘하에서, 그리고 조선 광주지목구에서는 맥폴린 몬시뇰 휘하에서 활동을 하셨다. 이 지역들에서 몬시뇰은 새로운 지평을 열어가는 선구자적인 선교사였다. 몬시뇰은 1926년부터 1931년까지, 공산주의자들이 득실대는 위험한 시기에 중국에 계셨다. 그리고 최근 전쟁기간 동안 몬시뇰은 동료 신부님들과 함께 조선에 있던 일본식민당국에 의해 구금되기도 했다.

춘천지목구의 수장(首長)

퀸란 몬시뇰은 메이누스선교회에서 춘천지역을 위임받은 첫 해인 1938년이래로 춘천지역 신부님들의 수장 역할을 해오셨다. 1940년에 몬시뇰은 지목구장이 되셨지만 얼마 지나지 않아 조선에 있던 다른 외국인 고위 성직자들과 더불어 일본식민당국의 압력에 의해 교황님의 허락을 얻어 그 직(職)에서 물러났었다. 그 후 몬시뇰은 춘천지역의 지목구장 대리로서 활동을 하시다 다시 이번에 두 번째로 그곳의 지목구장이 되신 것이다.

퀸란 몬시뇰은 티퍼레리(Tipperary)군의 보리솔레이(Borrisoleigh, Co) 팔라스(Pallas) 출신으로 1920년 2월에 달간에서 사제서품을 받으셨다.

브렌난 신부님

브렌난 신부님은 1936년 메이누스선교회에 참여하기 전 이미 시카고의 출신 주교교구에서 사제로 활동을 하시고 계셨다. 신부님은 1937년에 조선으로 와 1942년 여름에 일본에 의해 본국으로 송환될 때까지 조선에 계셨다. 그리고 작년에는 상하이(上海)의 메이누스선교회 수장(首長)직을 맡아오셨다. 신부님은 건강이 좋지 않아 사임하신 맥폴린 몬시뇰의 뒤를 이어 이번에 광주지목구를 맡게 되셨다.

영광스러운 역사

한국의 인구는 약 2,200만 명이고 신자 수는 12만 명이 넘는다. 튼튼하고 번성해가는 이 한국천주교회는 영광스럽고 영웅적인 역사를 지니고 있다. 한국천주교회의 최초의 씨앗은 외부세계에서 온 선교사들에 의해서가 아니라 한국인들 자신에 의해 심어졌다. 1777년, 소수의 조선인 학자들이 베이징(北京)에 있던 예수회 신부님들이 중국어로 쓴 책에서 천주교 교리를 발견하고는 그 아름다움에 큰 감명을 받아 이 새 종교를 따르기로 결심했다. 그 학자들 중 한 사람의 친구가 중국 황실에 매년 파견되는 조선 사절단의 일행으로 베이징에 파견되어 그곳에서 세례를 받았고, 1784년에 조선으로 돌아오면서 십자가와 묵주, 그리고 천주교 서적들을 갖고 왔다. 그로부터 11년 후, 최초의 선교사인 한 중국인 신부가 조선에 도착했을 때, 그는 4,000명의 신자가 있음을 알게 됐다.

19세기는 한국의 피비린내 나는 일련의 박해로 얼룩졌다. 그 박해들 속에서 주교님들과 신부님들, 그리고 신자들이 똑같이 잔혹한 죽음을 당했는데, 오늘날 한국에서는 복자(福者)로 시복(諡福)된 순교자들의 후손들이나 박해 당시를 생생하게 기억하고 있는 노인들을 만나볼 수 있다.

미국인들의 너그러움

우리가 담당하고 있는 한국의 두 개 선교구는 아일랜드의 절반 크기이며 인구는 400만 명이고 그중 일만 5,500명이 천주교 신자다. 전쟁 중에는 우리 신부님들이 감금되어서 선교활동이 완전히 중단됐지만, 이제 그분들은 다시 활동을 점차 재개하고 있는 중이다. 작년에는 많은 신부님들이 전쟁이 끝나자마자 휴식을 취하러 귀국하셨기 때문에 신부님들의 수가 줄었음에도 불구하고 400명의 성인들이 세례를 받았다. 퀸란 몬시뇰은 현재 춘천 시내에서 대성당을 건축하고 계신데, 1947년 12월에는 주둔하고 있던 미군부대가 너그럽게도 몬시뇰께 드리는 성탄선물로 200파운드가 넘는 돈을 수표로 기부해주었다. 그 수표는 부대 내의 신자들뿐만이 아니라 신자가 아닌 이들까지 모든 부대원들이 기부한 것이었다. 그것은 미군 병사들의 너그러움을 보여주는 전형적인 선행이었는데, 극동지역 곳곳에 있는 모든 주둔지에서 미군병사들은 우리 선교사들이 하고 있는 일에 큰 감명을 받아, 앞서와 같은 많은 도움과 친절을 통해 우리의 선교활동에 대한 자신들의 높은 평가를 나타내었다.

제3장

1950년대에
실린 기사

한국의 성탄 전야

마이클 오닐 신부

비가 내려 도로가 진창이 된 가운데 내가 탄 버스가 귀에 거슬리는 브레이크 쇳소리를 내며 원주의 버스 터미널에 멈춰섰다. 나는 버스에서 내려 주변을 둘러봤다. 비 오는 날의 시골 마을이 다 그렇듯이 활력이 없는 곳처럼 보였다. 길 건너 차고에서는 한국인 정비사 몇 명이 스페어타이어들을 늘어놓고 작업을 하고 있었는데, 그들의 지저분한 상태를 보니 그날 아침에 내가 출발한 홍천으로 가는 길의 열악한 상태가 떠올랐다. 한 한국인이 자전거를 타고 지나갔는데, 어린 아들 하나는 운전대 위에 앉히고 다른 아들 하나는 안장 뒤 짐 싣는 곳에 태우고 있어서 그런 진흙탕 길에서는 위태위태하게 보였다. 하지만 그 아이들은 즐거워하는 것 같았고 행복하게 웃고 있었다. 나는 그 아이들이 성탄절을 생각하고 있는 것인지 궁금했다. 그 날은 성탄 전야였기 때문이다.

하지만 나는 라일리 신부님께 가려고 왔지 장터에 서서 생각에 잠기려고 온 것이 아니기 때문에, 천주교 선교원에 가는 길을 물어봤다.

"성당이 어디 있지요?" 어떤 노인에게 물어보며 나는 막연하게 사방을 손으로 가리켰다. 그 노인은 말없이 내 팔을 잡더니 주택가를 덮고 있는 안개 위로 솟아오른 성당 첨탑을 가리켰다. 나는 고개를 숙여 감사를 표한 후 가방을 집어 들고 원주 담당 신부님을 뵙기 위해 출발했다.

라일리 신부님

선교원이 성탄기간이라는 것은 확실했다. 몇몇 사람들이 성당 정문과 사제관 근처에 모여 있다가, 내가 라일리 신부님을 만나러 왔다고 하자 미소를 지으며 내게 고개 숙여 인사를 했다. "정말 때 맞춰 잘 왔어요!" 라일리 신부님이 나와서 내 손을 잡고 활짝 웃으시며 말씀하셨다. "성탄 판공성사' 때문에 몹시 바쁜데, 한국어를 못한다니 안타깝군요." 신부님은 벽돌로 지은 작은 네모 모양의 사제관 건물 안으로 나를 안내해 신부님의 방으로 데려가셨다. 나는 신부님과 신부님이 담당하고 계신 본당에 대해 물어보고 싶은 것이 너무나 많았으나, 라일리 신부님은 일 년 중 가장 큰 축일 전야라 다른 여느 신부님들과 마찬가지로 몹시 바쁘셨다. 라일리 신부님이 자신이 몹시 분주한 점에 대해 미안해하시며 말씀하셨다. "지난 며칠간 거의 600명에게 판공성사를 주었는데, 오늘 자정 미사 전에 지각생들에게 마저 주고 있습니다." 그리고 다정한 웃음을 지으며 말씀하셨다. "드려야 할 성무일도(聖務日禱)[2]가 남아 있다면 그동안 나는 판공성사를 마치겠어요. 그러고 나서 돌아와 함께 이야기를 나누지요." 신부님은 너무나 분명하게 인생의 목표를 가지신 분이었기 때문에 더 이상 귀찮게 해드리지 않고, 내 가방에서 성무일도 기도서를 찾아 들고 라일리 신부님을 고해소(告解所)[3]로 보내드렸다.

그날 밤 저녁식사를 하며 라일리 신부님은 맡고 계신 교구에 관해 내게 이야기를 해주셨다. 한국에서의 다른 많은 선교활동과 마찬가지로 이곳에서의 선교도, 곳곳의 선교지에서 교회에 수많은 순교자를 바친 위대한 선교회인 파리외방선교회 소속의 선교사에 의해 시작됐다. 라일리 신부님은 한국에 오신 지 일 년이 채 안 되었고, 원주에 오신 지는 몇 달밖에 되지 않았다. 신부님의 본당에는 1,600여 명의 신자가 있었는데 그중 1,000명이 인구 3만 명이 살고 있는 시내에 거주하고 있었다. 나머지 신자들은 교외 시골에 살고 있는데 그들 중 많은 이들이 그날 밤 자정 미사에 참석할 것이었다. 몇몇 신자들은 너무 멀리 떨어진 곳에 살고 있기 때문에 성탄절 같은 대축일(大祝日)이나 신부님이 그들이 살고 있는 마을을 방문했을 때만 미사에 참석할 수 있었다. 이런 사실에도 불구하고 매주 일요일에 신자들의 70퍼센트 이상이 미사에 참석하고 있고, 평일 미사에는 100명 이상이 참석하고 있다. 그리고 샬트르 성바오로수녀회 서울 지부에서 온 세 분의 한국인 수녀님들이 교구에서 유치원을 운영하고 계신다. 그날 저녁에는 교리문답과 교리수업에서 뛰어난 성적을 거둔 어린이들에게 상을 수여할 예정이었다.

격려의 말씀

그날 저녁, 학교는 학부모와 어린이들로 가득 찼다. 행사는 신자 회장의 강론으로 시작되었다. 이 도시 본당의 거의 모든 천주교 가정에서 대축일을 맞이해 한 사람씩 대표로 다 왔기 때문에 이것은 정말 놓칠 수 없는 기회였다. 그 회장은 그 기회를 한껏 활용했다. 라일리 신부님께서 내게 한국말을 통역해주셨기 때문에 나는 회장의 강론에 흥미를 갖고 귀를 기울였다. 꽤 길었던 강론을 통해 그는 어린이뿐만이 아니라 어른들에게도 신앙을 확고하게 간직하고자 한다면 천주교 교리가 중요하다는 점을 무척이나 강조했다. 내 생각에 그것은 바로 나 자신이 해야 하는 말이었다. 세례를 받았지만 신앙을 잃은 사람들은 다른 죄인들보다 더 깊은 지옥으로 빠지게 된다는 것은 내가 언급하지 않고 간과했었을 수도 있는 한 가지 신학적인 문제였다. 그는 간과하지 않았다. 그러나 그것은 단순히 그의 강론의 반(反)클라이맥스, 결정타를 날리기 전의 페인트 모션 같은 것이었다. 이윽고 회장은 말을 이어 본론에 들어갔다. "나는 부모님들에게 왜 아이들이 교리수업에 오지 않는지 물어봅니다. 그러면 부모님들은 '우리는 애들을 보내는데, 애들이 안 간 게 틀림없습니다'라고 대답하시지요." 그러고 나서 그는 옆에 있는 탁자 위에 놓인 상품들을 가리키면서, 의기양양해하며 뼈 있게 말했다. "자, 이제 교리수업에 진짜로 왔던 아이들이 누군지 부모님들이 보시겠습니다."

사람들은 이 아이러니한 상황을 매우 재미있어 했고, 라일리 신부님이 상을 주시는 동안 교리수업을 빼먹은 아이들도 다른 사람들과 마찬가지로 이 행사를 재미있어 하는 것 같았다.

그 후에 사제관으로 돌아와서 라일리 신부님은, 아이들에게 시험을 쳐보면 금육일(禁肉日)⁴이 어떤 날인지, 금육일이 다른 날과 어떻게 다른지를 이해하는 아이들이 거의 없었다는 이야기를 해주셨다. 아주 드문 기회를 제외하고 한국인들은 고기를 거의 못 먹기 때문에 하루하루가 한국인들에게는 금육일이라고 신부님이 설명해주셨다. 신부님은 또 다른 이야기도 들려주셨는데, 먼 이곳 한국에까지 미친 서구 관습의 영향을 보여주는 것이라 더욱 흥미로웠다. 지난 몇 달간 결혼식장으로 성당을 사용하고자 하는 외인들이 신부님을 몇 번이나 찾아왔었다고 하셨다. 이유야 알 수 없지만 그들은 분명히 '성당 결혼식'을 사회적인 존경과 결부시키게 된 것이 분명했다. 이 지역의 한 침례교 한국인 목사는 교회에 나온다는 조건으로 그들의 청을 들어주곤 했는데, 그들은 그 후에 교회에 나오지 않았다. 그들은 라일리 신부님이 개신교 목사처럼 순순히 청을 들어주지 않자 조금 놀라워 했다.

자정 미사

사람들이 성탄 대(大)미사를 드리기 위해 저녁 내내 선교원으로 몰려들었고 자정 무렵에 성당 안에 들어가 보니 사람들이 꽉 차 있었다. 자정 직후 라일리 신부님께서 미사를 시작하셨고, 성

가대가 성탄미사의 장엄한 입당성가(入堂聖歌)[5], "주께서 내게 말씀
하셨다. 너는 내 아들이다. 내가 오늘 너를 낳았도다"[6]를 부르기
시작했다.

오르간 연주석에서 아래를 내려다봤는데 이제껏 내가 봤던 것 중
가장 화려한 성탄절의 회중(會衆)들이었다. 어린이들은 제대 난간
가까이에 여러 줄로 줄지어 무릎을 꿇고 있었고, 여자들은 미사방
좌측에, 남자들은 우측에 무릎을 꿇고 있었다. 앉는 의자는 없었
다. 하얀 미사보들, 밝은 색의 블라우스들과 치렁거리는 긴 치마
들이 도회지 남자들의 보다 수수한 양복 차림과 산골 지역에서 온
시골 남자들의 흰색 두루마기, 훌렁한 한복 바지 그리고 새장처럼
생긴 모자[7] 차림들과 대비를 이뤘다. 오직 어린이들만이 지닐 수
있는 놀랍도록 진지한 태도로 진홍색 복사복(服事服) 위에 깨끗한
중백의(中白衣)를 입고 백설처럼 하얀 장갑을 낀 채 제단 아래에서
사제의 미사집전을 거들고 있는 안 그레고리오와 서 프란치스코
가 보였는데, 두 어린이 모두 키가 제대 높이도 되지 않았다.

한국인 성가대

20명가량의 젊은 남녀로 이루어진 성가대가 미사곡을 불렀는

데 노래를 잘했다. 그들의 노래는 기교면에서 어떤 부족함이 있든 간에 진심이 담겨 있다는 점에서 훌륭했다. 그들은 정말 놀랍게도 다양한 곡들을 불렀다. 그들은 그레고리안 성가집[8]에 있는 성탄절 미사 때 부르는 입당성가와 응답송[9], 성체성가를 불렀다. '키리에 (우리를 불쌍히 여기소서)'와 '상투스(거룩하시다)'는 디에릭스라는 작곡가의 작곡이었고, '글로리아(대영광송)'와 '크레도(사도신경)' 는 그레고리안 성가, '아뉴스 데이(주의 어린양)'는 베버의 작곡이 었다. 성체성사가 행해지는 동안 한국의 수도인 서울에서 음악교 사를 하는 이가 독창으로 '어서 가 경배하세'를 불렀고 이어서 성 가대가 '고요한 밤'을 한국어로 불렀다. 그런데 성가대가 정말로 뛰어나게 노래를 잘한 것은 그들 자신의 한국 성탄 캐럴을 불렀 을 때였다. 그 노래들은 매우 아름다웠는데 초창기 프랑스인 선교 사들에 의해 프랑스 성탄 캐럴이 번안된 것이라고 들었다. 듣기에 도 그 곡들은 확실히 동양적이라기보다는 서양의 정취를 담고 있 었다. 마지막으로, 압권은 아르카델트[10]의 '아베 마리아'였다. 나는 시스티나 성당[11] 성가대의 음반에서 이 노래를 들어본 적이 있었 다. 원주성당 성가대를 시스티나 성당 성가대에 견주는 것은 당연 하지 않겠지만, 신자들로 가득 찬, 한국의 한복판에 있는 성당에 서 그들이 성심을 다해 부르는 '아베 마리아'에는 어떠한 음반에

도 담겨 있을 것 같지 않은 성탄절에 어울리는 온기와 자애로움이
있었다.

라일리 신부님께서 600명이 넘는 신자들에게 마지막 한 사람까지
성체를 다 나눠주시고 나서 "가서 복음을 전합시다" 하고 노래하
셨을 때는 새벽 한 시가 훨씬 지나 있었다. 신자들의 입에서 바로
"주님께 감사합니다"라는 답송이 나왔다. 나는 원주에서의 성탄
전야를 쉽게 잊지 못할 것이다.

모든 것이 잘 되어가고 있습니다

한국 수도 서울
게라티 신부

패트릭 브렌난 몬시뇰과 브라인언 게라티 신부님이 한국에서
선교회 총회장님에게 보낸 보고서.

모든 것이 잘 되어 가고 있고 신부님들은 모두 자신들이 하고 있
는 일에 만족해하고 있습니다. 선교의 진전과 전반적인 정치 상황
이라는 두 분야에서 우리는 모두 확신을 갖고 미래를 낙관하고 있
습니다.

브렌난 몬시뇰의 임무

남부지방의 브렌난 몬시뇰이 맡고 계신 교구의 중심지인 목포에서는 신부님들의 피정(避靜)이 4월 중에 마련될 예정이며, 이 묵상회 이후에 작년에 도착한 신부님들이 교구 내의 임지를 부여받게 될 것입니다. 신부님들은 지난 12개월간 한국어를 배울 좋은 기회를 가졌으며, 뛰어난 성과를 거뒀습니다. 최근에 새로 도착한 신부님들도 그분들과 같은 과정을 거치게 될 것입니다. 그리고 브렌난 몬시뇰께서는 현지에 파견할 수 있는 많은 신부님들이 오셔서 더 행복하고 더 젊어 보이십니다.

약속의 해

올해는 작년보다 더 많은 결실을 맺게 될 것입니다. 그런데 유일한 걱정거리는 건축자재의 부족으로 성당을 즉시 확장하려는 것이 지연되지 않을까 하는 점입니다. 작년에 여러분이 들어보셨을, 브렌난 몬시뇰께서 말씀하시던 성당 한 곳은 시멘트가 없어서 공사가 지연되고 있습니다. 그곳을 담당하는 한국인 신부님은 성탄 때 90명에게 세례를 주셨고 지난해 전체에 약 150명에게 세례를 주셨습니다.

퀸란 몬시뇰의 교구

퀸란 몬시뇰이 담당하고 계신 동해안 지역의 교구 중심지인 춘천에서는 안토니 콜리어 신부님이 시내에 새로 설립된 교구에 부임하셨습니다. 오래 전에 그 지역에서 퀸란 몬시뇰이 매입해두신 주택 한 채가 현재로서는 성당과 사제관으로 사용될 것이며, 성당 확장이 필요해질 경우에 사용할 성당을 지을 부지가 있습니다. 이 지역의 입교자들의 수는 남부지방처럼 많지는 않지만 그래도 꾸준히 증가하고 있습니다. 신부님들은 이 지역이 비록 평화롭기는 해도 소련군이 점령하고 있어서 북한 국경 근처인 이 지역에서 활동할 선교사를 구하는 데 어려움을 겪고 있는데, 많은 이들이 좀 더 남쪽으로 내려가 있어야 더 안전하다고 생각하는 것 같기 때문입니다. 한편 춘천 시내에서는 퀸란 몬시뇰의 대성당 건축이 계속 진행되고 있습니다.

브렌난 몬시뇰께서 짧은 메모로 게라티 신부님의 보고서에 다음과 같이 덧붙이셨다.

상황이 많이 좋아졌고 신부님들은 매우 분주합니다. 교리교육을 받고 있는 사람들의 수가 계속 늘어나고 있습니다. 성탄 전야에 목포교구에서는 톰 쿠삭 신부님이 150명에게 세례를 주셨고 다른 교구에서도 굉장히 많은 영세자 수가 보고되었습니다. 우리 모두 올해 우리에게 주어진 기회에 매우 기뻐하고 있으며, 게다가 정부 당국에서도 우리에게 우호적이고 도움을 주고 있습니다.

발행일 미상

어느 부랑자의 임종

어느 한국인 도벽증 환자의 이야기

메이누스회 선교사

그는 외인이었다. 그리고 그는 스물다섯 살의 도벽증 환자였다. 모든 이들이 어떤 것도 그에게서는 안전하지 않다는 것을 알았다. 그래서 그가 처음 성당에 한 번 '둘러보러 왔을' 때, 신자들은 그가 온 것을 달가워하지 않았으며 신부에게 주의하라고 알려줬다.

몇 번 성당에 찾아온 후, 그는 신부와 매우 친해졌다. 그는 자신의 결점을 알고 있었고, 가끔 자신의 나쁜 짓거리에 대해 이야기를 나누며, 길거리 좌판 옆을 지날 때 뭔가를 훔치고자 하는 충동이 어떤 식으로 찾아오는지를 털어놨는데, 그 충동은 너무나 강해서 아무리 자신에게 쓸모없는 물건이라 할지라도 반드시 훔치게 된다고 했다. 사실 한국에서 모든 상점들은 앞문 또는 셔터를 열면 좌판이 길거리와 바로 접하는 구조로 되어 있다. 이런 이유로 도둑질이 상대적으로 쉽다.

우리의 친구는 교육을 잘 받았던 듯, 한자(漢字)를 잘 알고 있었다. 신부와 대화를 나누던 중 그는 한자들이 교회의 글귀들에서는 새로운 의미를 지니게 된다는 사실을 알게 됐다. 이 사실이 그의 흥미를 끌었고 그는 교리를 배우길 청했다. 이때쯤 그는 정기적으로 성당에 오고 있었고, 신자들은 점점 더 걱정이 커졌다. 신자들은 계속해서 신부에게 주의하라고 말했지만 신부는 그들의 경고에 개의치 않고 계속 그 젊은이를 친절히 대했다.

마지막 도둑질

그러던 어느 날, 그 젊은이가 어떤 가게 옆을 지나갈 때, 오래된 그 충동이 다시 그에게 엄습했고 그는 좌판에서 물건을 훔쳤다. 가게 주인이 그를 봤고 바로 그를 쫓아갔다. 멀리 가지도 못하고 그는 사람들에게 둘러싸여 바닥에 쓰러진 채 주먹질과 발길질을 당했다. 사람들이 그를 놔주었을 때 그는 심하게 상처가 나고 멍이 들어서 그는 간신히 몸을 끌고 언덕을 올라 사제관으로 왔는데, 오직 사제관만이 그가 동정심을 기대할 수 있는 곳이었다. 신부는 그를 씻기고 붕대를 감아준 뒤, 밥을 먹이고 사제관 뒤편에 있는 남는 방의 침대에 그를 눕혀줬다. 그는 며칠 동안 그곳에 누워 있었는데, 건강을 회복하는 듯했다. 그러면서 시간을 보내기 위해 그는 교리공부에 몰두했다.

천주교 신자가 되고 싶어 하는 한국인들은 최소한 6개월의 힘든 기간을 보내야 하는데, 이 기간 중에 그들은 교리공부에 전념해야 하고 또 천주교 윤리에 맞게 생활을 정돈해야 한다. 이렇기 때문에 세례는 그 젊은이에게는 아직 요원한 것처럼 보였다.

한밤중의 세례

남는 방에 젊은이를 데려다놓은 지 며칠이 지난 어느 날 밤, 신부는 앓고 있던 그 젊은이가 걱정이 되어 잠에서 깨어났다. 사실 그런 걱정을 할 이유는 없는 것 같았는데 왜냐하면 그 젊은이가 건강하게 잘 지내고 있는 것으로 보였기 때문이다. 그렇다고 하더라도 신부는 마음이 놓이지가 않았다. 신부는 일어나 옷을 챙겨입고 젊은이가 있는 방으로 갔다. 그리고 그 젊은이가 죽을지도 모른다고 생각할 만한 이유가 전혀 없어 보였음에도 불구하고 신부는 그 자리에서 그에게 세례를 주었다. 왜 그렇게 했는지 그 당시에도 그리고 그 이후에도 신부는 스스로도 알 수가 없었다. 어쨌거나 그러고 나니 신부는 젊은이에 대해 마음이 놓였다. 이제 그 젊은이는 천주교 신자가 되었다.

신부는 자기 방으로 돌아왔고 다음 날, 아침 미사를 드리러 가기 전에 젊은이를 보기 위해 그 방에 다시 들렀다. 그는 그 젊은이가 죽은 걸 발견했다. 그것은 누군가의 기도를 통해서 신부의 마음이 움직여져 때맞게 해야 할 일을 하게 된 것이었고, 그 젊은이는 아직 이마에 세례성수가 마르지 않은 채¹ 임종하게 된 것이었다.

무슨 말을 듣거든 마음속에 묻어버려라. 그 말이 터져 나올 리 없으니 조금도 걱정할 것이 없다. ─집회서 19장 10절

한국에 온 신참자

도시, 시골, 사람들에 대한 처음의 인상들

시아란 케니 신부

미국을 거쳐서 오는 중에 읽었던 신문보도들로부터 나는 한국에 대해 최악의 것들을 예상했었다. 남쪽 지역의 상황은 불안정한 것으로 보도됐는데, 남쪽 정부는 북쪽의 공산주의자들이 언제든 밀고 내려오기로 마음만 먹는다면 붕괴될 것으로 여겨졌다. 그러나 한국에 도착한 이후로는 사태가 어떻게 되는지 알아보려 굳이 애쓸 필요가 없었다. 보통 사람들의 눈에 정부는 확고하게 안정되어 있는 것처럼 보였고 평화와 질서가 지배적인 분위기였다. 교회의 입장에서는, 선교사들이 지금보다 더 많은 활동의 자유를 누린 적이 없는 듯하고, 예비 신자들은 넘쳐나며, 곳곳에서 중요한 계획

의 수립과 활발한 활동이 이루어지고 있다.[1]

목포시

나는 지금 한국의 남서부 해안에 있는 목포시에서 이 편지를 쓰고 있다. 우리 도시는 20만의 인구를 자랑하는데, 인구의 대부분은 진흙과 회반죽으로 벽을 세운 초가집에 산다. 초가집들이 특이한 모습으로 모여 있어서 주위의 높은 곳에서 내려다보면 거대한 버섯들이 군락(群落)을 이루고 있는 것처럼 보인다. 도로 사정은 시내라고 하더라도 매우 열악한데, 기껏해야 군데군데 자갈을 깔아놓은 정도고 가장 안 좋은 경우, 특히 비가 온 다음에는 온통 진흙길이 돼 버리기 때문에 조심조심 발걸음을 옮겨야 한다.

꽤 괜찮은 현대식 건물도 몇 개 있는데, 주로 관청건물과 학교들이다. 이 학교들 중 몇몇 학교는 평균 학생 수가 1,000명이 넘는다. 우리 선교원이 위치한 언덕에서 보면 그런 학교들 열 곳을 셀 수 있다. 그 학교들은 일본 통치하에서 세워졌는데, 내 생각으로는 한국인들에게 일본어와 일본에 대한 충성을 가르치기 위해서였던 것 같다. 그 학교들은 천주교 노선을 따라 이 나라를 이끌어 나가는데 훌륭한 도구가 될 수도 있을 것이다. 왜냐하면 한국인들은 학교와 교육을 매우 중시하기 때문이다.

목포 본당에는 2,000명이 넘는 신자들이 있는데, 현재 본당 성당 건물은 너무나 작다. 그래서 브렌난 몬시뇰이 새 성당을 건축할 계획을 세우셨고, 한국의 수도인 서울에서 건설업자들이 이를 검토를 하러 어제 이곳에 왔다. 벽돌로 지은 지금의 성당은 목포에 천주교 신자가 15명뿐이었던 시절에 한 프랑스 선교사가 지은 것이다. 이 성당은 600명을 수용할 수 있는데, 한국의 관습대로 의자가 없고 미사 중에 신자들은 무릎을 꿇고 앉는다.

목포의 천주교 신자들

본당 신자들은 인상적일 정도로 교육이 잘 되어 있고 매우 열성적이다. 성당은 매주 오후 2시에 묵주기도와 강론, 성체강복식에 참여하는 신자들로 가득 차는데 사순기간[2]인 요즘에는 한 시간 반이 걸리는 '십자가의 길[3]'이 그 뒤에 이어진다. 나는 그곳에서 오늘 새벽 6시 30분 미사를 드렸다. 비가 내리는 아침이었지만 40여 명의 신자들이 미사에 왔다. 새벽 6시에 더 이른 미사(이곳의 사람들은 일찍 일어난다)도 있었다. 미사 후에 40여 명이 함께 십자가의 길을 바쳤는데, 한 처에서 그 다음 처로 모두 함께 움직였다 (의자가 없었기 때문에 움직이는 길이 막히지는 않았다). 십자가의 길을 이끄는 사람이 있었는데 내 생각엔 아마 신자 회장인 것 같았고 그 사람이 큰 소리로 기도를 선창했다. 앞서 말했다시피, 한국인 신자들은 교리교육이 매우 잘 되어 있다. 예비자들은 세례성사를 받기 전에 어려운 시험을 봐야 하고, 세례를 받은 후에도 일 년에 한 번씩 천주교 지식에 관해 시험을 봐야 한다. 목포시를 중심으로 브렌난 몬시뇰은 목포지목구 사목활동을 하셨는데, 이 지목구는 아일랜드의 주교 교구에 상응하는 것이다[4]. 지목구 산하에는 아홉 개의 본당들이 있는데 이중 몇몇은 신자 수의 증가로 인해 두세 개의 본당들로 다시 나눠져야 하며 각각 새 성당을 건축해야 한다.

1월 9일부터 나는 한국에 새로 온 다섯 분의 다른 신부님들과 함께 한국어 공부를 열심히 해오고 있다. 우리보다 일 년 먼저 오신 오브라이언, 래퍼티, 로한, 코넬리 신부님은 공부 과정을 거의 끝마쳤고 4월의 피정(避靜)후에 본당 사목활동에 임명되실 것이다. 신부님들은 이미 이곳 목포에서 고백성사를 도울 수 있고 또 본당 지역 내 공소(公所)에서 도움을 줄 수도 있다. 언어를 철저하게 배운다는 것은 수업, 공부, 기도, 식사, 레크리에이션 등 전 세계의 신학생들에게는 친밀한, 똑같은 과정으로 구성된 일상사 중 하나이다. 매일매일 공부해야 할 것이 한 과목밖에 없으면 지루해지겠지만, 그 공부가 아주 급한 것이고 실제에 필요한 것이라면 열심히 하게 된다. 최근에 나는 모나간 신부님과 광주에 있는 그분의 본당에서 보냈던, 너무나도 즐거웠던 주말처럼 이따금씩 쉴 때도 있다.

한국의 경치

어느 상쾌한 토요일 아침에 숀 새비지 신부님이 지프차를 가져와 게리 래퍼티 신부님과 내가 9시 기차(한국 기차는 놀랄 만큼 좋다)를 탈 수 있게 시내 외곽으로 몇 마일 떨어져 있는 기차역까지 태워주셨다. 객차에 올라 자리에 앉고 보니 맞은편에 옛 선비 차림의 조선인이 앉아 있었다. 그는 발목을 조여 맨, 자루 같은 흰색 한복 바지를 입고 흰 버선을 신은 두 발을 포개어 단정히 가부좌를 튼 채 커버를 씌운 좌석 위에 앉아서 평온하게 담배를 피우고 있었다. 기차 여행은 단조로웠다. 한국에 처음 왔기 때문에 흥미를 갖고 경치를 열심히 바라봤다. 그런데 한국의 경치는 매우 단조로웠다. 헐벗고 메마른 갈색 언덕들이 쌀을 심은 밋밋한 평야 중간중간에 불쑥 솟아 있었고 그 너머에는 더 많은 평야, 더 많은 언덕들이 있었다. 이곳에는 관목이 없고 나무도 거의 없다. 이따금씩 드물긴 해도 계단식 논들이 덜 메마른 언덕을 덮고 있었는데, 멀리서 보면 언덕 위 여기저기에 보이는 초록색 겨울 밀밭과 함께 논 사이사이의 낮은 둑들이 꼭 산울타리들처럼 보였다. 나는 향수에 젖어 그 사이를 굽어 지나는 친숙한 (고향의) 좁은 길을 상상하기 시작했다. 하지만 상상은 거기까지였다. 그 좁은 길과 이어져 있으리라 상상했던 풀밭 위의 감자더미, 건초를 쌓아둔 헛간, 흰색 담장이 쳐진 오두막집은 아무리 찾아봐도 헛수고일 뿐이었다. 기차는 부드럽게 달렸고 얼마지 나지 않아 우리는 프랭크 우즈 신부님의 본당이 있는 나주에 도착했다. 래퍼티 신부님은 그곳에서 내렸는데, 주말에 그곳의 일을 도와주시기로 되어 있었다. 다음 날 그곳에서는 대규모 교리 경진대회가 있을 예정이었는데 여덟 개 본당에서 각 12명과 한 본당에서 6명 등 총 104명[5]의 학교 어린이 대표들이 참가할 예정이었다. 본당들 간의 경진대회는 참신한 생각이었고 분명 흥미를 유발하는 것이었음을 나는 곧 알게 됐다.

나는 다음 역에서 내렸는데, 미군정(軍政)의 유물인 지프차를 타고 모나간 신부님이 마중을 나와 계셨다. 신부님과 함께 광주까지 7마일을 차를 타고 달렸다. 신부님은 가던 길에 어떤 작은 마을에 들러 마을 사람 한 명과 며칠 후에 만나기로 약속을 했는데, 마을에 공소(公所)를 열기 위해 그 사람에게서 집과 약간의 땅을 사고자 하셨다. 그 후, 나중에 거래가 이루어졌는데 이는 목포지목구에 본당이 하나 더 생기게 되는 것을 뜻하는 것이었다.

광주

도청(道廳) 소재지인 광주는 인구가 18만 명이며 목포보다 더 현대적이고 화려하다. 선교본부로서 광주는 상대적으로 새로운 지역이지만(단단한 붉은 벽돌로 지어진 광주의 성심성당은 1937년에 건축되었다) 이미 500명의 신자가 있고 몇 해 지나지 않아 그 수가 두 배가 될 가능성이 높다. 본당 신부님인 톰 모란 신부님은 2차 대전 후 한국에 처음 오셨지만, 벌써 매우 능숙하게 사목활동을 하시면서 성당을 찾는 사람들을 맞이하고 큰 규모의 예비자반에게 교리를 가르치고 계신다. 우리가 도착했을 때 외과 의사인 한 한국인 신자가 사제관에 들러 와 있었다. 그는 도쿄에서 공부를 마쳤고 영어를 아주 능숙하게 구사했다. 그래서 나는 대화에 낄 수 있었다. 광주에는 의과(醫科)학교가 있었는데, 학교 측에서는 모란 신부님에게 가끔씩 와서 영어회화 강의를 해주실 것을 부탁하고 있었다. 그것은 새로운, 유익한 접촉을 할 수 있는 반가운 기회였다.

다음 날 모란 신부님은 광주의 12명의 어린 선수들을 데리고 나주에서 열린 교리 경진대회에 가셨고, 모나간 신부님과 나는 난롯가에 앉아 이야기를 나누며 오전 대부분을 보냈다. 오후에 산책을 나갔다가 가는 길에 결핵으로 임종을 앞둔, 신심이 깊은 열여섯 살의 소년을 방문했다.

임종을 앞둔 소년

우리는 그 소년이 몹시 허약한 상태로 아주 조용히 누워 있지만 정신은 매우 명민한 것을 알게 됐다. 모나간 신부님은 우리가 떠나기까지 약 반 시간을 그 소년과 이야기를 나누셨다. 그는 조용한 체념의 한 본보기였다. 지난주 주말에 모나간 신부님이 나환자 요양소가 있는 섬에 며칠간 머물기 위해 출발하려고 하셨던 때에, 그 소년이 종부성사를 청해왔다. 모나간 신부님은 놀라셨는데, 곧 임종할 것 같은 조짐이 전혀 없는 것처럼 보였기 때문이었다. 그러나 그 소년은 아직 의식이 있을 때 성체를 영(領)하고 싶다고 설명했다. 모나간 신부님은 매일 그 소년에게 들러서, 금요일마다 성체성사를 주신다.

교리 문답

저녁에 모란 신부님께서 이웃 본당에 계신 한국인 백 미카엘 신부님과 브랜든 신부님의 본당에서 온 신자 회장과 함께 나주에서 돌아오셨다. 이 세 분은 각자 세 개 본당들을 대표하는 12명의 출전자들을 데리고 갔다오셨고, 시험점수와 각 팀의 성적에 대해 활발히 대화를 나누셨다(나는 무슨 이야기인지 알 수가 없었는데, 한국말로 대화를 나누셨기 때문이다). 대화가 그쳤을 때 나는 시험지들을 살펴봤다. 중학생들에게 낸 문제들은 분명히 한 문항 당 6점이었다. 예전에 구두시험에서 내가 그 문제 중 하나를 본 것이 기억난다. "성체(聖體)가 지니신 특별한 은혜는 무엇인가?" 나는 문제가 좀 어려운 것이 아닌가 하고 생각했는데, 모나간 신부님은 그렇게 하는 것이 나이가 좀 있는 학생들에게 교리에는 처음 눈에 보이는 것보다 훨씬 더 많은 것이 있다는 것을 깨닫게 해준다고 말씀하셨다. 학생들은 철학을 파고들고 싶어 하기 때문에, 수세기에 걸쳐 내려온, 인간의 마음을 어지럽히고 혼란스럽게 해온 문제들에 대한 답은 천주교 교리에서 찾아야 한다는 것을 학생들에게 알려줄 필요가 있다는 것이었다.

"결혼하셨나요, 안하셨나요?"

다음 날 오후 모나간 신부님이 목포로 돌아가는 나를 역까지 배웅해주셨다. 돌아오는 길에 나는 대부분 말없이 앉아 있었는데, 내내 성무일도를 읽으면서 내 맞은편에 앉은 사람이 나와 내 성무일과서(聖務日課書)에 대해 무슨 생각을 하고 있는지 이따금씩 궁금했다. 헐벗은 갈색 언덕들 위로 해가 지면서 언덕들의 황량함에 영광의 후광을 부여했다. 이곳은 아직 겨울이었고, 밖은 매우 추웠다. 마침내 내 맞은편에 있던 승객이 용기를 내어 내게 영어로 말을 걸었다[나는 이미 그에게 '조선말 모릅니다(I don't understand Korean)'라는 말로 그의 질문을 막아놓았기 때문에 그가 내 형편없는 한국어를 시험할 일은 없었다]. 그가 영어를 꽤 한다는 것을 알 수 있었는데(미국인들이 이곳에 와 있는 동안 많은 한국인들이 꽤 쓸 만한 영어 실력을 키우게 됐다) 그는 곧 한국에 있는 모든 신부님들이 조만간 마주치는 모든 외인들에게서 받을 질문을 내게 했다. "결혼하셨나요?" "아니오"라고 내가 대답하자 그가 웃으며 말했다. "천주교에서는 사랑이 으뜸이라고 하지 않습니까?" "그렇지요. 그러나 하느님의 사랑이 그중 제일이지요."

그로부터 시작해서 우리는 일상적인 것들에 대해 계속 대화를 나넜다. 그는 광주에서 온 자동차 상인이었는데 내가 다양한 자동차들과 그 가격들에 대해 알고 있자 그는 내게 감명을 받았다. 그런데 내가 '종교를 가르치기 위해' 서양을 떠나왔다고 하자 그는 더더욱 깊은 감명을 받은 것 같았는데 왜냐하면 그가 알기로 한국은 지금 살러 오기에 좋은 곳이 전혀 아니기 때문이었다. 자동차 이야기를 하다가 다시 천주교 이야기로 돌아왔는데, 언어의 장벽 때문에 우리 둘 다 곧 말문이 막혀버렸다. 내 생각에 그는 정말로 흥미를 가졌던 것 같다. 우리가 목포에서 헤어질 때 그는 내게 명함을 주며 다음에 광주에 올 때 자기를 찾아오라고 나를 초대했다.

한국의 추억들

마이클 오닐 신부

시간이 지나면서 사람의 기억들은 유감스럽게도 파편적인 인상들과 단편적이고 서로 연관이 없는 사실들로 뒤섞여 뒤죽박죽이 될 수 있다. 하지만 2년 전 한국에 갔던 일을 되돌아보면 한 편의 완전한 그림으로 조합되는 몇 가지 사건들이 기억난다. 그 그림은 임박한 전쟁을 배경으로, 선교의 계획과 희망을 담고 있는 그림이다. 그 당시에도 남한과 북한 간 전쟁의 실제적인 가능성이 한국에 어두운 그림자를 드리우고 있었기 때문이다.

춘천대성당

퀸란 몬시뇰이 춘천에서 내게 화강암으로 짓기 시작한 대성당 공사장으로 안내해 보여주셨던 것이 기억난다. "이 돌은 국경에서 3마일 떨어진 저쪽에서 캐온 것이에요"라고 말씀하시며 10마일 떨어진 38선 쪽을 가리키셨다. 그 후 몇 달이 안 돼 대성당 지붕을 올리던 중에 국경은 불바다가 되었고, 춘천은 전장(戰場)이 되었으며 한국은 전화(戰火)에 휩싸였다.

목포

이제 장면은 남쪽으로 250마일 떨어져 있는 목포로 바뀐다. 목포에서 나는 하룻밤을 묵으며 브렌난 몬시뇰과 신부님들이, 지목구 내에 짓고자 하는 목재와 회반죽을 사용한 12개의 성당과 사제관의 건축계획을 세우시는 것을 지켜봤다. 나는 브렌난 몬시뇰이 촛불을 켜놓고 대강의 초안을 완성하시는 것을 어깨너머로 보았다. 국경 너머 북한 쪽에 있는 발전소에서 남한으로 보급되던 전기를 북한에서 차단한 후로 전기가 자주 끊어졌고 그 날 또 전기가 나갔기 때문에 몬시뇰은 촛불을 켜놓고 계셨다.

그 당시에도 분명한 긴장의 조짐들이 있었다. 목포 경찰서 바깥에는 삼각대 위에 기관총을 거치해뒀고, 군인들을 가득 태운 트

럭들이 국경 순찰을 나서 부르릉거리며 38선 근처의 거친 산악지
대를 다니고 있었다. 그리고 경찰들은 내가 탔던 버스를 세우고
승객들을 길가에 일렬로 세운 뒤 무기를 갖고 있는지 수색을 하
기도 했다. 분명 자신감을 갖게 해주는 상황은 아니었지만, 극동
지역에 있는 선교사들이 어두운 구름들이 걷히기만을 기다린다
면 아무것도 해낼 수가 없을 것이다. 브렌난 몬시뇰이 말씀하셨
다. "누가 알겠어요. 태풍이 몰아치려면 3년이 남았는지 4년, 5년
이 남았는지. 어쩌면 태풍이 몰아치지 않을 수도 있겠지요." 몬시
뇰에게는 18개월밖에 없었다.

김 프란치스코

그림을 완성시키려면 김 프란치스코의 이야기를 마저 해야겠
다. 강릉에서 몇 마일 떨어진 곳에 있는 옹기장이 마을에 나를 데
려가 그를 만나게 해준 것은 브라이언 게라티 신부님이었다. 사진[1]
에서 볼 수 있듯이, 프란치스코는 체구가 큰 사람이 아닌데 특히
게라티 신부님 옆에 서면 더 작아 보인다. 그러나 프란치스코는
한국 천주교의 끈기를 보여주는 상징적인 존재이다.

김 프란치스코와 그의 마을에 사는 23개의 가구는 지난 세기에
있었던 여러 차례의 박해 중에 도시와 마을에서 도피해온 천주교

신자들의 후손들이다. 박해를 피해 온 신자들은 강원도의 외진 산간지대로 왔고, 농사를 지을 수 있는 땅이 없었기 때문에 흙으로 빚은 옹기와 항아리 등을 만들게 됐다. 이 옹기장이들은 자신들이 하는 일 때문에 적당한 진흙을 찾아 여기저기로 옮겨 다니게 됐고 그 와중에 천주교를 전파했다. 강원도 천주교 신자의 거의 60퍼센트가 이들의 후손이다.

영예로운 이름

게라티 신부님의 통역을 받아 나는 김 프란치스코에게 그의 가족들이 언제부터 신자였는지를 물어봤다. "일곱 세대 째입니다. 그리고 우리 할아버지는 신앙을 위해 순교하셨지요"라고 그가 대답했다. 그는 그의 집안이 한국천주교사(史)에서 가장 영예로운 가문 중 하나라고 덧붙여 말할 수도 있었을 것이다. 복자(福者) 김대건 안드레아는 최초의 한국인 신부였는데, 서품 일 년 후인 1846년에 순교했다.

김 프란치스코는 일흔아홉 살이며 가문의 전통을 계속 이어갈 열 명의 자녀를 두고 있다. 전쟁이 한국천주교회에 어떠한 새로운 시련들을 안겨준다 하더라도 김 프란치스코와 강원도의 옹기장이들을 떠올리면 위로가 될 것이다.

한국에서 죽음을 당하시다

브라이언 게라티 신부

선교회 총회장에게 보낸 서신에서 게라티 신부가 콜리어 신부
가 선종(善終)을 맞이하게 된 상황을 쓰고 있다.

존경하옵는 덴니 박사님께

저는 며칠 전에 안토니 콜리어 신부님께서 6월 27일에 공산주
의자들에게 살해당했다는 소식을 전보로 보내드렸습니다. 콜리어
신부님께서 돌아가신 상황의 전모를 여기에 전합니다.

아시다시피, 콜리어 신부님은 춘천 시내에 새로 설립된 두 번

째 교구를 맡고 계셨습니다. 콜리어 신부님은 춘천 시내의 선교본부 사제관에 기거하시던 퀸란 몬시뇰, 그리고 다른 신부님들과 떨어진 곳에 작은 거처를 따로 가지고 계셨습니다.

전쟁이 발발하다

제 생각에 일요일이었던 6월 25일 저녁 무렵에는 모든 사람들이 38선을 따라 대규모 전쟁이 발발했다는 사실을 알게 되었던 것 같습니다. 6월 26일 월요일에 미군 장교 한 명이 와서 퀸란 몬시뇰과 다른 신부님들에게 자기와 함께 춘천을 떠나자고 했습니다(헤이워드 신부님과 버크 신부님은 일 때문에 전날 오후에 서울에 가시고 안 계셨고 퀸란 몬시뇰과 카나반 신부님이 중앙교구에 남아 계셨습니다). 콜리어 신부님은 월요일에 퀸란 몬시뇰을 찾아왔는데 두 분 모두 전투가 점점 춘천에 가까워지고 있다는 것을 알게 됐습니다. 그래서 오후 늦게 콜리어 신부님은 자기 교구로 돌아가기로 결정하고는, 돌아와 그 날 밤을 교구에서 주무시고 다음 날 아침에는 미사를 드렸습니다.

공산주의자들이 춘천에 들어오다

한국군의 저항은 일요일과 월요일에 강력했으나 화요일 새벽

이른 시간에는 점점 밀고오던 공산군이 상황을 장악했고, 포격이 잠잠해졌습니다. 콜리어 신부님은 퀸란 몬시뇰과 카나반 신부님과 함께 있기로 마음먹고 이른 아침에 그분들의 거처로 출발하려고 했던 것 같습니다. 교리교사가 콜리어 신부님과 함께 떠났는데, 성당에서 신부님은 얼마 못 가 공산군이 적어도 이 도시의 일부를 점령한 것을 알게 됐습니다.

콜리어 신부님이 검문당하다

많은 공산군 군인들이 우체국 바깥에 주둔해 있었는데 그중 한 명이 콜리어 신부님을 보자마자 바로 달려와 신부님에게 정체가 무엇인지를 물어봤습니다. 콜리어 신부님은 자신은 천주교 신부이며 한국에서 신앙 전파만을 위해서 일하고 있다고 대답했습니다. 그러자 이어서 신부님이 미국인인지를 물어봤는데, 신부님은 미국인이 아니라 자신은 아일랜드인이라고 대답했습니다.

콜리어 신부님 같은 사람을 어떻게 대해야 하고 어떻게 다뤄야 하는지에 대한 문제는 말단 병사가 받은 훈련의 범위를 넘어서는 모양이었는지, 그 장소에 있던 군인들을 지휘하는 장교에게 일처리를 넘겼습니다. 그러자 장교가 다가와서는 똑같은 질문들을 하더니 콜리어 신부님의 주머니를 뒤져 시계, 묵주, 돈 그리고 신부님이 그때 몸에 지니고 있던 나머지 다른 개인 소지품들을 꺼냈습니다. 그러고 나서 신부님에게 한국에서 진짜로 하고 있는 일이 무엇인지 사실대로 털어놓지 않으면 총살해버리겠다고 위협했습니다.

콜리어 신부님은 똑같은 대답을 할 수밖에 없었습니다. 신부님은 자신이 천주교 신부이고 오직 교회의 일을 할뿐이며 한국에 와 있는 이유는 그 외에 다른 것이 없다고 했습니다. 신부님의 어린 교리교사도 같은 질문들에 대해 자신은 신부님을 도와 드리고 있을 뿐이며 어떤 종류의 정치적 활동에도 관여하고 있지 않다고 대답했습니다.

포박당한 신부와 교리교사

그 장교는 대답에 만족해하지 않았습니다. 그는 신부님과 교리교사의 손을 등 뒤로 포박한 뒤 두 사람을 같이 묶도록 명령했습니다. 그들은 강가로 끌려갔는데, 강에다 던져버리려는 의도임이 명백했습니다. 그런데 10분쯤 가다가 그들을 세우더니 춘천에서의 그들의 위치와 이제껏 해온 특수한 군사임무 및 정치임무에 대해 사실대로 말하라고 했습니다. 이제라도 사실대로 말하면 살려주겠다고 약속했습니다.

그러나 그분들은 전과 같은 대답을 할 수밖에 없었고, 그러자 장교는 다시 등을 돌려 앞으로 가라고 명령했습니다. 몇 발자국을 걷지 않았을 때 기관단총의 첫 번째 탄환이 콜리어 신부님을 맞췄고 곧 두 번째 탄환이 날아와 콜리어 신부님은 쓰러졌습니다. 신부님이 쓰러지면서 교리교사도 함께 쓰러졌습니다. 세 번째와 네 번째 탄환은 교리교사를 맞췄고 다섯 번째와 마지막 탄환은 콜리어 신부님을 다시 맞췄습니다.

　그 장교와 병사는 총을 다시 쏴야 하는지 이야기를 나누다 신부님과 교리교사 둘 다 죽었을 것이라고 결론짓고 가버렸습니다.

이 한국전쟁의 전모가 언젠가 쓰이게 된다면, 죽음의 문턱에서 가까스로 벗어난 사람들에 관한 많은 이야기들이 있을 것입니다. 웅덩이나 배수로를 따라 죽일 사람들을 일렬로 줄을 세운 뒤 총을 쏴 그 안으로 떨어지게 하는 것은 흔한 일이었습니다. 줄 맨 앞에 서 있는 사람은 죽음을 벗어날 기회가 전혀 없지만 다른 몇몇 사람들은 총을 쏘는 순간 도랑에 떨어져 시체들 사이에서 기다렸습니다. 어떤 시기이건 그런 식으로 탈출한 사람들의 수는 처형당한 사람들의 수에 비례했지만 처형당하는 사람이 두 명인 경우에 탈출한 사람은, 콜리어 신부님의 교리교사를 제외하고는 들어본 바가 없습니다.

김 가브리엘이 탈출하다

김 가브리엘이라는 그 소년은 어깨와 목에 관통상을 입었지만, 의식을 결코 잃지 않았었다고 내게 이야기했습니다. 콜리어 신부님이 돌아가시게 된 이 자세한 상황을 알 수 있는 것은 그 소년 덕분입니다. 총살 뒤 두세 시간이 지난 다음, 같은 군인들인지 다른 군인들인지는 모르겠지만 공산군 군인들이 쌀가마니로 시신을 덮었고 그때부터 지나가는 사람이 하나도 없었습니다. 가브리엘은 콜리어 신부님의 시신 옆에 하루 낮과 이틀 밤을 누워 있으면서 콜리어 신부님의 손에 묶여 있는 자신의 손을 힘이 없는 중에도 간신히 풀어냈습니다. 근처에 빈집이 있었는데 가브리엘은 그집으로 가, 상처를 싸매고 유럽식 구두를 벗어 던지고 한국 고무신으로 갈아 신고는, 피투성이인 셔츠를 가리기 위해 낡은 외투를 걸쳐 입고 고통을 참으며 산속으로 도망쳤습니다. 도중에 한 노인의 도움을 받았는데, 노인은 가브리엘이 어쩌다 부상을 당했는지 별로 물어보질 않았습니다.

열흘쯤 지난 후 가브리엘이 자신의 아버지에게 콜리어 신부님의 선종(善終) 소식을 전했는데, 춘천 천주교 신자들의 책임자였던 가브리엘의 아버지는 그 자신도 산속으로 피신해 있었습니다. 하지만 가브리엘의 아버지가 콜리어 신부님을 묻어주고 싶어도 아무 일도 할 수가 없었는데, 공산군은 10월 3일까지 퇴각하지 않고 있었기 때문입니다.

콜리어 신부님은 오후 2시와 3시 사이에 돌아가셨습니다. 신부님은 돌아가신 그 장소에 묻히셨는데, 전투가 가까운 곳에서 벌어지자 산속으로 피난을 갔다가 집으로 돌아오던 외인 두 명이 그곳에서 시신을 발견하곤 묻어줬던 것입니다. 나는 그 두 사람과 이야기를 나눠보았습니다. 상황이 나아지면 신부님의 시신을 천주교 묘지에 안장하려 합니다.

콜리어 신부님의 업적

콜리어 신부님이 사목활동을 하며 보여주셨던 보살핌과 사려 깊음, 그리고 성당과 선교원에 매일 정확한 시간에 오셨던 것과 함께 우리 신부님들과 신자들은 항상 콜리어 신부님을 기억할 것입니다. 신부님은 올해 성당을 지을 계획으로, 이미 자재를 모으고 계셨고 성당 부지를 점찍어 두셨습니다. 저는 그곳에 최종적으로 콜리어 신부님을 모실 생각입니다. 신부님이 시작한 교구의 신자들과 함께 하는 것, 그것이야말로 신부님께서 바라셨을 것이라고 확신합니다. 콜리어 신부님은 돌아가시며 한 가지 위안을 느끼셨을 것입니다. 신부님은 함께 있던 소년이 아마 살 수도 있다는 것을 알 만큼은, 그리고 돌아가시는 그 순간에 심지어 자신이 그 소년의 목숨을 구하는 데 도움이 되었다는 것을 알 만큼은 숨이 붙어 있었기 때문입니다.

콜리어 신부님의 어머니와 신부님의 모든 가족 분들께 이곳의 신부님들은 가장 깊은 조의를 표하는 바입니다. 안녕히 계십시오.

브라이언 게라티 드림

한국에서의 실종

8명의 메이누스 선교사들에 대한 게라티 신부의 보고

브라이언 게라티

콜리어 신부의 선종에 관한 상세한 내용을 담은 게라티 신부의 편지는 마지막으로 10월 19일에 서울에서 작성된 것이다. 같은 편지에서 게라티 신부는 콜리어 신부의 선종이 일간신문에 처음 보도됐던 당시에 실종된 것으로 알려진 8명의 메이누스 선교사들의 운명에 관한 보다 상세한 정보를 제공해주고 있다. 이번 호를 인쇄하는 시점에서는 이것이 가장 최근에 입수된 정보이다.

퀸란 몬시뇰과 카나반 신부

춘천교구의 토마스 퀸란 몬시뇰과 프랭크 카나반 신부는 6월

30일에 춘천에 있는 성당에서 공산주의자들에게 체포됐다. 두 사람은 춘천 감옥에서 몇 주간을 보낸 뒤 수도인 서울로 이송됐다. 프랭크 게라티 신부는 다음과 같이 적고 있다. "우리 생각으로는 두 분이 다른 많은 사람들과 함께 북한으로 끌려간 것 같은데, 언젠가는 북한의 수도에서 두 분의 모습이 발견될 것입니다."

크로스비 신부

우리가 아는 바로 필립 크로스비 신부는 전쟁이 발발한 당시 춘천에서 25마일가량 떨어진 홍천의 선교원에 있었는데 6월 30일 이후에 서울로 끌려간 것 같다. 크로스비 신부의 행방에 대해서는 더 이상의 정보가 없다.

매긴 신부와 라일리 신부

다른 신부인 짐 매긴 신부와 패트릭 라일리 신부는 한국 동해안의 강릉지역에 있는 그들의 선교원에 있었다. 게라티 신부는 춘천으로 돌아오던 중에 강릉에 가보려 했으나 도중에 공산군과 마주치게 되어 할 수 없이 서울로 돌아가게 되었다. 강릉은 춘천에서 도로로 약 150마일가량 떨어져 있고 산세가 깊은 지역인데, 강릉으로 가는 길에 있는 산악지대는 아직 공산 게릴라들이 소탕되지 않았다. 우리는 두 신부에 대한 소식을 계속 기다리고 있다.

브렌난 몬시뇰, 쿠삭 신부와 오브라이언 신부

광주교구장 패트릭 브렌난 몬시뇰과 토마스 쿠삭 신부 그리고 잭 오브라이언 신부는 목포에 머물러 있다가 진격해온 공산군을 만나게 되었다(목포는 한국의 남서쪽 끝자락에 있으며 춘천으로부터 300마일가량 떨어져 있다). 게라티 신부는 그들에 관해 다음과 같은 정보를 전해왔다. 그분들은 진주(목포 북동쪽으로 100마일가량 떨어져 있는 도시)에 있는 감옥에 9월경까지 갇혀 있다 알 수 없는 곳으로 끌려갔다는 것이었다.

전쟁이 발발했을 당시…

전쟁이 발발했을 당시 한국에는 40명의 메이누스 신부들이 있었다. 그들 중 많은 이들은 아직 목포에서 한국어를 공부하고 있던 젊은 신부들이었다. 콜리어 신부와 실종된 8명의 신부들을 제외한 나머지 다른 선교사들은 현재 무사하다.

나머지 신부들 중 한국의 수도인 서울에 있던 6명은 전쟁이 터지자 이 도시가 함락되기 전에 비행기 편으로 일본으로 철수했다. 춘천교구에서 온 다른 신부들은 진격해오던 공산군에 앞서서 동해안에 있는 항구인 부산으로 갈 수 있었다. 목포가 공산군의 위협에 처하자 그들은 그곳에서 브렌난 몬시뇰의 명을 받아 목포를 떠났던 15명의 다른 신부들과 합류했다.

남서부 해안에서 떨어진 곳에 있는 제주도에서 활동하던 톰 라이언 신부와 패트릭 도슨 신부는 그곳의 교구에 그대로 머물러 있었다. 제주는 공산군의 수중에 떨어지지 않았다. 부산에는 생필품과 식량이 많이 부족했기 때문에 얼마 후 몇몇 신부들은 일본으로 보내졌다. 이번 호를 인쇄하는 시점에서 받은 일본에서 온 한 편지에는 그들이 한국에 있는 자신들의 선교원들로 돌아갈 채비를 갖추고 있다고 쓰여 있었다.

파괴되고 피해를 입은 선교원들

춘천교구를 방문한 게라티 신부는 전쟁이 한국에 몰고 온 파괴의 참상 일부를 보게 됐다. 선교원 재산들은 화를 면치 못했다. 지난봄에 퀸란 몬시뇰이 완공한 춘천의 새 성당은 두 번의 포격을 당했지만 수리가 가능했다. 옛 성당과 사제관은 화재로 파괴됐다. 성당과 사제관에 있던 비품과 가구들은 모두 없어졌다.

홍천에 있는 선교원 건물들은 아직 손상을 입지 않았지만 그 밖의 다른 모든 건물들은 사라졌다. 홍천 시내는 완전히 잿더미가 되어 있었고 서 있는 유일한 건물들은 성당과 사제관, 감리교 선교원, 경찰서와 군청뿐이었다. 원주에 있던 성당은 화재로 파괴됐다. 원주 교외에 있던 한 시골 성당은 모든 것을 약탈당했다.

게라티 신부는 다음과 같은 말로 편지를 맺었다. "그 다섯 곳의 교구에는 미사집전과 성사 거행에 꼭 필요한 필수 성물(聖物)마저 없습니다. 가장 급하게 그리고 가장 필요한 것은 최소한 열 가지의 미사용구입니다."

전쟁으로 타격을 입은 한국의 선교원들

브라이언 게라티 신부

유엔군이 북한에서 철수하기 전에 브라이언 게라티 신부가 선교회 총회장에게 보낸 편지.

분명 편지를 애타게 기다리셨을 텐데, 얼마 전 북한의 수도인 평양을 방문했다 실종되신 패트릭 오코너 신부님에 관해 전해드릴 새로운 소식이 없어서 유감스럽게 생각합니다. 또 공산군에게 끌려가신 다른 신부님들에 관한 어떠한 명확한 정보도 얻을 수가 없었습니다.

실종된 주교님들, 신부님들, 수녀님들

한국의 남부지역에서만 실종된 분들은 다음과 같습니다. 두 분 모두 메리놀선교회 소속인, 교황사절 번 주교님[1]과 비서인 부스 신부님, 열세 분의 프랑스 신부님들과 네 분의 한국인 신부님, 여덟 분의 메이누스 선교사, 다섯 분의 갈멜수도회 수녀님, 그리고 두 분의 샬트르 성바오로수녀회 수녀님 등입니다. 전부는 아니라 하더라도 이분들 중 일부는 후퇴하던 공산군에 의해 북으로 끌려가셨는데, 우리는 적어도 몇 분들만이라도 다시 돌아오시게 되길 여전히 간절하게 바라고 있습니다.

38선 이북의 공산 치하에서 살아남은 신부님은 두세 분뿐인 것으로 제가 알고 있습니다. 춘천지목구 소속의 두 한국인 신부님들의 시신이 발견되었고, 이웃한 서울선교회 소속 신부님 한 분의 시신도 역시 발견되었습니다. 원산의 베네딕토회 소속 신부님들과 평양의 홍 주교님, 휘하 신부님들[2]에 관한 소식은 전혀 없습니다. 한국 천주교회는 절반 이상의 주교님들과 교구장님들, 거의 3분의 1에 달하는 신부님들을 잃었고 그밖에 수많은 지도적 위치에 있던 신자들을 잃었습니다.

춘천

현재 한국은 몹시 불안정한 상황입니다. 만주에서 온 중공군(中共軍)의 출현으로 전쟁이 금방 끝날 것이라던 우리의 바람은 물거품이 되었고, 공산 게릴라들의 활동은 우리가 생각했던 것보다 더 심해지고 있습니다. 이 때문에 춘천과 원주로 돌아갔던 신부님들 중 두 분은 다시 수도인 서울로 되돌아와야만 했습니다. 지금 글을 쓰고 있는 이 시점에 저는 춘천 시내가 이미 공산 게릴라들에게 점령당했을 것이라 예상하고 있는데, 그들이 춘천지역 전역으로 진격하는 데 장애물이 될 것은 거의 아무것도 없는 것 같습니다. 몇 주 전에는 우리 본당들 중의 한 곳인 강릉이 두 번째로 공산 게릴라들에게 점령됐었는데, 그곳은 아직도 신부가 상주하기엔 안전하지 않습니다.

광주

남부의 광주지목구에서는 순천으로 돌아갔던 두 신부님들이 다시 그곳을 떠나 부산으로 되돌아와야 했습니다. 헨리 신부님이 목포까지 무사히 가실 수 있었는지는 확실히 모르겠습니다. 몇 주 전까지만 해도 그 지역들은 모두 안전했었지만, 현재는 공산 게릴라들이 대부분의 한국군이 전방에 있는 틈을 타 기승을 부리고 있습니다. 다시 겨울이 가까워지고 있고 추수가 끝났기 때문에 공산 게릴라들은 닥쳐올 힘든 몇 개월간을 대비하느라 식량과 의복을 구하러 시내와 마을들을 습격하고 있습니다. 보통 그들은 재점령 하면 처음 점령했을 때보다 더 가혹하게 대합니다.

라일리 신부님과 매긴 신부님

결국 저는 춘천지목구 동쪽 해안에 있는 강릉에 다녀올 수 있 었습니다. 도로로 가다가 두 번이나 실패해서 이번에는 비행기를 타고 갔습니다. 강릉의 성당과 학교, 고아원은 무사했지만 필요한 많은 비품들이 없어졌습니다. 강릉 남쪽으로 30마일 떨어진 곳의 묵호 본당에 계시던 라일리 신부님과 해안을 따라 남쪽으로 15 마일이 더 떨어져 있는 삼척에 계시던 매긴 신부님에 대해선 어 떤 명확한 소식도 얻지 못했습니다. 어떤 사람들의 말을 들으면 두 신부님들이 그쪽에서 살해되었다는 생각이 들었는데, 또 다른 소식들에 의하면 두 분이 어느 때인가 춘천으로 끌려가셨다고 합 니다.

파괴된 선교원 자산

남부지역의 목포에 있는 선교본부가 부서지지 않았다는 소식을 들으시면 매우 기쁘실 것입니다. 하지만 제 말씀은 벽과 지붕만 남아 있다는 뜻입니다. 북부와 남부의 여러 지목구에 있는 모든 교회 자산이 못 하나 남지 않고 모두 약탈당했습니다. 춘천지목구에서는 새로 지은 성당이 손상을 입었고 춘천 시내에 있던 오래된 성당이 파괴되었으며, 벽돌로 지은 성당과 학교도 파괴되었고, 모든 사제관들이 손상을 입었습니다. 광주지목구에서는 새로 지은 성당과 학교가 완전히 파괴되었고 사제관 한 곳은 심하게 손상되었습니다. 이밖에도 파괴된 몇몇 선교원들이 더 있습니다. 제가 모든 곳을 다 가볼 수는 없었기 때문에 피해를 입은 모든 곳을 다 열거할 수는 없습니다. 신부님들은 모든 의복과 개인 소지품을 잃었고, 미사제의(祭衣), 성찬기구(聖餐器具), 그리고 여타 비품들이 모든 성당에서 없어져버렸습니다.

우리 신부님들 중 열 분이 일본에서 한국으로 돌아오셨습니다. 여섯 분은 목포로, 세 분은 춘천으로 가셨고, 닐 보일 신부님이 이곳 서울에서 저와 합류하셨습니다. 일본에 있는 남은 신부님들은 군정(軍政)당국으로부터 한국으로 돌아올 수 있는 허가를 받았지만 제가 조금 더 기다리시도록 부탁드렸습니다. 저는 다음 달이면 이 게릴라 활동이 끝나서 모두가 안심하고 안전하게 돌아갈 수 있게 되기를 바라고 있습니다. 몇몇 지역에는 신부님이 부족하겠지만 아마 한국 전체가 그러할 것입니다. 실종된 신부님들 중 몇 분만이라도 다시 돌아오시게 되길 하느님께 기도드립니다. 일본에 계시는 교황사절 드 푸르슈텐베르그 추기경님이 한동안 한국 천주교업무를 해오셨는데 곧 한국을 방문하실 것 같습니다. 그리고 메리놀선교회 소속의 여섯 분의 미국인 신부님들이 평양으로 가셨습니다.

현재 한국의 전망은 어두울지 몰라도 저는 이 나라가 다시 일어설 것이라고 확신합니다. 세계정세가 악화되지만 않는다면 한국은 매우 훌륭한 선교국가가 될 것입니다. 많은 사람들이 목숨을 잃었지만, 한국인 성직자들과 신자들이 지난 몇 달간 너무나도 꿋꿋이 잘 버텨왔다는 사실에서 큰 위안을 받습니다.

그분들은 한국에서 희생되셨습니다

필자 미상

다음 여섯 분의 신부들은 한국에서 지난 9월부터 실종 상태인데, 아마도 세상을 떠난 것으로 추정된다.

한국 광주교구, 토마스 쿠삭 신부님

한국인들은 톰 쿠삭 신부님을 '철인(鐵人)'이라 불렀습니다. 한국인들이 신부님을 그렇게 부른 것은 믿을 수 없을 정도로 바빴던 신부님의 일과 때문이었습니다. 신부님은 학교수업, 예비자 교리, 신자회 교육을 매일 하셨습니다. 그리고 신자 방문, 특히 신앙이 약해지고, 냉담한 신자들을 방문했습니다. 또 대략 반경 20마일 이내에 있는 병자들을 보살폈고, 매일 소년원에서 상담을 했으며, 교구 내의 각 선교원들도 방문했습니다.

쿠삭 신부님은 클레어의 발리코튼에서 태어나 골웨이의 세인트메리대학에서 수학하고 달간(Dalgan Park)[1]에서 1934년에 사제 서품을 받았습니다. 신부님은 1935년부터 한국에 계셨는데, 2차 대전 후 휴가를 위해 아일랜드에 한 번 다녀가신 것을 제외하곤 한국에 계속 계셨습니다. 심지어 아일랜드에 휴가를 가 있을 때에도 신부님의 생각과 마음은 한국에 있었습니다. 아일랜드에서 신부님은 한국의 교구로 돌아가면 실행해보기 위해 아일랜드의 신자회 조직을 연구했고, 또 한국의 신자들을 위해 묵주와 신앙의 상징들을 구하려고 더블린의 성물판매소들을 돌아다니기도 했습니다.

목포의 모든 천주교 신자 가정은 쿠삭 신부님을 알고 있었고, 신부님을 영원히 기억할 것입니다. 목포에서 쿠삭 신부님은 최후까지 신자들을 저버리지 않는 태도를 취하셨고 그로 인해 죽음을 당하게 되었습니다. 신부님의 목숨을 손에 쥐고 있던 이들에게 신부님은 신자들의 이름을 넘겨주길 거부하셨던 것입니다. 신부님은 즉시 더 엄중한 곳에 투옥되었다 얼마 후 광주로 이송되었습니다. 쿠삭 신부님은 9월 2일 대전에서 살해당한 것으로 추정되고 있습니다.

한국 광주교구, 존 오브라이언 신부님

브렌난 몬시뇰, 쿠삭 신부님과 함께 목포에 머물러 있던 오브라이언 신부님도 공산군의 점령이라는 위험에 직면하게 되었습니다. 7월 24일에 두 분과 함께 오브라이언 신부님도 함께 감금되었습니다. 두 분과 오브라이언 신부님은 8월 4일 목포에서 대전으로 옮겨져 투옥되었는데, 그곳에 갇혀 있다 나중에 풀려난 한 한국 여성에 따르면 세 분은 9월 24일 오전 당시에도 여전히 그곳에 투옥되어 있었다고 합니다.

오브라이언 신부님은 1918년에 로스코먼의 도나먼에서 태어났습니다. 신부님은 밸러개더린의 세인트네티대학에서 수학하셨고, 1936년 달간의 성골롬반회에 입회(入會)했습니다. 1942년에 사제서품을 받았지만 전쟁으로 인해 선교지로 떠날 수는 없었습니다. 대신 신부님은 군종신부로 영국군에 입대하여 복무하다 1948년, 한국에 있는 우리 선교회에 부임하게 되었습니다. 신부님의 형제인 빈센트 오브라이언 신부님도 역시 메이누스선교회 소속의 신부님으로, 현재 필리핀에서 사목활동을 하고 계십니다.

한국 춘천교구, 제임스 매긴 신부님

짐 매긴 신부님은 한국에서 14년을 보냈습니다. 그 기간 중 8년 (1937~1945년)을 일본 경찰의 끊임없는 감시 아래에서 지냈는데, 1941년 12월에는 2주간 투옥되었고, 뒤이어 3개월간 또 투옥되었다가 다시 종전(終戰) 때까지 사제관에 연금을 당했습니다. 만일 선택의 여지가 있다면 누구도 선택하고 싶지 않은 그런 활동 여건이었지만, 같은 상황에 처해 있던 다른 동료 신부님들과 마찬가지로 매긴 신부님은 그런 여건들을 기쁘게 받아들였습니다. 매긴 신부님은 1911년 몬타나의 부테에서 태어났습니다. 1920년부터 신부님과 가족들은 다운군(郡)의 뉴캐슬에 거주하였습니다. 신부님은 벨파스트의 세인트말라키대학에서 중등교육을 받았고 그 후 달간으로 와 1935년에 사제서품을 받았습니다. 신부님은 1936년에 한국으로 가 광주교구와 춘천교구에서 연이어 사목활동을 하셨습니다. 북한군이 지난여름 한국 동해안의 삼척에 들어왔을 때 신부님은 삼척 본당 신부님이었습니다.

그 후 무슨 일이 일어났는지는 알려진 바가 거의 없습니다. 하지만 매긴 신부님과 이웃 본당의 라일리 신부님이 더 북쪽 해안에 있는 강릉으로 끌려간 것은 분명한 것 같습니다. 두 신부님은 그곳에서 죽음을 당했거나 아니면 춘천으로 끌려간 것 같습니다.

한국 춘천교구, 필립 크로스비 신부님

크로스비 신부님은 춘천에서 약 25마일가량 떨어진 곳에 있는 홍천 본당 신부님이었습니다. 신부님은 호주 에센든의 성골롬반 신학교에서 신학공부를 한 후, 1939년에 아일랜드 달간의 성골롬 반회 본원에서 사제서품을 받은 뒤 1940년에 한국으로 왔습니다. 신부님이 한국에 도착한 지 일 년도 되지 않아 태평양 전쟁이 발발했고 그로 인해 일본당국에 의해 투옥되었다가 이어 호주로 강제송환되었습니다.

종전 후 신부님은 한국으로 돌아와 홍천본당을 맡았는데, 홍천은 길이 80마일, 넓이 15마일가량 면적의 거친 산악지대이며, 8,000명의 지역 주민 중 신자들은 겨우 700명으로, 여기저기 흩어져 살고 있었습니다. 크로스비 신부님의 큰 슬픔은 38선 너머 네 군데 지역의 150명의 신자들에게 사목을 할 수 없다는 것이었습니다. 그리고 신부님의 희망은 간호사 수녀님들이 배치된 의료소를 세워 교회의 자비를 본당지역 내의 비신자들에게 전하게 되는 것이었습니다.

지난 6월 국경을 넘어 쇄도한 공산군은 본당지역 내에서 드러나지 않게 조심스레 활동하고 있던 크로스비 신부님을 발견했습니다. 공산군이 신부님을 수도인 서울로 끌고 간 것 외에 어떤 일이 생겼는지는 거의 알려져 있지 않습니다. 신부님은 서울에서 북한으로 끌려갔거나 아니면 살해되었을 수도 있습니다. 크로스비 신부님의 나이는 서른다섯 살이었습니다.

한국 춘천교구, 카나반 신부님

한국전쟁이 발발했을 때 프랭크 카나반 신부님은 막 선교사 생활을 시작하던 참이었습니다. 신부님은 1940년에 달간의 성골롬반회 본원에서 사제서품을 받았는데, 당시 격해지고 있던 세계대전으로 인해 극동지역으로 가지 못했고 대신 골웨이 주교교구에서 1848년까지 근무했습니다.

한국에 온 카나반 신부님은 첫해를 춘천에서 퀸란 몬시뇰과 함께 지냈고, 6월 27일 공산군이 춘천을 점령할 당시에도 몬시뇰과 함께 있었습니다. 두 분은 춘천 감옥에 몇 주간 함께 갇혀 있다 서울로 끌려갔습니다. 그 후 카나반 신부님에 관해서는 아무런 소식이 없습니다. 9월 25일에 퀸란 몬시뇰과 교황사절, 한 무리의 프랑스 신부님들과 수녀님들, 그리고 다른 포로들이 서울에서 100마일 떨어진 곳에 있는 평양까지 도보로 강제이송되었다는 보도가 있었습니다. 카나반 신부님도 몬시뇰과 함께 있었을 가능성이 매우 높습니다. 유엔군이 평양을 점령하고 난 뒤 사흘 후에 평양을 방문한 오코너 신부님은 그 포로들 중 어느 누구의 행적이나 소식도 알아낼 수 없었습니다. 그들은 아마 평양에서, 아니면 평양으로 가던 중에 사망한 것으로 여겨집니다.

카나반 신부님은 골웨이의 헤드포드 출신으로 나이가 서른다섯 살이었습니다. 신부님은 골웨이군(郡)의 세인트메리대학에서 고등교육을 받았습니다. 달간에서 신부님은 역시 한국에서 실종된 라일리 신부님과 동급생이었습니다.

한국 춘천교구, 패트릭 라일리 신부님

패트릭 라일리 신부님은 영국 클리프턴 교구에서 5년간 근무한 뒤, 상하이에서 일 년간 한국어를 공부하고 1948년에 한국에 부임했습니다. 첫 선교지인 원주에서 신부님은 한국 천주교회의 최고 전성기의 모습을 보게 되었습니다. 일요일 미사에는 1,100명의 신자가 참석했고, 대축일들에는 신자들이 판공성사를 보기 위해 몇 시간씩 순서를 기다렸으며, 평일미사에도 100명이 넘는 신자들이 참석했던 것입니다. 라일리 신부님의 다음 부임지는 춘천교구 동쪽 해안가에 있는, 인구 일만 5,000명의 어촌인 묵호였습니다. 그곳은 신자들이 마을에 30명, 그리고 인근에 50여 명이 더 있었을 뿐이었습니다. 신부님의 온 힘과 열정을 쏟아 붓게 한 것은 바로 선교였습니다. 신부님은 한 친구에게 다음과 같이 편지에 썼습니다. "바닥부터 다시 세워 올려야하겠네."

전쟁이 발발했을 때 신부님은 묵호에 온 지 일 년밖에 되지 않았습니다. 최초의 신문보도에 따르면 공산군이 신부님이 사목을 하던 해안지역에 상륙했다고 합니다. 4개월 후 게라티 신부님이 그 지역을 찾아갔을 때까지 그 이상의 어떤 소식도 들려오지 않았습니다. 라일리 신부님의 종적도 없었고 라일리 신부님이 어떻게 되었는지에 대한 확실한 소식은 전혀 없었습니다. 어떤 사람들은 신부님이 강릉 근처에서 살해되었다고도 하고 어떤 사람들은 신부님이 춘천으로 끌려갔다고도 합니다.

라일리 신부님은 1915년에 웨스터미스의 드럼라니에서 태어나 물링가의 세인트피니안대학에서 고등교육을 받았습니다. 신부님은 1940년, 달간의 성골롬반회 본원에서 사제서품을 받았습니다.

북한에서 보내는 보고

북한에는 사제가 전혀 없음

패트릭 오코너 신부

저는 지금 북한의 수도인 평양에서 이 편지를 쓰고 있습니다. 평양은 10월 20일에 함락되었고, 3일 후에 저는 도쿄에서 원산으로 비행기를 타고 와서 이곳에 도착했습니다. 다음이 제가 할 수 있는 보고의 전부인데 대부분 부정적인 내용입니다.

평양에서의 조사

퀸란 몬시뇰과 교황사절이신 번 주교님 그리고 우리 신부님들 어느 한 분에 관한 흔적이나 소식도 전혀 없으며 1949년 5월에 체포된 원산의 베네딕토회 신부님들에 관한 소식도 전혀 없습니다. 저는 이 지역의 천주교 신자들, 군 당국, 관련 기관들, 여러 명의 특파원들, 미8군 참모장 부관인 콜리어 대령(이분은 퀸란 몬시뇰과 번 주교님과 매우 친한 사이였습니다), 그리고 평양 감옥에 있는 사람들에게도 물어봤습니다. 감옥에서 저는 공산 정권하에서 투옥된 한두 명의 정치범과 이야기를 해봤습니다. 그들은 그곳에 있던 외국인들에 대해 아는 바가 없었습니다. 그런데 그중 한 명은 15명의 독일인 신부들이 1949년 7월에 감옥에서 끌려 나가는 것을 실제로 봤다고 했습니다.

오늘 아침에 저는 포로가 되어 다른 포로들과 함께 공산군의 기차에 실렸던 한 미군병사에게 물어봤습니다. 공산군들이 포로들을 북쪽으로 끌고 가 기관총으로 사살하고 있을 때 미군 공수부대가 그들을 구출하러 왔다고 했습니다. 포로들 중 일부만 부상을 입고 살아남았습니다. 그 병사도 심한 부상을 입은 상태여서 오랫동안 이야기를 할 수는 없었지만 기차에 있던 외국인 포로들이나 다른 곳에 있던 외국인 포로들에 대해서는 아는 바가 없다고 했습니다.

평양 감옥에서

많은 사람들이 평양 감옥에서 학살을 당했습니다. 저는 최근에 메워진 우물이 있던 곳을 보았는데 감옥 안마당에는 근래에 메워진 다른 곳들이 여럿 있었습니다. 이들 중 몇 곳을 파보았는데 그 중 한곳에서 깊이 파묻힌 네 구의 시체가 발견되었습니다. 공산군에서 군의관으로 활동하다 현재 포로가 되어 수용소에 있는 의사 한 명이 저와 함께 순회를 다녔습니다. 그는 예전에 우리 신부님 중 한 분에게서(원주에 있던 젊은 신부님으로 얼마 전 감옥에서 나왔습니다) 50달러를 빌린 적이 있다고 했는데, 그는 많은 도움이 되었습니다.

남한에 관해선 말씀드릴 것이 거의 없습니다. 콜리어 대령이 대전에서 수백 명의 민간인들이 살해되었다고 이야기해줬습니다. 그는 학살이 있은 직후 그곳에 갔었습니다. 그는 춘천에도 갔었는데 옛 선교원은 완전히 파괴되었지만 퀸란 몬시뇰이 새로 지은 성당은 손상만 입었으며 피해가 그리 심하지 않다고 이야기해줬습니다.

사제가 없는 북한

북한에는 1950년 5월 이래로 단 한 명의 사제도 없었는데, 자유롭게 활동하던 마지막 신부님들이 5월에 모두 체포되었기 때문입니다. 원산에 있던 마지막 세 분의 신부님들 중 (5월에 체포된)

두 분은 10월 10일에 500명의 다른 사람들과 함께 살해되었습니다. 해병대 군종 신부님인 머피 신부님과 저는 지난 일요일에 두 신부님의 영결식에 참석했습니다. 그런데 실제 한 분은 원산 신부님이 아니라 춘천의 우리 선교회 지역의 신부님이었습니다. 그분은 티모시 리 신부님인데 38선 이북지역에서 활동을 하셨던 것이 분명합니다.

지난 일요일에 우리가 원산에서 첫 공개미사를 드렸던 것은 말로 형언할 수 없을 정도였습니다. 머피 신부님은 원산에서, 그리고 저는 원산시 외곽 산 옆의 덕원이라는 곳에서 미사를 집전했습니다. 그곳의 천주교 신자들은 신앙만 지킨 것이 아니라 기도서와 묵주를 간직했고, 그리고 성가(聖歌)를 기억하고 있었습니다. 원산에서 신자들은 '천사 미사곡'을 불렀습니다. 그들은 사제를 몹시 원하고 있습니다. 서울에서 신부님 두 분을 원산으로 파견했다는 소식을 들었습니다.

원산은 대부분 파괴되었고, 음식과 의복, 그리고 숙소가 시급히 필요한 상황입니다. 반면 평양은 대부분 파괴되지 않아 숙소 문제는 없습니다. 그러나 식량공급은 차후 어려움을 야기할 것입니다.'

목포로 귀환

해롤드 헨리 신부

나는 지난 금요일 아침에 작은 배로 부산을 출발해, 11월 13일 월요일인 오늘 정오에 목포에 도착했다. 톰 모란 신부님과 숀 새비지 신부님이 나와 함께 오셨다.

오는 길에 우리는 여수항과 제주도에 들렀다. 여수에 새로 구입한 집은 사용하기 적당했고, 팻 브랜든 신부님과 올리버 케네디 신부님이 그곳으로 이른 시일 안에 가실 것이다. 우리는 제주도에서 도슨 신부님과 라이언 신부님이 잘 계신 것을 알게 되었다. 그러나 지난주에 제주도에 사건이 발생해서 경찰 19명이 살해됐다.

목포에 도착하니 모나간 신부님(신부님은 기차로 광주에서 먼저 오셨다)과 세 분의 한국인 신부님들이 우리를 마중 나와 계셨다.

목포의 상황

목포에 있는 우리의 사제관은 피해를 입지 않았지만 가구는 하나도 남아 있지 않았다. 성당 건물도 기관총탄 자국이 한두 군데 난 것을 제외하곤 피해를 모면했지만 제대(祭臺)들은 한 개를 제외하곤 모두 파괴되었고 제의(祭衣)는 하나도 남지 않았다. 떠나기 전에 묻어뒀던 성찬(聖餐)도구와 미사용 포도주는 약탈을 면했고, 몇몇 책들 뒤에 숨겨뒀던 타자기 역시 약탈을 면해 지금 이 글을 쓰는 데 사용하고 있다. 그리고 후퇴하던 공산군이 두고 간 약간의 석탄과 남은 커피를 사제관에서 발견했다.

투옥되셨던 김 신부님

전쟁이 발발하던 바로 그때 완공되어 단 두 번만 미사를 올렸던 함평(咸平)의 2층 성당은 완전히 파괴되었다. 함평에 가는 것은 아직 불가능한데 공산 게릴라들이 그 지역에서 활개를 치고 있기 때문이다. 함평의 본당 신부님인 김 신부님은 지금 목포에 와 계신다. 공산주의자들이 함평에 처음 들어왔을 때 그들은 신부님에게 미사를 계속 드려도 된다고 했었다. 그러나 바로 다음 일요일에 미사 중인 성당 안으로 들어와서는 신부님에게 미사 허가증을 보여 달라고 요구하더니 신부님과 성당 안에 있던 본당 신자들을 모두 체포했다.

신부님은 감옥에 55일간 갇혀 있었고 공산군이 철수할 때 감옥에서 풀려났지만 다시 지역의 '협력자들'에게 넘겨졌다. 신부님은 그들에게서 도망쳐 어느 집의 마룻바닥에 숨어서 25일을 지냈다. 하루는 신부님이 상쾌한 공기를 쐬러 은신처 밖으로 나왔는데 그때 불쑥 5명의 협력자들이 나타났고, 신부님은 포대자루 아래에 숨어 간신히 다시 잡혀가는 것을 모면한 일이 있었다. 그들은 신부님의 누이에게 신부님이 어디 있는지 물었지만 다행히도 신부님이 숨어 있던 곳을 뒤져보지는 않았다. 신부님의 형제가 살해되었는데, 그즈음에 16명의 예비신자들이 자신들도 살해될 수 있다는 두려움에도 불구하고 신부님에게 영세를 주길 청했다.

신자들은 살해되고 신부님은 투옥되다

장성(長城)에서는 많은 신자들이 살해당했다. 성당과 사제관은 부서졌지만 수리가 가능하다. 본당 신부님인 장 누기오 신부님은 광주 감옥에 50일간 갇혀 있었는데 매일 식량으로 한 줌의 쌀을 받았을 뿐이었다. 장 신부님은 그 쌀의 반을 몹시 고생하고 있던,

신자가 아닌 동료 수감자에게 주었는데 결국에 신부님은 감옥 안에서 그에게 세례를 주셨다. 공산주의자들이 광주에서 철수하자, 4명의 신자들이 급히 감옥으로 가 감옥문을 부수고 장 신부님과 감방 안에 있던 다른 사람들을 풀어줬다. 그들이 갇혀 있던 사람들을 감옥에서 빼낸 직후에, 공산주의자들이 설치해놓은 다이너마이트가 터져 감옥이 파괴됐다.

장 신부님은 영양실조의 후유증으로 고생하고 계신데 나는 현재 이곳 목포에 신부님을 모시고, 영양을 보충하고 건강을 회복하시도록 돕고 있다.

살해당한 신학생들

다른 두 분의 한국인 신부님들은 몸을 잘 피하셨다. 공산군은 우리 신학생들 중 두 명을 굴속에 가두고 굴을 폭파해버렸다. 브렌난 몬시뇰, 쿠삭 신부님과 오브라이언 신부님에 관해서는 더 이상의 정보를 전혀 얻을 수가 없었다.

식량은 매우 부족하고 전기는 전혀 들어오지 않으며, 수많은 일반 통신선들이 절단되었기 때문에 보급물자를 구하기가 힘든 처지다. 경비 병력의 호위하에 목포와 광주간 기차들이 다시 운행되고 있지만 보통은 총격을 당한다. 상황은 여전히 위험한데, 일만 명의 공산게릴라들이 목포 강 건너편과 북쪽으로 25마일가량 떨어진 무안에서 활동 중이다. 이와 같은 상황에서는 사목활동을 하는 것이 불가능하므로 아직은 일본에 계신 다른 신부님들에게 돌아오시라는 연락을 하지 않을 생각이다.

1951년 3월호

강릉으로 귀환

패트릭 오코너 신부

강릉 신자들이 사제의 강복(降福)을 받기 위해 무릎을 꿇은 것은 넉 달 반 만에 처음이었다. 막달라 할머니는 기뻐서 흐느끼면서 마치 게라티 신부님이 정말로 거기 계신 것인지를 확인이라도 하려는 듯 신부님의 팔을 꼭 붙잡고 있었다.

강릉

강릉은 한국의 동해안에 있는 도시인데 강릉과 도청소재지인 춘천, 수도인 서울은 사이에 놓인 높은 산맥으로 가로막혀 있다. 강릉본당은 춘천지목구에 속하며 메이누스 선교사들이 담당하고 있다. 서울로 돌아간 지 얼마 안 돼 서울에서 수도원장(superior)에 오르기 전에 강릉 본당 신부님이었던 게라티 신부님은 산길을 통해 동해안에 가려고 했었다. 그러나 게라티 신부님은 걸음을 돌려 돌아올 수밖에 없었는데, 그 시골 지역에는 공산군의 출몰이 잦았기 때문이다.

"강릉에 갈수만 있다면 신자들이 어떻게 지내는지, 선교원 건물들은 어떻게 되었는지 알고 싶고, 그리고 무엇보다도 짐 매긴 신부님과 패디 라일리 신부님에 관한 소식을 알아보고 싶습니다." 게라티 신부님은 서울에서 매일 밤마다 말씀하셨다.

나도 같은 바람을 갖게 되었다. 전쟁의 현 국면에서 한국에서의 선교상황이 어떤지를 정확히 파악하고자 한다면 직선으로 100마일가량 떨어져 있는 동해안 지역에 가봐야 하는데, 아마 갈 수 있는 유일한 방법은 육로를 통해 남쪽으로 열흘가량 내려간 뒤 북쪽으로 가는 배를 얻어 타는 방법밖에는 없었다.

항공편으로 가다

그런데 다름 아닌 비행기를 타는 것으로 어려움이 해결되었다. 미군 제5공군 공보실의 잉그램 소령이 부산에 비행기로 갈 예정이었는데, 가는 길에 강릉에 들러 공식 특파원인 나와 내 동행 게라티 신부님을 태워주기로 했고, 다시 5시간 후에 우리를 데리러 착륙하기로 했다.

우리는 1945년과 그 후에 미군이 사용했다가 포격으로 불탄 조립식 막사들이 있는 '유령 마을' 옆의 목초지에 착륙했다. 그리고 비행기는 바로 떠났다. 짐칸에 포장을 씌우지 않은데다 앞 유리도 달지 않은 미군 트럭 한 대가 친절하게도 우리를 강릉 시내까지 태워줬다.

길거리에 서 있던 어린이들이 트럭에 탄 우리를 보고 반갑다는 듯이 손을 흔들었고 마침내 트럭이 우리를 성당 정문에 내려줬다. 게라티 신부님은 트럭에서 뛰어내려 성당을 허겁지겁 살펴보시고는 안도하는 표정을 지었다.

그곳은 1층짜리 학교 건물과 사제관이 딸려 있는 작은 성당이었는데, 모두 무사했다. 공산군들이 그곳에서 생활하며 비품들을 이용하고 가져갔지만 그게 다였다.

연약해 보이는 작은 한 여인이 등에 아기를 업은 채 성당 뜰에 있었다. 그녀는 믿을 수 없다는 표정으로 게라티 신부님을 쳐다보았다. 그러더니 얼굴에 화색이 돌았다. "기 신부님!" 하고 그녀가 외쳤다. 그러자 또 한 명의 여성이 나타났고 점차 몇몇 사람들이 몰려들었다.

공산군 점령하의 강릉

공산군은 서울을 다시 함락할 때까지 강릉을 점령하고 있었다. 그러다 한국군 상륙부대가 강릉을 탈환했고 해안을 따라 북으로 진격했다. 공산군은 점령기간 중에 12명가량을 살해했다. 공산군은 10월 16일에 다시 강릉으로 밀고 내려와 4일간 점령했는데 그 기간 중에 200명의 민간인들을 살해했다. 그들은 또 와서 더 많은 사람들을 죽일 것이라고 협박했다.

매긴 신부님과 라일리 신부님

지난 6월, 강릉에 계시던 프랭크 맥간 신부님과 아트 맥마흔 신부님은 그곳에서 몸을 피하셨다. 더 아래쪽 해안가 본당들에서 활동하시던 매긴 신부님과 라일리 신부님은 공산군에게 잡혀서 포로가 되어 강릉으로 끌려왔다. 두 신부님은 7월 중순경까지는 강릉 시내에 억류되어 계신 것으로 알려졌으나, 그 후의 소식에 대해서는 아무도 모른다.

우리는 사제관과 성당에 들어가봤다. 신자 회장인 시몬이 인솔하여 신자들이 사제관과 성당을 쓸고 닦았다. 성당 안에는 제대와 촛대 몇 개, 제대 난간과 텅 빈 제의장(祭衣欌)을 빼놓고는 남아 있는 게 거의 없었다. 내가 1946년 5월 어느 일요일에 마지막으로 강릉에 왔을 때, 이 성당은 그 모든 낯익은 비품들이 있는, 신자들로 붐비는 작은 성당이었다. 강릉 본당은 시내에 1,000명이 넘는 신자들이 있었고 시 외곽에는 여덟 곳의 선교원들이 있었다.

책 몇 권을 제외하곤 신부님들의 개인 소지품들은 남아 있는 게 거의 없었다. 신학 서적들, 사제 생활과 천주교의 사회적인 가르침에 대한 서적들, 그리고 여가 때 읽는 몇 권의 추리소설들이 책장에 여전히 꽂혀 있었다. 공산군 장교들이 그 책들을 읽었는지는 알 수 없었지만 그 책들이 있다는 것을 알았던 건 분명했다. 다른 곳에서와 마찬가지로 여기서도 그들은 서류철 표지로 쓰려고 단단한 책 표지들을 떼어내고 표지가 없는 책들은 그대로 남겨두었다.

고아원

남아 있던 20명의 고아들이 신이 나서 서로 게라티 신부님의 손을 잡으려 했다. 게라티 신부님은 아주 적은 돈으로 이 고아원을 시작했다. 천주교 신자인 한 용감한 젊은 간호사가 공산 치하에서 계속 이 고아원을 유지했다. 다른 두 분의 수녀님은 피난을 가고 고아원에 없었다.

우리는 시내 위쪽에 있는 고아원에 들렀다. 예정에 없이 들렀던 것이었는데, 층마다 마룻바닥은 반질거렸고 방에는 얼룩이 하나도 없었다.

천주교 학교

성당 옆에 있는 두 중학교가 여전히 정상적으로 운영되고 있음을 보았다. 천주교의 지원으로 운영되는 학교지만, 그 학교는 부득이 외인 선생님들을 채용했고, 또 학생들 대부분도 외인이다. 학교에는 야간반들이 있는데 한 건물은 남학생들이, 다른 한 건물은 여학생들이 사용하고 있다.

공항까지는 4마일을 가야했기 때문에 시계를 봤다. 늦가을 햇살을 받아 푸른빛을 띤 낯익은 언덕들을 둘러보며 게라티 신부님은 "여기 계속 있으면 좋겠습니다"라고 계속해서 말씀하셨다. 하지만 신부님은 서울에 있는 자기 자리로 돌아가야만 했다. 게라티 신부님은 다른 신부님이 하루빨리 강릉으로 돌아와서 상주하기를 희망하셨다.

신자들 네 사람이 비행장으로 나와, 우리가 돌아오는 비행기가 보이는지 하늘을 살펴보는 동안, 추운 날씨 속에 우리와 함께 서 있었다.

은빛 비행기 동체 양 옆면이 늦은 오후의 햇살을 받아 반짝거리며 푸른 하늘 속에서 나와 한 바퀴 선회하더니 착륙하였다. 여전히 프로펠러가 돌아가는 가운데 우리는 비행기에 올라 서운한 표정을 짓고 있는 신자들에게 손을 흔들어 작별인사를 했다. 몇 분 후에 우리는 하늘에 떠 있었고 험준한 산맥을 넘어 서쪽으로 향했다.

'우리는 성과를 거의 거두지 못했다…'

적어도 우리는 연락망을 다시 복원했다. 그것은 공산군이 찾아낸 모든 신부들을 체포해서 끌고 가버린 해안지역에서의 선교재개를 향한 첫 걸음이었다. 우리는 실종된 두 분의 신부님들에 관한 소식을 얻는 데는 거의 성과를 거두지 못했지만, 어느 시점까지는 그분들에게 무슨 일이 생겼는지를 이제 좀 더 명확하게 알게 되었다. 우리는 이전의 한두 가지의 소문은 무시할 수 있게 되었다. 그리고 나는 강릉에 관해 해야 할 이야기가 생겼다. 강릉에 찾아왔던 고난과 공포, 몇몇 사람들의 잘못과 타협, 그리고 또 다른 사람들의 크나큰 신앙과 희망과 자비 등.

주머니 속을 뒤져보았다. 강릉으로 가는 비행기를 탔을 때에는 주
머니 속에 묵주가 몇 개 있었다. 그 묵주들은 미군 군종 사제인 스
티븐 케인 신부님이 몇 주 전에 나에게 한 웅큼 주신 것들 중 일
부였다. "묵주가 필요한 한국인들을 만나게 될 겁니다." 그 묵주
들은 이제 내 주머니 속에 있지 않다. 우리는 그 묵주들을, 그것을
잘 사용할 신자들과 함께 강릉에 두고 왔다.

춘천으로부터 후퇴

패트릭 신부

성탄절 이후에 나는 서울을 떠나 북동쪽 춘천을 향해 떠났는데 마침 춘천은 동부 전선(戰線)을 장악하고 있는 한국군 3개 사단의 본부였다. 그들의 전선은, 춘천 부근 38선 이남 1마일가량을 가로지르고 있었다. 토요일에 춘천에 도착하자마자 나는 성당으로 찾아 갔는데 그곳은 전쟁 전에 내가 토마스 퀸란 몬시뇰과 기거하던 곳이었다. 그런데 퀸란 몬시뇰은 지목구의 네 분 신부님들과 함께 실종상태이다. 옛 성당은 파괴되었지만 아직 완공되지 않은 새 성당이 그곳에 서 있었다. 마을을 내려다보는 성당의 첨탑이 꼭대기의 청동 장식과 함께 반짝이고 있었다. 나는 어린 한국 소년을 만

났는데 그 아이는 내가 누군지 궁금해하다 내가 신부인 것을 알고
는 매우 기뻐했다. 자기가 신자인 걸 알려서 안심시키려는 표시로
성호를 긋더니 나를 자기 어머니에게 데리고 갔다. 곧 한 무리의
사람들이 눈 위에 서 있는 내 주변으로 모여들었다. 성탄절에 어
떤 신부님도 춘천에 올 수가 없었는데, 그 당시에 공산군의 공세
가 임박한 것 같았기 때문이었다. 이제 일요일과 새해 첫날 미사
가 있을 거라는 이야기가 퍼져 나갔다.[1]

춘천의 신자들을 위한 미사

나는 이틀간 미사를 드리고 한글에 번호가 매겨진 라틴어로 된
양심성찰 책자를 이용해 고백성사를 주었다. 군사고문단 소속의
미군 장교들이 빙판이 된 언덕을 올라와, 의자 하나 없는 초라한
학교 건물에서 30명이 넘는 한국인 신자들과 함께 영성체를 했
다. 춘천의 많은 신자들은 이미 남쪽으로 피난을 가고 없었다. 아
마 내가 맡은 신자들 모두가 월요일 자정이 되기 전에 나처럼 피
난민 신세가 되었을 것이다. 지난 6월 남한을 침략한 공산군에 의
해 살해된 최초의 신부님인 안토니 콜리어 신부님의 묘소에 다녀
왔더니 미 군사고문단 소속의 한 미군장교가 차를 타고 들이닥쳤
다. "우리 모두 당장 떠나야 합니다." 그 장교가 지프차의 핸드 브

레이크를 올리며 무뚝뚝하게 말했다. 그러곤 중공군이 서부지역
에서 우세를 점하며 전선 전역에서 유엔군을 밀어내고 있다고 말
했다. 또한 공산 게릴라들이 이미 서울로 가는 도로를 차단해버려
서, 남쪽으로 향하는 유일한 탈출로는 공산 게릴라들이 기습을 하
거나 매복하고 있는 산악지대의 산길뿐이라고 했다.

피난 행렬

그날 밤 저녁 9시에 나는 지프차와 트럭의 행렬에 끼어 춘천을
떠났다. 한 번은 어둡고 빽빽한 차량 행렬 바깥으로 우리가 탄 차
의 전조등이 비추자, 얼어붙은 도로 양 옆 편으로 한 무리를 지어
남쪽을 향해 걸어가는 민간인들의 끝없는 행렬이 보였다. 그들은
어둠 속에서 말없이 걷고 있었는데, 고난을 참아내는 행렬이었다.
등에 아기를 업고 머리 위에 큰 보따리를 인 엄마들, 허리가 굽은
노인들과 가재도구들을 실은 나무 지게를 어깨에 인 아버지들, 그
리고 여기저기 짐 보따리 위에서 불편하게 잠을 자고 있는 아기
들이 보였다. 네다섯 명의 자녀를 둔 가족들이 계속해서 언덕배기
길 위로 터벅터벅 걸어올라 갔다. 젊은 청년이 나이 많은 여인을
업고 가는 모습도 보였다. 얼마 후에 산을 올라온 사람들이 얼어
붙은 눈 위에 옹기종기 무리를 지어 앉아 쉬고 있는 것이 보였는

데, 그들은 지푸라기와 잔가지를 모아 불을 지피고 있었다. 우리는 원주로 가는 내내 이 끝없는 피난민들의 행렬을 보게 되었다. 그 혹독한 밤에 셀 수 없이 많은 그 피난민들에게 고향을 떠나라고 한 이는 아무도 없었다. 그들이 떠난 것은 순전히 자발적이었는데, 공산군 치하에서 그들이 겪었던 말로 표현할 수 없는 끔찍한 고난 때문이었다.

겨울의 빙판이 길을 막다

심한 추위로 산간지방이 온통 얼어붙었다. 행렬 앞쪽 어딘가에서 차량이 미끄러지거나 눈에 빠져 움직이지 못하곤 했다. 그러면 차량 행렬 전체가 한 시간씩이나 멈추어 서 있어야 했고 다시 출발해 느릿느릿 나아가다 1.5마일쯤 가면 또 다른 장애물에 가로막혀 멈추기를 반복했다. 추위가 손과 발에 극심한 고통을 줬다. 훗날 한 장교는 다음과 같이 말했다. "하도 추워서 우리가 총에 맞든 안 맞든 신경도 안 썼지요." 얼어붙은 구불구불한 산고개를 세 군데나 넘어야 했다. 행렬이 오래 멈춰 있는 동안 몇몇 사람들이 모여 길가에 불을 피웠다. 새벽 4시경에 짐이 많이 실린 트레일러를 끌던 트럭 한 대가 우리가 탄 지프차 앞에서 미끄러져 내리막길에서 V자 모양으로 접혔다. 험준한 산들 위로 해가 차갑지만 아름답게 떠오르자 우리는 좀 더 편히 숨을 쉴 수 있었다. 낮 동안에는 매복공격을 당할 가능성이 적기 때문이었다. 몇 발의 총성을 제외하면 위험한 지역이란 생각이 들게 하는 것은 없었다. 우리는 아침 8시에 홍천에 도착했는데 25마일을 오는 데 하룻밤(11시간)이 꼬박 걸렸다. 홍천 외곽에서 우리는 여전히 무사한 성당을 지나쳤는데, 그 성당에서 지난여름에 필립 크로스비 신부님이 공산군에게 잡혀 가셨고 여전히 실종상태다. 홍천에서 우리는 서쪽과 남쪽으로 가는 도로가 공산군에 의해 차단된 것을 알게 됐다. 미군 항공기들이 우리 머리 위로 지나가며 통신문과 보급품을 한국군에게 투하했고 통신 지프차와 교신을 했다. 그날 오후 무선 통신문이 왔다. "미군이 원주 도로상에 있는 장애물을 제거했음." 우리는 나중에서야 4일간의 전투 끝에 매우 중요한 그 간선도로를 점령하고 있던 공산군을 물리쳤다는 것을 알게 됐다.

다시 이동하다

다음 날 아침 차량 행렬이 다시 대오를 정비하고 남쪽으로 출발했다. 다시 끝이 안 보이는 기나긴 피난민 행렬이 고통을 참으며 가파른 길 양 옆을 따라 힘겹게 걷기 시작했다. 그리고 또다시 끝없는 차량 행렬은 도로의 파손 때문에 겨우 수백 야드마다 가다 서다를 반복했다. 긴 오후 시간은 추웠다. 우리는 통조림에 든 전투식량을 갖고 있었는데 딱딱하게 얼어 있었다. 나는 저녁으로 통조림 깡통을 들고선 그대로 1.5온스가량의 잼을 먹었다. 피난민 행렬 곳곳에서 비참한 모습들이 쉽게 눈에 보였다. 산악도로 옆에서 어린 아들의 시체를 안고 울고 있는 어떤 여인의 모습이 보였는데, 아이는 분명 미끄러진 차량에 치어 죽은 것 같았다.

원주

저녁 9시에 추위에 떨고 기진맥진한 사람들로 가득한 우리 차량 행렬은 원주 외곽의 버려져 있는 퀸셋 막사에 도착해서 그날 밤을 지냈는데, 우리는 무사히 도착한 것에 감사하게 생각했고, 얼어붙은 한국의 산 위에서 추위를 견디고 있는 피난민들의 처지를 더더욱 실감했다.

발행일 미상

전쟁의 상흔을 입은 춘천

패트릭 오코너 신부

*한국전쟁의 물결로 한 메이누스 선교지역 곳곳에 파괴의 참상
이 확대되다.*

허버트 헤이워드 신부님과 프랭크 맥간 신부님은 지프차로 부산
에서 춘천으로 올라오셨다. 나는 그 다음 날 경비행기를 타고 춘
천에 왔다. 우리는 춘천지역의 약 95퍼센트가 파괴되었다는 사실
을 알게 되었는데, 이제껏 본 것 중에서 최악이었다. 퀸란 몬시뇰
이 지은 새 성당은 잿더미가 되었지만, 성당 앞의 첨탑은 여전히
서 있었고 구조적으로도 이상이 없는 것으로 보인다. 성당을 다시

지을 때 남아 있는 벽들을 그대로 사용할 수 있을지는 의문스러운데, 폭탄의 충격파로 벽이 기울어진데다 네이팜(젤 상태의 가솔린) 폭탄'의 가공할 만한 고온의 열기로 시멘트가 약해진 것 같았기 때문이다. 성당은 지붕에 직격탄을 맞았고 다시 지붕 끝자락에 네이팜탄을 맞았으며 새 사제관은 로켓탄을 맞았다.

팔순 노인 한 분만이 작은 학교 건물 뒤편에 방공호를 파고 그 안에서 1월부터 지내고 있다. 그리고 4명이 더 돌아왔다. 춘천 시내의 교우는 총 800명이지만, 모두가 피난 갔는데, 대부분 남쪽으로 갔다. 헤이워드 신부님, 맥간 신부님과 나는 4월 10일 심하게 부서진 학교에서 미사를 올렸다. 이 도시는 거의 인적이 끊겼다. 인구가 6만 명이었지만 지금은 약 1,600명만이 남아 있으며 일부는 시 외곽 마을로 피난 갔다 이제 막 돌아온 사람들이다.

나는 비행기로 홍천에 가 잠시 그곳에 내렸다. 하늘에서 보니 크로스비 신부님의 성당과 사제관의 잔해가 보였고, 홍천도 춘천만큼이나 심하게 파괴된 것이 보였다. 헤이워드 신부님은 횡성에 들르셨는데 그곳 역시 거의 파괴되었다고 알려오셨다. 성당 건물의 일부는 남아 있었지만 다른 곳과 마찬가지로 남아 있는 잔해가 쓸모가 있을지는 의문이다. 이 지역에 있던 모든 본당 중에서 홀륭한 성당이 있는 시골 본당인 풍수원과 용소막 두 곳만 무사했다.

라일리 신부님의 최후

라일리 신부님의 시신 발견과 신부님이 선종을 맞이하게 된 사연

브라이언 게라티 신부

우리는 라일리 신부님이 묻히신 곳의 위치를 찾아냈습니다. 다음
은 신부님이 선종을 맞이하게 된 사연에 대해 우리가 알아낸 이야
기입니다.

공산군의 침공

라일리 신부님은 한국 동부지역에 있는 묵호에서 사목활동을
하고 계셨는데 묵호는 강릉에서 남쪽으로 30마일가량 떨어져 있
습니다. 작년 6월 25일 일요일에 공산군이 라일리 신부님 교구의
남쪽과 북쪽에 상륙했습니다. 라일리 신부님은 남쪽으로 15마일

가량 떨어져 있는 삼척에 계신 매긴 신부님과 합류하기 위해 그날 사제관을 나섰지만 무슨 이유에선지 반쯤 가다 다시 사제관으로 돌아갔습니다. 신부님이 계시던 마을은 6월 28일인가 29일인가에 공산군에게 점령당했는데, 점령당하던 날 신부님은 마을 북서쪽으로 5마일가량 떨어진 곳에 있는 남 프란치스코라는 선교사의 집으로 갔습니다. 신부님은 선교사인 남 프란치스코와 26일간을 지내셨는데 그 기간에 공산군은 남쪽 먼 곳까지 진격해나갔습니다.

보통 후방에 있는 공산군들이 사람들에게 훨씬 더 가혹하게 대했습니다. 점령지역에 경찰과 선전기관이 포함된 행정기관을 설치하는 것이 공산군의 관례였는데 그들의 눈을 피할 수 있는 사람은 거의 없었습니다. 신부님과 함께 지내던 선교사인 남 프란치스코는 천주교 신자인 것이 알려져서, 라일리 신부님과 신부님 재산의 행방을 그들에게 알려줄 유일한 사람으로 여겨졌습니다. 공산군은 라일리 신부님이 그들이 있는 곳 한가운데에서 지내고 있다는 사실을 전혀 알지 못했지만, 신부님의 의복과 식량공급, 그리고 신부님이 갖고 있을지 모르는 무기를 찾아내기 위해 혈안이 되어 있었습니다.

체포되다

남 프란치스코는 자신이 라일리 신부님의 소유물 일부를 갖고 있다고 자백했는데, 그렇게 하는 것이 신부님의 목숨을 구하는 데 더 도움이 된다고 여겼기 때문이었습니다. 그는 공산군 본부로 갖고 있는 모든 것을 가져오라는 지시를 받았는데 집에 혼자 가지 못하고 감시병 한 명과 함께 가게 됐고, 그 감시병은 그곳에서 신부님을 보았습니다.

집은 수색을 당했고, 라일리 신부님은 구타를 당한 뒤 포승줄에 묶여 묵호에 있는 경찰서로 끌려갔습니다. 남 프란치스코도 역시 체포되어 처음엔 묵호로, 그 후엔 강릉으로 끌려갔습니다. 나중에 그는 풀려났지만 라일리 신부님을 다시는 보지 못했습니다.

시신이 발견되다

라일리 신부님이 체포된 경위는 그 정도입니다. 다음으로 우리는 땔감으로 쓸 소나무 가지를 모으러 갔던 한 노인이 작년에 전해온 이야기를 들었는데, 그는 집으로 돌아오던 길에 산길 위에서 매장이 안 된 시신 한 구를 봤다고 했습니다. 그 시신이 마을 구내에 있어 결과적으로 마을사람들 책임이 될까봐 안달이 난 다른 노인이 올라가 보고선 마음을 놓았다고 합니다. 마을의 몇몇 손아래

뻘 남자들이 시신을 매장한 것을 알게 되었기 때문이었습니다. 저는 앞에서 말한 두 번째 노인을 만나봤는데, 그는 그 시신이 금발 머리에 키가 큰 외국인이라는 것을 명확히 알 수 있었고 죽은 지 이틀 정도 된 것 같았다고 이야기했습니다. 하지만 노인은 그때가 음력 7월이라는 것은 알겠지만 정확한 날짜는 기억이 나지 않는다고 했습니다.

천주교 신자인 한 젊은 한국 해군장교가 지난 12월에 묵호에 왔는데, 그때부터 계속해서 라일리 신부님에 관해 알아낼 수 있는 모든 소식을 모으려고 애써 왔습니다. 모든 보고를 통해 그는 라일리 신부님이 그 지역 어디선가 살해된 것이 틀림없다고 추정했고, 그래서 신부님에 대한 조사범위를 상당히 좁힐 수 있었습니다. 이곳의 사람들은 그러한 질문에 상세히 대답하는 데 굼떴지만 그 장교는 결국 시신을 매장하는 것을 봤던 앞서 말한 그 노인을 만날 수 있었고 노인은 그를 신부님이 묻혀 있는 곳으로 데려갔습니다. 그 장교는 노인에게 죽은 사람이 입고 있던 옷과 키, 머리 색깔과 기타 상세한 모습들을 물어봤고, 남 프란치스코에게는 노인의 말이 라일리 신부님을 그가 마지막으로 봤을 때의 기억과 들어맞는지 물어봤습니다. 그러고 나서 그 장교는 묻힌 곳을 파내 유골을 꺼내어 묵호에 옮겨 매장했습니다. 시신을 발굴해서 이

장할 때 몇몇 신부님들, 어쩌면 우리 신부님들 모두를 현장에 오도록 하고 싶었겠지만, 그는 공산군이 다시 강릉 근처 몇 마일까지 와 있어서 지체하지 않는 편이 좋다고 생각했습니다. 그는 편지를 보내왔고 지난주에 저는 묵호에 차를 타고 가서 무덤을 다시 파보았습니다. 거의 뼈 밖에 남은 것이 없었지만 라일리 신부님의 치아형태인 것은 알 수가 있었습니다. 라일리 신부님은 치아가 긴 편에 약간 고르지 못했습니다. 유골을 보니 라일리 신부님인 것이 확실했습니다. 저는 라일리 신부님이 지난 9월에 성당을 지으려고 계획했었던 그곳에서 신부님이 안식을 취하시도록 두고 떠나왔습니다.

한 가지 가능한 설명

제 생각에는 라일리 신부님이 묵호에서 강릉까지 걸어서 끌려갔고 강릉에서 10~12마일을 더 간 후에 탈진하자 감시병이 신부님을 사살한 듯합니다. 그것이 이송 중에 더 이상 걸어가지 못하는 포로들을 공산군이 처리하는 방식입니다. 신부님은 가슴에 총을 맞았습니다. 한국에서 지낸 얼마 안 되는 기간 동안 소리 없이 묵묵히 사목활동을 하신 것처럼 신부님의 죽음에 대한 것도 오직 신부님을 사살한 이와 하느님만이 아실 것입니다. 라일리 신부님이 안식을 취하시도록 유골을 다시 묻으면서, 저는 고향에 있는 신부님의 가족에게 위로를 주시도록, 신부님이 생명을 바쳐 위하고자 했던 교구와 사람들을 축복해주시도록, 그리고 신부님을 사제직으로 불러주셨던 선교회에 도움을 주시도록 라일리 신부님께 잠시 기도를 드렸습니다. 신자들과 비신자들 모두가 라일리 신부님에게 제대로 된 장례를 치러드리기 위해 최선을 다했으며, 또 제 생각에 앞서 말한 한국 해군장교에게는 특별한 감사의 말씀을 드리고자 합니다.

저는 강릉과 삼척에도 들렀었지만 매긴 신부님에 관해서는 아직까지는 믿을 만한 정보를 얻을 수가 없었습니다. 언젠가 우리가 전모를 알 수 있게 되리라는 바람을 갖고 있지만 지금 현재로는 사람들이 그러한 사안에 대해 이야기하는 것을 두려워하고 있습니다. 이제 우리는 콜리어 신부님과 라일리 신부님의 운명에 관해서는 정확한 정보를 가지고 있으며, 우리의 다른 신부님들의 운명에 대한 정확한 소식도 듣게 되기를 희망합니다.

한국에서의 장례미사

한국전쟁에서 희생당한 두 아일랜드 선교사가
춘천대성당 폐허의 그림자 아래 묻히다

패트릭 오코너 신부

남아 있기로 결심한 신부들은 비록 공산 치하에서도 자신들이 신자들에게 영적인 도움이 되리라 믿었던 것이 틀림없다. 이것이 그들이 심사숙고 끝에 위험을 무릅쓴 이유다. 공산군이 남한 도시들에 들어왔을 때 외국인 선교사들은 단 며칠밖에, 그리고 한국인 신부들은 몇 주 정도밖에 활동을 계속할 기회가 없음이 이제 명백해졌다.

빛나는 가을 햇살 아래에서 공산군에게 희생당한 두 신부의 유골이 전쟁으로 부서진 한국 춘천의 한 성당 옆에 매장되었다.

선종(善終)한 두 신부는 메이누스선교회 소속의 앤서니 콜리어 신부와 패트릭 라일리 신부다. 공산군은 전쟁이 시작되고 난 이틀 후 춘천에서 콜리어 신부를 총살했다. 라일리 신부는 동해안에 자신의 본당이 있는 묵호에서 공산군에게 체포되어 약 한 달 후인 1950년 8월에 총살되었다. 처음에 두 신부는 모두 총살당한 곳에 묻혀 있었다. 이제 두 신부가 목숨을 바쳐 봉사한 교회의 경건한 장례식과 함께, 그들의 시신은 춘천에 있는 선교원 부지로 옮겨졌다.

같은 선교회 소속의 신부들과 한국인 신부들, 그리고 미군 군종신부들을 포함한 그들의 동료 신부들이 하관(下棺)기도를 바치는 동안 교구 신자들은 묵주기도를 바쳤다.

나는 부활이요 생명이라. 나를 믿는 자는 죽어도 살리니…[1]

오코너 신부

장례식 전날 저녁에 두 개의 관이 안치된 집에 한국인 신자들이 모여 망자(亡者)를 위해 기도를 바쳤다. 다음 날 아침 소박한 장례 행렬이 가파른 언덕을 올라 폭격당한 성당 입구에 세워진 제단으로 향했다. 콜리어 신부와 라일리 신부의 두 명의 동료 신부들이 소백의(小白衣)를 착용하고 각각의 관을 운구했다.

거룩하신 주여, 도와주소서… 거룩하신 주여 그들을 도우소서… 여러분을 부르신 그리스도께서 여러분을 받아주시길… 천사들이 여러분을 아브라함의 품속으로 인도하길 비나이다.

한국 메이누스 선교지부장인 브라이언 게라티 신부가 야외 제대에서 장례미사를 집전했다. 다른 신부들은 성가대 역할을 했다. 게라티 신부 외에 12명의 메이누스선교회 신부들, 5명의 한국인 신부들 그리고 두 명의 미군 군종신부가 미사에 참석했다.

한국인 조문객들

약 60명의 한국인 교구민들이 신부들 뒤에서 반원형으로 서 있었다. 전시(戰時)에 예상할 수 있듯이, 대부분은 여성이었는데, 그들의 남자 가족들은 군인 또는 군노무자가 되어 있거나 아니면 죽었거나 실종된 상태였다. 성당 안에서는 하얀 미사보를 쓰는 것이 관례이기 때문에 그들은 한 무리의 수녀들처럼 보였다.

일부 한국인 신자들은 시 외곽의 마을에서 온 사람들이었다. 춘천은 여전히 인적이 끊긴 광대한 폐허이며, 먼지와 무성하게 자란 잡초로 덮여 있다. 800명의 춘천 교우들 중 대략 750명은 아직도 남부지역으로 피난을 가 있는 상황이다.

교회의 고난

장례미사와 교우들, 그리고 미사 장소는 한 장면 안에서 한국 천주교회가 겪어온 커다란 시련의 모습을 보여주는 것이었다.

춘천지목구장인 토마스 퀸란 몬시뇰과 같은 메이누스선교회 소속의 광주지목구장인 패트릭 브렌난 몬시뇰은 미사에 참석하지 못했는데, 두 사람 모두 공산군에게 체포를 당했고, 브렌난 몬시뇰은 사망한 것으로 추정되고 있다. 후임 지목구장으로 춘천지목구장 대리 직무를 하고 있는 허버트 헤이워드 신부와 광주지목구장 대리 직무를 하고 있는 해롤드 헨리 신부가 그들을 대신해 미사에 참석했다.

미사에서 복사(服事)직을 하던 두 젊은 한국인 신부들 중 한 명인 백 스테파노 신부는 공산군에게 희생된 아버지와 감옥에서 숨진 그의 형제를 위해 기도를 바쳤다.

젊은 한국인 신자인 김 가브리엘이 향로(香爐)를 들었는데, 그는 콜리어 신부를 도와 일하다 콜리어 신부와 함께 체포되어 실제로 총에 맞았었다. 공산군은 그가 목에 입은 치명적인 총상을 보곤 그를 죽은 것으로 여기고 그냥 두고 가버렸었다.

팔순의 쇠약한 정 그레고리오가 미사에 참석했는데, 그는 지난 두 번의 공산군 점령기간 동안 춘천에 남아 있던 유일한 천주교 신자였다. 그는 선교원 인근 작은 굴에 숨어 있었는데, 폭격으로 성당이 잿더미가 되는 것을 직접 목격했었다.

춘천대성당

돌로 지은 춘천성당은 춘천의 성심(聖心)대성당으로 쓰고자 했던 것이었는데, 공산군이 춘천에서 북쪽으로 11마일밖에 안 되는 38선을 넘어 왔을 때 거의 완공된 상태였다. 퀸란 몬시뇰은 1950년 8월 15일에 처음으로 새 성당을 사용할 생각이었지만, 그날 성당은 공산군의 수중에 들어가 있었다. 춘천을 다시 한국군이 탈환하자, 헤이워드 신부는 12개월 만인 지난 성탄절에 그 성당에서 첫 미사를 드릴 계획을 세웠었다. 그러나 공산군은 그러한 계획들마저 어긋나게 했다. 1월부터 3월까지의 공산군 점령기간 중에 공습으로 인해 성당의 지붕, 성당의 한쪽 벽 거의 대부분, 첨탑의 일부, 그리고 목재로 된 부분 전부가 파괴됐다.

콜리어 신부를 마지막으로 봤던 미국인인 C. S. 호지(Hoge) 중령이 미사에 참석하기 위해 서울에서 왔다. 그는 미 군사고문단 소속으로 1950년 6월 당시에 춘천에 근무하고 있었다. 6월 26일 오후에 그는 선교원에 찾아가 퀸란 몬시뇰, 카나반 신부와 함께 있던 콜리어 신부를 만났다. 호지 중령은 그들에게 춘천이 공산군에게 함락될 것 같으니 그곳을 떠나야 한다고 하며 교통편을 알아봐주겠다고 했다. 춘천 시민들은 전날부터 피난을 떠나고 있었다. 호지 중령은 다음과 같이 회상했다. "신부님들은 저에게 그냥 춘천에 남아 있기로 결심했다고 말했지요. 자신들이 머물 곳은 이곳이라 하시면서…"

미사에서 복사 역할을 맡은 신부 중 한 명인 최 아타나시오 신부는 원주에서 왔는데, 라일리 신부는 원주에서 사목활동을 하다 묵호에 새 본당을 설립했고 1950년 7월에 묵호에서 공산군에게 체포되었다. 교구 교적부(教籍簿)는 소실을 면했는데, 1948년에서 1949년까지 19개월간의 교적부 명단에 라일리 신부가 굵고 선명한 필체로 쓴 서명은 그의 첫 선교활동에 대한 웅변적인 기념물이 되었다.

마지막 의식들

장례미사와 사면(赦免)선언이 끝난 후 부서진 성당 벽의 그늘 아래서 '천국으로' 기도 소리가 울려 퍼지는 가운데 장례 행렬이 성당 옆을 따라 행진했다.

저 낙원으로 천사가 너를 인도할 것이며 모든 순교자가 널 기

쁘게 맞으리라. 또 너를 저 거룩한 성 예루살렘으로 인도하리라.

성당 뒤편의 양지바른 평지에 신부들과 한국인 신자들이 반원 형태로 무덤 주변에 섰다. 20명의 신부들이 감사와 희망의 성가인 '베네딕투스'를 불렀다.

찬미하여라, 이스라엘의 주 하느님을. 당신의 백성을 찾아와 해방시키셨으며…[2]

깃발이나 나팔 소리처럼 이 위대한 말씀들은 두 신부가 목숨을 바쳤던 선교의 대의(大義)를 상기시켜줬다.

아가야, 너는 지극히 높으신 하느님의 예언자 되어 주님보다 앞서 와서 그의 길을 닦으며, 죄를 용서받고 구원받는 길을 주의 백성들에게 알리게 되리니

이것은 우리 하느님의 지극한 자비의 덕분이라.

죽음의 그늘 밑 어둠 속에 사는 우리에게 빛을 비춰 주시고 우리의 발걸음을 평화의 길로 이끌어주시리라.[3]

목포의 새 본당 신부

필자 미상

남한에서 떨어져 있는 제주도가 도슨 신부의 이임(離任)을 아쉬워하다.

한국 남서부에 있는 항구도시 목포는 3,000명의 신자가 있는 분주한 본당이다. 목포는 거의 19년 전에 우리 신부들이 그곳에 도착한 이래로 한국 남부지역의 선교본부였다.

1950년 6월에 전쟁이 발발했을 당시, 톰 쿠삭 신부가 목포 본당 신부였고 잭 오브라이언 신부가 그의 보좌 신부였다. 그 지역의 지목구장이었던 브렌난 몬시뇰과 함께 그들은 그해 8월, 북으로 끌려가다 대전의 감옥에 수감됐다. 이 3명의 선교사들이 1950년 9월 24일의 대전 학살사건 당시 사망했는지의 여부는 확인되지 않았지만, 그들의 이름은 지난 1월 공산군 측이 판문점에서 유엔 대표단에게 건넨 민간인 포로들의 명단에는 (공산군 측은 이 명단에 자신들의 수중에 있는 외국 민간인들이 모두 등재되어 있다고 주장했다) 들어 있지 않았다. 군사정세의 변화로 선교활동의 재개가 가능해지자 패트릭 모나간 신부가 쿠삭 신부의 뒤를 이어 목포 본당 신부직을 이어받았다. 지난 2월호에서 보도한 바와 같이 모나간 신부는 그 후 선종(善終)했다. 그리고 모나간 신부의 직을 패트릭 도슨 신부가 이어받았다. 도슨 신부는 모나간 신부와 신학교 동기이며, 모나간 신부와 마찬가지로 한국 선교의 초창기에 활동을 한 신부들 중 한 명이다.

도슨 신부

도슨 신부가 목포로 발령받자 제주도 전역에서 큰 아쉬움을 자아냈다. 제주도는 한국 본토에서 60마일가량 떨어져 있는 섬인데, 도슨 신부는 1933년 젊은 사제로 한국에 온 이래로 이제까지 제주도에서 사목활동을 펴왔었다. 그는 이곳에서 1941년 12월 조작된 간첩혐의로 일본당국에 체포되어 조선 감옥에서 5년 징역형을 선고받았었다. 그는 3년 반을 감옥에서 보내다 1945년 8월에 석방되었으며, 제주도로 다시 돌아와 활기를 잃지 않은 활발한 정신으로, 공산군이 1950년 한국을 침략하기도 전에 수천 명의 목숨을 앗아갔던 공산주의자들의 제주도 폭동[1] 시에도 신자들과 함께 있었다. 도슨 신부가 지난 성탄절 직전 목포로 떠날 때, 신자들은 떠들썩하고 눈물어린 송별식을 열었다. 잔치를 열고 송별사들을 했으며, 도슨 신부의 행운을 비는 신자들이 버스에 가득 타서 그를 부두까지 환송했다. 여객선의 승무원들과 승객들은 한 '외국인'을 위한 그 같은 성대한 송별에 놀라 도대체 무슨 일인지를 물어봤다. 그리고 도슨 신부가 배에 오르자 그에게 본토까지 무료 운임증을 증정하고 배에서 가장 좋은 객실을 그에게 내줬다.

목포에 도착한 다음 날 도슨 신부는 다음과 같이 썼다. "저는 달빛 속에서 수탉의 울음소리를 들으며 저의 새 교구에 도착했습니다. 가방들을 등에 진 채 이제까지 쿠삭 신부님과 모나간 신부님 같이 훌륭한 신부님들께서 돌보시던 성당을 향해 올라갔습니다. 그분들이 생전에 신자들을 충실히 인도하셨듯이 저도 그럴 수 있도록 하늘에서 도와주시기를 기도드립니다. 여러분들도 이를 위해 같이 기도해주시길 청합니다."

1952년 5월호

한국에서 보내는 소식

브라이언 게라티 신부

한국전쟁이 이제 20개월째로 접어들었다. 처음 석 달 동안 절반 이상의 한국의 주교들과 교구장들, 3분의 1정도의 신부들, 그리고 모든 외국인 수녀들이 살해당하거나 포로로 잡혔다.

38선 남쪽의 저명한 천주교 남녀 평신도들은 체포되어 포로로 북쪽으로 끌려갔거나 잔혹하게 살해당했다. 수많은 천주교 신자들은 수천 명의 동향(同鄕)사람들과 함께 남쪽으로 피난을 떠났다. 남동부에 있는 좁은 부산지역 외곽에서는 성당과 학교, 고아원들이 파괴되거나 약탈을 당했다.

그런 대규모의 살육과 자산의 파괴는 어느 나라에서건 간에 교회에 큰 타격이 되었을 것이다. 이는 이제 막 시작된 한국 교회의 큰 타격이었으며, 그보다 더 심한 타격으로 이어지게 되었다.

남쪽으로 피난을 간 피난민들은 피난 간 지역에 서너 달 동안 머무르며 생존을 위해 최선을 다했다. 천주교 신자들은 보통 함께 모여 지냈는데, 더러 신부들의 도움을 받아 생활에 꼭 필요한 것을 마련할 수 있는 일거리를 얻을 수 있었다. 어떤 사람들에게는 원조물자가 제공되었다. 그들은 고향의 본당들에서 했듯이 미사를 보고 영성체를 했다.

1950년 11월에 공산군은 38선 너머로 격퇴됐고, 여러 상황들은 다시 정상으로 되돌아갈듯 했었다. 많은 본당들에서 사목활동이 재개되었고, 몇몇 본당들에서는 신부들이 지난 6월에 자신들과 실종된 신부들이 쫓겨난 성당으로 다시 돌아가기 시작했다. 피난민들이 이내 집으로 돌아왔거나 돌아오는 길에 있었다. 전체적으로 사람들이 안도하는 분위기가 감돌았다. "고생 끝에 낙이 오지요." 그해 11월 동부 해안에 있는 강릉본당에 들렀을 때 한 나이 많은 신자가 말했었다. 다른 본당에서는 아버지와 어머니, 집을 잃은 여섯 식구의 가장이 내게 말했었다. "하느님 아버지와 성모 마리아님이 우리를 도우실 겁니다. 그러나 무엇보다도 우리는 평화가 필요합니다."

　그러나 몇 주 후 이 불운한 사람들은 그들의 고향을 또 한 번 떠나 다시 남쪽으로 발걸음을 향해야 했다.[1] 이번에는 겨울인데다 추위가 매서웠고, 훨씬 더 많은 사람들이 피난길에 나섰으며, 군수품의 빠른 수송을 위해 주도로를 피난민들이 걸어가는 것이 금지되었다.

　사람들이 이 두 번째 피난에서 견뎌야 했던 고생이 어느 정도였는지 누구도, 심지어 피난 행렬을 직접 본 우리 중 누구라 할지라도 짐작이나 할 수 있을까 의심스럽다. 현대적인 운송수단이 있었다고 하더라도 피난길은 너무나도 힘들었을 것이다. 하물며 수많은 날을 매서운 추위 속에서 걸어서 좁은 산길을 한없이 오르락내리락 하는 피난길이 어떨지는 상상하기도 힘들다. 그런 서글픈 피난의 와중에도 아기들은 태어났고 노인과 젊은이들이 죽었으며 모든 사람들이 고생했다. 그러나 그들은 불평하지 않고 참으며 고난을 겪어냈다. 혹자는 그것을 동양적인 극기라 말할지도 모르겠다. 그러나 내가 알고 있는 많은 경우에 그러한 인내심은, 성모자(聖母子)가 다른 적들에게서 피신을 하는 동안 겪은 고난[2]에 대해 그들이 많은 묵상을 한 결과였다.

강원도의 우리 본당들

지난 12개월간의 전투는 위도 37도선과 39도선 사이의 지역에 국한되어 있었다. 이 두 위도선 사이의 동부 해안지역을 따라 강원도가 위치해 있는데, 강원도 북부에 있는 두 지역을 메이누스선 교회가 관할하고 있었다. 강원도의 모든 본당들은 어떤 식으로든 고난을 겪어왔다. 춘천 시내에 지은 새 성당은 1950년 6월에 거의 완성을 눈앞에 두고 있었지만 이제는 잿더미가 되었다. 작년 6월에는 강원도 전체에 미사를 드릴만한 장소가 거의 없었고, 또 미사에 참석할 신자들도 거의 없었지만, 지금은 열두 곳의 본당에서 다시 매일 미사를 드리고 있다. 피난민들도 점차 돌아오고 있다. 성탄절에 몇몇 신부들은 오백 명의 신자들과 함께 했고, 백 명 이하로 참석한 본당은 하나도 없었다. 몇몇 본당들에서는 신자들이 자진해서 성당 복구를 위해 노역(勞役)을 제공했다. 세속적인 재물이라곤 거의 없던 한 노인은 '십자가의 길[3]'을 기증했다. 그 노인은 말했다. "이 십자가의 길로부터 우리는 승리를 얻는 방법을 배울 겁니다."

그리고 광주에서

남부지방의 광주지목구는 전투가 그렇게 격하지 않았다. 10

월에 공산군은 격퇴되었고, 늘 하던 대로 공산군은 떠나면서 파괴를 저질렀지만 본당들은 그 이후론 꽤 정상적인 상태로 운영되고 있다. 수천 명의 공산 게릴라들이 이 지방에서 지난 6개월간 활동 중이지만, 현재 이들을 소탕하기 위한 합동공세가 벌어지고 있다. 성탄절에는 목포 한 곳에서만 백 명 이상이 입교했으며, 또한 적어도 백여 명이 교리교육을 받고 있다. 작년에 지목구 전체에서 성인 입교자의 수는 거의 천 명에 이르렀다.

흑산도에서

토마스 모란 신부

목포항을 벗어나자 우리가 탄 배 '남신환'은 아주 기운차게 통통거리며 수많은 섬들 사이로 길을 찾으며 탁 트인 바다로 나아갔다. 그 때가 오전 9시였으며 황해에 있는 흑산도까지 가는 90마일의 여정이 끝나기 전에 밤이 될 것 같았다.

승객들

'남신환'호에는 각양각색의 승객들이 타고 있었고, 그들은 쌀, 김치(절인 야채), 닭 그리고 못 움직이게 꽉 묶어놓은 몇 마리의 살아 있는 돼지 등을 가지고 승선했다. 일부 승객들은 뱃멀미를 하고 있었고 어떤 승객들은 이미 잠에 빠져 있거나 승객이 가득 찬 배에서 잠을 잘 만한 장소를 찾고 있었다. 내 뒤편에서는 육십 대 가량의 한 한국인 신사가 일인용 침대 위에 앉아 술과 담배의 좋은 점들에 대해 어떤 한국인 장로교 목사와 논쟁을 벌이고 있었다. 그가 점잔을 빼며 말했다. "내가 흑산도 면장이오. 육십 평생 동안 나는 술도 안 마시고 담배도 안 피우는 사람들이 일찍 죽는 걸 봤소이다. 허나, 내가 알고 지내던 한 분은 작년에 여든아홉 살에 돌아가셨는데, 그 양반은 항상 제일 독한 담배를 피웠다오. 그리고 여든여섯 살이 되도록 아직 살아계신 분이 있는데, 그분도 같은 이유로 그토록 장수를 하신 게요."

곧 육지가 보이지 않게 되었고 파도치는 바다의 흰 물결을 제외하곤 단조로운 경치가 계속되었다. 흑산도에 가려면 몇 시간은 족히 걸린다고 사무실 사람이 말했기 때문에 나는 잠을 청하면서 나로 하여금 이 여행을 떠나게 한 사건들을 가만히 떠올려봤다.

피난민 가족

1950년 7월에 공산군이 목포를 점령하고 있던 당시, 목포 시내는 유엔군의 폭격을 받았고, 두 척의 영국 순양함이 항만시설에 포격을 가했다. 바다와 하늘에서 가해지는 폭탄세례를 피하기 위해 많은 사람들이 시골로 피난을 갔다. 한 신자 가족(아버지는 요셉, 어머니는 베로니카, 그리고 스물다섯 살의 미혼의 딸은 마리아였다)이 흑산도로 피난을 갔는데, 그곳에는 그들의 친척들이 있었다. 요셉과 마리아는 매일 성체를 영(領)했다. 그리고 마리아의 유일한 소망은 갈멜수녀원의 수녀가 되는 것이었으나 계속 좋지 않은 건강 때문에 뜻을 이루지 못하고 있었다. 5,000명의 흑산도 주민 가운데 천주교 신자는 한 사람도 없었고, 새로 흑산도에 온 요셉네 친척들도 천주교나 성당에 대해서 알고 있는 사람은 아무도 없었다. 그 해 11월에 공산군이 북쪽 멀리 밀려났고, 요셉과 베로니카, 마리아는 목포의 집으로 돌아와 다시 미사에 참석하고 성체를 영할 수 있게 되었다. 하지만 이듬해 연초에 중공군이 한국전쟁에 참전하자, 다시금 피난민들이 도로를 가득 메웠고, 목포가 공산군에게 재점령당할 것이 거의 확실해보였다. 그래서 무거운 마음으로 우리의 목포 가족은 이번에는 아주 살기 위해 다시 흑산도에 정착하게 되었다.

그들은 이따금씩 내게 편지를 보냈는데, 나는 그 편지들을 지금도 갖고 있다. 그들은 미사를 드리고 성체를 모실 수 있도록 사제가 단 한 번만이라도 그들에게 들러주길 간청하고 있었다. 그러나 나는 그들의 청을 들어줄 수가 없었다. 대략 열두 군데의 목포 외곽의 선교원들과 신자들의 영적, 물질적 황폐를 치료하기 위해 해야 할 일이 너무나 많았기 때문이었다. 어쩔 수 없이 나는 흑산도의 그 가족들이 성체를 모시기 위해서는, 시골 지역에 떨어져 있는 다른 신자 가족들이 하듯이 목포로 오는 수밖에 없다고 전했는데, 그들은 두 번 그렇게 했다.

그 가족은 전처럼 계속 편지와 전갈을 보내왔는데, 얼마 후 새로운 내용이 담긴 편지가 왔다. 그 내용은 '5명의 예비자가 천주교 교리를 공부하고 있다'라는 것이었다. 그 후에 보낸 편지엔 '예비자가 12명이 되었다'라고 쓰여 있었고, 최근에 보낸 편지에서는 '그 수가 30명이 되었다'라고 알려왔다. 그래서 나는 흑산도에 가지 않을 수 없게 되었고 그래서 바로 지금 가고 있었던 것이다.

섬에 내리다

우리가 탄 배가 목포를 떠난 지 10시간이 넘었고, 밖에는 어둠이 깔렸다. 멀리서 불빛이 보이기 시작했는데 어떤 불빛은 어른거리는 것이, 작은 배들에서 나오는 불빛임을 알 수 있었고, 어떤 불빛들은 고정되어서 섬에서 나오는 불빛임이 분명했다. 우리는 이제 거의 목적지에 다다른 것이었다. 함께 배에 탄 몇몇 승객들이 힘든 항해에 대해 내게 죄송하다는 이야기를 했다. 한 학생은 섬에서 내가 묵을 곳이 어딘지 알고 싶어 했는데, '영어로 조금만 대화를 나눠보고 싶어서' 찾아오고 싶어 했다.

섬에 천천히 다가가는 동안 어둠 속에서 보이는 것은 거의 없었다. 그러다 100야드 정도 떨어진 높은 곳에서 램프 불빛이 보였는데, 그 불빛 속에서 한 여인의 한복 치마가 어렴풋이 보였다. '남신환'호는 엔진을 껐고 우리는 천천히 불빛을 향해 나아갔다. "찬미 예수, 신부님이세요?" 어둠 속에서 인사말이 들려왔다. 그것은 마리아의 목소리였는데, 그녀는 흑산도에 온 첫 신부를 천주교식 인사로 맞이하기 위해 병상에서 일어났던 것이다.

그녀의 부모와 한 무리의 예비자들이 그녀와 함께 나와 있었다. 요셉의 집은 부두에서 몇 백 야드밖에 떨어져 있지 않는데, 잠시 후 나는 그 집에 앉아 맛좋은 식사를 하게 되었다.

다음 날 아침, 나는 제대와 성화(聖畵) 그리고 꽃이 솜씨 있게 마련되어 있는 방을 보게 되었다. 30명이 미사에 참석했는데, 흑산도에서 올리는 첫 미사였다. 요셉, 베로니카와 마리아가 성체를 모셨고, 다른 사람들은 모두 예비자였다.

그 날과 그 다음 며칠 동안 나는 그 세 목포의 신자들이 흑산도에 온 이래로 무슨 일이 일어났는지 알게 되었다. 나는 교회에 관심을 지닌 사람들에게 소개되었다. 나는 매일 교리교육을 했고 몇 개월간 세례받을 준비를 해온 3명에게 세례를 주었다. 이 글을 쓰고 있는 시점에 흑산도에는 세례받을 준비를 하고 있는 예비자가 50명이 있다.

마리아의 사도직(司徒職)

마리아는 많은 시간을 병상에 누워 지내는데, 언덕배기에 있는 혼자 사는 작은 집에서, 음식을 해주고 그녀를 보살펴주는 어머니와 함께 기도를 드리며 병고를 겪고 있다. 그녀의 아버지가 나를 그곳으로 데려가 보여줬다. 그 집은 나무들에 둘러싸인 작은 초가집으로, 들리는 소리라고는 일이백 야드 떨어진 바위투성이의 해안에서 파도가 부서지는 소리뿐이다. 이 외딴집에서 마리아는 그녀의 사도직을 수행하고 있다. 이 병상의 처녀를 보러 왔던 옛 학교 친구에게 그녀는, 곧 태어날 아기가 죽을지도 모르니 죽을 위험이 있다 싶으면 아기에게 세례를 주라고 권고했다. 그녀는 성사를 어떻게 주는지를 알려주고는 친구를 돌려보냈다. 한 달 후에 그 친구가 돌아와 자기 아기가 죽었는데, 마리아가 시킨 대로 해서 자기 아기가 천국에 가 있을 것으로 안다고 말했다.

섬의 어느 곳을 가더라도 나는 나에 대한 관심과 나를 진정으로 환영하는 분위기를 느낄 수 있었다. "신부님이 다시 오시려면 얼마나 걸리나요?" 예비자들이 물어봤다. "금방 오신다고 약속해 주세요. 빨리 세례를 받고 싶습니다." 나는 그들에게 꼭 돌아오겠다고 약속했다. "사람들이 모여서 기도할 수 있고 제가 미사를 올릴 수 있는 곳이 지어진다면 즉시 오도록 하겠습니다."

벌써…

그것이 16일 전이었다. 오늘 흑산도에서 또 한 통의 편지가 도착했다. 편지에는 다음과 같이 쓰여 있었다. "부지를 마련해서 땅을 골랐습니다. 사흘 전에 15명이 기둥과 들보로 쓸 나무를 베기 시작했습니다. 이제 널빤지와 지붕으로 쓸 자재만 있으면 됩니다." 곧 흑산도로 배를 타고 다시 가야 할 것 같다.

미자와 마리아

한국에서 보내는 이야기

프랭크 우즈 신부

내가 미자를 처음 만난 것은 헨리 신부님의 보좌 신부로 나주본 당에 파견되었던 1937년으로 거슬러 올라간다. 미자는 열두 살로 조용하고 수줍음이 많은 아이였다. 하지만 사람들은 미자 얼굴의 주근깨 때문에 그녀를 기억하지 않을 수 없었는데, 주근깨는 한국에서는 아주 드문 경우였다. 가족들이 신자가 아니었지만, 미자는 천주교 선교회 학교에 다니는 학생이었고, 가장 믿음직스러운 아이였다. 선생님이 심부름을 시킬 일이 있으면 항상 뽑히는 학생은 미자였고, 마을 시장에 값싼 물건들이 있으면 미자가 와서 사제관 문을 두드려서 신부에게 알려주고는 했다.

짧은 기간을 보낸 후에 나는 나주에서 다른 곳으로 옮겨 가게 되었고, 미자를 다시 만나게 된 것은 그로부터 13년 후에 나주에 본당 신부로 다시 부임하게 되었을 때였다. 당시 미자는 결혼을 해서 훌륭한 두 자녀를 둔 어머니였지만 길거리에서 그녀가 나를 불러 세웠을 때 그녀를 바로 알아볼 수 있었다. 그 주근깨와 미소가 여전했기 때문이다. 그녀는 내가 나주에 다시 돌아오게 되어 얼마나 기쁜지 모르겠다고 이야기했는데, 짐작에 그녀는 내게 말을 건 다른 이유가 있는 것 같았다. 그렇게 감정을 드러내는 것은 미자답지 않았고, 내가 나주에 돌아온 지 석 달이 지나도록 그녀는 선교원에 한 번도 들르지 않았었다. 내 짐작이 맞았다. 그녀가 바로 말했다. "신부님, 제 여동생은 모르시지요. 그 애는 신부님이 떠나신 후에 천주교 학교에 다녔답니다. 그 애와 그 애의 아기가 얼마 못 살 것 같습니다. 그 둘이 천국에 갈 수 있도록 오셔서 둘에게 세례를 주시겠습니까?"

나는 미자와 함께 병든 여인과 아기를 만나러 갔다. 아기는 얼마 못 살 게 분명해 보였다. 그래서 나는 아기 엄마에게 아기가 세례를 받아야겠다고 이야기했는데, 아기 엄마는 학교에서 교리를 배웠었기 때문에 내 말이 무슨 뜻인지를 알았다. 아기 엄마는 자기도 아기가 세례를 받는 게 소원이었다고 대답했고, 그날 밤 나는 아기에게 세례를 주고 마리아라는 세례명을 주었다. 이틀 후 아기가 죽었는데, 미자의 여동생은 신자가 아니었지만 자기 이름을 마리아로 바꿨다.

마리아는 병에서 회복되었고 미자와 그녀는 함께 예비자 교리에 꾸준히 나오게 되었다. 그들은 학교에서 배웠던 기도문을 하나도 잊지 않고 있었고, 미사와 성당에서 열리는 여타 기도 모임에 빠지는 일이 거의 없었다. 그러나 그들은 특별한 주목을 받지 않으려 했고, 나한테 따로 이야기를 하는 일도 거의 없었다.

나주의 조용한 일상적인 삶은 1950년 6월, 북한 공산군이 남한을 침략해 갑자기 깨졌다. 남편이 남한 경찰관이었기 때문에 마리아는 산속으로 피신을 해야만 했다. 제대로 된 음식과 숙소가 없어 온갖 고초를 겪다보니 마리아의 건강이 다시 나빠져 그녀는 공산군이 점령 중인 나주에 있는 미자에게 몰래 돌아오게 되었다. 마을에 남아 있던 몇 안 되는 신자들이 두 자매와 연락이 닿았는데, 마리아의 병이 깊은 것을 보고는 그녀에게 세례를 받으라고 권했다. 마리아는 그들에게 기다려달라고 했지만 한 달이 채 지나지 않아 그녀의 상태가 훨씬 악화되었고 그녀는 자신이 얼마 못 살 것을 알았다. 어느 날 저녁 그녀는 선교사 한 사람에게 청해 세례를 받고 싶다고 말했다. 왜 그토록 세례를 미뤘는지 선교사가 묻자 그녀가 대답했다. "제가 세례를 받지 않은 것은 세례를 받은 후에도 얼마 동안 살게 될까봐 걱정이 되어 그랬던 겁니다. 저는 제 영혼에 한 점의 티끌도 없이 하느님 앞에 서기를 바라거든요. 이제는 제가 죽음에 가까워졌다는 것을 압니다." 그 선교사는 그녀에게 세례를 주었고 그날 밤 그녀는 죽었다. 병을 앓는 내내 마리아를 헌신적으로 간호했던 미자가 세례와 임종의 순간에 그녀와 함께 있었다.

남한에서 공산군이 몰려난 후에 나는 나주로 돌아갈 수 있게 되었다. 나주로 돌아간 지 며칠 후 미자가 선교원에 찾아왔다. 나는 미자가 올 것이라 짐작하고 있었는데, 마리아의 죽음이 그녀에게 많은 영향을 미쳤다는 것을 알고 있었고 또 그녀가 세례를 받고 싶어 한다는 이야기를 들었기 때문이다. 그녀를 만나러 나가자 그녀가 수줍게 말했다. "신부님, 제가 세례를 받을 자격이 있는지 교리문답 시험을 봤으면 합니다." 정말 미자답게 부탁을 했다! 그녀는 어머니와 두 명의 자녀와 함께 1951년 8월 15일에 세례를 받았다.

발행일 미상

300명의 신부님들

필자 미상

남아메리카를 포함해서 300명의 메이누스 선교사들이 곳곳의 선교지에서 활동을 하고 있다. 다음은 신부님들의 지역별 분포다.

선교지역	신부님의 수	선교지역	신부님의 수
필리핀	137	피지	13
일본	70	남아메리카	7
버마	30	인도차이나	2
한국	27	홍콩	1
중국	12	포모사[1]	1

신부님들의 활동은 크게 두 종류다. 필리핀과 남아메리카에서

처럼 사제의 부족으로 인해 붕괴된 교회의 기반을 재건하는 것과 일본, 한국, 버마, 피지 섬에서처럼 교회의 기반을 처음부터 세우는 것이다.

이 300명의 신부님들 가운데는 30년의 동양 선교경력을 갖고 계신 신부님들도 있고, 또 한편, 평생의 과업을 앞에 두고 있는 젊은 신부님들도 있다. 이 신부님들 중 많은 분들은 최근의 전쟁 중에 버마와 한국, 필리핀에서 상당 기간 동안 감금되거나 투옥되기도 했다. 이 글을 쓰고 있는 지금도 5명의 신부님들이 중국의 감옥에 있다.

그리고 아일랜드 나반 달간에 있는 세인트골롬반대학에서 우리 선교회 소속의 160명의 신학생들이 선교사제가 되기 위해 교육을 받고 있다. 사제서품 후 그들은 앞서 열거했던 지역 중 어느 한 곳으로 배치될 것이다.

국내와 선교지에서의 광범한 사도활동을 지원하기 위해 우리 선교회는 전적으로 후원자들의 너그러운 후원에 의지하고 있다. 여러분께 세 가지를 기대하고 있다. 우리 선교회의 일꾼으로 여러분의 자제분을 보내주시고, 우리 활동을 지원할 후원금을 보내주시며, 우리 활동에 하느님의 축복이 내리도록 여러분께서 기도해 주시길 부탁드리겠다.

한국

3년간의 전쟁 후의 선교

필자 미상

1950년 6월 25일 북한 공산군이 남한과 북한을 나눠놓은 인위적인 경계선인 38선을 넘었고 '한국전쟁'이 시작되었다.

전쟁은 거의 3년째 계속되고 있고 비극적이게도 수많은 군인과 민간인의 생명을 앗아갔다. 물질적인 파괴도 막대했다. 한국의 수도인 서울에서는 30만 가옥 중 16만 채가 완파되거나 심하게 부서졌고, 평상시 160만 명이던 인구는 절반으로 줄었다. 전투가 가장 심하게 벌어졌던 지역들의 더 작은 소도시와 마을들은 실제로 없어져버렸고, 250만 명의 한국인들이 자신들의 나라에서 난민이 되었다. 통계 중에서도 가장 슬픈 것은 10만 명의 어린이들이 고아가 되었다는 것인데, 보건당국에 따르면 영양실조로 인해 그중 30퍼센트가 결핵에 걸렸다고 한다. 전국적인 인구조사가 실시될 수 있을 때만이 한국 민간인 인구수가 얼마나 격감했는지 완전히 밝혀질 수 있을 것이다.

이러한 사실들은 한국의 선교진전 상황에 대한 다음의 이어질 설명을 이해하는 데 필요한 배경으로서 언급한 것이다. 왜냐하면 지난 1~2년 동안 교회가 큰 어려움 속에서도 많은 진전을 이룩한 것은 주목할 만한 일이기 때문이다. 우리의 설명은 오직 남한에만 국한된 것이다. 1950년 5월 이후로 공산 치하의 북한에서는 외국인 신부이건 한국인 신부이건 자유롭지가 못했다.

기록적인 한 해

한국에 있는 6개 선교구역 중 네 군데에서 보내온 작년 보고서에 따르면 7,000명 이상의 한국 성인들이 천주교 신자가 되었다. 이것은 한국에서 일 년 동안의 영적 수확으로는 이제껏 기록된 것 중 최대의 수확이다. 태평양 전쟁 발발 이전인 1941년에 남북한 전체 8개 교구의 총 신입 신자의 수는 3,279명이었다.

가장 많은 입교자 수는 대구대목구에서 보고됐는데 5,529명의 성인이 신자가 되었다. 대구에는 45명의 한국인 신부들이 한국인

주교인 최 요한 주교¹ 아래에서 활동 중인데, 최 주교는 1949년 주교서품을 받을 때까지 광주지목구에서 메이누스선교회와 함께 활동했었다. 1950년 8월 '부산 방어선'이 포함된 최 요한 주교의 대목구는 한국의 다른 지역들에 비해 전쟁의 피해를 덜 입었지만 수많은 피난민들이 유입됐다.

12명의 메이누스 선교사와 7명의 한국인 신부가 활동 중인 광주지목구는 1,037명이 입교(入敎)했는데, 이는 이곳 지목구 역사상 가장 많은 숫자다.

전쟁의 참화를 입은 전주지목구에서는 김 바르톨로메오 몬시뇰²과 24명의 신부들이 활동 중이고 569명이 입교했다.

8명의 메이누스 선교사와 6명의 한국인 신부들이 활동 중인 춘천지목구에서는 157명이 입교했다. 이 숫자는 너무 작아서 언급할 가치가 없는 것 같지만, 춘천교구 지역에서 전쟁기간 중에 공방전이 네 번이나 벌어졌었고, 현재 전선(戰線)의 반 이상이 춘천교구 지역 내에 있으며 게다가 춘천교구 일부 지역은 여전히 북한 수중에 있다는 점을 유념해야 한다.

위의 수치를 우리에게 알려준 메이누스 선교사이며 세계가톨릭구제회(NCWC) 특파원인 패트릭 오코너 신부는 작년 한국에서 이룬 선교의 성공에 대해 다음과 같이 논평했다. "한국에서 천주교 신자가 되는 사람들은 신자가 된다고 해서 얻을 것이 전혀 없습니다. 신부들이 나눠줄 수 있는 구호물품들은 너무나 적어서 사람들을 끌어들일 수가 없습니다. 반면에, 대부분의 한국인들은 심한 굶주림을 해결할 충분한 식량과 난방연료, 그리고 몸을 따뜻하게 덮을 것 등을 얻는 데 어려움을 겪고 있습니다. 이러한 상황에서는 정말 진심이 아니라면 어느 누구도 종교에 관심을 갖지 못할 것입니다."

작년 남한 전체에서 활동하는 신부들은 총 150명의 한국인 신부와 41명의 외국인 신부들이었는데 이중 22명은 메이누스선교회 소속이었다. 작년 한국에서 활동하던 22명에 덧붙여 6명의 신부들이 합류했고, 올 가을엔 7명이 더 한국으로 떠날 예정이다.

이제 우리의 두 선교구역인 춘천교구와 광주교구에서는 상황이 어떻게 진행되어 왔는지 좀 더 자세히 살펴보도록 하겠다.

춘천지목구

한국에서 춘천지목구보다 전쟁으로 더 큰 타격을 받은 선교구역은 없다. 38선이 춘천교구를 가로지르고 있어서 1950년 이전에도 교구의 절반은 공산주의자들의 수중에 있었고, 38선 북쪽에서 활동하던 3명의 한국인 신부는 모두 목숨을 잃었다. 1950년 6월, 침공 초반기에 춘천지목구장인 퀸란 몬시뇰과 5명의 메이누스 선교사들이 공산군에게 체포됐다. 그중 3명의 신부, 즉 콜리어 신부, 라일리 신부, 매긴 신부는 살해된 것으로 알려졌고, 퀸란 몬시뇰과 크로스비 신부는 1952년 1월 당시 북한에 억류되어 있는 것으로 보도됐다. 카나반 신부에 대해서는 전혀 알려진 바가 없다. 1950년 6월과 1951년 8월 사이에 춘천지역을 점령하기 위한 공방전이 네 번 벌어졌었고, 현재 전선(戰線)이 이 지역에 걸쳐 있다.

작년 한 해 동안 춘천에 있는 우리 선교사들은 붕괴된 본당들을 재조직하고 재건해왔다. 퀸란 몬시뇰이 없는 상황에서 허버트 헤이워드 신부가 지목구장 역할을 대리해오고 있는데, 지난 전투 중 폭격을 맞아 부서진 춘천대성당을 재건축했다. 그는 또한 춘천 시내에 있던 '성 데레사' 성당과 사제관을 수리했는데, 그 성당의 본당 신부이던 콜리어 신부는 한국전쟁에서 외국인 신부로는 최초로 살해되었다. 다른 성당이 춘천 외곽의 교구에 더 세워졌는데, 나중에 신부들의 수가 충분해지면 상주하는 신부가 배치될 예정이다. 지목구 내 다른 다섯 곳 본당들의 성당들이 전투 와중에 파괴되었고 학교, 숙소, 그리고 더 작은 규모의 선교 성당들에도 광범위한 피해가 있었다. 우리 신부들이 춘천지역에 돌아간 이후

여섯 곳의 성당과 세 곳의 숙소, 한 곳의 학교가 다시 지어졌고, 여섯 곳의 성당과 네 곳의 사제관, 세 곳의 학교가 수리되었다. 전쟁으로 인해 집을 떠나야했던 춘천의 신자들이 점차 돌아오고 있는 중이다. 춘천지역에 있는 다른 수천 명은 피난민들인데, 이들은 인내심을 갖고 전선이 더 북쪽으로 올라가거나 종전(終戰)이 되어 전투지역에 있거나 북한 점령지구내에 있는 집으로 돌아가게 될 날을 기다리고 있다.

광주지목구

한국 남서부에 위치한 광주지목구는 전쟁 초반 몇 개월간 공산군에게 점령되었었다. 지목구장인 브렌난 몬시뇰과 2명의 메이누스 신부인 쿠삭 신부와 오브라이언 신부가 공산군에게 잡혀갔는데 사망한 것으로 추정되고 있다.

광주지목구장 직책을 수행하고 있는 해롤드 헨리 신부가 지난 1~2년에 걸친 선교활동 재건에 대해 다음과 같이 알려왔다. "1950년 10월에 우리가 이곳으로 돌아왔을 때 모든 성당과 사제관들이 깨끗이 약탈당해 남아 있는 것이 하나도 없었습니다. 함평본당과 영광본당, 사거리본당에 있는 성당들은 불타 잿더미가 되어 있었고, 일곱 곳의 선교원이 파괴되어 있었습니다. 현재 함평

성당을 다시 지었고 다른 성당들도 대부분 수리를 했지만 성당 내에 둘 비품을 살 방법이 없기 때문에, 비품이 몹시 모자란 형편입니다. 선교원은 한 곳도 재건하지 않았는데, 선교원들이 있는 지역은 여전히 공산 게릴라들이 장악하고 있는 지역인데다 신자들도 살고 있지 않기 때문입니다. 하지만 다른 지역에 새로 일곱 곳의 선교원을 세웠고 두 개의 새 본당을 신설했습니다. 현재 저는 신부님들이 오면 맡을 여덟 곳을 마련해뒀습니다. 지금 가장 시급히 해야 할 일은 새로운 본당들을 세우는 것입니다. 케빈 맨간 신부님이 약 일 년 전에 본당을 열었는데, 벌써 성인 입교자(入敎者) 수가 100명이 넘었습니다. 현 시기가 한국에서 신앙을 전파하기에 가장 적절한 때입니다. 군대 탱크 한 대 값이면 우리는 정말로 많은 진척과 개선을 거둘 수 있을 것입니다!"

피난민과 포로들

광주지목구에는 70만 명의 피난민들이 있는데, 이들 중 많은 수가 곤경에 처해 있다. 우리 신부들은 이 궁핍한 사람들에게 미국 세계가톨릭구제회의 전쟁 구호물자 서비스에서 보내온 기부물품(의복, 의약품, 돈)을 통해 상당한 도움을 줄 수 있었다. 지목구청이 있는 목포 시내에서는 600여 명의 피난민 가족들이 천막을 치고 살고 있는데 톰 모란 신부가 시내에 있는 공립학교에 수용될 수 없는 150명의 피난민 어린이들을 위해 학교를 열었다. 또한 지목구 내에는 몇 곳의 포로수용소가 설치되어 있다. 일만 5,000명의 북한 군인이 있는 한 수용소에는 세례받은 신자 수가 700명이고 200명이 교리를 받고 있다. 미국 메리놀선교회 소속의 페티프렌 신부와 한국인 장 신부가 이 포로들 사이에서 사제직을 수행하고 있다. 아일랜드 성프란치스코회 소속의 톰 오 설리반 신부는 이전에 중국에서 선교활동을 편 적이 있는데, 현재 제주도에 있는 중공군 포로수용소의 군종신부로 활동하고 있으며 100명이 넘는 중공군 포로들을 입교시켰다. 지목구장 대리 자격으로 헨리 신부는 최근에 285명의 북한군 포로와 150명의 중공군 포로에게 견진성사를 주었다.

선교활동에 대한 이제까지의 설명에 비춰 볼 때, 한국천주교회에 주어진 기회가 요즘만큼 좋았던 적은 없다고 해도 과언이 아니다. 지금까지 성취한 업적들은 고향에 있는 선교를 후원하는 신자들이 자부심을 가질 만한 것이다. 한국에 있는 우리 신부들의 이름으로 여러분의 기도와 기부, 그리고 지난 3년의 시련 중에 보내주신 여러분의 연민에 대해 감사를 드리는 바다.

한국에서의 체포

토마스 퀸란 몬시뇰

북한군의 남침은 1950년 6월 25일 일요일 새벽 4시에 시작되었습니다. 강원도의 우리 선교본부는 국경에서 겨우 12마일밖에 떨어져 있지 않았습니다. 6시 미사를 드리던 중에 포성과 총성들이 들려왔습니다. 그리고 11시, 마지막 미사와 성체강복식이 끝나기 전에 그 소리들은 확연히 더 크게 들려왔습니다다. 당시 우리는 그것이 그저 자주 있던 북한군의 습격인줄로만 알고 있었고[1], 라디오에서도 국경 전체에 걸친 총공세라는 소식은 아직 나오고 있지 않았습니다.

헤이워드 신부님과 버크 신부님

헤이워드 신부님과 패트릭 버크 신부님은 서울에 볼일이 있었습니다. 저는 그분들에게 서울에 가서 일을 보고 오시라고 했습니다. 신부님들은 화요일에 돌아올 예정이었는데, 신부님들이나 우리는 월요일에 잘 무장된 강력한 공산군에 의해 돌아오는 길이 차단되리라고는 전혀 생각지 못했었습니다. 프랭크 카나반 신부님과 저는 그분들에게 여행 잘 다녀오시라고 인사하면서 농담으로 공산군에게 붙잡히지 말라고 말했었습니다. 그리고 우리는 교리수업과 교리시험, 예비자 교리 등 일상적인 주일학교 일을 보기 시작했습니다.

오후 6시가 되자 라디오에서 38선 전 지역에 걸친 침공소식이 들려왔습니다. 춘천 시민들은 점점 불안해하더니 많은 사람들이 기차와 트럭을 타고 서울로 피난을 가기 시작했습니다. 안토니 콜리어 신부님은 시내 다른 지역의 새로 생긴 선교원에 머물고 있었습니다. 콜리어 신부님은 일요일 저녁에 우리에게 와서 선교원 근처의 몇몇 한국인들이 유탄(流彈)에 맞아 그들에게 응급처치를 해줬다고 이야기했습니다. 콜리어 신부님의 선교원은 춘천시와 진격해오는 공산군 사이에 놓인 강 위에 있는 다리를 내려다보고 있었습니다. 제 생각에 격렬한 전투가 다리 근처에서 벌어질 것 같았고, 그래서 콜리어 신부님에게 선교원을 떠나 우리 선교원에 와 있는 것이 좋지 않겠냐고 물어봤는데, 우리 선교원은 다리에서 한참 멀리 떨어져 있었기 때문이었습니다. 저는 콜리어 신부님의 대답을 결코 잊지 못할 것입니다. "저는 신자들과 함께 있고 싶습니다. 포탄에 직격당하지만 않으면 숙소에 있어도 안전할 것 같습니다. 그리고 만약에 공산군이 시내를 점령하면 제가 신자들에게 도움이 될 수도 있지 않을까요. 또 뵙겠습니다." 신부님은 이렇게 대답하시곤 자신의 선교원으로 돌아가셨습니다.

그것이 제가 콜리어 신부님을 마지막으로 본 것이었고, 아일랜드에 돌아와서야 신부님이 선종하셨다는 이야기를 듣게 되었습니다.

'우리는 미국놈 하나를 쐈다'

그러나 6월 29일 화요일에 있었던 한 사건은 콜리어 신부님에 대해 불안한 마음이 들게 했습니다. 미사를 드리고 나오는데 한 공산군 장교가 새로 지은 성당 건물을 쳐다보고 있었습니다. 그가 제게 소총을 겨누더니 저의 국적을 물어봤습니다. 저는 그에게 아일랜드인이라고 말했고, 중국인 건설업자가 확인해줬습니다. "우리가 여기 도착한 날 미국놈을 하나 쏴 죽였지." 공산군 장교가 말했습니다. "하지만 이곳에는 미국 사람이 없는데요. 당신이 쏜 사람이 어디 있었습니까?" 제가 물어보자, 그가 콜리어 신부님의 성당이 있는 곳을 가리키며 "저 위쪽이야" 하고 대답했습니다. 우리 신부들이 거리에 나선다는 것은 곧 죽음을 당할 것을 의미했고 그래서 몇몇 여성 신자들에게 콜리어 신부님의 성당에 가보라고 부탁하는 것으로 만족할 수밖에 없었습니다. 그 신자들이 가보려고 했지만 저지를 당해 그냥 돌아왔습니다. 그 후 다른 공산군 장교가 성당에 왔습니다. 저는 그에게 콜리어 신부님에 대한 제 걱정을 이야기하고 신부님의 선교원까지 데려다 달라고 부탁했습니다. 그는 거절했지만 자기가 가서 알아보고 알려주겠다고 약속했습니다. 하지만 그는 떠난 후 다시 돌아오지 않았습니다. 다음 날인 7월 1일 아침에 저는 공산군이 발급한 통행권이 있어 어디든 갈 수 있는 그 지방 공산당원과 접촉했습니다. 그는 다음 날 아침에 돌아오겠다고 약속했는데, 그 다음 날 아침에 우리는 체포당했습니다.

시민들이 춘천에서 피난을 가다

다시 개전(開戰) 당일 일요일 저녁의 이야기로 돌아가겠습니다.

밤 10시가 되자 총성이 아주 가까이에서 들려왔고 이따금씩 포탄이 시 외곽에 떨어졌습니다. 월요일 아침에 피난을 가는 시민들의 행렬이 물밀듯이 밀려나왔습니다. 사람들은 짐을 머리 위에 이거나 손에 들고, 아이들을 데리고 업고선, 남녀노소 할 것 없이 큰 도로를 따라 남쪽으로, 샛길들과 언덕들을 넘어 우리를 떠나갔습니다. 정오 무렵에는 약 6만 명의 시민들 대부분이 피난을 떠난 듯했고 제 생각에 월요일 저녁에는 시내에 남은 사람이 500명이 채 안 되는 듯했습니다.

떠날 것인가, 머물 것인가?

월요일 오후, 시내에 있는 한국군에 배속된 미 군사고문단 하지 소령이 우리를 보러 왔습니다. 그는 우리에게 이곳을 떠나 원주를 향해 남쪽으로 갈 것인데, 우리를 데려가주겠다고 제안했습니다. 저는 하지 소령에게 이번 침공에 대한 미국정부의 입장이 어떤 것인지 알고 있냐고 물어봤습니다(저는 만약 미국이 개입을 한다면 침공은 곧 격퇴될 것이라 생각했고, 그런 경우라면 우리는 하지 소령을 따라 나섰을 것입니다). 그는 모르겠다고 했고, 이어서 저는 대답했습니다. "우리는 이곳에 머물겠습니다. 우리가 있어야 할 곳은 신자들이 있는 이곳입니다."

카나반 신부님을 돌아보며 저는 물었습니다. "신부님, 어떻게 하시겠습니까? 신부님은 이곳 신자들에 대한 책임이 없습니다. 신부님의 책임지역이 아니니까요. 신부님은 떠나셔도 됩니다. 떠나고 싶다면 무사하시도록 기도드리겠습니다. 그리고 이곳에 계신 것처럼 항상 신부님을 생각하겠습니다." 카나반 신부님은 잠시 생각하더니 대답했습니다. "허락하신다면 이곳에 남아 몬시뇰님을 돕고 싶습니다. 제가 고백성사를 줄 수 있을 것입니다." 저는 말했습니다. "신부님, 이게 우리의 마지막이 될지도 모릅니다. 공산군 치하에서는 상황이 쉽지 않을 겁니다. 자칫하면 우리가 목숨을 잃을지도 모릅니다. 만약 떠나고 싶다면 지금이 마지막 기회입니다." "남아 있고 싶습니다." 카나반 신부님이 대답했습니다. 하지 소령은 우리에게 작별인사를 하고 떠나갔습니다.

월요일 저녁에 카나반 신부님에게 축성(祝聖)된 성체(聖體)를 모두 영(領)하라고 했고, 잠시 후 우리는 튼튼하게 새로 지은 성당의 방공호로 갔습니다. 포탄이 성당 주변과 남쪽으로 향하는 그 아래쪽 도로에 떨어졌고, 곳곳에 총알이 '핑핑' 소리를 내며 날아왔습니다. 우리는 새 성당 안에 머물며 그날 밤을 보냈습니다. 카나반 신부님과 저, 그리고 떠나지 않은 몇몇 신자들은 화강암 벽에 기대어 누웠습니다. 자정이 되자, 춘천을 차지하려는 치열한 전투가 본격적으로 시작되었습니다. 양측은 가진 것을 다 쏟아부었습니다. 대포, 기관총, 소총들이 불을 뿜었습니다. 우리는 서로의 목소리도 들을 수 없었습니다. 30분 정도가 지나자 총성과 포성이 모두 그쳤고 남은 밤 동안에는 더 이상 사격이 없었습니다.

새벽이 되자 공격이 재개되었습니다. 아침 8시 무렵, 한국군이 춘천 시내에서 철수하는 것이 보였습니다. 9시경에 새 성당 지붕이 포탄에 직격당했습니다. 포탄이 지붕을 뚫었지만 화재가 일어나진 않았습니다. 몇 분 후 포탄 또 한 발이 새 성당 건물 아래쪽에 있는 옛 성당에 떨어졌고 바로 화재가 일어났습니다. 카나반 신부님에게 제가 부를 때까지 꼼짝 말고 가만히 새 성당 안에 있으라고 하고, 양동이로 물을 퍼서 불을 끌 수 있는지 보려고 옛 성당으로 가봤습니다. 옛 성당에 막 다다랐을 때 포탄 한 발이 아주 가까이에 떨어졌고 그래서 성당 지붕에 올라가는 것은 어리석은 짓이라 생각하게 됐습니다.

10분 후에 포격과 총격이 완전히 끝났고, 저는 새 성당 안에 있던 카나반 신부님과 봉사자들을 불러냈습니다. 우리는 지붕에 붙은 불을 끄기 위해 6피트 깊이의 우물에서 양동이로 물을 퍼서 날랐지만 불길이 커져, 이웃한 주택들로 옮겨붙는 것을 막는 것밖에 할 수가 없었습니다. 우리들 중 몇몇은 지붕에서 불을 껐고 또 몇몇은 성당 비품들 즉, 제대(祭臺), 제의(祭衣), 풍금, 십자가의 길 각처의 그림들을 밖으로 꺼냈습니다.

공산군과의 첫 조우(遭遇)

아침 10시 30분경, 우리는 처음으로 북한 공산군 병사 두 명과 마주쳤습니다. 그들은 사격자세를 취한 채 소총을 들고 성당 영내로 들어왔습니다. 저는 우물에서 물을 푸고 있었고 카나반 신부님은 제 옆에 서서 옆 사람에게 양동이를 전달하고 있었습니다. 그 병사들은 우리에게 총을 겨누고 있었는데, 저는 한국말로 그들에게 말했습니다. "안녕하십니까? 물 좀 드릴까요?" 그들은 여전히 총을 겨눈 채 우리에게 다가와서는 그중 한 명이 제게 말했습니다. "동무는 누구요?" "저는 천주교 신부입니다." "동무는 미국놈이요?" "아닙니다. 저는 아일랜드인입니다. 그리고 그것이 자랑스럽지요." "동무는 조선말을 아주 잘하구만. 언제 여기 왔소?" "온지 20년 됐습니다." 그는 약간 우호적으로 태도가 변했지만 총을 내리지는 않았습니다. 카나반 신부님을 향해 그가 물어봤습니다. "그리고 동무는 누구요?" "저도 아일랜드인입니다." 카나반 신부님이 한국말로 대답했습니다. "여기서 뭣들 하는 거요?" 그가 물어봤습니다. "포탄이 성당에 떨어져 불이 났습니다. 그래서 옆집들에 불이 옮겨붙는 걸 막으려고 하고 있습니다." "잘하는 일이오. 계속 하시오, 동무들." 그러곤 그들은 떠났습니다.

그날 밤 11시까지 온종일 카나반 신부님과 저는 자발적으로 도우러 온 몇몇 한국인들과 함께 양동이로 불타는 건물에 물을 갖다 부었습니다. 그때쯤 지붕이 무너져 내렸고 이웃집들로 불이 옮겨붙을 위험이 없어졌습니다. 11시가 되자 비가 세차게 내리기 시작했습니다. 불길은 이제 꺼져서 연기만 나고 있었고, 우리는 완전히 녹초가 되어 일을 그만두고, 있던 자리에 그대로 누워버렸습니다. 다음 날 아침 우리는 성당 지붕에서 일을 계속했습니다. 연기가 나는 판자들에 물을 뿌리고, 제의들을 숙소 방 하나에 옮겨다 놓고 잔해를 최대한 정리했습니다. 그렇게 6월 28일 수요일 하루가 지나갔습니다.

공산군이 다시 찾아오다

그날과 그 다음 날은 공산군들이 우리를 방해하지 않았습니다. 그런데 금요일과 토요일에 몇몇 공산군이 우리에게 와서, 저의 사제관에 있던 모든 것을 빼앗아갔는데, 카나반 신부님의 숙소는 건

드리지 않았습니다. 7월 2일 일요일, 카나반 신부님이 먼저 미사를 드렸고, 바로 뒤이어 제가 다음 미사를 시작할 무렵이었습니다. 그때까지는 모든 것이 평온했습니다. 그런데 제가 '대(大)영광송'을 막 시작했을 때, 성당 마당에서 총성이 울렸습니다. 공산군 장교 한 명과 다섯 명가량의 병사들이 미사를 올리고 있던 방의 옆방으로 뛰어들어와 소총 개머리판으로 창문 유리와 책장을 박살내고 방에 있던 것들을 모조리 내던지기 시작했습니다. 그러고는 미사를 올리고 있는 방으로 들어왔습니다. 낮은 찬장 위에 있던 작은 성모상이 장교의 눈에 띄었습니다. 그는 성모상을 움켜쥐고 손을 머리 위로 올리더니 바닥에 성모상을 힘껏 내던져 산산조각을 냈습니다. 저는 미사를 멈추고 제의를 입은 상태에서 그를 향해 고개를 돌려 말했습니다. "왜 그런 짓을 하십니까? 시내에 있는 당신들 사령부에서는 우리가 이곳에 있다는 걸 이미 알고 있습니다. 사령부에서는 당신이 하는 짓을 좋아하지 않을 것입니다." 몇몇 신자들이 미사를 드리느라 무릎을 꿇고 있었는데, 그 광경을 보고는 겁을 먹고 마당으로 뛰쳐나가 도망가려 했습니다. 한 병사가 그들에게 총을 쐈고(다행히 누구도 맞추지 못했습니다) 그들은 겁에 질려 되돌아왔습니다. 한 장교가 카나반 신부님의 몸을 뒤졌습니다. 그는 신부님의 시계, 만년필 등 신부님의 주머니

속에 있는 것을 모두 빼앗았고, 우리에게 성당 마당으로 나가라고 했습니다. 저는 제의를 벗고 카나반 신부님과 마당으로 나갔습니다.

체포와 심문

그들은 마당에서 우리에게 손을 들고 자기들 여섯 명의 용사들에 앞장서 시내를 지나 사령부까지 가자고 했습니다. 우리는 사령부에서 상급 장교와 우리의 국적, 하느님과 영혼의 존재, 그리고 여타 다른 주제로 아침 11시까지 장시간의 이야기를 나눴습니다. 그러고 나서 장교는 우리를 새로 도착한 내무 보안대로 감시병을 붙여 보냈습니다. 보안대에서는 우리를 저녁 7시까지 심문했습니다. 7시에 한 보안대 요원이 말했습니다. "나는 조선에서의 천주교 역사에 대해 다 알고 있소. 그러니 하나도 빼지 말고 모두 말해 보시오." 저는 대답했습니다. "한국 천주교회에 대해 낱낱이 알고 있다 하시고, 또 우리 둘 다 오늘 아침 6시에 일어난 이후로 물 한 방울 못 마셨으니, 방금 물어보신 천주교 역사에 대해서는 나중에 말씀드려도 되겠습니까?" 이 말에 그는 좀 더 우호적인 태도로 변했고, 물과 먹을 음식을 가져다주겠다고 약속했습니다.

1953년 8월호

장기간의 억류

토마스 퀸란 몬시뇰

공산당 보안대 요원이 우리에게 물 한잔과 밥을 줬고 우리가 있는 방 안의 의자에서 쉬라고 말했습니다.

우리는 의자에 누워서 그날 밤을 보냈습니다. 그리고 다음 날 조사는 계속 되었고, 밤에는 우리 둘 다 그곳의 유치장에 수감되었습니다. 우리는 일주일을 그 유치장에서 지내다, 어느 날 밤 11시에 밖으로 불려나가 트럭에 태워졌는데, 우리 양 옆에는 총검을 꽂은 총을 든 감시병들이 있었습니다. '이제 죽는구나' 하는 생각이 들었습니다. 트럭이 큰 도로를 타고 내려가더니 천만다행으로 모퉁이를 돌아 정식 교도소 마당 안으로 들어섰습니다. 잠시 후 카나반 신부님과 저는 각각 독방에 수감되었습니다. 그런데 복도에서 크로스비 신부님의 목소리가 들렸습니다(나중에 알게 되었지만 25마일 떨어진 곳에 있는 신부님의 교구에서 체포당했습니다). 크로스비 신부님도 독방에 갇혀 있던 것이었습니다. 우리는 그곳에서 7월 16일 밤까지 지냈습니다.

다른 억류자들과 만나다

7월 16일 자정이 다 되어갈 때 우리는 밖으로 불려나와 트럭에 태워져 기차역으로 갔는데, 삼엄한 감시를 받으며 서울행 기차에 태워졌습니다. 우리는 새벽에 서울에 도착해, 시내에 있는 큰 건물로 옮겨져 그곳에 있는 큰 방으로 안내되었습니다. 그 방에서 우리는 교황사절로 한국에 오신 번 주교님과 비서인 부스 신부님을 보게 되었습니다. 그리고 파리외방선교회 소속의 프랑스 신부님들, 다섯 분의 갈멜수녀회 수녀님들, 두 분의 샬트르 성바오로 수녀회 수녀님들, 몇몇 외국 민간인들, 그리고 200명가량의 한국 민간인들이 그곳에 모두 조사를 받으러 잡혀와 있었습니다. 간수들이 우리에게 번 주교님 일행과 함께 있으라고 말했고, 귓속말로 이야기해도 좋다고 허락했습니다. 주교님은 전날 잡혀 와서 의자에 앉거나 바닥에 누워서 지난밤을 보냈다고 이야기하셨습니다.

다음 날 저녁에 한국인을 제외하고 번 주교님과 나머지 우리 포로들 모두는 버스에 태워져 시 북쪽에 있는 기차역으로 가 평양행 기차에 태워졌습니다. 기차는 밤에만 다녔고, 사흘 밤이 지난 7월 21일 아침에 평양에 도착했습니다. 평양에서 그들은 우리를 법정에 데려가 음식을 주고, 각자 이제까지 살아온 일생 이야기를 쓰도록 시켰습니다. 그날 저녁 9시 무렵에 우리는 트럭에 태워져 시내에서 북쪽으로 5마일가량 떨어진 곳의 어떤 학교 기숙사로 옮겨졌습니다. 그곳에서 우리는 각자 한 사람씩 담요를 받았는데, 잠은 바닥에서 잤습니다. 그리고 하루에 세 번씩 약간의 먹을 것이 주어졌습니다. 그곳에서 두 달을 지냈는데, 9월 5일 저녁에 갑자기 우리에게 짐을 꾸리라고 하더니 평양으로 데리고 가 기차에 태웠습니다. 그 기차는 700명의 미군 전쟁 포로들을 태우고 있었고, 압록강 근처의 국경 도시인 만포로 향해 갔습니다.

친철한 수용소장

평양에서 만포까지의 거리는 200마일가량밖에 안 되지만, 기차가 밤에만 이동한데다 아주 천천히 달려서 9월 12일이 되어서야 만포에 도착했습니다. 미군 포로들과 따로 분리되어 만포에서 약간 외곽에 있는 두 줄로 늘어선 가옥들에서 머무르게 되었습니다. 숙소는 깨끗했고, 음식은 좋았으며 양도 많이 줬습니다. 그곳의 수용소장인 북한군 장교는 친절한 사람이었는데, 우리를 잘 대해주었고, 매일 감시병을 붙여서 목욕과 빨래를 하도록 압록강에 가게 해줬습니다. 만포에서는 좋은 음식을 먹은 덕분에 우리 중 각기병(脚氣病)으로 고생하던 분들은 건강을 회복했습니다.

약 3주 후인 10월 초에 우리는 갑자기 만포에서 압록강을 따라 20마일가량 아래쪽에 있는 고산이라는 마을로 이송되게 되었습니다. 하지만 그곳의 숙소와 음식도 만포에서처럼 좋았고 수용소장도 만포의 바로 그 장교였습니다. 고산에서 일주일가량을 지낸 뒤 다시 20마일가량 떨어진 곳에 있는 산악지대 안의 어떤 곳으로 이송되었습니다. 제 생각에 군사적 필요성 때문에 이송이 지시된 것 같았는데, 미군이 압록강을 따라 주도로를 타고 북으로 진격하고 있었고, 머지않아 고산에 올 것으로 예상되기 때문이었습니다. 그래서 고산에서 전투가 벌어질 가능성이 있었고 수용소장은 우리를 위험에 처하게 하고 싶지 않았던 것 같았습니다.

산속에 있는 새 수용소에서 감시병들과 수감자들 사이에 전쟁이 끝났다는 소문이 돌았습니다. 10월 25일에 우리는 다시 고산으로 옮겨졌습니다. 중공의 의용군이 만주에서 압록강을 건너 한반도로 쏟아져 들어오기 시작했습니다. 그래서 우리가 고산에 도착했을 때 그곳은 주민들이 모두 피난을 떠나 아무도 살고 있지 않는 마을이 되어 있었습니다. 우리는 그곳에서 하룻밤을 보내고 만주로 계속 행군했습니다. 그곳에서 우리는 상황의 변화를 감지할 수 있었습니다. 우리는 벽만 덩그러니 서 있는 불에 탄 집에 수용되었는데, 폭격을 당해 그렇게 된 것 같지는 않았습니다. 우리가 있는 곳 근처의 벌판에서 700명의 미군 포로를 봤습니다. 적어도 우리에게는 벽이라도 있었지만, 그 포로들은 그냥 노천에서 자고 있었습니다. 만포에서 우리에게 잘 대해주던 수용소장이 떠나갔고, 다른 장교가 수용소장으로 왔는데, 이전 사람만큼 친절하진 않았습니다.

9일간의 행군

그곳에서 이틀을 지내고 10월 31일 저녁에 우리는 이불을 챙겨서 떠날 준비를 하라는 지시를 받았습니다. 미군 포로들이 앞장섰고 우리 억류자들은 그 뒤를 따랐습니다. 3마일을 걸어갔을 때 옥수수 밭에서 야영하라는 지시를 받았습니다. 어디 들어갈 곳이 없어서 우리는 맨 땅 위에서 잤습니다. 다음 날 아침 우리는 행군을 계속했고 저녁에는 또 야외에서 잤습니다. 다음 날 아침에 보니 미군 포로들 중 10명이 추위 때문에 죽었고 다른 많은 포로들도 더 이상 행군을 할 수 없는 상태였습니다. 그 뒤 우리는 매일 밤, 우리 머리 위에 비바람막이는 둘 수 있게 되었는데, 학교든 주택이든 들어갈 수 있는 곳이 있기만 하면 어디든 들어가서 잤습니다. 11월 9일, 우리의 기나긴 행군은 마침내 끝났고, '중강'이라는 마을에 있는 여러 학교 건물들에 수용되었습니다. 그 9일간의 행군 중에 98명이 이런저런 이유로 목숨을 잃었습니다.

그 행군 중에 번 주교님과 카나반 신부님이 감기에 걸렸었는데, 중강에 있는 학교 건물에서 제가 생각하기에, 두 분 다 감기가 폐렴으로 악화되는 사건이 있었습니다. 수용소장은 체조를 시키기 위해 매일 아침 우리에게 밖으로 나오도록 명령했습니다. 제 생각엔 기온이 영하 15도 정도로, 날씨가 무척 추웠지만 운동을 할 때는 외투를 벗어야 했습니다. 첫날 아침 운동 이후로 주교님과 카나반 신부님의 감기가 더 심해져서 그날 밤에 두 분은 열이 많이 났고 기침을 심하게 했습니다. 그러나 그 다음 며칠간 병세가 더 심해지지 않아 저는 두 분이 회복되는 줄 알았습니다. 11월 16일에 다시 이동을 해야 했는데 이번에는 중강에서 3마일밖에 떨어져 있지 않은 하창리라는 곳으로 갔습니다. 번 주교님과 카나반 신부님을 포함해서 걸을 수 없는 환자들은 그 다음 날 소달구지에 태워져 새 수용소로 옮겨졌습니다. 우리가 수용된 집은 아주 좋았지만 수용시설로는 너무 좁았는데, 길이 16피트, 폭이 9피트밖에 안 되는 방 하나에 12명이 배정되었습니다. 방은 꽤 따뜻했지만 그 안에서 편하게 쉰다는 것은 불가능한 일이었습니다.

번 주교님과 카나반 신부님의 얼굴이 붉은 색을 띤 것과 두 분다 열이 많이 나는 것을 보고, 저는 두 분의 병세가 폐렴으로 악화되었다는 것을 알게 되었습니다. 북한 군의관들이 두 분을 치료하러 왔지만, 그들은 갖고 있는 의약품이 거의 없었습니다. 다음 날 군의관들이 다시 와서 환자들을 우리가 있는 곳에서 100야드가량 떨어진 다른 집으로 옮기도록 조치를 해놓았다고 말했습니다. 다음 날엔 수용소장도 우리에게 들렀는데, 저는 번 주교님과 카나반 신부님이 거친 한국음식을 못 드시고 있었기 때문에 특별히 두 분에게 우유와 닭고기 국물을 해줄 것을 그에게 간청했습니다. 저는 또 그에게 번 주교님은 교황사절이며 한국을 돕기 위해 많은 일을 하셨다고 이야기했습니다. 그러나 그는 배급받은 우유도 없고, 마을에는 닭 한 마리도 없다고 했는데, 우리 때문에 주민들이 집을 비울 때 다 가져갔기 때문이라는 것이었습니다. 하지만 그는 번 주교님과 카나반 신부님을 가엾게 여기는 것처럼 보였고, 두 분을 위해 흰 쌀밥과 설탕을 특별히 더 주문하겠다고 약속했는데, 그는 그 약속을 지켰습니다.

네 명의 환자들은 다른 집으로 옮겨갈 채비를 하라는 지시를 받았습니다. 번 주교님께서 방을 떠나시기 전에 다음과 같은 말씀을 하셨습니다. "사제로서 이제껏 많은 특권을 누려왔지만 여러분과 함께 예수님을 위해서 고난을 겪는 이번이야말로 제 생애 최고의 특권입니다." 그러고 나서 주교님과 프랑스 신부님 한 분, 민간인 한 사람이 진흙탕이 된 벌판을 건너가기 시작했습니다.

우리는 가는 길에 그분들을 도와 담요를 날라주었습니다. 우리가 그 집을 향해 벌판을 건너는 동안 매서운 눈보라가 우리 얼굴로 휘몰아치고 있었습니다. 그들이 유숙할 방은 마당 쪽으로 문이 나 있었습니다. 그 문들은 뜯겨지고 없었습니다. 추운 날씨를 견디게 해줄 것이라고는 짚 부대 자루뿐이었습니다. 마루는 냉골이었습니다. 다행이 짚은 많았습니다. 우리는 마루 위에 짚을 깔고 견뎌보려고 최선을 다했습니다.

번 주교님 서거

주교님은 하루하루 병세가 악화되었습니다. 그리고 11월 25일 아침 주교님은 평안하게 가셨습니다. 폐렴 이외에도 주교님은 오랜 행진 동안 발병한 각기병으로 고생해오셨습니다. 그래도 저는 한 번도 주교님이 투정하시거나 고통을 호소하시는 것을 들은 적이 없습니다. 오히려 주교님은 빈번하게 두 신부들과 그 교우에게 그리스도를 위해 기꺼이 그들의 고통을 감내하라고 가르치셨습니다. 이 같은 가르침을, 정말이지, 주교님은 실천하셨습니다. 저는 이 네 분들을 모두 한시도 떠나지 않고 시중을 들었는데, 누구 한 분도 한 번도 고통을 호소하지 않으셨습니다.

번 주교님께서 서울에서 체포되셨을 때, 주교님은 가벼운 성직자 외투만을 입고 계셨습니다. 돌아가신 분들을 위한 관도 마련하지 못하고, 저는 주교님을 제 수단을 입혀드려 매장했습니다. 수단의 단단한 빨간 단추들이 후에 그분의 유해를 확인하는 증거물이 되길 바라는 마음에서였습니다. 우리는 돌멩이를 모아 그분의 무덤 위에 십자가 모양으로 놓아드리고, 캠프로 돌아왔습니다.

그리고 카나반 신부님

프랭크 카나반 신부님과 다른 두 분이 발견되어, 12월 4일 카나반 신부님은 우리 캠프로 다시 돌아갈 허락을 받았습니다. 저는 신부님이 돌아가시는 길에 동행했었는데, 저한테 몸 상태가 좋다고 하시면서 무얼 먹고 싶다고 말씀하셨습니다. 그러나 그날 밤 신부님은 몸 상태가 좋지 않다고 고통을 호소하셨습니다. 다음 날 신부님의 상태는 더욱 나빠졌고, 신부님은 누군가에게 '나 크리스마스 만찬은 천국에서 할 거야'라는 말씀을 하셨다고 합니다. 저는 12월 5일 밤 신부님 곁에 있었는데, 12월 6일(성 니콜라스 축제일이라고 신부님이 저한테 상기시켜주셨습니다) 아침에 신부님은 아주 평안히 돌아가셨습니다. 저는 신부님 시신을 펴드리고 신부님의 가벼운 여름 수단으로 염을 하여, 그날 밤 번 주교님 곁에 묻어드렸습니다. 저는 그곳에 돌아갈 기회만 있다면 두 분의 묘지 위치를 찾아낼 수 있을 것 같습니다.

카나반 신부님은 강건한 분이라고 할 수는 없습니다. 하지만 신부님은 불타는 춘천에서 영웅적인 용기를 발휘하셨고 오랜 피난길 동안 다른 사람들과 보조를 같이 할 수 없는 병자들과 노인들을 보살피셨습니다. 저의 어떤 말이 그분의 사제로서의 덕망을 충분히 찬양할 수 있겠습니까. 아일랜드는 이 나라가 낳은 선교사 아들을 충분히 자랑할 만합니다.

1953년 8월호

신앙의 승리

해롤드 헨리 신부

17년 전 신자 한 명으로 시작한 본당에 현재 1,100명의 신자가 있다.

함평에 관한 사연은 1936년 어느 날 조 마리우스라는, 처음 보는 한 한국인 신자가 나주본당으로 나를 찾아왔을 때로 거슬러 올라간다. 함평은 나주에서 20마일 떨어져 있다. 마리우스는 다른 도(道)에서 이사를 왔는데, 그는 자신이 함평의 유일한 천주교 신자라 했고, 자신이 함평에서 신자가 아닌 외인 여인과 교회의 관면(寬免)과 축복 없이 결혼을 했다고 이야기했다. 이후로 그는 아내에게 천주교 교리를 가르쳤고 아내가 세례를 받아 자신들의 혼인이 천주교교회법에 합당하게 교정되길 바란다고 했다.

며칠 후 나는 함평에 갔는데 조 마리우스가 이미 자신의 많은 외인 친구들에게 신자가 되도록 설득하여 그중 몇몇을 그에게 교리교육을 받도록 만들었다는 것을 알게 되었다. 그 후로 내 보좌신부인 김 요셉 신부님과 나는 함평에 정기적으로 들렀는데 일 년이 채 되지 않아 세례준비를 하는 예비신자가 90명이나 생겼다. 예비신자들은 일요일마다 조 마리우스의 집에 모여 함께 기도를 드리곤 했는데, 그의 집은 얼마 지나지 않아 늘어나는 예비자들을 모두 수용하기에는 너무 비좁게 되어, 나는 함평에 작은 공소를 지을 부지를 매입하기로 마음먹었다. 하지만 이 단순한 한 걸음이 함평교회에 닥칠 기나긴 연속적인 시련의 시작이 되고 말았다.

반대

나는 적당해 보이는 부지를 골라 그 땅에 대해 몇 가지를 물어봤다. 땅주인은 땅을 팔고자 했고 우리는 매매를 하는 데 동의했다. 그런데 며칠 후 땅주인이 마음을 바꿔 땅을 팔지 않겠다고 했다. 그래서 나는 적절해 보이는 다른 땅의 주인을 만나봤는데, 그도 처음엔 팔겠다고 했다가 며칠 후엔 마음이 변했다. 같은 일을 세 번 겪고 나자 비로소 이 사람들에게 나와 거래를 못하게 하는 어떤 압력이 가해지고 있다는 것을 명백히 알 수 있었다. 그래서 약간 설득을 하자 그들은 경찰의 지시에 따라 그렇게 했다는 것을 털어놓았다. 이 시기에는 일본이 한국을 지배하고 있었고, 일본인들은 이상할 정도로 모든 외국인들을 의심하고 있었다. 그러나 법에는 교회가 자산을 매입할 권리가 완전히 보장되어 있으므로 나는 그 권리를 행사하기로 마음먹었다. 나는 적당한 부지 구입을 위한 협상을 맡길, 경찰에 알려져 있지 않은 천주교 신자 한 명을 골라 이전에 만났던 3명의 땅주인과 협상을 해보도록 함평으로 보냈다. 그는 성당을 지을 작은 부지를 매입하는 데 성공했고, 구입한 부지를 경찰이 모르게 등기(登記)까지 했다. 그에 대한 경찰의 조치가 일주일 후에 취해졌는데, 경찰은 무슨 일이 있었는지를 알아차리고는 땅을 판 땅주인을 조 마리우스, 그리고 땅을 매입하는 데 도움을 준 몇몇 사람들과 함께 체포해 투옥했다.

그리고 그때부터 온갖 시련이 계속되었다. 나와 접촉한 것으로 밝혀지면 누구든 체포했기 때문에 나는 얼마 안 되는 예비신자들이 더 이상 곤경에 처해지는 것을 피하기 위해 함평 방문을 중단했다. 그러나 네댓 명의 함평 예비신자들이 매주 일요일에 조용히 나주에 왔다가곤 했으며, 1941년에는 그들 중 25명이 세례를 받왔다. 그러다 1941년 12월초에 일본이 진주만을 폭격했고 태평양 전쟁이 발발했다. 한국에 있던 모든 외국인 선교사들이 검거되어 투옥되거나 연금을 당했다. 6개월 후에 나는 '적성국 국민'이라는 이유로 미국으로 송환되었고 거의 6년이 지나서야 함평에 있는 나의 어린 양들을 다시 만날 수 있었다.

한국에 되돌아온 후 1947년 말 무렵에 나는 함평을 다시 찾아 갔다. 놀랍게도 나는 그곳에서 350명이 넘는 활기찬 작은 천주교 공동체를 볼 수 있었는데, 그곳은 11년 전에 신자라고는 조 마리 우스 한 명밖에 없던 곳이었다. 전시기간 동안 함평의 몇 안 되는 신자들은 일요일에 모여 함께 기도를 바치는 것조차 금지당했었 다. 그러나 그들은 끈질기게 신앙을 고수했고, 1945년 8월 일본이 항복한 다음에 선교활동이 재개되자 한국인 김 바오로 신부님이 그곳에 상주하도록 함평에 보내어졌다. 김 신부님은 사제관으로 쓸 방이 셋 딸린 집 한 채와 임시성당으로 사용할 집 한 채를 임 대했고, 신자들은 전쟁 이전에 우리가 사놓은 부지에 성당을 짓기 위해 모금을 하고 있었다.

한국전쟁

2층으로 된 새 성당이 완공되고나서 새 성당에서 미사는 겨우

두 번밖에 거행되지 않았는데, 다시 한 번 많은 시련이 함평에 닥쳤다. 1950년 7월, 북한에서 내려온 공산군이 한반도 전역을 휩쓸었고 한국을 거의 다 점령했다. 함평도 무사하지 못했다. 아직 봉헌식도 치루지 않은 새 성당은 불에 타 잿더미가 되었다. 김 바오로 신부님의 형제를 포함한 몇몇 신자들이 공산군에게 죽음을 당했고, 다른 신자들은 투옥되었다. 김 바오로 신부님 본인도 미사를 올리던 중 미사에 참석하고 있던 신자들과 함께 체포되었다. 김 신부님은 25일간 감옥에 갇혀 있다가 공산군이 함평에서 철수하기 전에 풀려났다. 그 후 25일간 김 신부님은 자기를 죽이려고 찾아다니는 그 지방 공산주의자들을 피해 어떤 집 마룻바닥 아래에서 숨어 지냈다. 그 기간에 신부님의 누이가 신부님에게 음식을 가져다줬다. 어느 날 19명가량의 예비자들이 신부님의 누이에게 찾아와 말했다. "우리는 공산군에게 죽을지도 모릅니다. 그래서 먼저 세례를 받았으면 합니다." 김 신부님은 숨어 있던 곳에서 나와 그들에게 세례를 주었다.

공산군이 남한에서 퇴각하자 함평의 신자들은 신부님의 지도 아래 성당을 다시 짓기 시작했다. 성당을 다시 짓는 동안 신자들은 야외에서 미사를 드릴 수밖에 없었고 심지어 겨울철에도 그럴 수밖에 없었다. 새로운 입교자들이 계속 생겨났고, 지난 성(聖)토요일에 김 신부님은 그들 중 158명에게 세례를 주었는데, 이로 인해 김 신부님 교구의 신자 수가 1,100명을 넘게 되었다.

함평 최초의 천주교 신자인 조 마리우스가 나주에 나를 만나러 왔던 것이 벌써 17년이 되었다. 마리우스는 이제 세상을 떠나고 없지만, 설립 초기 그가 결코 적지 않은 역할을 했었던 그 본당은 마리우스나 내가 당시에 예상했던 것을 훨씬 뛰어넘어 번창하고 있다. 박해와 시련은 함평의 신자들을 약하게 만든 것이 아니라 오히려 더 강하게 만들었다. 나는 함평의 미래에 대해 아무런 두려움이 없다.

한국 남서부에서 보내는 소식

티모시 코널리 신부

한국 본토 남부 해안에서 떨어진 곳에 있는 제주도 모슬포 공항에서 비행기가 나를 내려줬다. 한 개신교 군종목사님이 나를 공항에서 서귀포에 있는 존 새비지 신부님의 성당과 사제관까지 태워줬다. 나는 순전히 숙소의 의미에서 '사제관'이란 표현을 썼는데, 그 건물들을 묘사하는 데 더 적합한 표현이 없기 때문이다.

새비지 신부님의 성당은 내가 처음 본, 벽이 수직으로 바로 서 있는 것이 아니라 바깥쪽으로 비스듬하게 기운 채 서 있는 건물이었다. 그러다보니 떠받치고 있는 기둥에 겨우 닿아 있는 지붕은 처져 내려앉아 있었다. 벽들이 기울어져 있는 것은 건축상 어떤 세심한 계획에 의한 것이 아니라, 그저 낡고 약해져서 그런 것이다. 새비지 신부님에게는 새 성당이 아주 절실하게 필요하다.

하지만 사제관도 역시 몹시 필요하다. 새비지 신부님 사제관의 눈에 띄는 특징은, 앞문을 열고 들어가면 거실, 식당, 침실, 공부방 그리고 세면실에 동시에 들어가게 된다는 것이다. 이 편리한 숙소의 면적은 대략 사방 6피트다.

하지만 본당 신부인 새비지 신부님에게나 본당에는 문제가 전혀 없다. 새비지 신부님도 건강하고 교구도 번창하고 있으며, 어디에 모실지는 아직 정하지 못했지만 보좌 신부님도 모셔오려 하고 있다.

본토와는 다른 제주도만의 특징은 주민들이 살고 있는 마을들과 도시들의 외곽에 돌담이 둘러 처져 있다는 점이다. 그 담들은 세운 지 10년이 안 되었다. 그것들은 공산주의 게릴라들과 공비들(이들 중 많은 숫자가 소련에 의해 북한으로부터 남파되었다)에 대한 방책으로 2차 대전 후 몇 년에 걸쳐 세워졌다. 담들은 돌로 세워졌으며 높이는 약 10트이고 군데군데 방어탑들이 있고, 담 위에는 중세시대처럼 감시초소가 설치되어 있다. 게다가, 그 담들은 실제로 사용되고 있고 또 필요하기도 하다.

프란치스코 수도회의 오 설리반 신부님

제주도에는 지금 벌어지고 있는 전쟁에서 잡힌 중공군 포로들이 갇혀 있다. 그들 중 상당수는 공산주의자가 아닌데도, 공산군에 징집된 사람들이다. 그들에게는 두 군목이 배정돼 있는데 하나는 개신교 친구이고, 또 하나는 프란치스코 수도회 소속의 톰 오 설리반 신부님이다. 오 설리반 신부님은 한때 중국에서 선교활동을 하셨지만, 지금은 중국에서 추방되어, 중국인들에게 복음(福音)을 설파하고 계신다. 포로들 중 원래 신자였던 사람들과 새로 입교한 사람들의 명단을 살펴보다 그들 중 몇 사람의 고향들이, 좋았던 옛 시절, 메이누스 선교사들이 사목활동을 폈던 중국 도시들인 것을 보게 되자 한편으론 감격스러우면서도 한편으론 비극이라는 생각이 들었다.

우리는 오 설리반 신부님이 우리뿐만이 아니라 모든 선교사들에게 활기차고 커다란 도움을 꾸준히 주셨기 때문에 신부님을 우리 선교회 소속으로 특채했다. 신부님은 포로들에게 수용소 근처에 튼튼하고 커다란 메이누스 성당이 될 건물을 짓도록 설득하고 있다.

톰 라이언 신부님의 고민거리

새비지 신부님이 제주 남부지역의 본당 신부인 반면 톰 라이언 신부님은 제주 북부지역의 '교황'이다. 라이언 신부님의 본당지역에 주둔해 있는 미군 해병대 군인들에게서 적어도 그렇게 들었다. 그런 표현은 불경스럽게 들릴 수 있지만 그에 관해 가타부타 할 생각은 없었는데, 해병대란 논박하기에 적당한 사람들이 아니기 때문이다. 라이언 신부님은 본당 외에 이 해병대 군인들도 담당하고 있는데, 신부님의 위상이 어느 정도일지는 여러분의 상상에 맡기겠다. 신부님은 제주 시내에 성당, 수도원, 중학교, 사제관이 있는 커다란 부지를 갖고 있다. 라이언 신부님에게도 고민거리가 있었는데, 신부님과 함께 지내는 동안 신부님과 작별을 할 때에도, 심지어 내가 떠나는 비행기에 오를 때에도 내게 계속 그에 관한 이야기를 하셨다. 나는 라이언 신부님을 도와줄 수가 없었지만 여러분은 도울 수 있을 것이다.

신부님이 계신 곳 옆에는 학교 용도로 쓰기에는 너무 작아서 폐교될 예정인 학교 건물이 하나 있다. 그런데 그 건물은 지금 라이언 신부님의 성당 뒤뜰에서 공부를 할 수밖에 없는 신부님의 학동(學童)들이 사용하게 되면 참 좋을 것 같았다. 뒤뜰에는 지붕이 없기 때문에 이로 인해 한국의 우기(雨期)가 되면 공부에 대한 열정이 꺾일 수도 있다. 라이언 신부님은 매입할 방법만 있다면 이웃한 그 학교 건물을 매입하고 싶어 한다.

또한 신부님은 수녀님들이 계실 좀 더 나은 집을 필요로 하고 있다. 현재 수녀님들이 계신 곳은 정말 엉망이다. 신부님도 역시… 하지만 당분간은 그걸로 충분하다. 감사합니다! 라이언 신부님이 한사코 붙잡으셨지만 뿌리치고(신부님은 아마 나한테 돈이 좀 있다고 여기셨던 모양이다) 나는 비행기를 타고 본토 남부에 있는 광주로 갔는데, 그곳의 본당 신부님은 팻 브랜든 신부님이다. 광주는 북에서 침공해온 공산군이 저지른 파괴의 흔적이 여전히 있었는데, 제주도는 게릴라 활동을 제외하면 공산군의 파괴의 손길이 미치지 않았었다.

브랜든 신부님은 이 피폐해진 도시의 본당 신부인데, 부랑아들(부모가 죽었거나 부모에게 버림받은 어린이들)이 매일같이 신부님의 성당을 드나들고 있으며, 그 모습은 한국에서 보게 되는 가장 가슴 아픈 광경들 중 하나이다. 다리를 못 쓰는 한 소녀가 전형적인 예인데, 그녀에게는 돌봐줄 사람이 어느 누구도 없는데다가, 그녀는 혼자 힘으로는 살아갈 수가 없기 때문에 브랜든 신부님은 그녀를 계속 사제관 근처에서 지내도록 돌봐주지 않을 수가 없다. 브랜든 신부님은 수백 명의 그런 불행한 사람들에게 거처를 마련해

주거나 일거리를 구해주며 도움을 주었지만 남들이 모르게 했고, 또 매우 완고하고 사무적인 척했다. 한국에서 신부님이 겪었던 일들은 아마 신부님에게 평생 지울 수 없는 흔적을 남겼을 것이 당연하겠지만 신부님은 전혀 그런 내색을 하지 않는다. 성당과 학교, 수도원, 본당 사목과 복지활동으로 신부님은 무척 분주한 생활을 하시지만, 신부님의 성당에 오는 시 외곽에 이웃해 있는 미군들을 바쁜 와중에도 소홀히 하지 않고 돌보고 계신다.

한국인의 충직성

브랜든 신부님은 나에게 김 바오로를 소개해줬는데, 김 바오로는 공산군에게 희생되신 고(故) 짐 매긴 신부님의 충직한 조력자였다. 공산군이 본당에 쳐들어 왔을 때 그는 매긴 신부님을 두고 가려 하지 않았다. "김 바오로보다 더 우리에게 충직한 사람은 아마 한국에 없을 겁니다"라고 브랜든 신부님이 말했다. 그러나 충직성은 한국인들이 지닌 미덕이다. 한국에서 메이누스 선교사들이 죽음을 당하고 포로가 되어 끌려갔지만 신자들이 그들을 버린 적은 한 번도 없었다. "신부님께서 괜찮으시다면 저희도 괜찮습니다." 이것이 신앙을 위해 고통을 받거나 심지어 죽음을 맞게 되었을 때 보통의 한국인 신자들이 보이는 반응이었다.

광주 남동쪽으로 70마일가량 떨어진 곳에 있는 순천에는 빈센트 캐롤 신부님의 본당이 있다. 캐롤 신부님을 만난지는 한참이 되었다. 나는 신부님이 이 게으른 노인네를 즐겁게 해줘야 한다는 생각을 가졌을 거라고 여겼는데, 왜냐하면 신부님은 자신의 식복사가 나를 만나는 자리를 마련하기엔 못 미친다고 생각해서 특별히 요리사를 불러왔기 때문이다. 캐롤 신부님은 북 아일랜드 출신의 천주교인임에도 불구하고 장로교 신자인 요리사를 불러왔는데, 나는 그것을 신부님의 특별한 환대를 보여주는 것으로 여겼다. 신부님은 또한 심각한 위험에 봉착했었는데, 신부님이 불러온 그 요리사는 신부님에게서 돈을 빌리려 한 적이 이전에 몇 번 있었고, 신부님은 다시 한 번 '돈 좀 빌려 달라'는 위기에 처하게 되었기 때문이다. 그러나 대부분의 선교사들과 마찬가지로 캐롤 신부님도 이런 문제에 대해서는 철통 같은 방비책을 갖고 계셨는데, 자신에게 없는 것을 줄 수는 없는 노릇이기 때문이다. 신부님은 공산군이 다른 본당들에서 그랬던 것처럼 신부님의 본당을 엉망으로 만들어놓기 전에 운영했던 학교를 다시 여는 데 필요한 것들을 간신히 끌어 모으고 있었다.

캐롤 신부님에게서 광주로 돌아오는 중에 나는 광주와 목포 사이에 있는 세 곳의 메이누스 본당에 들렀다. 첫 번째 본당은 광주에서 몇 마일 떨어진 곳에 있는 송정리인데, 머나먼 조국 호주에서 온 케빈 맨간 신부님이 담당하고 있다. 송정리본당은 열심히 노력하고 있는 새로 생긴 본당으로, 본당 건물이라고는 한국식 가옥 한 채밖에 없는데, 기지를 발휘해 도저히 믿을 수 없을 만큼 노력해서 그 가옥 한 채를 갖고 성당, 본당 신부 사무실, 숙소, 주방, 창고로 사용하고 있다. 케빈 신부님의 사무실에서 숙소로 가기 위해서는 감실이 모셔져 있는 성당 안을 지나갈 수밖에 없다. 급속히 성장하는 본당에 적합한 성당을 지을 방도를 마련할 때까지는 케빈 신부님도 이 문제에 대해 어찌할 도리가 없다.

다음으로 목포로 가는 길에 있는 나주는 팻 로한 신부님이 담당하고 있다. 젊고, 붉은색 머리를 지닌 신부님은 '젊고' '붉은'이라는 단어가 나타내주는 그런 성품을 지니고 있다. 신부님은 애정을 담아 '여섯 개의 방이 딸렸다'고 표현하시는 집을 갖고 있다. 방을 여섯 개로 셀 때에는 신부님 자신만의 희한한 셈법을 사용하기는 하지만. 본당 신자들이 나를 만나기 위해 두 줄로 줄을 섰다. 나는 브랜든 신부님이 왜 지프차를 정문에서 돌려 나 혼자 그 난처한 상황을 맞게 했는지 궁금해 했는데, 그 이유를 곧 알게 되었다. 그때는 벚꽃이 피는 시기였고 그래서 신자들이 선 기다란 두 줄 가운데로 걸어가며 브로드웨이의 색종이 꽃가루에 필적할만한 꽃잎 세례를 받게 되었던 것이다. 로한 신부님은 그 지역의 첫 교리교사였던 매우 연로한 신자에게 나를 인사시켰다. 그는 젊었을 때 항상 착한 젊은이는 아니었지만, 지금은 전혀 해를 끼칠 수 있을 것 같이 보이지는 않았다. 옛날에 한 번은 그가 위험하게 생긴 칼을 들고 한국인 신부님을 쫓아다닌 적도 있다 했는데 지금은 그가 그런 짓을 로한 신부님한테 감히 할 수 있을 것 같진 않다.

좀 더 가면 함평이 있는데, 마을을 굽어다보는 언덕 위에 학교와 사제관을 겸하고 있는 예쁜 성당 건물이 있고, 게리 래퍼티 신부님이 그곳을 맡고 있다. 색색의 타일을 붙여 만든 지붕은 정말 볼거리다. 2층은 성당으로, 1층은 학교와 사제관으로 사용하는 이 건물이 공산군에 의해 완전히 파괴되었다가 지난 2년 만에 완전히 재건축되었다는 사실은 믿기 어려울 정도다. 이 성당은 이 지목구 선교사들의 노력과 집념에 대한 하나의 찬사다. 래퍼티 신부님은 조용하지만 능력이 있는 좋은 사례다.

선교본부인 목포

마지막으로 나는 목포에 갔는데 이곳에는 한국 남부지역의 지목구장 대리인 미네아폴리스 출신의 해롤드 헨리 신부님이 맡고 계신 선교본부가 있고, 톰 모란 신부님과 올리버 케네디 신부님이 훌륭하게 헨리 신부님을 보좌하고 있다.

헨리 신부님은 일본 통치시절부터 이곳 지목구를 담당해오셨는데 그 시절에 신부님은 지목구에서 추방을 당하기도 했었다. 신부님은 또 (2차 대전 후) 군정(軍政)시기에도 이곳을 담당하셨는데, 그 시기 동안 이곳의 신부님들은 점령군과 민간인들 사이의 관계에 대한 문제들을 처리해야 했고 또 양쪽 모두와 좋은 관계를 유지해야 했다. 그리고 그 후에는 공산군의 침략으로 이곳 지목구가 침탈되고 파괴되는 것을 목격했다. 헨리 신부님은 두 차례 지목구 행정을 떠맡으셔야 했는데 처음은 맥폴린 몬시뇰이 사임했을 때이고[1], 그 다음은 맥폴린 몬시뇰의 후임자인 브렌난 몬시뇰이 공산군 손아귀에 끌려가 목숨을 잃으셨을 때였다.[2] 그렇기 때문에 이곳의 다른 신부님들과 마찬가지로 헨리 신부님이 연세에 비해 훨씬 노련한 것은 당연한 일이다.

하지만 신부님의 지혜는 자리에 가만히 앉아서 생각하는 것으로 얻어진 것이 아닌데 신부님은 아침부터 저녁까지 계속해서 활동을 하시기 때문이다. 헨리 신부님은 돈에 대한 걱정과 신부가 없어서 비어 있는 본당들, 학교를 마련해주지 못한 어린이들, 선교에 필요한 이러한 자원들이 없어서 아직 입교시키지 못한 수많은 잠재적인 신자들 때문에 마음이 편치 않다. 그럼에도 불구하고 헨리 신부님은 행복한 투사인데, 신부님에게는 영혼들을 구원하기 위한 투쟁에 있어서 소홀히 해도 될 만큼 사소하게 여길 수 있는 일은 하나도 없지만, 그렇다고 다룰 수 없을 정도로 큰 문제가 있는 것도 아니고, 신부님의 친근한 얼굴에서 미소를 앗아갈 정도로 마음을 빼앗는 걱정거리는 없는데다가, 해야 할 일을 다 할 수 있을 만큼 하루가 넉넉한 것은 아니지만, 해야 할 일들이 많다고 해서 더 많은 일을 못하는 것은 아니기 때문이다.

내가 도착했을 때, 톰 모란 신부님은 진도(珍島)에서 일주일을 지낼 채비를 하고 있었다. 목포본당 인근에는 많은 섬들이 널려 있었는데, 그중 많은 섬들은 만약 방법만 있다면 본당을 세울 수 있었고 또 세워야 했다. 모란 신부님은 그 모든 섬들을 둘러보는 힘든 순방을 한다. 밤이 되면 아무데서나 자고, 닥치는 대로 아무거나 먹으면서 계속 바다의 위험 속에서 하는 순방이다. 나는 모란 신부님이 타고 다닐 배를 보고는 내가 받은 엄격한 복무 명령서에 모란 신부님과 동행하라는 지시가 없어서 너무나도 안심했다. 모란 신부님에게 모든 한국인들은 한 사람 한 사람이 다 오래전 잃어버린 형제다. 신부님이 한국인들의 문제를 자신의 문제로 여긴다고 하는 말은 틀린 말일 것이다. 왜냐하면 신부님은 자신의 문제는 가벼이 여기지만, 한국인들의 문제는 심각하게 여기기 때문이다. 하느님이 모란 신부님께 내리신 은총은 연민이다. 신부님은 정말로 좋은 목자(牧者)다.

또 한 분의 좋은 목자는 올리버 케네디 신부님이다. 목포는 큰 본당지역이다. 목포시에는 천주교 신자가 4,000명이 있고 두 곳의 본당 성당, 학교와 수녀원이 한 곳, 그리고 중심가의 붐비는 대로(大路)와 주교좌(座)성당이 있다. 올리버 신부님은 남들이 일 년 동안 받는 질문보다 훨씬 많은 질문을 하루에 받는다. 그 질문들은 너무나 가지가지여서 찾아볼 선례도, 참조할 지침서도 없을 정도다. 그래서 신부님은 자신의 맡은 일에 합당한 능력이 있다고 해도 전혀 과언이 아닐 것이다.

내가 목포에 있을 때 세 분의 젊은 신부님들, 던 신부님, 모리시 신부님, 맥글린치 신부님이 아일랜드에서 막 도착해 있었는데, 문 뒤편에서 신부님들이 처음으로 써보는 한국말의 괴상한 발음들이 들렸다. 그분들은 한국전쟁 이래로 우리 신부님들이 처음으로 받는 증원이었고, 1950년 6월의 그 비극이래로 모든 천주교 조직을 통틀어 한국에 새로이 들어온 최초의 외국인 선교사였다. 이번에 오신 신부님들뿐만 아니라 더 많은 신부님들이 시급하게, 너무나도 절실하게 필요하다.

20년간의 활동

20년 전 메이누스선교회에서 한국의 이 지역을 맡았을 때, 이 지역의 신자 수는 2,500명이었다. 오늘날, 그 수는 일만 명이다. 이는 두 번의 전쟁에도 불구하고 얻어진 성과로, 첫 번째 전쟁[3] 중엔 모든 선교사들이 체포되어 투옥되거나 추방되었고, 두 번째 전쟁[4] 중엔 일부 선교사들은 목숨을 희생했고 또 일부 선교사들은 건강과 모든 물질적인 자산을 잃었다. 우리 신부님들은 세 번을 처음부터 시작했었는데, 매번 시작할 때마다 이전보다 더 부족한 형편에서 시작해야만 했다. 내가 특기하고 싶은 것은, 우리 신부님들은 진정으로 위대한 분들이며, 신부님들에게는 부족한 것들에 대해 어떤 식으로든 적합한 지원을 받을 자격이 충분하다는 것, 그리고 신부님들이 그러한 지원을 통해 신자 수를 배로 늘리는 기적을 이룰 수 있다는 것이 인식되어야 한다는 것이다.

춘천의 기적

티모시 코널리 신부

있는 그대로의 사실이 너무나 감동적이어서 그 사실들을 미사여구로 꾸미려 하는 것이 오히려 상상력에 모욕이 되는 경우들이 있다. 다음은 한국의 38선이 가로지르고 있는 춘천지목구에 관한 실제 이야기들이다.

    1950년 6월에 춘천에는 한 개의 지목구가 있었고 퀸란 몬시뇰과 15명의 본당 신부님들이 있었다. 전쟁이 발발한지 3개월 만에 그중 6명의 신부님이 공산군에게 목숨을 빼앗겼다. 그리고 다시 3개월 후에 일곱 번째 신부님이 공산군의 감옥에서 세상을 떠났다. 퀸란 몬시뇰과 또 한 분의 신부님이 올해 봄까지 공산군에게 억류되어 있었다. 하지만 지난 3년의 전쟁기간 중에 춘천에는 항상 사제가 없었던 적이 없었고 지금은 20명이 있다.

춘천의 신부님들은 한가할 틈이 전혀 없었다. 전쟁이 발발했을 당시 춘천에는 열다섯 채의 본당 건물이 있었다. 그중 여섯 곳은 전쟁통에 완전히 파괴되었고, 아홉 곳은 심하게 부서졌다. 세 곳은 여전히 잿더미로 남아 있지만, 열 곳은 다시 지어졌고, 두 곳은 다시 짓는 중이며, 공산군의 수중에 있는 두 곳의 건물과 신자가 완전히 없어져버린 한 곳을 대신하기 위해 세 군데의 새 본당들이 설립되었다.

전쟁 발발 이전의 몇 년 동안 우리 신부님들은 본당지역들 중 38선 북쪽에 있는 곳들에는 가볼 수가 없었다. 지금은 신부님들이 38선 북쪽 지역으로 다시 돌아가 있는데, 그곳은 현 전선(戰線)에서 10마일밖에 떨어져 있지 않은 곳이다.

만일 이런 것이 불굴의 선교의지가 아니라면 무엇이 선교의지 이겠는가?

강릉의 넬리간 신부님

내가 처음으로 들린 춘천 내의 본당은 한국 동해안에 있는 강릉이었다. 강릉을 담당하고 있는 신부님은 아일랜드 욜 출신의 톰 넬리간 신부님이다. 신부님이 맡고 계신 성당, 학교, 고아원은 전쟁 중에 모두 피해를 입었지만 다시 모두 문을 열었다. 사실 예전 성당은 너무 좁았고, 그 때문에 넬리간 신부님은 더 큰 성당을 다시 지었다. 넬리간 신부님은 매우 훌륭한 신부님이다. 신부님은 38선 바로 남쪽에서 생활하고 계신데, 그곳은 현재 세계에서 가장 안전한 곳은 아니지만 신부님의 행복하고 선한 모습은 가장 침울한 영혼에게 활력을 주기에 충분하다.

패트릭 버크 신부님

강릉을 벗어나 남쪽으로 묵호로 가는 도로에서, 공산군이 전임 본당 신부였던 라일리 신부님을 살해한 계곡을 보게 되었다. 묵호 남쪽에는 삼척시가 있는데, 그곳은 고(故) 짐 매긴 신부님의 본당이다. 매긴 신부님도 공산군이 저지른 잔혹함에 의해 희생된 또 한 분인데, 본당을 떠나기를 거절하고 남아 있다가 그곳에서 목숨을 잃었다. 매긴 신부님의 후임은 캐슬바 출신의 패트릭 버크 신부님이다. 버크 신부님은 피해를 입은, 성당과 사제관으로 함께 쓰는 건물을 수리했지만 이 건물은 여전히 본당의 필요를 충당하기엔 적절치 않다. 버크 신부님의 작은 부지는 너무나 비좁아서 신부님에게는 새 성당이 몹시 필요하다. 신부님의 교구민들은 전쟁으로 찢긴 이 지역 곳곳에 흩어져 있지만, 신부님은 그들 모두를 찾아가 보살피느라 쉴 틈이 거의 없다(신부님은 절대로 이 점을 인정하시려 하지 않지만). 시간을 빼앗는 일들이 수없이 많은, 몹시 바쁜 이 와중에도 신부님은 나와 함께 멀리 강릉까지 올라와 팻맥고완 신부님의 본당지역인 속초로 가는 길을 알려줬다.

속초 그리고 맥고완 신부님

38선 북쪽에 있는 속초에서는 맥고완 신부님이 전에는 교구가 없던 마을에 새로 본당을 설립하고 있다. 속초를 내려다보는 아름다운 장소에 신부님은 벌써 성당과 사제관의 터를 닦아놓았고, 내가 도착했을 때 신부님은 우물을 파고 있었다. 맥고완 신부님은 우물에 대해 약간 걱정을 하고 있었다. 신부님이 맺은 계약에 의하면 60피트까지 땅을 파기로 되어 있었는데, 일꾼들이 거의 그 깊이까지 땅을 팠지만 아직 물이 나오지 않았기 때문이다. 60피트까지 파면 물이 나올까, 아니면 계속 더 파야할까? 이는 맥고완 신부님에게는 심각한 문제였는데, 신부님은 그 어느 때보다도 수중에 돈이 없었기 때문이다. 나중에 들은 이야기인데, 63피트까지 파자 물이 나왔다고 한다. 새 사제관이 완공되길 기다리는 동안 맥고완 신부님은 거친 나무 판잣집에서 지내고 있었는데 내가 밤을 지내본 숙소 중에 가장 열악한 곳이었다. 나는 총성들이 들려오는 곳에서 생활하며 완전한 한 개의 대대처럼 일하고 있는 맥고완 신부님의 육체적, 정신적 강인함이 부러웠고, 내가 믿기로는 신부님은 실제로 우리의 파티마의 성모 성당의 사제관인 그 열악한 판잣집을 약간은 자랑스러워하고 있었다.

동해안의 속초와 아트 맥마흔 신부님이 담당하고 있는 횡성 사이에는 높은 산맥이 있다. 우리가 산의 동쪽 경사면을 오르는 동안 계속 비가 세차게 쏟아졌지만 정상에 닿기 전에 하늘이 개었는데, 서쪽은 온통 밝은 햇살이 비추는 가운데 맑은 계곡들과 많은 꽃들, 그리고 장관을 이루고 있는 험준한 산세가 눈에 들어왔다. 그러나 전쟁은 결코 멀리 떨어진 곳에 있지 않았다. 전선을 오고 가는 수송행렬이 지나가도록 한참을 기다려야 하는 것, 그리고 한때 도시와 마을이었던 곳들이 잡초가 무성한 돌더미로 되어 있는 처참한 광경 등 이 모두가 전쟁의 흔적들이었다. 그날 하루 대부분 동안, 한때는 많은 사람들이 살고 있었을 그곳에서 우리는 한국인 민간인을 단 한 명도 보지 못했다. 그렇게 우리는 횡성에 도착했다.

맥마흔 신부님

맥마흔 신부님은 전쟁으로 피해를 입은 성당과 사제관을 수리하는 것으로는 만족하지 못했다. 그래서 신부님은 석재(石材)로 더 큰 새 성당을 짓고 있다. 성당 부지 근처 곳곳에서 석공(石工)들이 작업을 하고 있었고, 성당 자재로 쓸 모래가 실려 오고 있었다. 맥마흔 신부님은 나에게 신부님이 닦아놓은 성당 터를 보여줬는데, 신부님처럼 튼튼하고 든든해 보였다. 신부님은 큰 교차로에서 생활하고 있다. 그곳은 춘천과 동해안 사이의 동서(東西) 간 교통과, 전선(戰線)과 부산에서 각각 출발하는 군수철도의 종착역이 있는 원주 사이의 남북 간의 교통이 교차하는 곳이다. 그래서 맥마흔 신부님과 함께 하루만 있으면 미국의 모든 주(州)에서 온 사람들과 그 밖의 다른 많은 나라에서 온 사람들을 만나볼 수 있다. 단적인 예로, 신부님이 고용한 건축업자는 중국인인데, 그의 반토막짜리 한국말을 신부님은 충분히 알아들으시고, 한편으론 매우 재밌어 한다.

원주에서… 디어리 신부님

맥마흔 신부님이 있는 곳의 남쪽인 원주에서는 패트릭 디어리 신부님이 한국인 보좌 신부님과 함께 매우 분주하게 일하고 있다.

전쟁이 끝났을 때 신부님에게는 겨우 건물을 지을 부지밖에 안 남아 있었지만, 그 후로 그곳에 있던 사제관은 완전히 수리되었고, 신부님이 새 성당을 지을 방법을 찾을 때까지 성당 역할을 할 벽돌로 지은 회당(會堂)이 그곳에 세워졌다. 디어리 신부님은 학교를 지을 정말 아름다운 부지를 갖고 있는데, 만약 나한테 돈이 있다면 거기에 기부하는 것 외에는 돈을 도대체 어디에 써야 할지 모를 지경이었다. 왜냐하면 디어리 신부님께 기부하는 것이 신부님의 자애로운 보살핌을 받고 있는 영혼들을 구원하는 데 커다란 도움이 될 것임을 알고 있기 때문이다. 디어리 신부님은 신체적으로는 강인해보이지 않지만, 신부님이 한 일은 비범한 사람이라야 할 수 있는 일이었고, 신부님의 열정과 신앙심, 그리고 친절함은 신부님을 훌륭한 사목자로 만들었다.

이 모든 것은 나 혼자서 알게 된 것이 아니다. 디어리 신부님의 한국인 보좌 신부님이 대부분의 이야기를 내게 해주셨는데, 디어리 신부님 또한 보좌 신부님에 대해 비슷한 평을 했기 때문에 내가 보기에는 두 신부님 사이가 화기애애한 것이 틀림없었다. 내가 도착했을 때 나는 두 종류의 활동이 진행되고 있는 것을 보았는데, 둘 다 매우 전형적인 일이었다. 한편에서는 일꾼들이 축대를 쌓고 있었고, 목수들은 의자를 만들고 있었으며, 천막에는 가난한 이들에게 나눠줄 구호물품이 가득 차 있었다. 그리고 디어리 신부님은 기중기로 트럭에 실었던 무거운 아연철판들을 어찌하면 그냥 손으로 트럭에서 내릴지에 대해 궁리하고 있었다. 또 한편, 성당시설에는 아이들이 잔뜩 몰려와 있었는데, 남자 아이들은 탁구를 치고 있었고, 여자 아이들은 마당에서 신기한 어떤 한국의 놀이를 하고 있었다. 날이 어두워져 야외에서의 활동이 끝나자 묵주기도와 저녁 감사기도가 있었다.

나는 원주에서 다시 북쪽으로 가는 길에 맥마흔 신부님이 계신 곳을 지나 춘천으로 향했다.

도로에서 약간 떨어진 곳에는 춘천지목구에서 가장 오래된 본당들 중 하나인 풍수원이 있었다. 전쟁기간 중의 풍수원에 관한 이야기는 참 기묘하다. 해병 1사단과 중공군이 벌인 치열한 격전의 한 가운데 있었음에도 불구하고 그곳의 성당과 사제관, 학교는 실제로 전혀 피해를 입지 않았다. 1951년의 공세 때 한 해병장교가 교전을 하며 언덕 위로 진격하던 중, 고향에서 그토록 멀리 떨어진 이 낯선 땅에서, 작은 계곡에 외롭고 인적도 없이 자리 잡고 있는 그 성당을 보게 되었다. 그 성당을 보고 그는 천주교 마을인 고향을 떠올렸고, 전투가 잠시 멈춘 틈을 타 성당에 들어와 성모님께 기도를 드리며 전투에서 살아남으면 성모상(聖母像)을 봉헌하겠다고 맹세했다. 그는 살아남았고, 그 맹세를 지켰다.

홍천은 더 이상 도시라고 불리기 어려울 지경이다. 홍천은 전쟁 중 가장 치열했던 격전의 중심지 중 하나였고 거의 모두 파괴되었다. 그리고 홍천과 함께 크로스비 신부님이 직접 세심하게 많은 공을 들여 장식했던 아름다운 성당도 함께 사라져버렸다. 그러나 벌써 새 성당과 사제관을 지을 부지가 매입되었고, 한편으론 집 한 채를 이용해 본당이 운영되고 있었는데, 그 집에서 현 본당 신부인 한국인 신부님이 생활하고 있고, 또 피난에서 점차 돌아와 집을 다시 짓고 있는 신자들을 위해 미사를 올리고 있다.

그리고 마침내 일요일 저녁, 춘천에 도착했는데 굽어진 도로를 돌자 언덕 위에 있는 성당이 보였다. 1950년 6월에 전쟁이 발발했을 때, 화강암으로 지은 이 고상한 성당은 막 완공됐었다. 지목구장인 퀸란 몬시뇰은 이곳에 와 새 선교지역을 개설하기 전에 중국과 한국 남부지역 두 교구에서 사목활동을 했었다. 몬시뇰은 중국에서 공산군의 위협을 받으며 생활했고, 일본의 점령기간 동안에는 한국에 세워진 수용소에 수년간 수감되기도 했었지만, 끈질기게 노력하고 희망을 놓지 않아 1950년에는 마침내 결실을 맺어 춘천에 성당을 세우게 되었다. 몬시뇰은 성당에 오르간을 주문했고, 오르간이 도착해 봉헌을 하고 나면 16년 만에 처음으로 고향에 휴가를 갈 수 있겠다는 생각을 하셨다. 그러나 1950년 6월, 성당이 완공된 바로 그때 공산군이 38선을 넘어 물밀 듯이 내려왔다. 오르간은 샌프란시스코까지는 도착했지만 배에 실리지는 못했는데, 무시무시한 소리를 내는 생명을 빼앗는 물건들이 오르간이 실릴 자리에 대신 실려야 했기 때문이다.¹ 춘천 시내에 있는 두 번째 본당의 콜리어 신부님은 공산군에게 희생되었고, 퀸란 몬시뇰과 카나반 신부님은 포로가 되어 북쪽으로 끌려갔는데, 이듬해 12월에 카나반 신부님은 그곳에서 숨을 거두셨다. 또한 새로 지은 대성당은 파괴되었다.

춘천의 기적

그러나 춘천에서 기적과 같은 일이 일어났다. 지도자를 잃자, 춘천의 신부님들은 각자가 모두 지도자가 되었다. 그분들은 패배를 받아들이려 하지 않았다. 그분들은 뒤로 물러서는 대신에 앞으로 나아갔다. 그분들은 본당들을 재건하고, 새로 세 곳의 본당을 설립하고, 전에는 갈 수 없었던 북쪽 지역을 38선을 넘어 진출했다. 퀸란 몬시뇰이 춘천으로 다시 돌아오면 산 위의 놀라운 기적을 보게 될 것이다. 퀸란 신부님이 지었다가 파괴되었던 춘천대

성당이 3년이라는 전쟁과 파괴의 세월이 지난 후, 새로 지은 것만 큼이나 훌륭하게, 벙커와 참호에서 불과 몇 마일밖에 떨어져 있지 않은 후방에 다시 지어진 것이다.

헤이워드 신부님

춘천에는 공산군과 마주한 최전선에서 하느님의 뜻 아래 누구보다 앞장서서 하느님의 성채(城砦)를 재건한 장본인이 있는데, 바로 뉴질랜드 출신의 메이누스 선교사, 허버트 헤이워드 신부님이다. 헤이워드 신부님은 퀸란 몬시뇰이 끌려간 이후로 춘천지목구장 직을 대행해오고 있다. 신부님은 타고난 지도자인데, 시저의 친구였던 라비에누스[2]처럼 그가 이끄는 전우들과 똑같이 동고동락했다. 신부님과 사진을 찍기 위해 러시아제 트럭 옆에 함께 섰다. 나는 그 트럭이, 자신들이 이뤄놓은 일들을 파괴한 공산주의자들에게 승리를 거두고, 공산주의자들이 믿어 마지않았던 전쟁 장비마저 포획해버린 불굴의 선교사들의 지도자와 춘천에 걸맞은 배경이라 생각했다.

맥간 신부님

헤이워드 신부님의 보좌역은 프랭크 맥간 신부님이라 할 수 있을 텐데, 맥간 신부님은 '일을 되게 하는' 분들 중 한 분이다(다만 '일을 되게' 하는 신부님의 방법은 혼자서 대부분의 일을 하는 것이다). 맥간 신부님에 관해서는 책 한 권을 쓸 수도 있겠지만 그에 관해 신부님의 허락을 받아낼 가능성은 전혀 없을 것이다. 그리고 신부님은 아마 그런 일(책 발간)이 우스꽝스러운 짓으로 비치도록 온갖 노력을 다 하실 것이다. 맥간 신부님이 없었다면 춘천지목구는 불가능했을 것이다. 신부님은 성당 건축에 사용된 돌 하나하나를 그 돌들이 인근 산에 있을 때부터 알고 계셨고, 러시아제 트럭에 대해서도 가장 소상하게 잘 알고 계신데, 이는 신부님이 직접 운전을 해보고, 엔진 아래까지 속속들이 살펴봤기 때문이다.

코머포드 신부님

춘천에는 또 코머포드 신부님이 계신데, 신부님의 모습은 한국인 신자들 사이에 계실 때를 제외하곤 거의 안 보이고 목소리도 들리는 일이 좀처럼 없지만, 신부님은 매일, 그리고 온종일 헌신적으로 한국인들을 위해 일하고 있다. 내가 잠자리에 드는 늦은 시간에도 신부님은 여전히 일하고 있다는 것을 알게 됐지만, 도대체 몇 시에 일어나시는지는 도저히 알 수가 없었다. 다양한 시간대에 신부님의 사무실에 들어가보려 했지만 그곳은 신부님께 온 갓 상담을 하러 온 한국인들로 항상 꽉 차 있었다. 그리고 장담하건대, 그 사람들이 신부님께 좋은 소식을 전하러 왔던 것은 아닐 것이다.

나는 춘천지목구의 신부님들이 몹시 부러웠고, 내가 그분들 중 한 명이 아니었다는 점이 너무나 유감스러웠지만, 혹시 함께했다 하더라도 내가 신부님들의 위업에 걸맞게 일을 할 수 있었을지는 의심스럽다. 내가 춘천을 떠날 때 두 분의 젊은 메이누스 선교사, 키어니 신부님과 린치 신부님이 막 아일랜드에서 도착하여 한국어 수업을 받기 시작하고 있었다. 두 신부님은 아직 20년이 채 안되었지만 이미 어느 곳의 전통에도 뒤지지 않는 전통을 물려받게 될 것이다.

1953년 12월호

평화의 서곡

버나드 스미스 신부

스미스 신부가 이 글을 쓰고 있었던 당시에는 결국 한국전쟁의 휴전으로 이어진 협상이 판문점에서 진행되고 있었다. 격렬한 전투가 춘천지목구 북쪽에서 벌어지고 있었는데, 춘천은 메이누스 선교사들이 현재 활동 중인 곳이다. 스미스 신부가 쓴 글은 전쟁에 관한 것이 아니라, 선교사 생활을 하면서 늘상 겪었던 일 중의 하나인 병자 방문에 관한 것인데, 그것은 전선 후방의 소란과 부산함 속에서 스미스 신부에게는 특별한 의미를 지니는 것이었다.

당시는 전쟁 중이지만 종전(終戰) 소문이 떠돌고 있던 시기였다.

라디오에서는 종전에 관한 많은 이야기가 있었고 전 세계의 눈이 판문점에 집중되어 있었다. 그러나 춘천 북쪽에서는 그런 이야기가 약간 비현실적인 것처럼 보였다. 도로들에는 군용 지프들, 트럭들, 앰뷸런스들이 끊임없이 오가고 있었다. 헬리콥터들은 요란스럽게 날개를 휘두르며 언덕들 너머로 날아와, 싣고 온 부상병들을 내려놓고, 잠시 멈춰 있다가 또 부상병들을 수송하러 서둘러 돌아갔다. 가는 도중에 우리는 전선으로 가는 한 한국군 부대를 만났다. 그들은 아직 애티가 가시지 않은 소년들로 보였다. 저 애들이 어떤 상황에 처해 있는지, 그리고 그들 중 과연 몇 명이나 돌아올 수 있을지 생각하면 약간 마음이 철렁했다. 하늘에서 아무 소리도 들려오지 않으면 본능적으로 하늘을 올려다보게 되는 그런 저녁이었다. 왜냐하면 비행기들이 계속 산꼭대기 위로 나타났다 북쪽으로 사라지고 있었고 그 비행기의 조종사들이 한국의 아름다운 경관에 처참한 상처를 남긴 이제껏 가장 잔혹했던 전투 현장들을 내려다보고 있다는 것을 알기 때문이었다. 한 미군 대위가 말했듯이, "만일 이것이 평화의 서곡(序曲)이라면, 언제라도 나에게 전쟁을 달라."

평화의 사명

그러나 우리가 지프에 올라타고 춘천으로 향한 것은 평화와 자비의 사명을 띠고 가는 길이었다. 춘천지목구의 허버트 헤이워드 신부님이 운전을 했다. 세 번째 동승자는 노튼 중위였다. 그는 세인트루이스 출신의 젊은 가톨릭 군의관으로, 헤이워드 신부님이 방문을 청한 한 병든 소녀를 보러가는 길에 동행해달라고 부탁한 사람이다. 그는 두말없이 동행했다. 병든 이들이나 고통받는 이들의 부름을 결코 거절하지 못하는 미국 의사들이 다 그랬다. 그에 대해 고마워하는 수천 명의 한국인들이 아마 이를 증언해줄 것이다. 우리 일행도 나름대로 일종의 국제연합이었다. 왜냐하면 헤이워드 신부님은 뉴질랜드 출신이고, 전날 한 흑인 미군 병사가 확실히 알게 해줬듯이, 나도 내가 말하는 모든 문장에서 내 출신지를 나도 모르게 노출하고 말았기 때문이다.

어쨌건, 우리가 길을 나선 것은 일상적인 병자 방문이었다. 만일 그리스도께서 '당신'께 더 이상 오지 못하게 된 사람들을 아마 마지막으로 방문하시기 위해 이 세상의 길들을 다시 여행하실 때 그것을 일상적이라 말할 수 있다면 말이다. 가는 길에 우리는 시끄러운 전쟁 기구들 틈바구니에서 발각되지 않았다. 한참 가다보니 아이들이 미역을 감고 있는 강에 이르렀다. 전 세계 여느 곳의 아이들처럼 그 아이들도 천진난만하게 미역을 감고 있었다. 그 아이들이 자라나 어른이 되고 지혜를 얻고 슬픔을 겪어야 한다는 것이 애석하게 생각되었다. 도로 양편에서는 흰옷을 입은 한국인 남녀들이 허리를 굽히고 대대로 내려온 논일을 하고 있었다. 새로 싹튼 벼들이 물 찬 논 위로 눈부신 초록빛을 띠고 몇 인치 자라 있었고, 논 양편의 산들의 모습이 그 물에 비쳐보였다. 그 광경은 기억에 남을 만한, 반짝이는 화창한 풍경이었다. 하지만 그 광경은 인간들이 전쟁을 벌이고 있지만 하느님께서는 분명 평화롭도록 창조하신 한국의 수많은 계곡들 거의 어디에서나 흔하게 볼 수 있는 광경이다.

5~6마일가량을 더 간 후에 우리는 큰 도로에서 벗어났는데, 그 이후는 아마 우리가 비행기를 탔다고 하는 편이 가장 알맞을 것이다. 우리가 탄 지프가 상태가 엉망인 길 구덩이에 빠졌다가 튀어나오고 또 빠졌다가 튀어나오고를 되풀이했기 때문이다. 헤이워드 신부님이 마침내 평지로 빠져나왔을 때 우리는 다소 놀랐지만 신부님이 아직 더 가야한다고 했을 때에는 훨씬 더 놀랐다. 그 다음부터 우리는 단념하고 목적지에 도착할 때까지 점잖게 입을 다물고 앉아 있었다.

작은 한국 가옥

우리의 목적지는 거의 38선에 위치한 작은 한국 가옥이었다. 그 집에는 방이 하나밖에 없는데, 모든 식구가 모든 것을 그 방 하나로 해결하고 있었다. 그 방도 큰 방이 아니어서 사방이 10피트, 7피트 정도였다. 그러나 문간에 들어가서 둘러봤을 때 맞은편 벽에 십자가 고상과 묵주 한 쌍이 걸려 있는 것이 보였는데, 잠깐 동안 나는 마치 아일랜드에 돌아와 있는 것 같은 기분이 들었다. 그 병든 소녀는, 병세가 아주 위중한 것이 분명했는데, 방바닥에 깔아놓은 요 위에 누워 있었다. 집이 너무 좁아서 헤이워드 신부님이 그 소녀와 이야기를 나누는 동안 노튼 의사와 나는 밖에서 기다렸다. 그러고 나서 의사가 방에 들어갔는데, 방에서 나올 때 그의 표정이 매우 어두웠다. 장티푸스 같다는 것이 그의 진단이었는데, 그 자리에서 당장 확신할 수는 없다고 해도 최선책은 장티푸스로 간주하고 치료를 하는 것이었다. 노튼 의사는 알약들을 꺼내더니, 헤이워드 신부님에게 4시간마다 세 알씩 복용하게 하라고 말했다. 헤이워드 신부님은 수년간 여러 분야의 문제들에 대해 한국말로 설명을 잘해 왔는데, 이번에는 멈칫거리며 그것을 한국말로 어떻게 설명해야 좋을지, 정확한 표현을 찾으려고 고심하시는 모습이 보였다.

나는 그 얼마 후에 바로 춘천을 떠났기 때문에 그 소녀가 어떻게 되었는지는 잘 모르겠다. 그래서 내 이야기는 여기까지다. 그러나 나는 그 이야기가 할 만한 가치가 있는 것이라 생각했다. 왜냐하면 신부님들의 조용하고 드러나지 않는 선교활동과 우리 주변에서 계속되는 전쟁의 부산함이 너무나 대조적이기 때문이다. 이 말이 어쩌면 한국에서 국제연합기구가 하고자 노력하고 있는 것들을 폄하하는 것처럼 들릴지도 모르겠다. 하지만 전혀 그런 뜻으로 하는 말이 아니다. 왜냐하면 내가, 많은 나라들에서 온 사람들이 직면하고 있는 위험들에 대해서, 그리고 그 사람들이 그런 위험들을 접할 때 보여주는 용기에 대해서 무언가를 이곳 한국에서 배웠기 때문이다. 그들은 바로 우리의 전선(戰線)에서, 우리의 자유를 위해서 싸우고 또 목숨을 잃기도 한다. 그러나 아무리 훌륭한 사람들이라 하더라도, 사람들이 우리에게 줄 수 있는 것은 불안한 휴전밖에 없다. 오직 그리스도께서만이 우리에게 평화를 주실 수 있다. 전쟁에서 이기려는 노력과 평화를 이루려는 노력은 거대하게 보이지만 우리가 했던 병자 방문은 너무나 사소하게 보인다는 것을 나는 안다. 그러나 나는 많은 사람들로 붐비고 분주하고 자부심 강한 예루살렘이 근처 마구간에서 태어난 한 '아기'를 전혀 알아차리지 못했다는 것 또한 안다.

편역자 후기

    이 번역 작업은 유아세례를 받은 이래 청소년 시절까지 필자의 목포 산정동 성당에서의 꿈같은 시절에 대한 감상적인 향수(鄕愁)와 함께 시작되었다. 한국문학번역원의 서양고서번역 공모 분야 중 목포 산정동 성당 관련 문헌이 있어 마음이 동했다. 성실한 제자이고 천주교 신자인 안세진 선생(동북고등학교 영어과 교사)이 문학번역원의 서양고서번역 계획을 듣고 함께 도전하기로 했다. 안선생의 1차 번역을 필자가 수정한 번역 견본원고를 문학번역원에 제출, 번역지원금을 받는 역자로 선정되었다. 원문에 충실한 번역을 하기 위해 안세진 선생이 영문 텍스트를 모두 입력하여, 문장 단위로 영한대역(英韓對譯)을 담당하기로 하고, 필자는 그 원고를 수정한 뒤 수정된 원고를 함께 검토하기로 했다.

안세진 선생은 번역 작업이 착수되자 며칠 간격으로 꾸준히 번역원고를 이메일로 전송해왔다. 그리고 딱 일 년 만에 안세진 선생은 번역원고 제출 시한에 맞추어 1차 번역을 완성해냈다. 아직 확실한 원고 매수를 확인해보지 않았지만 우리말 번역만 200자 원고지로 2,000여 매, 영한대역 원고는 그 배이다. 결과적으로 이 수정 작업에 일 년 3개월이 걸렸다. 번역이 미진한 부분을 보완하고 글 내용과 관련된 각종 사료와 자료, 전문용어 등에 관한 2차 조사를 하며 일반 독자들의 이해를 돕기 위한 각주 작업에 품을 들이느라 그리되었다. 마지막 마무리 작업에서 역시 안세진 선생이 2차 영한대역 수정 작업을 확인하고, 영한대역 원고로부터 한글 번역을 따로 모으는 일을 맡아주었다.

한국인의 영어 읽기와 이해에는 한도가 있다. 한국인의 한국어 읽기와 이해에도 한도가 있다. 하물며 외국어랴. 우리 두 역자들은 외국인이 본 한국에 대한 글을 최선을 다해 읽고 이해하려고 노력했다. 그들이 본 것과 우리가 이해하는 것이 더러는 많이 다를 수 있을 것이다. 우리 번역자들은 최선을 다했다. 원문에 충실하려다 보니 우리글이 다소 딱딱한 느낌이 있다. 독자들의 넓은 아량과 시정을 바란다.

이 번역 작업을 시작하면서 필자는 안세진 선생에게 공동번역자가 되어줄 것을 제안했다. 필자는 청소년 시절까지 교회생활을 했을 뿐 그 후 오랫동안 교회를 떠나 있었기 때문에 천주교의 분위기를 거의 잊고 있었던 상태여서, 천주교 관련 글들의 분위기를 충분히 우리말로 살려낼 준비가 되어 있지 않았는데, 천주교 가정에서 나고 자란 신자인 안세진 선생은 천주교 전례와 역사, 한국 천주교 특유의 분위기에 친숙해 있다는 점에서 공역자로서 적임자였다. 안세진 선생은 또한 독자의 이해를 돕기 위해 다양한 관련 자료들을 찾아 확인하고 각주를 붙이는 등 노고를 아끼지 않았다(이 번역본에 붙어 있는 상당수의 각주들은 안세진 선생의 노고의 흔적들이다). 안세진 선생의 그간 노고에 대해 이 자리를 빌려 깊은 감사의 뜻을 표한다.

끝으로 지난 2년 3개월간 여러 차례의 원고 제출 약속을 어기고 마감을 넘기는 동안 여러 가지 편의를 봐주신 문학번역원과 특히 실무를 담당하셨던 강정은 선생님, 손형주 선생님, 유재준 선생님께 감사드린다.

2008년 12월 27일

박경일

덧붙이는 글

목포 산정동 성당은 성골롬반회가 한국 선교활동을 전개한 본부로서 역사적 의의가 큰 성당이다. 이 유서 깊은 한국의 종교적·문화적 명소가 필자가 고교를 졸업하고 서울로 떠난 뒤 언젠가부터 폐쇄되고 옛 성당 50여 미터 아래 언덕에 새 성당을 지어 이사를 했던 모양인데, 고향을 떠난 뒤 20여 년 만에 처음으로 목포를 내려갔을 때 옛 성당 터와 새 성당 사이에 온갖 너절한 건물들이 숨막히게 다닥다닥 들어서 있어 마치 성지가 난장판이 된 듯한 느낌이었다. 폐쇄된 옛 성당의 너덜너덜한 철제 출입문 너머로 들여다봤더니 마치 허물어진 성터처럼 폐허가 되어 있었다. 잠시 교회 관계자들에 대한 원망과 회한이 마음에 가득 찼던 것 같다. 그리고 전통과 문화에 대한 우리의 몽매함을 보는 것 같아 가슴 아팠던 것 같다.

완성된 번역 원고를 문학번역원에 제출한 뒤 출판 소식이 뚝 끊긴 지 9년 만에 며칠 전 출판사로부터 올 12월 초까지 책을 출판하여 번역원에 납품하게 되었다는 연락을 받았다. 그 다음날, 목포에 가 있던 친구로부터 산정동 성당이 성지(聖地)가 되었는데 알고 있느냐는 전화를 받았다. 『극동』의 번역 과정을 잘 알고 있는 친구이기 때문에 의당 필자가 알고 있을 줄 알았던 모양이다. 필자는 이 두 사건 간의 관련성을 전혀 모른다. 단지, 『극동』의 번역본 출판이 산정동 성당의 성지화를 증거하는 좋은 선물이 될 수 있겠다는 생각이 든다. 그리고 『극동』의 번역본 출판은 한국 가톨릭 교회의 지난 역사를 되새김으로써 그 지난날들과 올 날들을 더욱 축성하는 의미 있는 이벤트가 될 것으로 생각된다.

『극동』1940년 2월호에 "도사울의 경삿날(A Big Day in Do Sa Oul)"이라는 글이 수록되어 있다. 9년 전 번역 작업이 끝날 때까지 "Do Sa Oul"이 어디인지를 확인하지 못했었다. 며칠 전 열린 의사회 홈페이지에서 관련 내용을 발견했다.

다음은 2010년 10월 31일 강원도 횡성군 공근면 도곡리(도새울

마을)에 의료봉사를 나갔던 열린의사회 봉사단원이 도새울의 뜻
이 궁금해 인터넷에서 찾아낸 사연의 요약이다.[1]

"1870년 병인박해[2] 때 충청도 홍주(홍성)의 원종연 님 일가족
과 신도들이 도피처를 찾던 중에 '서쪽에서 동쪽으로 흐르는 곳이
피난처'라는 일종의 계시를 받고 이곳을 발견했다. 과연 우리나라
지형에서 흔치 않게 서에서 동으로 흐르는 냇물이 있었다. 일행은
무쇠천이라는 곳에 피난 보따리를 풀고 홍주에서 배웠던 도기를
만들어 횡성 장에 내다 팔며 끼니를 이어갔다. 이후 천주교인들이
하나둘 모여 마을을 이루게 됐고 '도자기 굽는 계곡'이라는 뜻의
'도사곡'으로 불리다가 서에서 동으로 흐르는 물이 있다 하여 '도
사울'로 불렸고 이것이 지금의 도새울이 됐다. 진료가 열린 농촌
체험관 옆에는 실제로 신자들이 사용하던 공소[3]가 두 채 남아 있
어 눈길을 끌었다."

"이래 고마워서 우타하나?" 열린의사회에 감사드린다.

2017년 12월 1일
박경일

편역자 주

편역자 해제

1 천주교 박해사건들은 다음과 같은 역사적 배경을 갖는다.

1) 조상제사의 문제: 1791년 전라도 진산에 사는 윤지충이 모친상을 당해 제사를 폐지하고 신주를 불사르는 일이 발생했는데, 이는 삼강오륜과 조상제사를 근본 예법으로 여기던 조선사회에서 가장 큰 죄목이었다. 이를 계기로 위정자들이 조상제사를 거부하는 천주교도들을 금수와 같은 무리로 간주해 이들을 박해하고 학살하게 되었다.

2) 사회질서의 문제: 천주교는 효도관, 인간관, 남녀관, 결혼관 등에 있어서 기존의 성리학과 근원적인 차이점이 있다. 천주교에서도 천주십계를 통하여 부모에 대한 효도를 가르치지만, 천주의 명을 부모의 명보다 우위에 두었기 때문에 효도의 개념 자체가 성리학의 효도관과 달랐고, 효의 개념을 상대화시켰다. 또 전통적으로 조선사회에서는 남녀칠세부동석, 부부유별, 여필종부 등 남녀의 구별과 차별이 엄격히 시행되어 왔는데, 천주교에서는 모든 인간은 영혼을 가진 동등한 존재로 여성도 남성과 다름없는 인격체임을 주장했고, 부부관계에 있어서도 성리학적 가치체계에서 강조되던 수직적 관계를 수평적 관계로 전환시키고자 했다. 그뿐만 아니라 당시 교회에서는 결혼에 있어서도 당사자의 의사에 반대되는 강제 혼인을 금지했고, 과부의 재혼을 부당하다고 보지 않고 정당한 것으로 인정했다. 이 같은 천주교도들의 행동양식은 곧 전통질서의 파괴로 인식되지 않을 수 없었고 사회의 주류세력들로부터의 반발을 야기하기에 이르렀다.

3) 당파 싸움의 제물: 당시의 치열한 당파 싸움의 제물로서 천주교가 희생된 면도 고찰할 수 있다. 신유박해, 기해박해, 병인박해 등의 구체적 원인을 분석해보면 거기에는 정권의 쟁탈 내지 정권의 연장을 위한 투쟁이 박해의 배경으로 자리하고 있다.

4) 성리학의 교조성: 유교사회의 기본 바탕인 성리학이 근원적으로 위협을 받자 모든 외부 사상을 이단시하고 배격하게 된 것도 박해의 요인이었다. 조선의 성리학자들에게 있어 정학(正學), 정

교(正敎), 정도(正道)는 성리학이었고, 성리학 이외에 모든 학문과 종교는 사학(邪學), 사교(邪敎), 사도(邪道)였다. 실로 한국의 천주교는 성리학적 토양에 그 씨를 뿌리면서 많은 시련을 겪어야 했고 일만 명 내외의 순교자를 배출하게 되었다. 참고문헌: 『한국 가톨릭 대사전』(한국교회사 연구소, 1985), 『한국 천주 교회사』(샤를르 달레 지음, 안응렬·최석우 옮김, 분도출판사, 1980), 『한국천주교회사』(유홍렬 지음, 가톨릭출판사, 1984), 『국사(사목연구총서2)』(한국천주교중앙협의회, 1992), 『사목 회의 의안11(선교)』(한국천주교 200주년사 목위원회).

2 선비란 첫째, 예전에 학식은 있되 벼슬하지 않은 사람, 둘째, '학문을 닦은 사람'의 예스러운 말을 지칭한다. '선비'의 영어 표현은 첫째, '학자'라는 뜻으로 'a classical scholar' 'a learned man', 둘째, '덕이 있는 사람'이라는 뜻으로 'a man of virtue; a gentleman'이다.

3 방 구들장 밑으로 불길과 연기가 통하여 나가는 고랑으로 갱동(炕洞)이라고도 한다.

4 방고래 위에 놓아 방바닥을 만드는 넓고 얇은 돌로 구들돌이라고도 한다.

5 반혼(返魂)과 반우(返虞)는 장사 지낸 뒤에 죽은 이의 위패인 신주(神主)를 모셔 집으로 돌아오는 일을 말한다.

6 사진 상태들이 좋지 않아 이 책에 수록하지는 못했지만 역사적, 문화적 가치가 있어 내용만이라도 소개한다.

제1장 1930년대에 실린 기사

1933년 11월호 **사설**

1 외인(外人). 천주교 신자 아닌 사람. 영어 'pagan'은 '이교도'란 뜻이지만, 한국 천주교에서는 '외인'이란 용어로 표현되었다.
2 로마 초기 기독교의 박해피난처.
3 제주도신축교난(濟州島辛丑敎難). 1901년 제주도민과 가톨릭교도 사이에 일어난 충돌사건. 1901년 제주 목사 이상규가 탐관오리로 지목되어 면직되었고, 봉세관 강봉헌이 부임해 각종 세금을 징수했는데, 수하로 있던 제주읍 성당의 최형순이 실무를 맡게 되었다. 이것이 발단이 되어 제주도 출신인 대정군수 채구석이 토착세력을 규합해 중앙에서 파송된 봉세관과 가톨릭교인들을 공격했다. 이때 가톨릭교인 300여 명이 학살되는 등 양측에 많은 피해를 가져오는 유혈사태로 발전했다. 프랑스 외교관들은 한국 정부에 항의했으며, 당시 제주도에 파송되어 있던 라구르츠와

무세 신부 등을 보호한다는 명목으로 제주 해안에 프랑스함대를 출동시켰다. 이에 한국 정부는 토착민 지도자를 체포하고 지방관을 교체하고 제주도에서 유배생활을 하던 사람들을 다른 곳으로 옮겨 토착민의 민심을 수습했다. 가톨릭교인들의 희생자들에 대한 보상을 추진해 사태를 마무리했다. 이 과정에서 일본 측이 토착민에게 무기를 공급해 갈등을 부추겼다.

1933년 11월호 **동방 은자의 왕국**

1 은자 왕국(Hermit Kingdom). 중국 이외에는 문호를 닫고 지낸 1637~1876년의 한국 조선 왕조를 뜻한다.
2 한일병합조약에 의거 대한제국(한국)이 '조선'으로 개명되었다. 이 글은 1933년 일제시대에 쓰인 글이기 때문에 당시의 '조선'이라는 표현을 쓴다. '서울' '한양' '한성'도 유의돼야 할 용어들이다.
3 나폴레옹은 교황의 교회령(敎會領)에 대한 세속적 지배권을 제한하는 정책을 취하여 1809년에는 교회령의 병합을 선언, 교황을 체포하였다. 교황 비오 7세

는 퐁텐블로 감옥에 유폐되어 있다가 나폴레옹의 세력이 실추된 1814년에 풀려났다.

1934년 7월호 천주교 신앙은 어떻게 조선에 뿌리를 내리게 되었는가(1회)

1 유대인들의 율법에 따르면 40대를 맞으면 죄인이 죽을 위험이 있으므로 한 대를 감하며 때리는 관습이 있다고 한다.

2 고린도후서 11장 24~27절.

3 헤로데 왕이 동방박사들의 예방을 받고 난 후 왕의 운명을 타고난 아기 예수를 죽이기 위해 베들레헴의 어린 아기들을 대량으로 학살한 일이 있는데 이때 희생된 아기들을 '무고한 아기 순교자'라고 한다.

4 1801년(순조 1년) 신유박해(辛酉迫害).

5 1839년(헌종 5년) 기해박해(己亥迫害).

6 1866년(고종 3년) 병인박해(丙寅迫害). 이 사건으로 베르뇌 주교와 7명의 신부가 처형되었다.

7 흥선대원군(興宣大院君).

1934년 8월호 조선에서의 첫 생활 이모저모

1 천주교 대구대목구청 성유스티노신학교. 대구 천주교회의 초대 교구장이었던 플로리앙 드망즈(안세화) 주교가 중국인 벽돌공을 동원해 1913년에 착공, 1914년에 완공한 신학교 건물이다. 현재는 대구가톨릭대학교다. 성모당은 초대 대목구장인 드망즈(안세화) 주교에 의해 계획됐다. 안세화 주교는 부임 후 루르드의 성모님께 3가지를 청원했다. "주교관과 신학교를 건설하고 주교좌 성당을 증축할 수 있게 해주신다면 주교관을 위해 예정된 대지안의 가장 좋은 장소에 루르드의 동굴과 유사한 동굴을 세워 드리겠습니다"라고 이야기했다. 동굴 윗면에 표기된 1911은 대구교구가 설립된 연도이며, 1918은 안 주교가 교구를 위해 하느님께 청한 3가지 소원이 다 이루어진 해를 가리킨다.

2 당시의 신학교는 고등학교 졸업자들이 진학하는 대신학교와 국민학교 졸업자들이 진학하는 중고교 과정의 소신학교로 이루어졌으며, 대신학교의 경우 하급학년에서 철학을 배우고 상급학년에

서는 신학을 배운다.

3 소신학교 신입생들은 일 년 동안 신부 수업 자질이 있는지, 잘 견디어낼 수 있는지 등을 지켜보는 시련 기간을 거친 뒤 서울의 소신학교로 보내져 공부하게 된다.

4 긴 두루마기는 온몸을 감싸고 감추지만, 단발머리는 상투, 갓, 장발로 가려지는 두상을 드러내 보여준다는 대조적 의미이다.

1934년 9월호 천주교 신앙은 어떻게 조선에 뿌리를 내리게 되었는가(2회)

1 1846년 선교사의 입국과 선교부와의 연락을 위한 비밀항로 개설을 위해 백령도 부근을 답사하다가 체포되어 서울로 압송되었다.

2 특히 경찰 관리를 가리킨다. 나졸(羅卒)은 조선시대 때 지방 관아에 딸렸던 군뢰(군대에서 죄인을 다루던 병졸)와 사령(각 관아에서 심부름하던 사람)을 통틀어 일컫던 말이다. 이런 점으로 미루어보아 원문의 'royal police'는 '관헌' 정도로 번역할 수 있을 것으로 생각된다.

1934년 10월호 천주교 신앙은 어떻게 조선에 뿌리를 내리게 되었는가(3회)

1 정조사(正朝使). 조선시대 신년 축하를 위해 중국으로 보낸 수석사신(首席使臣). 동지(冬至)에 보내는 동지사(冬至使)가 동지와 정월이 가까운 관계로 정조사를 겸했다.

2 성절사(聖節使). 조선시대에 명(明)나라, 청나라의 황제와 황후의 생일을 축하하기 위해 보내던 사절이다.

3 중국 명나라에서 선교활동을 한 예수회 소속 이탈리아 신부 마테오 리치(利瑪竇, Matteo Ricci)가 한문으로 저술한 천주교 교리서. 제목은 '하느님에 대한 참된 토론'이라는 뜻이며 8편 174항목으로 구성되어 있다.

4 학자 권철신(權哲身)은 경기 여주군 금사면(金沙面)에 있던 주어사(走魚寺)에서 학문을 연구하고 강의하던 중 정약용(丁若鏞) 등과 함께 강학회(講學會)라는 학문강의 모임을 가졌다. 그 후 장소를 천진암으로 옮겨 10여 일 동안 강학회를 계속했는데, 이때 참석한 대표적인 사람은 권철신(權哲身), 정약용, 이벽, 정약전(丁若銓), 정약종(丁若鍾),

이승훈 등이었다. 정유(丁酉)년 1777년에 유명한 학자 권철신은 정약전과, 학식(學識) 얻기를 원하는 그 밖의 많은 학자들과 함께, 방해를 받지 않고 깊은 학문을 연구하기 위해 외딴 절로 갔다. 이 소식을 들은 이벽은 크게 기뻐하며 자기도 그들이 있는 곳으로 가기로 결심했다.

5   조선시대 천주교 초기의 교도로 1784년 이승훈에게 세례를 받고 전도부의 간부로 활약했다. 천주교 신앙 때문에 아버지가 자살까지 시도하며 결사적으로 반대하자, 조선사회에서는 포기할 수 없는 효정신(孝精神)의 윤리관과 새로운 진리로 체득한 천주교 사상 중 양자택일을 해야 하는 심각한 갈등 속에서 고뇌하다가 페스트에 걸려 죽었다. 그의 말년의 신앙에 대해 달레(C.C. Dallet)는 『한국천주교회사』에서 배교로 단정했다. 그러나 효를 절대적인 이념으로 삼던 당시 상황을 고려할 때 그렇게 단순히 처리할 수 없다는 견해도 있다.

6   이승훈의 부친은 동지사(冬至使) 서장관(書狀官)의 직책을 맡았다.

7   권일신(權日身).

8   이벽은 조선의 개종(改宗)사업을 시작하여 구세주가 오시는 길을 준비했으므로 본명을 요한 세자(洗者)라 했고, 권일신은 복음전파에 헌신하기로 결심하고, 본명을 동양포교의 수호자인 성 프란치스코 사베리오로 정했다.

1934년 12월호 천주교 신앙은 어떻게 조선에 뿌리를 내리게 되었는가(4회)

1   정조(正祖).

2   이 박해를 '을사추조적발사건(乙巳秋曹摘發事件)'이라 한다.

3   김범우는 중인(中人) 계급 출신으로 역관(譯官)직을 맡고 있었는데 필자가 잘못 알고 있는 듯하다.

4   이승훈.

5   주교로 권일신, 사제로는 이승훈, 이존창, 유항검, 최창현 등이 선출되었다.

6   가성직(假聖職)제도.

7   구베아(Gouvea) 주교.

8   동지사(冬至使).

9   윤유일(尹有一).

1934년 12월호 천주교 신앙은 어떻게 조선에 뿌리를 내리게 되었는가(5회)

1 윤유일.

2 성절사.

3 1790년 9월(양력)에 80회 탄신을 맞는 건륭황제(乾隆皇帝)를 축하하기 위해 별사(別使) 일행이 떠나려던 참이었고 그리하여 윤유일은 다시 중국길을 떠났다. 이 두 번째 여행에는 우(禹)라는 예비신자가 동행했는데, 이 사람은 조선 왕의 관리로서 왕의 명령을 받아 북경에서 몇 가지 물건을 사오기로 되어 있었다.

4 신해박해(辛亥迫害). 1791년(정조 15년)에 일어난 최초의 천주교도 박해 사건.

5 윤지충(尹持忠)과 권상연(權尙然). 두 사람은 사촌관계로 윤지충(세례명 바오로)의 어머니는 권상연(세례명 야고보)의 고모다.

6 'governor' 및 'royal Inquisitor' 번역과 관련해 글과 사실(史實)이 좀 차이가 있는 듯하다. 신해박해에 관한 역사적 사실은 다음과 같다. 두 사람이 복음에 악착스럽게 적대하는 태도를 보였으니,

그들은 홍락안(洪樂安)과 이기경(李基慶)이었다. 신해년(1791년) 여름, 윤지충의 어머니 권(權)씨가 세상을 떠났고, 윤지충은 천주교의 가르침에 따라 제사를 지내지 않았다. 이것이 홍락안의 귀에 들어가게 되었고, 그는 즉시 전권을 쥐고 있던 영의정 채제공(蔡濟恭)에게 청원서를 내 윤지충을 사형시키라고 청구했다. 동시에 그는 진산군수(珍山郡守) 신사원(申史源)에게 편지를 보내 가택수색을 하고, 죄인을 체포하라고 재촉했다. 정승은 정승대로 전라도 감사에게 이와 비슷한 명령을 내렸다. 조정에서는 진산군수 신사원을 시켜 두 사람을 체포해 심문하고 그들이 사회도덕을 문란하게 하고 무부무군(無父無君)의 사상을 신봉했다는 죄명을 씌워 사형에 처했다. 정조는 이 사건을 이 정도에서 끝내고 관대한 정책을 써서, 천주교의 교주로 지목받은 권일신을 유배시키는 것으로 그치고 더 이상 천주교도들에 대한 박해를 확대시키지 않았다.

1935년 1월호 천주교 신앙은 어떻게 조선에

뿌리를 내리게 되었는가(6회)

1 주 신부가 아직 한국어를 모르기 때문에 한자로 글을 써서 고백성사를 주고받았다는 뜻이다.
2 한영익(韓永益).
3 최인길(崔仁吉).
4 이 관리가 누군지에 대한 기록은 없다. 순찰사는 조선 때 도내(道內)의 군무를 순찰하던 벼슬로 관찰사가 겸했다.
5 윤유일과 윤지황(尹池璜).

1935년 2월호 천주교 신앙은 어떻게 조선에 뿌리를 내리게 되었는가(7회)

1 향촌사회에서만 영향력을 행사하는 양반으로 같은 양반이지만 집권당파의 권세 있는 양반인 권반(權班)보다는 지위가 아래이다.
2 홍주목사(洪州牧使).
3 가톨릭 교회에서 신앙생활의 모범으로 공적 공경을 받는 사람에게 주는 존칭 또는 그 존칭을 받은 사람이다. 신자가 사후에 교회의 공적 공경을 받기 위해서는 먼저 교회법이 정하는 엄격한 절

차에 따라 순교한 사실이나 특출한 덕행이 증명되어야 한다.
4 1801년(순조 1년) 신유박해.
5 주문모 신부는 4월 19일에, 강완숙은 7월 3일에 순교했다. 이와 관련된 일화는 다음 문단에 나온다.
6 신약성서에서 예수는 자신을 '신랑'에 비유하곤 했다.
7 41세가 맞는 듯하다. 강완숙의 생몰 연대는 1760년 혹은 1761년에 태어나 1801년 죽은 것으로 기록되고 있다.

1935년 3월호 천주교 신앙은 어떻게 조선에 뿌리를 내리게 되었는가(8회)

1 천주교에서는 예수의 희생을 기리기 위해 사순절이 시작되는 재의 수요일과 성 금요일, 그리고 연중 매주 금요일에 육식을 금하고 있다.
2 순조(純祖, 1790~1834년). 정조(正祖) 사망 당시 10세였다.
3 정순왕후(貞純王后, 1745~1805년). 1800년 순조가 11세에 즉위하자 신료들의 요청을 받아들이는 형식으로 수렴청정을 실시했는데, 스스로 여자국왕

(女主)을 칭하고 신하들도 그의 신하임을 공언하는 등 실질적으로 국왕의 모든 권한과 권위를 행사했다. 신유박해를 일으켜 정약용(丁若鏞) 등의 남인(南人)들을 축출했다.

4 삼위일체대축일. 성신강림대축일 후 첫 번째 일요일에 지켜진다.

5 주문모 신부의 옷과 갓, 또 그가 지녔던 상본(像本) 두 장이 신입교우(新入教友)들에 의해 오랫동안 정성스럽게 간직되어 있었다. 신대보(申大甫) 베드로는 그의 수기에서, 이 유물들이 여러 번 기적적으로 화재를 모면했다고 말한다. 지금은 지난번 박해로 인해 그 유물들이 어떻게 되었는지 알 수 없게 되었다.

1936년 2월호 영혼의 우리란 무엇인가?

1 단골무당으로 굿을 하거나 고사를 지낼 때 늘 정해놓고 불러오는 무당이다. 단골이라고도 하며 여기서 단골레는 무당의 전라도 방언이다.

2 필자인 해롤드 헨리 신부는 미국인이다. 따라서 여기서 축구는 미식축구를 의미하는 것으로 생각된다. 미식축구에서는 경기 중 손발을 모두 사용한다. 본문의 뜻은 펄쩍펄쩍 뛰면서 온갖 손짓 발짓을 다해서 벽에 걸린 십자가 고상 아래 붙여둔 부적을 떼버렸다는 것을 의미한다.

3 잘 봐달라고 '기름'을 친다는 한국적인 표현을 이렇게 쓴 듯하다.

1936년 3월호 메이누스선교회의 큰 영광

1 수단(soutane). 천주교 성직자가 제의 밑에 입거나 평상복으로 입는 발목까지 오는 긴 옷을 뜻한다.

발행일 미상 조선에서 보낸 편지

1 예수가 십자가에 못 박혀 죽은 것을 기리는 날로 부활절 직전의 금요일이다.

1937년 11월호 갖가지 모자의 나라, 조선!

1 'gentleman'은 우리말로 '선비'에 가까운 의미로 생각된다.
2 갓은 말총으로 만들고 패랭이는 댓개비로 만든다.
3 초립(草笠). 옛날에 관례를 한 어린 남자나 별감, 서리, 광대 등이 썼던 매우 가는 풀줄기로 결은 누른 갓이다.
4 머리에 쓰던 쓰개를 통틀어 이르는 말로 관복·예복을 입을 때 망건 위에 쓰던 물건이다.
5 예전에 소나무겨우살이를 엮어 만든 여승(女僧)이 쓰던 모자. 필자는 '송낙'을 '고깔'과 혼동하고 있거나 정확한 내용을 모른 채 글을 쓴 것 같다.

1938년 3월호 다니엘 맥메나민 신부님

1 몬시뇰(Monsignor). 주교품을 받지 않은 원로 신부에게 교황청이 공로를 인정해 내리는 명예 호칭을 말한다.
2 세례성사를 받은 신자지만 신앙생활을 중단하고 성당에 발길을 끊고 있는 사람을 말한다.

1938년 6월호 조선의 소묘(素描)

1 유대인들.
2 팔레스타인.
3 신약성경을 보면 예수님이 설교를 할 때 몇 천 명씩 사람들이 모여들었다는 이야기, 오병이어의 기적(빵 다섯 개와 물고기 두 마리로 오천 명을 먹였다는 기적)이나 예루살렘 입성 때 수많은 사람이 거리로 나와 예수님을 구경했다는 이야기들이 많이 있다.
4 '신데렐라'와 유사한 인물이 등장하고 줄거리가 비슷한 '콩쥐 팥쥐'를 의미하는 듯하다.

1938년 9월호 조선에서의 어느 이른 아침

1 천주교 미사예식 중 성체와 성혈축성, 성체거양, 성혈거양, 사제의 영성체 등이 거행될 때 복사가 사제 옆에서 작은 종을 울린다.
2 사제와 신자들이 번갈아 가며 기도문의 한 구절씩을 주고받을 때 사제의 선창에 신자가 답하는 부분을 뜻한다.
3 사제관에서 음식을 만드는 조리사.

1939년 3월호 강원도 산간의 선교

1 공소는 신자 수가 적고 외진 곳에 위치
해 있는데, 성체가 없고 사제가 상주하
지 않는다. 일요일에만 담당 성당의 사
제가 성체를 모셔와 미사를 거행하는
곳이다. 성당에는 성체가 모셔져 있고
사제가 상주한다.
2 라리보 주교(Adrien Joseph Larribeau).
한국명은 원형근(元亨根)이다. 1933년
부터 1942년까지 서울교구장을 지냈으
며 일제에 맞서 조선교회 지도권을 일
본인 사제에게 넘기지 않기 위해 노기
남 주교에게 교구장 자리를 이양했다.
3 배론 성요셉 신학당. 1855년(철종 6년)
충청북도 제천에 설립되었던 신학교로
천주교 프랑스인 신부들이 설립한 우리
나라 최초의 신학교다.

1939년 3월호 다른 종(鐘)

1 예루살렘에 있는 해골 모양의 언덕으로
예수가 십자가에 못 박힌 장소다.

1939년 5월호 목포의 자랑

1 미사나 기도 중에 집중하지 못하고 다
른 생각을 하는 것을 뜻한다.

1939년 6월호 환갑(還甲)

1 60갑자(甲子)를 다 지내고 다시 태어나
던 해(年)의 간지(干支)로 돌아왔다는
의미다.

1939년 9월호 대구의 새 대교구장

1 장 무세 주교(Jean Germain Mousset,
1876~1957년). 한국명은 문제만(文濟
萬)이다. 1900년에 조선에 입국해 선교
활동을 했고 1938년 대구대교구 2대 교
구장에 임명되었으며 1939년에 주교서
품을 받았다.
2 프랑스 지역명.
3 초기 교부이자 프랑스 리옹의 주교.

1939년 10월호 **순천의 우리 학교**

1 오래된 신문의 사진을 복사한 사진이라 상태가 좋지 않아 여기에 사진은 수록하지 못했다.

2 성당 안에 성체를 모셔놓은 감실(龕室)을 바라보며 성체에 대한 감사와 찬미를 바치며 묵상하는 행위다.

1939년 12월호 **아침의 고요 속에서**

1 현재의 선양(瀋陽).

2 현재의 단동(丹東).

3 조선 최초의 영세자인 이승훈(李承薰)을 말한다.

4 가성직제도(假聖職制度). 초기 조선 천주교 신자들이 교세확장을 위해 교계제도를 가질 필요가 있다고 판단해 1787년 권철신을 주교로, 이승훈, 유항검 등 여러 명을 신부로 자체적으로 선출했는데, 1789년에 교회서적의 어떤 구절을 더욱 자세히 연구한 결과, 주교와 신부들은 자신들의 선출과 성직수행을 경솔한 처사로 생각해 즉시 중지해야 한다는 결론을 내렸다. 특히 유항검

은 자기들의 행위가 독성죄(瀆聖罪)라는 것을 발견해 이승훈에게 편지를 보내기도 했다. 이 문제에 대해 이들은 북경 주교에게 문의하는 편지를 쓰기로 결의했다.

5 교권(敎權)문제로 교황청과 갈등을 빚던 나폴레옹은 1809년 7월 비오 7세를 퐁텐블로에 유폐했는데 교황은 1814년에서야 로마로 돌아올 수 있었다.

6 모방 신부(Pierre-Phillibert Maubant, 1803~1839). 한국에 최초로 들어와 활약한 서양인 선교사로 1837년 김대건 등을 마카오의 신학교에 유학시켰다.

7 툇마루를 의미하다.

8 버선을 의미한다.

9 미사보를 의미한다.

10 딱딱한 바닥이 아프다는 걸 의미한다.

제2장 1940년대에 실린 기사

1940년 2월호 도사울의 경삿날

1 임종(臨終) 전에 죄의 사함을 받기 위해 받는 성사다.
2 미사 중에 성체를 받아 모시는 것을 말한다.
3 정규하(鄭圭夏, 1863~1943년) 신부. 김대건, 최양업에 이은 세 번째 조선인 신부로 현 풍수원 성당 건물을 건립했다.
4 마태오복음 17장 20절. "너희가 겨자씨 한 알만 한 믿음이라도 있으면, 이 산더러 '여기서 저기로 옮겨 가라' 하더라도 그대로 옮겨 갈 것이다."

발행일 미상 조선에서 교회 세우기

1 이 기사는 첨부된 두 장의 사진에 관한 설명 기사다.
  1) 조선 광주교구장인 맥폴린 몬시뇰이 최근에 세례를 준 신자들과 함께 찍은 사진으로 모나간 신부가 몬시뇰의 오른쪽에, 지난 가을 조선에 온 헨리 길렌 신부가 왼편에 서 있다.
  2) 우리 신부님들이 운영하는 목포 성심학교 학생들과 교사들의 사진으로 톰 쿠삭 신부와 모나간 신부가 중앙에 앉아 있다. 국민의 불같은 교육열, 향학열을 보여주는 사진들이다. 오늘의 교육의 문제점들을 반성해보게 만드는 뜻깊은 사진들인데, 사진의 상태가 좋지 않아 수록하지 못한 것이 안타깝다(헨리 길렌 신부, 쿠삭 신부, 모나간 신부는 역자보다 윗세대들에게 길 신부, 구 신부, 모 신부 등으로 불렸다는 이야기를 들었다).

1940년 8월호 송 바오로의 행복

1 세례성사 예식 중 성유를 바르는 것은 새로운 생명의 부패를 방지하도록 하는 거룩한 신분으로서 축성되는 것을 의미한다.

1940년 9월호 미국에서 일본으로

1 같은 거리에 같은 양, 같은 질의 건초를

놓아두면 당나귀는 어느 쪽을 먼저 먹
을까 망설이다가 굶어 죽는다는 궤변적
논리를 말한다.
2 베링해와 태평양 사이에 걸쳐 있는 작
은 섬들.

1940년 10월호 선택받은 조선인들

1 글의 영문 제목은 'The Chosen People'
로 'Chosen'은 '선택받은'의 뜻과 '조
선'이라는 두 가지 뜻으로 사용된다. 그
래서 '조선/선택받은'이라는 동음이의
재담이 나올 수 밖에 없다는 것이다.
2 이 글의 필자는 'Korea'와 국호로서의
조선을 구분하고 있는데, 글의 내용상
Korea에 해당하는 적절한 우리말이 없
으므로 '코리아'로 번역한다.
3 '유대인들'은 스스로를 선택받은 민
족이라 생각하는데 글의 제목 'The
Chosen People'에서 Chosen은 '조선'
을 의미한다는 것이다.
4 마이클 다비트(Michael Davitt,
1846~1906년). 아일랜드 민족운동가.
5 찰스 스튜어트 파넬(Charles Stewart
Parnell, 1846~1891년). 아일랜드 민족

운동가.
6 천주교에서 새벽, 정오, 저녁의 정해진
시간에 그리스도의 강생(降生)과 성모
마리아를 공경하는 뜻으로 바치는 기
도다.
7 오레스티즈 브라운슨(Orestes Augustus
Brownson, 1803~1876년). 철학자이며
문필가. 개신교 여러 종파로의 개종을
거쳐 천주교 신자가 되었다.
8 존 헨리 뉴먼(John Henry Newman,
1801~1890년). 성공회에서 천주교로
개종해 후일 대주교가 되었다.
9 샤르즈뵈프 신부와 바드리시오 성인(聖
人)에 관한 내용은 "목포의 바드리시오
성인의 종(鐘)"을 참조.
10 성당 입구에 놓아두는 성수를 담은 그
릇으로 신자들은 이 물을 손에 찍어 십
자의 성호를 긋고 성당에 들어간다.
11 툇마루를 의미한다.
12 장판지를 의미한다.
13 부엌을 의미한다.
14 방고래를 의미하는데 방구들장 밑으로
낸 고랑으로 불길과 연기가 나가게 되
어 있다.

1941년 1월호 **조선의 산지(山地)에서**

1 구약성서에서 모세가 하느님에게 십계명을 받아온 산.
2 구약성서에서 모세가 처음으로 하느님의 음성을 들은 산.
3 구약성서에서 모세가 죽은 산.
4 이스라엘의 상징적 영토.
5 구약성서에서 하느님의 명령에 따라 아브라함이 아들 이삭을 제물로 바치기 위해 제단을 마련했던 산.
6 구약성서에서 하느님이 모세에게 약속의 땅을 보여주었다는 산.
7 고대 북이스라엘 왕국의 수도 인근의 산. 사마리아인들은 독자적인 제단을 설치하고 하느님께 제사를 드렸다.
8 신약성서 마태오의 복음서 5~7장에 기록되어 있는 예수의 산상설교.
9 열두 제자 가운데 베드로와 야고보, 요한만을 데리고 타볼산에 올라간 예수가 제자들이 보는 앞에서 영광스러운 모습으로 변모하고 엘리야와 모세와 이야기를 나눈 사건을 말한다.
10 신약성서에서 예수가 십자가에 못 박혀 처형당한 산.

11 신약성서에서 예수가 승천을 했다고 하는 산.

1941년 2월호 **교황청, 퀸란 신부를 교구장에 임명**

1 이 학교들은 모두 티퍼레리군에 있는 학교다.
2 중국 후베이성(湖北省)에 있는 도시다.

1941년 2월호 **조선 천주교 박해 사건들의 회고**

1 정규하(鄭圭夏) 아우구스티노 신부(1863~1943년). 김대건, 최양업에 이은 세 번째 조선인 신부로 풍수원 성당의 2대 주임신부다. 중국인 기술자 진 베드로와 함께 풍수원 성당을 건축했다.
2 풍수원 성당에서는 1920년부터 성체성혈대축일에 매년 성체대회(大會)를 열고 있다.
3 정식 교구를 설립하기 어려운 지역이라 교황청에서 직접 관할하는 교구. 조선은 1831년에 베이징 (北京)교구에서 분리되어 대목구로 지정됐다.

4 조미수호통상조약(朝美修好通商條約). 조선과 미국 사이에 체결된 수교와 통상에 관한 조약이다. 실제 이 조약이 체결된 날짜는 5월 22일로 화자가 잘못 알고 있는 듯하다.

5 임오군란(壬午軍亂)을 의미한다. 개화파의 대거 등장에 반발하여 수구파가 일으킨 군란으로 임오군란의 실제 날짜는 6월 9일이다.

6 풍수원 성당 연혁에 따르면 1905년에 착공하여 1907년에 준공하고 1909년에 낙성식(落成式)을 한 것으로 기록되어 있다.

7 풍수원 성당 연혁에 따르면 신자들이 벽돌을 굽고 아름드리 나무를 베어오는 등 자재를 현지에서 신자들이 직접 마련했다고 한다.

8 이하 원본 유실로 다음 단락과의 사이에 두 단락의 내용이 삭제되었다.

1941년 4월호 **어린아이가 그들을 인도하게 하라**

1 고백성사 전 자신이 범한 죄를 뉘우치고 슬퍼함과 동시에 다시는 죄를 범하지 않겠다고 결심하는 덕의 행위를 말한다.

1942년 9월-10월 합본 **조선의 공소**

1 툇마루를 의미한다.

2 창호지를 의미한다.

3 보통 방문 또는 퇴문을 의미한다.

4 승강단 또는 작은 현관(platform or small porch)은 툇마루를 의미한다.

5 밥상을 의미한다.

6 숭늉을 의미한다.

7 아돌프 탠쿼리(Adolphe Tanquerey) 신부는 영국의 신학자다.

8 성 토마스 아퀴나스를 의미한다.

9 목침(木枕)을 의미한다.

1943년 4월호 **조선의 추억**

1 샤스탕 신부(Jacques Honor Chastan, 1803~1839년). 1837년 앵베르(Imbert) 주교, 모방(Maubant) 신부와 함께 조선에 입국해 선교활동을 펼치다 1839년 체포되어 순교했다.

2 기해박해(己亥迫害). 1839년(헌종 5년)에 일어난 2차 천주교 박해사건을 가리킨다.
3 미사 중의 성체배례(聖體拜禮)를 의미한다. 이때 사제가 양손으로 성체를 높이 치켜들면 신자들은 고개를 숙여 경의를 표하며 잠시 묵상한다.

1943년 4월호 조선의 학교생활

1 성당 안에 성체를 모셔둔 감실(龕室)을 보며 묵상과 기도하는 것을 말한다.

발행일 미상 퀸란 몬시뇰로부터 온 편지

1 지도의 영문표기 'KWOSHU'는 광주, 'KOGENDO'는 강원도의 일본식 표기다.

1946년 5월호 조선의 감옥에서 지낸 3년

1 천주교 교리에서는 아담과 이브의 원죄에 대한 하느님의 징벌로 여성은 아기를 잉태하고 출산의 고통을 겪는다고 하나 성모 마리아는 원죄와 상관없이 예수를 잉태했다고 여겨진다.

1946년 8월호 조선에서의 감금

1 2차 대전 중 미군이 사용한 폭격기.
2 1944년 10월 말에 미 해군이 일본 점령하의 필리핀을 침공했다.
3 천주교에서 임종할 때 받는 성사.
4 천주교 기도문의 일종.

발행일 미상 세 사람의 조선인

1 정확히는 상주하는 사제와 성체가 모셔져 있지 않은 외진지역의 성당이며, 일요일에만 사제가 성체를 모시고 방문하여 미사를 집전한다.

1947년 8월호 조선 천주교의 재건

1 성체와 성혈에 대한 신앙심을 고백하는 축일로 매년 삼위일체대축일 후의 목요일에 하며, 이때 성체성혈강복과 성체성혈행렬을 한다.

1947년 8월호 **한국의 오두막**

1 아일랜드의 연합 선교회(Ireland Mission Union)가 있는 곳의 지명.
2 원문에 대성당 경내가 "cathedral compound"로 표현되어 있는데, 'compound'는 '복합건물' '경내·구내'의 의미가 있다. 춘천대성당의 규모가 작은 것을 보고서 하는 말이다.
3 중일(中日)전쟁의 발단이 된 1937년 7월 7일 발생한 양국 군대의 충돌사건.
4 툇마루를 의미한다.
5 이중문으로 안쪽에는 미닫이, 바깥쪽에는 나무 문짝이 달려 있는 것을 말한다.
6 툇마루를 의미한다.
7 요를 의미한다.

1948년 3월호 **조선 에피소드**

1 관면혼배(寬免婚配). 천주교 신자와 외인(개신교 신자포함) 사이의 결혼시 특별한 조건을 갖추고 하는 결혼을 말한다. 신자측은 ①신앙을 버리지 않을 것 ②자녀를 영세입교시키겠다는 것과 외인측은 ①신앙을 가진 배우자의 신앙을 방해하지 않을 것 ②자녀를 영세입교시키겠다는 서약을 사전에 해야 한다.
2 1941년 12월 7일 일본의 진주만 공습으로 인한 태평양 전쟁의 개전을 말한다.

발행일 미상 **조선의 교회**

1 제주도를 말한다.

제3장 1950년대에 실린 기사

1950년 1월호 한국의 성탄 전야

1 천주교 신자는 의무적으로 부활절 전과 성탄절 전에 고백성사를 봐야 한다. 일 년에 두 번 의무적으로 해야 하는 이 고 백성사들을 '판공성사'라 한다.
2 매일 정해진 시간에 하느님을 찬미하 는 천주교의 공적(公的)이고 공통적인 기도를 말한다. 성직자, 수도자의 의무 이다.
3 고백성사를 행하는 곳으로 신자와 사제 가 들어가는 공간이 있으며 신자와 사 제 사이에는 대화만 나눌 수 있는 구멍 이 뚫린 칸막이가 있어 서로 얼굴을 볼 수 없게 되어 있다.
4 예수 그리스도의 수난을 생각하며 육식 을 금하는 날이다. 매주 금요일, 각종 대 축일 전날, 사계절에 한 번씩 있는 각종 기념일 전날, 사순절 등 매우 많았으나 1966년 2차 바티칸 공의회 이후 재의 수요일과 매주 금요일로 축소되었다.
5 사제가 제단 위에 오르는 미사 시작 때 부르는 성가로 최근에는 '시작 성가'라 한다.
6 성탄 자정 미사 때 부르는 그레고리안 성가 중의 하나다.
7 '갓'을 의미한다.
8 그레고리안 성가집 1,900쪽 중에는 '키 리에' '상투스' '글로리아' '크레도' '아 뉴스 데이' 등 일상적 성가들의 대부분 의 개작들이 수록되어 있다.
9 제1독서가 끝난 후에 읽는 경문으로 노 래로 하기도 하며 최근에는 '화답송'이 라 한다.
10 아르카델트(Jacques Arcadelt, 1505 ~1568년). 네덜란드 출신의 작곡가.
11 바티칸에 있는 15세기에 지은 성당으로 미켈란젤로의 '천지창조' 천장화가 있 는 성당이다.

발행일 미상 어느 부랑자의 임종

1 천주교 세례성사 때 사제는 세례자 이 마에 세례성수와 성유(聖油)를 바른다.

1950년 9월호 한국에 온 신참자

1 이 글은 1950년 9월호에 실렸지만 글이 작성된 것은 한국전쟁 발발 이전인 2~3월 중이다.
2 사순절(四旬節). 예수가 40일간 광야에서 단식하며 기도한 것을 기리는 기간. 재의 수요일부터 부활 전야까지의 40일이다. 부활절은 춘분(春分)이후 첫 만월(滿月) 다음 일요일이므로 이 글은 2월, 3월 중에 작성된 글이다.
3 예수가 빌라도에게 사형선고를 받고 십자가에서 처형되기까지의 과정을 14처로 나누어 각 처에서 수난을 기리며 기도를 하는 예식이다.
4 필자의 착각으로 보이는데 목포는 지목구가 아니라 광주지목구의 지목구청 소재지였다.
5 계산대로면 102명이므로 필자의 계산이 틀린 듯하다.

1950년 11월호 한국의 추억들

1 사진 상태가 좋지 않아 여기에는 수록되지 않았다.

1951년 2월호 전쟁으로 타격을 입은 한국의 선교원들

1 패트릭 번 주교(Bishop Patrick Byrne). 교황사절로 서울에 체류 중 공산군에 체포되어 끌려가 압록강변 중강진에서 병사했다.
2 홍용호 주교. 평양성당(이후 관후리 성당으로 개칭) 주임사제로 재직 중 공산 정권에 체포되어 실종되었고 후임인 김필현 신부와 보좌 신부인 서운석 신부도 체포 뒤 실종되었다.

1951년 2월호 그분들은 한국에서 희생되셨습니다

1 아일랜드의 성골롬반회 본원이 있는 곳이다.

1951년 2월호 북한에서 보내는 보고

1 위 글은 중공군이 한국전쟁에 개입하기 전에 작성된 것이다.

1951년 3월호 **강릉으로 귀환**

1 '기'는 게라티 신부의 한국식 성(姓)을 의미한다.

1951년 4월호 **춘천으로부터 후퇴**

1 1950년 12월 31일은 일요일이었다.

발행일 미상 **전쟁의 상흔을 입은 춘천**

1 젤 상태의 가솔린을 사용하는 소이(燒夷)탄이다.

1952년 3월호 **한국에서의 장례미사**

1 요한복음 11장 25~26절.
2 루가복음 1장 68절.
3 루가복음 1장 76~79절.

1952년 4월호 **목포의 새 본당 신부**

1 제주 4·3사건(濟州四三事件). 1948년 4월 3일, 제주도에서 발생한 좌익 세력

과 민중의 봉기 사건을 말한다.

1952년 5월호 **한국에서 보내는 소식**

1 중공군의 참전과 이에 따른 유엔군의 후퇴로 인한 1951년의 1·4후퇴(一四後退)를 말한다.
2 유대의 왕 헤로데가 아기 예수를 죽이기 위해 유대지역의 남자 아기를 죽이라는 명령을 내리자 예수, 요셉, 마리아가 이를 피해 이집트로 피신을 갔던 사건을 말한다.
3 빌라도에게 사형선고를 받은 것부터 예수가 십자가에서 숨을 거둘 때까지의 과정을 14처(處)로 나누어 그림으로 표현하고, 각 처를 돌며 묵상과 기도하는 것을 말한다.

발행일 미상 **300명의 신부님들**

1 대만의 옛 이름.

1953년 6월호 한국

1 최덕홍 주교. 대구교구 6대 교구장 (1949~1954년 재직).
2 김현배 주교. 전주교구 3대 교구장 (1947~1960년 재직).

1953년 7월호 한국에서의 체포

1 1948년 분단 이후로 38선에서는 남북 한 군대 간의 국지적인 무력 충돌이 빈 번하게 있었다.

1953년 9월호 한국 남서부에서 보내는 소식

1 1941년 12월 8일 맥폴린 몬시뇰은 일제 에 의해 투옥되고 이듬해 2월에 지목구 장에서 사임했다.
2 브렌난 몬시뇰은 1950년 7월 27일 북한 군에게 피랍되었다.
3 2차 세계대전을 말한다.
4 한국전쟁을 말한다.

1953년 10월호 춘천의 기적

1 전시(戰時)에는 민간 화물선들이 징발 돼 무기와 군수물자 수송에 사용된다.
2 티투스 라비에누스(BC.100~BC.45년). 시저 휘하의 부장으로 갈리아 정벌 등 에 참전했다. 후에 로마 내전이 일어났 을 때 폼페이우스 휘하에 들어갔다 전 사했다.

덧붙이는 글

1 열린의사회 홈페이지(http://cafe.naver. com/opendrs1997/90) 참조.
2 1866년(고종 3년)부터 1871년까지 계 속된 흥선대원군 정권의 최대 규모 천 주교 박해.
3 극동에 수록된 1942년 9월-10월 합본 호 제목 "Korean Mission Station"을 9년 전에는 '조선 선교구(區)'로 번역했 었다. 다시 보니 '공소'로 읽어야 했다. 외국어를 우리말로 옮기기, 우리말을 영어로 옮기기의 어려움을 보여주는 한 사례다.

극동

펴낸날	초판 1쇄 2017년 12월 14일

지은이	성골롬반외방선교회
편역자	박경일·안세진
펴낸이	심만수
펴낸곳	(주)살림출판사
출판등록	1989년 11월 1일 제9-210호

주소	경기도 파주시 광인사길 30
전화	031-955-1350 팩스 031-624-1356
홈페이지	http://www.sallimbooks.com
이메일	book@sallimbooks.com

ISBN	978-89-522-3814-6 04080
	978-89-522-0855-2 04080(세트)

이 도서의 국립중앙도서관 출판시도서목록(CIP)은 서지정보유통지원시스템 홈페이지
(http://seoji.nl.go.kr)와 국가자료공동목록시스템(http://www.nl.go.kr/kolisnet)에서
이용하실 수 있습니다.(CIP제어번호: CIP2017031421)

책임편집·교정교열 황민아